华侨大学 哲学社会科学文库·经济学系列
HUAQIAO UNIVERSITY

华侨大学哲学社会科学学术著作专项资助计划

海峡西岸城市群研究

RESEARCH ON THE DEVELOPMENT OF
URBAN AGGLOMERATIONS
ON THE WEST SIDE OF THE STRAITS

陈燕武 著

社会科学文献出版社
SOCIAL SCIENCES ACADEMIC PRESS (CHINA)

构建原创性学术平台　打造新时代精品力作

——《华侨大学哲学社会科学文库》总序

习近平总书记在哲学社会科学工作座谈会上提出："哲学社会科学是人们认识世界、改造世界的重要工具，是推动历史发展和社会进步的重要力量。"中国特色社会主义建设已经进入新时代，我国社会的主要矛盾已经发生变化，要把握这一变化的新特点，将党的十九大描绘的决胜全面建成小康社会、夺取新时代中国特色社会主义伟大胜利的宏伟蓝图变为现实，迫切需要哲学社会科学的发展和支撑，需要加快构建中国特色哲学社会科学。当前我国的哲学社会科学事业已经进入大繁荣大发展时期，党和国家对哲学社会科学事业的投入不断增加，伴随我国社会的转型、经济的高质量发展，对于哲学社会科学优秀成果的需求也日益增长，可以说，当代的哲学社会科学研究迎来了前所未有的发展机遇与挑战。

构建中国特色哲学社会科学，必须以习近平新时代中国特色社会主义思想为指导，坚持"以人民为中心"的根本立场，围绕我国和世界面临的重大理论和现实问题，努力打造体现中国特色、中国风格、中国气派的哲学社会科学精品力作，提升中华文化软实力。要推出具有时代价值和中国特色的优秀作品，必须发挥广大学者的主体作用，必须为哲学社会科学工作者提供广阔的发展平台。今天，这样一个广阔的发展平台正在被搭建起来。

华侨大学是我国著名的华侨高等学府，多年来始终坚持走内涵发展、特色发展之路，注重发挥比较优势，在为侨服务、传播中华文化的过程中，形成了深厚的人文底蕴和独特的发展模式。新时代，我校审时度势，积极融入构建中国特色哲学社会科学的伟大事业中，努力为学者发挥创造力、打造精品力作提供优质平台，一大批优秀成果得以涌现。依托侨校的天然优势，以"为侨服务、传播中华文化"为宗旨，华侨大学积极承担涉侨研究，努力打造具有侨校特色的新型智库，在海外华文教育、侨务理论与政策、侨务公共外交、华商研究、海上丝绸之路研究、东南亚国别与区域研究、海外宗教文化研究等诸多领域形成具有特色的研究方向，推出了以《华侨华人蓝皮书：华侨华人研究报告》《世界华文教育年鉴》《泰国蓝皮书：泰国研究报告》《海丝蓝皮书：21世纪海上丝绸之路研究报告》等为代表的一系列标志性成果。

围绕党和国家加快构建中国特色哲学社会科学、繁荣哲学社会科学的重大历史任务，华侨大学颁布实施《华侨大学哲学社会科学繁荣计划》，作为学校哲学社会科学的行动纲领和大平台，切实推进和保障了学校哲学社会科学事业的繁荣发展。"华侨大学哲学社会科学学术著作专项资助计划"是《华侨大学哲学社会科学繁荣计划》的子计划，旨在产出一批在国内外有较大影响力的高水平原创性研究成果。作为此资助计划的重要成果——《华侨大学哲学社会科学文库》已推出一批具有相当学术参考价值的学术著作。这些著作凝聚着华侨大学人文学者的心力与智慧，充分体现了他们多年围绕重大理论与现实问题进行的研判与思考，得到同行学术共同体的认可和好评，其社会影响力逐渐显现。

《华侨大学哲学社会科学文库》按学科划分为哲学、法学、经济学、管理学、文学、历史学、艺术学、教育学8个系列，内容涵盖马克思主义理论、哲学、法学、应用经济、国际政治、华商研究、旅游管理、依法治国、中华文化研究、海外华文教育、"一带一路"等基础理论与特色研究，其选题紧扣时代问题和人民需求，致力于解决新时代面临的新问题、新困境，其成果直接或间接服务于国家侨务事业和经济社会发展，服务于国家华文教育事业与中华文化软实力的提升。可以说，该文库是华侨大学展示自身哲学社会科学研究力、创造力、价值引领力的原创学术平台。

《华侨大学哲学社会科学繁荣计划》的实施成效显著，学校的文科整体实力明显提升，一大批高水平研究成果相继问世。凝结着华侨大学学者智慧的《华侨大学哲学社会科学文库》的陆续出版，必将鼓励更多的哲学社会科学工作者尤其是青年教师勇攀学术高峰，努力打造更多的造福于国家与人民的精品力作。

最后，让我们共同期待更多的优秀作品在《华侨大学哲学社会科学文库》这一优质平台上出版，为新时代决胜全面建成小康社会、开启全面建设社会主义现代化国家新征程做出更大的贡献。

我们将以更大的决心、更宽广的视野、更精心的设计、更有效的措施、更优质的服务，促进华侨大学哲学社会科学的繁荣发展，更好地履行"两个面向"的办学使命，早日将华侨大学建成特色鲜明、海内外著名的高水平大学！

华侨大学校长　徐西鹏

2018 年 11 月 22 日

前　言

2006 年初，海峡西岸城市群被列入全国城镇体系规划，成为全国优先支持发展的八大城镇群之一。2009 年 12 月，《海峡西岸城市群发展规划》正式获批复。海峡西岸城市群是指以福建省为主体，涵盖周边区域的海峡西岸经济区城市群体。海峡西岸城市群是以福州、泉州、厦门、温州和汕头 5 大中心城市为核心，包含福建省的福州、厦门、泉州、莆田、漳州、三明、南平、宁德、龙岩，浙江省的温州、丽水、衢州，江西省的上饶、鹰潭、抚州、赣州，广东省的汕头、潮州、揭阳和梅州，共计 20 个城市所组成的区域性城市群（国家二级城市群）。

作为一个区域性城市群，海峡西岸城市群仍缺乏系统的全面的理论作为经济政策的支撑，本研究立足于战略选择角度，围绕经济一体化、产业高级化、区域城镇化和社会生态文明化四个方面展开研究，其中经济一体化和产业高级化为研究重点，产业结构升级是贯穿全书的重要引导。本书通过统计分析和计量建模，综合运用各种空间统计方法、空间集聚方法、偏离－份额分析空间模型、状态空间模型、空间面板模型、固定效应面板模型、面板分位数模型、面板 Tobit 模型和多种 DEA 方法，对海峡西岸城市群经济发展相关问题进行实证研究，揭示经济一体化和产业结构升级对海峡西岸城市群发展的重要意义。

本书采用定性与定量相结合的研究方法，主要对海峡西岸城市群 20 个城市的经济数据进行统计分析和计量分析，并基于实证分析结果提出对策建议，可作为海峡西岸城市群发展政策分析的有益补充。由于市级数据获取不易，而且会碰到有些指标无法获得更新数据或有些指标统计口径发生变化的情况，特别是市级环境相关时间序列数据难以搜集完整，一些市级人口和环境指标无法获得更新数据，所以在研究中采用的样本区间受到数据无法进一步更新的限制，且在研究方法和研究视角方面有诸多限制。以城市（镇）化率指标为例，通用计算是以常住人口数或户籍非农人口数除以全市人口数获得。在数据收集的过程中，历年城市统计年鉴有时会碰到前后不匹配问题，有时会碰到统计局网站数据与城市年鉴数据不一致的情况。在 2014 年国家颁布户籍制度改革多项意见后，有些城市直接公布城市化率，但是其数据不论用常住人口还是用户籍人口数除以全市人口（或者年平均值）都无法匹配，可能是通过抽样调查数据推算。另外，有些变量在城市统计年鉴或市级年鉴中不再公布，只有在省级年鉴中才能获得加总数据。本书在撰写过程中引用了大量的数据资料，参阅了大量的相关书籍。在此，向所有给笔者提供帮助的文献作者致以深切的谢意。当然，本书未能一一列出所引用与借鉴的研究成果，在此笔者对这些研究成果的专家学者表示深切的歉意。本成果获得"华侨大学哲学社会科学学术著作专项资助计划"资助，特此感谢。

　　由于时间仓促，本书难免存在疏漏和不足，敬请读者批评指正。

陈燕武

2020 年 6 月

目　录

第一篇　经济一体化

第二篇　产业高级化

第三篇　区域城镇化

第四篇　社会生态文明化

第一章　导论

第一节　选题意义和研究思路

海峡西岸城市群是以福州、泉州、厦门、温州和汕头5大中心城市为核心，包含福建省的福州、厦门、泉州、莆田、漳州、三明、南平、宁德、龙岩，浙江省的温州、丽水、衢州，江西省的上饶、鹰潭、抚州、赣州，广东省的汕头、潮州、揭阳和梅州，共计20个城市所组成的区域性城市群。在2016年的政府工作报告中，李克强总理明确提出要加快城市群建设发展，优化提升东部地区城市群，建设京津冀、长三角、珠三角世界级城市群，提升山东半岛、海峡西岸城市群开放竞争水平。恒大研究院发布的《中国城市群发展潜力排名：2019》研究报告对中国规划建设的19个城市群的发展潜力进行排名，海峡西岸城市群在19个城市群发展潜力中排名第6位。本书立足战略选择角度，对海峡西岸城市群展开研究，主要就经济一体化、产业结构高级化、区域城镇化和社会生态文明化等方面进行理论的实证研究，产业结构升级是贯穿全书的重要引导。

一　选题背景和意义

（1）选题背景

以福建省为主体的海峡西岸城市群处于长三角、珠三角两大城市群之间的关键位置，作为靠近台湾海峡的城市群，有着非常独特的区位条件和政策影响。海峡西岸城市群既是开展对台合作、促进和平统一的前沿基地，又是带动海峡两岸经济发展的主力军。在《海峡西岸城市群发展规划》中，海峡西岸城市群被定位为两岸人民交流合作的先行区、科学发展的先行区、国际合作的重要窗口、我国重要的旅游中心，以及对接"两洲"、辐射中西部的沿海增长极。海峡西岸城市群的战略意义极为关键，未来该城市群将进一步发挥各省优势，完善沿海地区经济布局，推动海峡西岸其他地区和台商投资相对集中地区发展。

海峡西岸城市群涉及福建、浙江、广东、江西4个省份，总面积达27万平方千米，以福建省为主。福建省在海峡西岸城市群经济建设中起到重要作用，也是中央明确支持建设的21世纪海上丝绸之路核心区。如何充分发挥福建省的比较优势，优化整合内部空间结构，联动海峡西岸城市群及其相关省份，如何加强跨省交流、增强自身的竞争力和吸引力，同时作为台湾与大陆交流的桥梁，在促进文化融合、促进统一等方面发挥重要作用，是海峡西岸城市群面临的挑战和机遇。

2006年初，海峡西岸城市群被列入全国城镇体系规划，成为全国优先支持发展的八大城镇群之一。2009年12月，《海峡西岸城市群发展规划》正式获批复。如何在国家的优先支持下，加快海峡西岸城市群的整合发展，显得尤为紧迫。作为新兴的城市群，海峡西岸城市群仍缺乏系统全面的理论作为经济政策的支撑。在关于城市群研究的书稿、报告中，专门以海峡西岸城市群为研究对象的较少。本书试图为海峡西岸经济发展理论的系统化作一些贡献。

（2）理论意义

城市群的概念，最早起源于1957年法国地理学家戈特曼（Gottman）提出的"大都市带"（Megalopolis）理论。戈特曼认为，在一个城市的发展过程中，会带动周边区域，而且会同几个规模相近、地域相邻的城市，共同组成区域中心、呈组团式或块状分布的都市群，多个都市群又会形成一个"大都市带"。因此，城市群被认为是工业化、城镇化进程中，区域空间形态的最高组织形式。根据姚士谋1992年撰写的《中国城市群》一书给出的定义，城市群是指在特定地域范围内具有的相当数量的不同性质、不同类型和等级规模的城市，依托一定的自然环境条件，一个或两个特大或大城市作为地区经济的核心，借助于综合运输网的通达性，发生与发展纯属个体之间的内在联系，共同构成一个相对完整的城市集合体。

2006 年国家颁布的"十一五"规划纲要提出,"要形成合理的城镇化空间格局,以城市群为主体形态推进城镇化"。2014 年颁布的《国家新型城镇化规划(2014—2020)》也提出,将城市群作为新型城镇化的主体型态。随着中国城镇化进程与工业化进程的不断加快,城市群地区已经成为经济发展格局中最具活力和潜力的核心地区,也是我国生产力布局的增长极点和核心支点,具有将各种生产要素流动汇聚与扩散的功能。我国城市群规划已进入正式编制阶段,初步从重点培育国家新型城镇化政策作用区的角度出发,确定分三类打造 20 个跨省区城市群,包括 5 个国家级城市群、9 个区域性城市群和 6 个地区性城市群。海峡西岸城市群属于 9 个区域性城市群之一。截至 2020 年 6 月底,有关海峡西岸城市群的最新规划尚未出台。

作为新兴的区域性城市群,海峡西岸城市群仍缺乏系统全面的理论作为经济政策的支撑。本书的理论意义在于立足战略选择角度,主要就经济一体化、产业高级化、区域城镇化和社会生态文明化四个方面对城市群展开研究,是城市群研究的新视角。

(3)现实意义

本书是在海峡西岸城市群被列入国家城镇体系规划的背景下完成的,为如何加快海峡西岸城市群发展提供了理论支撑,具有较强的现实意义。作为海峡西岸城市群主体的福建省提出了经济"跨越式"发展战略。任何经济的"跨越式"发展,都是以技术创新作为支撑,以产业结构的调整和优化作为途径。本研究将福建省放置在海峡西岸城市群这一大背景下,并与海峡西岸经济发展的支撑和途径结合起来进行分析,这对于海峡西岸城市群的构建及发展战略的实施、福建省主体作用的发挥有着一定的借鉴作用和实践价值。

党的十九大提出实施区域协调发展战略,这个战略追求的目标是提高地区综合实力和竞争力。城市群发展的关键在于一体化。一体化是优化城市群内部资源配置,提升整体竞争力和吸引力的关键手段。发展城市群,强调相关城市在公共服务和基础设施方面共建共享,需要完善城市功能定位与产业分工,加强基础设施建设互联互通,构建共同改善城市群生态环境的协调机制。本书侧重从经济一体化和产业结构升级的角度,以海峡西岸城市群的 20 个城市为研究对象，基于实证结果给出相应的对策建议和展望。这对海峡西岸城市群的发展有一定的指导意义，同时对相关层次的其他城市群经济发展有着一定的借鉴意义。

二　研究思路

（1）经济一体化

首先从《中国城市群一体化报告》中海峡西岸城市群一体化的表现入手，设计 10 个指标体系，代表海峡西岸城市群为了实现"经济一体化"目标所要做的 10 个方面的努力，主要包括人力资本、金融资本、科学技术、产业结构、基础设施、生态环境、政府管理、对外开放、经济实力、城乡发展水平 10 个指标体系。其次，运用因子分析法建立海峡西岸城市群综合竞争力评价模型，计算海峡西岸城市群各个城市的综合得分。最后，分析综合得分排名靠前城市的发展优势，以期为其他城市发展提供参考标准。

海峡西岸城市群经济一体化的驱动因素研究方面，参考 ACEP 指数的测算构成，从总体经济集聚度比较、内部经济集聚度分析、经济集聚扩散的城市流强度研究三个方面进行经济集聚度的分析。归纳梳理区域经济差异测算的相关指标，并应用于分析海峡西岸城市群 GDP 总量变化特征、人均 GDP 变化特征、海峡西岸城市群 GDP 与人均 GDP 的区位商变化特征，进行海峡西岸城市群与长三角城市群和珠三角城市群的比较，包括三大城市群 GDP 规模、人均 GDP 和 GDP 区位商、资本集聚能力、对外贸易和就业等方面的比较。在此基础上，从"4 大区"和"20 个城市"的角度来分析海峡西岸城市群区域发展特征，分析各个区的人口、GDP 和人均 GDP 以及区位商的差异变化，进一步对海峡西岸 20 个城市进行相关的区位商分析。

城市流强度是指在城市群内城市间的联系中城市外向功能（集聚与扩散）所产生的影响量，是城市与外界联系的量化指标。集聚功能可以吸引周边地区的人口、资金、技术、信息等生产要素，而扩散功能可以将产品和技术扩散到周边城市，促进区域经济的整体发展。考虑到海峡西岸城市群各城市经济发展相关数据的代表性和可得性，本研究选取《中国城市统计年鉴》中两个时间点海峡西岸城市群 20 个城市的第二产业和第三产业的 18 个部门单位从业人员数，作为衡量城市外向功能量大小的指标，并结合城市地区生产总值 GDP 指标来进行城市流强度等相关指标的测度与对比，进行海峡西岸城市群间城市集聚扩散能力变动分析，给出各城市行业部门的外向功能量分析。比较两个时间点各城市的集聚和扩散能力的差异，发现海峡西岸城市流强度的变化特征，得出分析结果。进一步构建城市流强度结构指标，对海峡西岸城市群各城市流的构成因素进行剖析，深入了解各种城市流强度差异的内在机制。

关于经济均等化方面的分析，采用基尼系数分解方法，以人均 GDP 为分解标准来考察海峡西岸"4 大区"和"20 个城市"经济差异对海峡西岸城市群总体经济差异的影响。

（2）产业高级化

产业高级化问题是本书研究的重点之一。本篇主要分两部分进行多角度、多层次分析。第一部分从空间统计和空间计量角度分析产业结构对海峡西岸城市群经济增长的贡献。第二部分主要探讨全要素生产率和技术选择对海峡西岸城市群经济增长的贡献，其理论基础都是柯布 - 道格拉斯生产函数。

第一部分从空间计量角度进行海峡西岸城市群产业结构演进对经济增长的影响的空间效应研究。首先进行海峡西岸城市群产业结构演进分析，接着探讨城市之间的经济增长水平是否存在明显的集聚现象。分析结果表明研究区域经济增长进程的演变趋势时，空间维度因素是不容忽视的，实证分析有必要引入空间因素。参考刘伟、李绍荣对我国产业结构影响经济增长的方式构建的经济计量模型，引入空间因素，收集 16 年间的海峡西岸城市群 20 个城市的产业经济数据，构建空间面板计量模型，进一步分别对沿海城市和非沿海城市进行比较分析。

空间统计角度主要采用偏离 - 份额分析方法空间模型考虑被研究区域与其邻近空间区域之间的关系，比传统的偏离 - 份额分析法能更好地揭示海峡西岸城市群各城市之间经济增长状况和产业结构状况的差异。本研究运用偏离 - 份额分析方法空间模型探讨三个阶段海峡西岸城市群各城市之间产业结构的变动对区域经济增长的影响，并根据空间产业结构分量和空间竞争力分量的数据结果，将海峡西岸城市群 20 个城市的经济增长状况分为 4 种类型。接着进一步基于三次产业从地区增长分量、空间产业结构分量和空间竞争力分量三个方面依次对海峡西岸城市群 20 个城市的经济增长状况进行分析，并进行横向和纵向比较，给出分析结果。

第二部分从两个角度进行全要素生产率 TFP 对海峡西岸城市群经济增长方式贡献的探讨。TFP 估算的一个角度是运用经济计量方法，采用状态空间模型测算 25 年间海峡西岸城市群总体 TFP 的变化情况。进一步将海峡西岸城市群分为 4 个区域分别加以分析，继续采用 TFP 的状态空间模型，对海峡西岸"4 大区"的 TFP 变化的差异性进行实证分析。TFP 估算的另一个角度是运用非参数 DEA 方法度量 Malmquist 指数，分析 16 年间海峡西岸城市群"20 个城市"TFP 的分布特征和年度平均变化规律。进一步按"4 大区"分析，以探究 TFP 变化的区域差异。

技术选择部分首先梳理技术选择的理论模型，进一步引入空间因素，构建设定方面主要采用 Anselin 提出的带有空间自回归误差项的空间自回归模型来反映变量间的复杂空间关系。选取的主要变量为 15 年间海峡西岸城市群 20 个城市人均 GDP（AGDP）、技术选择指数（TCI）以及全国人均劳动产出（QGDP）。首先对变量进行描述统计分析，接着运用全局 Moran's I 指数考察海峡西岸经济发展的空间相关性。为了更好地探索 AG-DP 与 TCI 的空间集聚模式，根据系统自动选择给出的具有代表性的两年的截面数据绘制 AGDP 与 TCI 的 Moran 散点图，并对这两年海峡西岸城市群的空间相关分布模式进行比较分析。接着，选用空间误差自相关模型分析技术选择对海峡西岸城市地方经济发展的影响及其空间效应，并对海峡西岸城市群的经济增长、技术选择指数和全国人均劳动产出之间的关系进行研究。进一步分沿海城市、非沿海城市两个子样本，考察海峡西岸城市群各城市技术选择对经济发展的空间效应。

（3）区域城镇化

产业结构演进和城镇化发展共同构成经济发展的两大主题。本篇主要从两个角度探讨海峡西岸城市群产业结构演进和城镇化发展的互动关系。一方面分析产业结构演进对城镇化发展的贡献，另一方面分析城镇化发展对产业结构升级的影响。通过分析城镇化发展对海峡西岸城市群经济增长的影响，为进一步加快海峡西岸城市群各城市产业结构调整、提高产业竞争力提供参考。第一部分首先介绍海峡西岸城市群城镇化发展的最新情况，接着分析海峡西岸城市群各城市城镇化率在样本期的空间集聚情况。在验证空间集聚性存在后，运用空间计量模型来研究海峡西岸城市群城市城镇化的影响因素对城镇化率的影响。在进行城镇化率影响因素的空间效应分析时，从海峡西岸城市群 20 个城市整体、沿海城市和非沿海城市分别进行比较分析城镇化率影响因素空间效应的不同，给出基于实证结果的对策建议。第二部分主要进行城镇化水平对海峡西岸城市群产业结构升级的效应分析，以产业结构高级化指标为被解释变量，城镇化水平为解释变量，以科技水平、经济发展水平、金融发展水平、政府行为、人力资本水平、资产投资水平和外资利用水平等指标为控制变量，以 14 年间海峡西岸城市群的面板数据为样本数据，分别利用固定效应模型和面板分位数模型，探讨海峡西岸城市群城镇化水平变化对产业结构升级的效应。

（4）社会生态文明化

社会生态文明化涉及很多方面的问题，本篇主要分别从提高生态效率和进行环境规制对经济增长影响两部分展开。提高生态效率是实现区域可持续发展的重要切入点。城市生态效率反映城市在"经济"和"环境"两个维度的综合影响。第一部分首先从多个角度分析海峡西岸城市群各城市年均生态效率的 Malmquist 指数及其分解，并比较分析城市群各城市、三大功能区、城市群整体的生态效率特征，以反映海峡西岸城市群各城市生态效率的差异变动与空间分布规律。进一步探讨影响城市群生态效率的因素，具体研究海峡西岸城市群城市之间的生态效率差异和揭示各城市之间的相互作用机制。鉴于科技研究开发对促进生态效率的积极贡献，继续以海峡西岸城市群主体省份福建省 9 个城市的科技投入产出效率为代表展开研究，针对每个城市的科技效率状况，提出促进科技效率提升的对策建议。进一步对福建省的 9 个城市的自主创新能力与技术进步状况进行分析，探索促进海峡西岸城市群经济、社会和环境可持续发展的有效途径。

第二部分主要从两个方面探讨生态环境、产业结构和经济增长三者之间的关系。一方面，通过引入中介效应这个概念，在证实环境规制对经济增长存在正相关影响的前提下，通过理论与实证的检验，探讨海峡西岸城市群的环境规制强度是否可以通过产业结构来影响经济增长。另一个方面，研究海峡西岸城市群的主体省份福建省的产业结构效益和生态环境质量之间的关系，了解福建省产业结构效益和生态环境质量之间相互作用的方向和作用力度，结合前面的分析和福建省产业与生态发展的客观现实，提出对策建议。

第十章是针对相关城市的总结性结论，并在前面分析结果基础上提出促进海峡西岸城市群发展的对策建议。

第二节   主要观点和研究方法

一 本书的主要观点

（1）海峡西岸城市群 20 个城市的人口规模、GDP 规模和人均 GDP 规模的相对差异不断缩小或趋于平稳，经济集聚度越来越强，努力向经济一体化迈进。随着经济的发展、产业结构的调整，海峡西岸城市群的各个城市以及整个城市群的集聚和扩散能力有所加强，海峡西岸城市群内不同城市之间的集聚扩散能力对整个城市群经济一体化发展的影响越来越大。城市群的外向型产业部门发展不平衡，非营利型服务类行业的专业化程度较高，传统服务行业的专业化程度低，高新技术产业、房地产业和制造业外向能力扩大。城市间产业结构趋同现象较为明显，且城市的部门外向程度差异较大。

海峡西岸城市群人均 GDP 的基尼系数总体上呈现下降趋势，经济均等化方面表现较好。"4 大区"之间的经济差异并不明显。"4 大区"之间的集聚扩散能力差别，对海峡西岸城市群经济发展差异的影响越来越大，应尽可能缩小"4 大区"之间的经济差距。

（2）从产业结构的空间分布来看，海峡西岸城市群内的沿海城市和非沿海城市应调整产业内部结构。鉴于沿海城市和非沿海城市经济差异大的现状，政府应按梯度发展战略，充分发挥沿海城市和非沿海城市间产业的关联性和互补性，构建沿海城市和非沿海城市产业的有效联动机制。从空间面板数据分析来看，海峡西岸城市群沿海城市在夯实第一、二产业之后，应着重加强第三产业的投入，以期拉动经济的增长速度。非沿海城市仍应以发展工业化水平为主要导向，同时应努力提高各城市第三产业的发展水平。

相较于 2004～2008 年，海峡西岸城市群在 2008～2012 年充分利用区域经济圈优势，实现经济相互促进共同发展的目标；而 2012～2016年间这种区域优势明显下降。在 2004～2008 年这个阶段，海峡西岸城市群的竞争力因素相对于产业结构因素更能促进城市群的经济增长，而在2008～2012 年和 2012～2016 年两个阶段，竞争力因素的影响力大幅下降，产业结构因素对拉动经济增长的作用更加显著。空间产业结构和空间竞争力都有一定程度的提升。海峡西岸城市群的第二、三产业相对于全国平均水平具有一定的竞争优势，能够带动区域经济更好更快地发展。进一步比较可得，海峡西岸城市群的第二产业比第三产业的优势地位更加明显，对经济发展的贡献更大。第一产业需要提升其产业发展水平。

（3）资本投入增长一直是推动海峡西岸城市群总体经济增长的主要动力，资本投入的增长趋势与海峡西岸城市群的经济增长趋势相似，目前资本投入增长对经济增长的贡献依然大于 TFP 增长对经济增长的贡献。虽然 TFP 的增长已经成为推动经济增长的主要动力之一，但是目前海峡西岸城市群总体的经济增长主要靠资本投入增长来实现。浙南地区是生产率改善最高的地区（6.8%），其次为福建地区（1.7%）和粤东地区（1.7%），而赣南地区的 TFP 则出现下滑（负 2.9%）。各个地区 TFP 改善的主要来源方面，福建和浙南地区均为技术变化和技术效率共同的提高，但技术变化上升的贡献更大。

样本期内全要素生产率改善的贡献来源为技术进步和技术效率的上升，而技术效率的上升主要是由于纯技术效率的上升。整体上的全要素生产率改善状况给出了样本期内海峡西岸城市群城市发展总体健康程度的评价，这说明海峡西岸城市群总体上不仅注重技术革新和技术引进，而且能够对现有的技术能量水平进行充分挖掘，不断优化资源配置，提升技术效率。城市群 20 个城市中 12 个城市的经济进步是伴随着全要素生产率的改善完成的，是技术变化和技术效率综合改善的结果，而并非只是投入型增长，但个体间差异较大。

（4）从人均 GDP 的空间分布来看，厦门、漳州、泉州与城市群内其他地区相比，经济发展水平高值集聚特征明显，表明"厦漳泉都市圈"的经济协同发展的效果明显。粤东 4 个城市的人均 GDP 都表现为低值集聚特征，经济发展都受到相邻落后地区的影响，亟须改变发展方式建立发展同盟。

建设海峡西岸城市群的构想提出之后，城市群城市之间的经济合作交流更加紧密，区域整体经济发展的空间相关性呈现出上升趋势。从海峡西岸城市群的平均水平来看，技术选择指数的提高对城市经济发展具有正向促进作用，且提升某一城市的资本劳动比的技术选择决策将显著促进邻近城市的经济发展。全国整体经济发展也会推动海峡西岸城市群的总体产出上升，并通过相邻城市的经济合作得到进一步增强。非沿海城市的经济发展受全国整体经济发展的推动作用较强，表明全国经济的发展对海峡西岸城市群的非沿海城市经济的带动作用较强。总体上海峡西岸各城市的经济发展存在竞争关系。人均 GDP 较高的发达城市倾向于争夺周围城市的发展资源。全国整体的经济发展对各城市的经济发展都具有促进作用。

2008 年金融危机发生后，海峡西岸城市群的发展模式发生了重大改变，各城市的经济增长仅受到本城市的技术选择影响，相互之间的空间效应减弱。这种现象的出现，主要可能因为城市群内各城市在后危机期间选择了差异较大的发展模式，偏重不同的经济增长路径，因此邻近城市的技术选择决策难以相互影响，也说明了海峡西岸城市群缺乏统一的部署与规划，造成城市群内各城市的协同发展能力削弱。另外，2008 年金融危机后海峡西岸城市群内的经济竞争趋缓。

对于海峡西岸城市群中的沿海城市，资本深化对经济发展的促进作用较强，应当首先着重致力于本地区资本劳动比水平的提高以促进经济的快速发展，即积极发展劳动力节约型技术进步。而对于非沿海城市，由于空间溢出效应的存在，各城市应加大资源技术投入，同时大力发展区域性合作关系，主要是承接沿海城市的产业转移，通过恰当的资本劳动比水平，在促进本地区经济发展的同时，促进合作区域的经济共同进步。

（5）海峡西岸城市群中的沿海城市要把加速城镇化发展的着力点放

在第三产业，努力建立起城市群内部适合自身经济发展的第三产业协调发展机制。把从传统的商业流通服务活动扩展到生产性服务等领域，甚至进一步延伸至生活消费服务部门。推动第三产业服务活动专业化分工，避免同质化竞争，实现城市间优势互补促进城镇化良性发展。

非沿海城市则更应当注重提高教育水平与人力资本积累，完善基础设施建设，加强城市之间第二产业的分工合作，提升第二产业的规模与质量。改变农村地区长期以第一产业为主的传统产业结构，开辟由单一的农村农业经济向三大产业综合发展的农村工业化道路，加速工业化进程，提高自身城镇化水平。

城市基础设施建设在任何时候都是一个城市建设和发展的物质基础。基础设施互联互通，是加快城市群建设的重要支撑。城市群依托发达的交通通信等基础设施网络所形成的空间组织紧凑、经济联系紧密，最终可实现高度同城化和高度一体化的城市群体，对于推进城镇化意义十分重大。

应努力构建跨区域的产业协作体系。一方面，构建闽、浙、赣、粤4省20个城市的制造业、物流业和旅游业协作体系，充分结合当地的实际情况，依托对台优势和连接内陆地区出海口的重要地理功能，联合招商引资，建设物流通道，整合旅游资源，促进生产要素集聚，协作项目对接，优化产业垂直和水平分工。另一方面，构建海峡西岸城市群生产要素交流平台和生态协作体系，建立信息资源共享网络，推动电子商务和信息化建设，各个地方政府联手制定环境保护的行动规划，形成区域联动、共同开发、共同治理、共同保护的长效机制。

（6）海峡西岸城市群的产业结构升级和城镇化具有强正相关关系，城市群产业结构升级的空间分布存在高度集聚现象；城镇化水平对产业结构升级具有倒"U"形的正向影响关系；城镇化水平对产业结构升级的影响受产业结构升级水平高低的影响。当产业结构升级水平达到一定程度时，以廉价劳动力为"人口红利"的城镇化水平对产业结构升级的影响减弱甚至会抑制产业结构的升级。海峡西岸城市群产业结构升级的动力不仅来源于城镇化水平的发展，还需要依赖经济发展水平、金融发展水平和固定投资水平的发展。

（7）海峡西岸城市群的东、中、西三大功能区在生态环境的各个效率评价上，呈现出一种东部功能区处于引领地位、中部功能区加快步伐追赶、西部功能区增长相对缓慢且有小幅滑落的现象。无论是海峡西岸城市群的东部、中部和西部功能区之间，还是各功能区内部之间，生态技术效率、生态纯技术效率和生态规模效率均存在着明显的地区差异，差异化程度也各不相同，其中西部功能区的差异化程度远远大于东部和中部功能区。海峡西岸城市群东部、中部及西部功能区的波动趋势也反映出其内部功能区中各个城市生态环境建设的不均衡，如何实现功能区之间的生态协调发展将是城市群发展面临的一个重要问题。

海峡西岸城市群各城市促进产业结构调整和优化，引进先进技术和管理理念，采取低碳节能环保的措施来推动经济增长，能有效地减少资源浪费，提高生态效率。海峡西岸城市群各城市教育的普及和人均受教育程度的提高未能有效降低工业中的废水废气排放量，可能是因为工业企业还不能很好地采取各种节能环保措施降低能耗，也可能是因为工业企业环保意识不足，还可能是工业企业技术管理水平不足，应给予重视。教育的普及和人均受教育程度的提高能显著提高民众环保意识，人均受教育水平的提升也会提高技术水平，两者共同带来生活和生产中污染排放减少和节能环保，有效地改善生态环境，提升生态效率水平。如何高效地利用财政环保支出将是海峡西岸城市群提高生态效率必须重视的问题。样本期内生态效率 Malmquist 指数呈现波浪式的上升趋势。生态效率的改善主要是生态技术进步和生态技术效率共同作用的结果。另外，研发强度的提升对海峡西岸城市群的生态效率提高产生显著的影响。

科技活动经费内部支出额、财政科技投入额以及 R&D 内部支出额是影响福建省各城市科技效率的重要因素。在产出指标分析中发现，科技投入产出效率对高新技术产业产值与科技论文数这两个指标较敏感。福建省的城市平均科技生产力存在很大的波动性。从其增长结构来看，科技技术效率指数表现得比较稳定，科技技术进步指数呈现大起大落状态。科技技术进步对生产力的拉动仍需得到进一步加强与巩固，应加大科技研发投入和强化科技引进创新，并注重吸收创新。集成创新始终对福建省自主创新的 TFP 指数的提高起着正面促进作用。积极提升研发技术可以为生态经济发展提供技术支撑。政府作为生态系统良好运行的主导者，应起引导和联结企业与研发机构的作用，是增强海峡西岸城市群生态技术创新能力的推动者。政府可以建立生态技术专项研发基金，加大对技术研发的投入，积极与研发机构、企业建立起密切的关系，结合当地的实际情况培养造就一批实用型科研人才，同时加强与国内外发达地区的技术交流，节约资源，提高产业和产品的科技含量和使用效率。

（8）海峡西岸城市群进行污染治理会对总体经济增长产生正相关的影响，总体上环境绩效和经济绩效可以同时达到。海峡西岸城市群每个城市环境规制水平对经济发展产生不同的推动作用，各城市政府应针对本城市情况制定不同的环保政策。海峡西岸城市群环境规制水平对中介变量产业结构影响显著。中介变量产业结构对因变量经济增长的作用也是显著的。海峡西岸城市群环境规制主要是通过影响产业结构来进一步影响经济增长。

福建省产业结构冲击对生态环境质量变化的贡献率远远小于生态环境冲击对产业结构变化的贡献率，产业结构效益的变化更多是由生态环境质量的冲击引起的。福建省产业结构效益和生态环境质量两者当中，生态环境质量是第一位的。在产业选择时，必须以低碳发展为导向。坚持传统产业高端化和高碳产业低碳化。坚持以节约能源资源和保护生态环境为切入点，积极促进产业结构优化升级。

二 研究方法

本书研究采用的数据来源有《中国城市统计年鉴》、海峡西岸城市群涉及的 4 个省份的省级统计年鉴、海峡西岸城市群 20 个城市的市级统计年鉴和相关城市经济和社会发展统计公报等。本书应用定性与定量相结合的研究方法，需要进行统计分析和计量建模。第二章主要运用因子分析法。第三章主要运用城市流强度模型、基尼系数分解方法进行统计分析。第四章在产业结构对经济增长贡献分析中运用空间统计方法和空间面板模型，主要运用偏离－份额分析方法空间模型。第五章测算 TFP 主要运用状态空间模型和非参数 DEA 方法度量 Malmquist 指数，在技术选择相关问题中运用空间统计方法和包含空间滞后与空间误差的空间面板模型。第六章主要运用空间面板模型。第七章主要运用固定效应面板模型和面板分位数模型。第八章主要运用多种 DEA 方法和面板 Tobit 模型等。第九章主要运用中介效应模型、空间面板模型和向量自回归模型等。

第一篇

经济一体化

本书的第一篇"经济一体化"是具有总括性地位的重要篇章。参考ACEP测算涉及的指标，结合方创琳提出的六大一体化涉及的 6 个方面的问题，本研究首先设计 10 个指标体系，代表海峡西岸城市群为了实现经济一体化目标所要做的 10 个方面的努力，分别包括人力资本、金融资本、科学技术、产业结构、基础设施、生态环境、政府管理、对外开放、经济实力和城乡发展水平。与 ACEP 指数有关的四个方面，有关经济集聚度（A）概念，本研究在第三章的第一、二节从不同角度计算海峡西岸城市群的区位商，探索经济集聚度问题；有关区域连接性（C）概念，本研究设计基础设施的指标体系；有关经济均等化（E）概念，本研究在第三章的第四节以人均 GDP 的基尼系数方法分析海峡西岸城市群 20 个城市的经济均等化问题；有关政策协同性（P）概念，本研究设计政府管理能力指标体系。为了综合分析城市群要达到经济一体化所进行的 10 个方面的努力，本研究对这 10 个方面的指标体系运用因子分析法建立海峡西岸城市群综合竞争力评价模型。在此基础上，计算海峡西岸城市群各个城市的综合得分，对其进行量化测度，以反映海峡西岸城市群各个城市的综合竞争力。最后分析典型城市发展的优势和劣势，找出拖累城市群经济一体化的影响原因。本研究在第三章分析海峡西岸城市群经济一体化的经济集聚情况、基于产业细分的经济集聚扩散和经济均等化等方面的问题。基于分析结果，提出如何提升海峡西岸城市群经济一体化程度的建议。

第二章　海峡西岸城市群的经济一体化发展研究

对于社会构成较为复杂、经济发展水平差异较大的海峡西岸城市群来说，经济一体化不仅有助于改善欠发达城市的经济发展状况，实现各城市之间的协同发展，而且有助于提升海峡西岸城市群的整体实力，消除木桶理论的"短板效应"。因此，必须首先测算海峡西岸城市群各个城市之间的竞争力，找出影响经济一体化的城市及制约该城市发展的因素。本章从《中国城市群一体化报告》中关于海峡西岸城市群的分析入手，介绍海峡西岸城市群一体化的发展状况以及在中国城市群中的基本地位。接着本研究结合海峡西岸城市群发展的数据特征，依据海峡西岸城市群经济发展的基本要求，构建城市竞争力指数，进行海峡西岸城市群各城市竞争力的总体比较。然后设计10个指标体系代表海峡西岸城市群为了实现经济一体化目标所要做的10个方面的努力，运用因子分析法建立海峡西岸城市群综合竞争力评价模型。在此基础上，计算海峡西岸城市群各个城市的综合得分，对其进行量化测度，以反映海峡西岸各城市的综合竞争力。分析典型城市发展的优势和劣势，找出拖累城市群经济一体化的影响原因。区域一体化最终不是消除区域内差异，而是提升区域整体的竞争力水平。

第一节　海峡西岸城市群一体化的发展状况分析

经济一体化包括广义和狭义的经济一体化。广义的经济一体化即世界经济一体化，指世界各国经济之间彼此相互开放，形成相互联系、相互依赖的有机体。狭义的经济一体化即本书所关注的地区经济一体化，指区域内两个或两个以上国家或地区，在一个由政府授权组成的并具有超国家或地区性的共同机构下，通过制定统一的对内对外经济政策、财政与金融政策等，消除国家或地区之间阻碍经济贸易发展的障碍，实现区域内互利互惠、协调发展和资源优化配置，最终形成一个政治经济高度协调统一的有机体的过程。从本质上讲，经济一体化是通过消除阻碍商品和要素自由流动的人为因素，通过机制创新政策协调创造和谐的空间经济结构。城市群发展的关键在于一体化。城市群的一体化依托区域内城市之间基础设施和制度的衔接，促进资源要素在更大区域范围内的快速流动和优化配置，促进区域内各城市的分工协同，提高区域整体的生产率和均衡发展水平，最终要形成高度同城化和高度一体化的城市群体。

2017 年 4 月清华大学和麦肯锡公司发布 2016 城市可持续发展指数（USI2016），通过对经济、社会、资源、环境等方面共 23 个指标的计算分析，对全国主要城市群在 2006 年到 2014 年期间的整体可持续发展水平进行了研究。海峡西岸城市群排名第 5 位。其中，分块排名分别为社会（8）、经济（10）、资源（6）、清洁（5）及建成规模（3）。排名前 4 位的城市群分别为珠三角、长三角、山东半岛、辽中南城市群。

2019 年 3 月 18 日，中国发展研究基金会发布的《中国城市群一体化报告》对涵盖我国 157 个地级以上城市、19.57% 的国土面积、82.02% 的 GDP 和 63.07% 的人口的 12 个大型城市群的一体化水平进行评估，分别是：长三角、京津冀、珠三角、中原、海峡西岸（台湾海峡西岸）、成渝、山东半岛、辽中南、哈（尔滨）长（春）、长株潭、武汉和关中城市群。报告显示，2006 年至 2015 年的 10 年间，这 12 个城市群占全国经济的份额增加了 10 个百分点以上，这反映出经济活动向城市群集中的趋势，城市群地区比别的地区增长更快、更有活力。其中，长三角、成渝、京津冀、中原和海峡西岸城市群的经济份额增长最多。报告中对京津冀城市群、粤港澳大湾区和长三角城市群进行详细 ACEP 指数分析。

2019 年 7 月恒大研究院《中国城市群发展潜力排名：2019》研究报告指出，基于恒大研究院在 2019 年 4 月《中国城市发展潜力排名：2019》研究报告中提出的"基本面 + 市场面"两个层面 27 个指标分析，对中国规划建设的 19 个城市群的发展潜力进行排名，并对长三角、珠三角、京津冀、成渝、长江中游 5 大最具发展潜力的城市群进行详尽的分析。海峡西岸城市群在 19 个城市群中排名第 6 位。参考世界城市群发展划分的雏形发育期、快速发育期、趋于成熟期和成熟发展期四个阶段，海峡西岸城市群处于快速发育期。处于这个发展阶段的城市群的普遍特点是中心城市部分产业和非核心功能向周边小城市扩散，都市圈逐渐形成，城镇化水平快速提升，分工体系开始形成，区域基础设施处于快速建设期。

恒大研究院《中国城市发展潜力排名：2019》研究报告指出，以中心城市为引领的都市圈城市群是支撑中国经济高质量发展的主要平台，是中国当前以及未来发展的重点。《中国城市发展潜力排名：2019》对全国除三沙市外的 336 个地级行政单元的发展潜力进行客观排名，海峡西岸城市群的 20 个城市中有 7 个进入百强。其中，厦门排名第 18 位，福州排名第 23 位，温州排名第 24 位，泉州排名第 37 位，汕头排名第 62 位，莆田排名第 76 位，漳州排名第 88 位。恒大研究院对 2019 年中国 24 个人口千万级大都市圈的发展潜力进行排名，隶属海峡西岸城市群的"厦漳泉都市圈"在 24 个都市圈的发展潜力排名位居第 15 位。报告中采用区域经济－人口比值指标（区域经济份额与人口份额之比）来衡量人口和产业向大都市圈集聚的情况。比值大于 1 预示着该区域人口净迁入，表示该都市圈会吸引人口持续流入。"厦漳泉都市圈"的区域经济－人口指标值介于 1.2~1.5 之间，表明"厦漳泉都市圈"会吸引人口持续流入。根据都市圈的经济产业实力以及圈内中心城市对周边城市的带动作用，将 24 个人口千万级大都市圈分为发达型、崛起型、起步型三类。"厦漳泉都市圈"属于崛起型都市圈，2018 年该类崛起型都市圈的特点是 GDP 大多在 1 万亿元以上，但多数都市圈的中心城市尚处于虹吸阶段，中心城市与几乎所有周边城市的人均 GDP 差距都在扩大。该类崛起型都市圈未来将向发达型都市圈发展，都市圈内部分周边城市与中心城市差距相对较小、且近年呈持续缩小态势。报告中还提出，"厦漳泉都市圈"还没有明确的中心城市。截至 2019 年 12 月底，海峡西岸城市群 20 个城市中还未有一座城市跻身"万亿 GDP 俱乐部"。2019 年海峡西岸城市群的主体省份福建省的 GDP 突破 4 万亿元，达到 4.24 万亿元，排名全国第 8 位，相比 2018 年上升两个名次。GDP 增量排名全国第 3 位，仅次于广东省和安徽省。

人均 GDP 达到 10.71 万元，仅次于江苏省和浙江省。

关于城市群一体化程度测算的 ACEP 指数，本研究结合《中国城市群一体化报告》的研究数据结果，对海峡西岸城市群的发展现状进行分析。

一　人口与经济活动向城市群地区集聚

经济集聚度（A）用区域经济份额和经济密度两个指标对比，后者用地区生产总值与国土面积之比来衡量。从各城市群经济份额变化的情况看，2006 ~ 2015 年 10 年间海峡西岸城市群在 12 个城市群中的经济份额有所上升，从 2006 年的 5.37% 上升到 2015 年的 6.44%，上升了 1.07 个百分点。从经济份额的绝对增长方面看，海峡西岸城市群的经济份额增长超过 1%，在 12 个城市群里排名第 5 位。与经济活动密切相关的是人口在城市群地区的集聚。从城市群人口份额看，海峡西岸城市群人口占比从 2006 年的 6.48% 上升到 2015 年的 6.60%，上升了 0.12 个百分点。人口份额和经济份额变化速度的差异，意味着海峡西岸城市群的人口吸纳潜力尚未得到充分发挥。

从经济密度看，海峡西岸城市群的经济密度从 2006 年的 565 万元/平方千米上升到 2015 年的 1482 万元/平方千米，上升幅度为 162.3%；相对人口密度从 2006 年的 2.27% 上升到 2015 年的 2.32%，增加了 0.05，经济增长人口弹性为 0.11，在 12 个城市群中排名第 5 位，可以看出海峡西岸城市群有较好的经济增长包容性。这意味着，如果经济份额和人口份额的弹性关系不变，海峡西岸城市群占全国的经济份额提高 1%，则城市群人口份额也会提高 0.11%。

二　客运和货运

区域连接性（C）用区域交通网络的客流和物流的密度来表示。按可比口径，10 年间，12 个城市群的客运量从 142.6 亿人次上升到 332.1 亿人次，货运量从 129.1 亿吨上升到 326.2 亿吨，分别增长了 123.88% 和 152.71%。客运量和货运量之比从 1.1 下降为 1.02。相比海峡西岸城市群的客运量从 12.7 亿人次上升到 21.48 亿人次，货运量从 9.69 亿吨上升到 22.1 亿吨，分别增长了 69.16% 和 128.47%。客运量和货运量之比从

1.31 下降为 0.97，下降幅度在 12 个城市群排名第 2 位，意味着海峡西岸城市群制造业相对地位上升和服务业比重下降。

三　区域经济差距

经济均等化（E）用 1 减去区域内各城市的人均 GDP 基尼系数来表示。E 值增大，表示城市群内区域发展差距在缩小。10 年间，海峡西岸城市群的人均 GDP 基尼系数从 0.2602 下降为 0.2458，在 12 个城市群中从小到大排名第 7 位。E 值有所增加，表明海峡西岸城市群内的区域发展差距在缩小，经济均等化加快。城市群内区域发展差距的缩小提供了重要的政策启示。如果城乡和区域发展差距扩大，会制约经济社会发展可持续性。要推动经济发展的包容性，依托城市群推动城乡和区域经济均衡发展，是一个值得考虑的政策选择。

四　区域财政支出差距

政策协同性（P）用 1 减去区域内各城市的人均财政支出的基尼系数来表示。P 值升高，表明区域内的协同障碍在缩小。公共财政支出差距可以刻画区域之间的制度和政策差异。政府的公共支出转化为基础设施和各类公共服务，这些服务对资源要素的流动具有重要的影响。如果区域内公共支出差距越大，则资源要素更有可能流向高公共支出的区域，造成内部发展差距的拉大。此外，如果区域内公共支出差距越大，则公共服务水平相差也越大，要协同各子区域政策的经济和行政成本也越高。10 年间，海峡西岸城市群的人均财政支出基尼系数从 0.2355 下降为 0.1699，在 12 个城市群中从小到大排名第 7 位。P 值有所增加，表明海峡西岸城市群的区域内协同障碍不断缩小，财政均等化加快。分析还表明，海峡西岸城市群的财政支出差距相对于经济发展差距在变小，财政均等化速度快于经济均等化速度。

总体上，海峡西岸城市群的一体化指数水平在报告期内得分约为15～25 分，在 12 个城市群里处于第三梯队，高于垫底的哈长和关中城市群，与成渝、长株潭、武汉 3 个城市群得分相近。从一体化指数水平的驱动因素上看，12 个城市群总体上，经济集聚贡献占 55.75%，连接性的贡献占

41.29%，经济均等化 1.50%，政策协同 1.46%。从《中国城市群一体化报告》中的图表上看，对海峡西岸城市群一体化指数提升贡献中，经济集聚贡献占 60% 以上，略高于全国平均水平，连接性的贡献占 37% 左右。

从 2006~2015 年海峡西岸城市群的总体表现看来，虽然海峡西岸城市群在经济份额增长额方面表现较好（在该报告中评价为属于经济份额增长额最多的城市群之一）。但是，人口份额和经济份额变化速度的差异，意味着海峡西岸城市群的人口吸纳潜力尚未得到充分发挥。经济增长人口弹性仅仅为 0.11，也表明海峡西岸城市群总体的人口虹吸能力有限。区域连接性分析也表明海峡西岸城市群的制造业相对地位上升和服务业比重下降，而服务业是吸纳劳动力的重要蓄水池，制造业相对地位上升而服务业的相对地位下降也意味着城市群对人口的吸引力相对减弱。要强化中心城市的吸引力，才能够形成人口和经济双轮驱动的正向循环。

第二节　海峡西岸城市群经济一体化的指标体系分析

以 ACEP 测算涉及的指标为主要参考，本研究设计了 10 个指标体系代表海峡西岸城市群为了实现"经济一体化"目标所要做的 10 个方面的努力。为了综合分析城市群 10 个方面的努力，本研究对这 10 个指标体系运用因子分析法建立了海峡西岸城市群综合竞争力评价模型。在此基础上，计算海峡西岸城市群各个城市的综合得分，对其进行量化测度，以反映城市群各城市的综合竞争力。最后，分析典型城市发展的优势和劣势，找出拖累海峡西岸城市群经济一体化的影响原因。

2019 年 6 月 24 日，中国社会科学院和经济日报社共同发布《中国城市竞争力第 17 次报告》（2018 年版）。在全国综合经济竞争力前 100 名城市排名中，厦门位列第 17 位，泉州位列第 31 位，福州位列第 36 位，温州位列第 49 位。同年 11 月发布的《中国城市全面建成小康社会监测报告2019》，根据经济发展、人民生活、文化建设、生态环境、城市治理五大领域进行监测，形成系列小康评价指数，从 657 个地级市（含副省级城市）中评选出"全面小康指数 100 强城"。全面小康指数是在国家提倡全面建设小康社会和谐社会的指导思想下形成的综合指标。海峡西岸城市群的 20 个城市中，12 个城市位列百强之中。其中，厦门位列第 13 位，温州位列第 27 位，福州位列第 30 位、泉州位列第 41 位，丽水位列第 45 位，衢州位列第 36 位，龙岩位列第 63 位、三明位列第 67 位，莆田位列第 65 位、鹰潭位列第 86 位，漳州位列第 84 位。可见，近年来海峡西岸城市群总体水平在全国范围内有一定的提升。

城市竞争力这个概念，容易理解但是很难精确把握，虽然有许多学者对此进行了深入的研究，但是至今都没有给出一个严格的理论模型。不过，近期研究普遍认同产业体系是城市竞争力的关键因素。波特从产业体系角度分析了一个国家的竞争力水平，认为生产要素、市场需求、相关产业、企业策略与竞争对手等因素具有关键性的作用，并通过对以上因素的分析形成了对国家竞争力水平的判断，并且波特同时认为对于国家竞争力的分析同样适用于次级经济主体。所以，研究城市竞争力也可以从产业体系的角度出发，分析具有关键作用的因素来得出城市竞争力水平的判断。

海峡西岸城市群是海峡经济区的核心地区，在国家政策的支持下，城市发展、经济合作、对台交流等都会取得更快更好的进展。2009 年 12 月，住房和城乡建设部正式批复《海峡西岸城市群发展规划》。规划确定了海峡西岸城市群发展总目标：将海峡西岸城市群建设成为促进祖国统一大业的前沿平台，推动国际合作的重要窗口，衔接长三角、珠三角，辐射中西部的沿海增长极，两岸文化交融、社会和谐的示范区，践行科学发展观的先行区。为了达成这一伟大目标，对海峡西岸城市群城市竞争力水平进行测度具有重要的意义，通过对海峡西岸城市群的城市竞争力水平测度，不仅可以反映出各个城市的发展状况，还可以反映出各个城市发展的差异性，体现城市发展的快慢，找出拖累海峡西岸城市群经济一体化的影响原因，为政府政策的提出和实施提供事实依据，具有较大的现实意义。

一　海峡西岸城市群城市竞争力指数分析

每个城市创造价值的能力和效率都不一样，如何比较城市创造价值的能力和效率又成为一个研究重点。根据前面对城市竞争力的描述，本研究认为由 GDP、人均 GDP 和 GDP 增长率这三个指标构成的综合指数能够较好、较恰当地反映城市竞争力。GDP 是城市在一定时期内的总体经济规模，体现一个城市创造更多价值收益的能力；人均 GDP 是城市在核算期内实现的国内生产总值与其户籍人口的比例，体现一个城市为居民有效地创造价值收益的能力；GDP 增长率反映城市的经济增长速度，体现一个城市为居民更快地创造价值收益的能力。综合以上所述，由 GDP、人均 GDP 和 GDP 增长率这三个指标构成的综合指标能够综合反映城市价值收益的规模、效率和速度，体现城市为居民更多、更有效、更快地创造价值、创造收益、提高居民福利水平的能力，所以是一个较好的指数。由于各个数据的单位不同，所以本研究采用阈值法对数据进行标准化处理，具体为 $x_i = (X_I - X_{min}) / (X_{max} - X_{min})$。其中，$X_i$ 为原始值，X_{max} 和 X_{min} 分别为样本最大值和最小值，x_i 为标准化后的值。处理之后，所有的数据变为无量纲数据，取值均在 ［0，1］ 之间。借鉴国内外学者的做法，采用平均加权法进行测算，GDP、人均 GDP 和 GDP 增长率经过阈值法标准化之后的值用算术平均法获得。

本研究选取 2001～2015 年的海峡西岸城市群 20 个城市的数据，由于 2001～2005 年、2006～2010 年和 2011～2015 年是我国第十个、第十一个和第十二个五年计划时期，所以将 2001～2015 年的城市 GDP 数据按照五年计划的时期分为三个时间段，再对这三个时间段的城市竞争力以及排名情况进行分析，能够在较大程度上体现出这 20 个城市在三个五年计划期间经济发展状况。本研究计算出三个时间段内各城市竞争力水平并整理如下（见表 2－1）。

表 2－1　2001～2015 年海峡西岸 20 个城市的城市竞争力指数以及排名变化

城市	t1 指数均值	t1 排名	t2 指数均值	t2 排名	t3 指数均值	t3 排名	t1 排名变化	t2 排名变化
福州	0.6275	3	0.5472	3	0.7412	1	0	2
厦门	0.7684	1	0.6021	2	0.6682	3	-1	-1
莆田	0.2889	13	0.2714	8	0.4622	6	5	2
三明	0.3007	11	0.3381	5	0.4522	7	6	-2

续表

城市	t1 指数均值	t1 排名	t2 指数均值	t2 排名	t3 指数均值	t3 排名	t1 排名变化	t2 排名变化
泉州	0.6342	2	0.6032	1	0.7389	2	1	−1
漳州	0.3482	5	0.3155	7	0.5130	5	−2	2
南平	0.2291	19	0.2170	15	0.3754	10	4	5
龙岩	0.3170	8	0.3327	6	0.4519	8	2	−2
宁德	0.2482	16	0.2208	14	0.4389	9	2	5
温州	0.5734	4	0.4696	4	0.5368	4	0	0
丽水	0.3326	6	0.2049	16	0.2734	16	−10	0
衢州	0.3258	7	0.2571	9	0.2387	17	−2	−8
汕头	0.2915	12	0.2226	13	0.2739	15	−1	−2
梅州	0.2461	17	0.1266	20	0.1514	20	−3	0
潮州	0.1918	20	0.1591	19	0.2189	19	1	0
揭阳	0.2333	18	0.2458	12	0.3048	12	6	0
鹰潭	0.3067	9	0.2534	10	0.3544	11	−1	−1
赣州	0.2520	15	0.2520	11	0.2742	14	4	−3
抚州	0.2543	14	0.1691	18	0.2359	18	−4	0
上饶	0.3035	10	0.2047	17	0.2760	13	−7	4

其中，t1 指数均值表示 2001～2005 年海峡西岸 20 个城市的城市竞争力指数的均值，t2 指数均值表示 2006～2010 年城市竞争力指数的均值，t3 指数均值表示 2011～2015 年城市竞争力指数的均值，t1 排名变化表示从 2001～2005 年时间段到 2006～2010 年时间段海峡西岸各个城市的城市竞争力指数排名的变化，正数表示排名前进，负数表示排名退后，0 表示排名不变。t2 排名变化表示 t2 到 t3 的排名变化。

从表 2-1 可以看出，在这三个五年计划期间，福建省各个城市的表现尤为亮眼，2011～2015 年阶段，福建省 9 个城市的城市竞争力平均指数值均排在前 10 位，在海峡西岸城市群 20 个城市中，福建省总体城市竞争力水平一直在上升。其中，莆田、南平和宁德的发展表现十分突出，在三个五年计划时期内，在排名上分别前进了7位、9位和7位，具有较大的发展潜力；福州、厦门和泉州在海峡西岸城市群中起着领头的作用，城市竞争力平均指数一直排名前3位。

反观浙江省的3个城市，虽然温州市在三个五年计划时期内排名稳定，城市竞争力指数排名一直处于第4位，在2001~2005年这段期间，衢州和丽水的城市竞争力平均指数排名均在前10位，但经过了两个五年计划时期后，衢州和丽水的城市竞争力相比于城市群中的其他城市，下降比较明显，这两个城市的排名均倒退了10位，分别为第17位和第16位，导致浙江省3个城市总体城市竞争力水平在整个城市群中有下降的趋势，值得重点关注。

再看江西省的4个城市和广东省的4个城市，除了揭阳的城市竞争力指数表现比较突出，2006~2010年在城市竞争力平均指数的排名上前进了6位，其他城市的城市竞争力平均指数排名在三个五年计划时期内变化不大，整体上的排名小幅退步。江西省和广东省的相关城市总体排名比较靠后，需要加快发展，借鉴城市竞争力排名靠前的城市发展经验，跟上海峡西岸城市群整体的前进步伐。

从城市竞争力指数分析看来，2011~2015年这段时期，福建省各个城市的表现尤为亮眼，福建省9个城市的城市竞争力平均指数值均排在前10位，在海峡西岸城市群20个城市中，福建省总体城市竞争力水平一直在上升，这是可喜的现象。海峡西岸城市群的5个中心城市中，温州排名一直都是第4位，汕头在20个城市中排名进不了前10位且排名靠后；其他15个城市中衢州在第三阶段退步较多，丽水在第二阶段退步较多，揭阳在第二阶段进步较多。

二　海峡西岸城市群指标体系的构成与解析

城市竞争力因子分析模型的应用对变量指标的选取要求很严格，若选取不得当，将对各城市竞争力的综合排名产生很大影响，因此在进行城市竞争力评价之前，首先要确立一套完整的指标体系。遗憾的是，目前学术界对于城市竞争力的评价指标体系设计还没有制定统一的标准，对于这个问题的研究，仁者见仁，智者见智。国际上比较权威的评级机构有日本森纪念财团、世界知名杂志英国《经济学家》和瑞士达沃斯世界经济论坛等。森纪念财团从经济、研发、文化互动、宜居、环境和方便度6个方面的70个指标来分析竞争日益激烈的全球城市的优势和劣势。英国《经济学家》杂志则选取经济竞争力、人力资源、金融产业成熟度、机构效率、硬件建设、国际吸引力、社会与文化特质、环境与自然危害等31个指标来反映城市竞争力。瑞士达沃斯世界经济论坛选取制度、基础建设、科技发展、生产力、教育培训、劳工市场效率等12个不同因素来进行评价。彼得参考现代经济增长理论，选择了一套解释城市竞争力的变量：城市竞争力=f（经济因素，战略因素）。其中，经济因素=生产要素+基础设施+区位+经济结构+城市环境，战略因素=政府效率+城市战略+公私部门合作+制度灵活性。丹尼斯的大都市模型以国际性城市作为标准来进行分析，他认为大都市的国际竞争力=f（U，N，T，F）。其中，U指城市环境，为都市的商业活动如对外贸易和对外投资提供基础；N指影响都市国际竞争力的国家因素；T指对国际贸易条约依附程度；F指当地企业和产业的国际竞争力。国内大量学者结合中国实际，构建了适合中国城市发展特点的指标体系，比较著名的是以倪鹏飞教授为首的研发团队提出的城市竞争力评价指标体系。该指标体系包括经济、社会、环境和文化4个系统，由综合经济竞争力、人力资本教育竞争力等10项一级指标、50项二级指标和216项三级指标综合计算而成。王秉安、罗建成等选取经济发展竞争力、环境发展竞争力和社会发展竞争力3个二级指标对福建省各个城市的竞争力进行综合评价。其中，经济发展竞争力由经济水平竞争力、经济结构竞争力、经济效益竞争力和经济增长竞争力4个三级指标构成；环境发展竞争力由自然资源竞争力、资源消耗竞争力、基础设施竞争力和环境保护竞争力4个三级指标构成；社会发展竞争力由生活质量竞争力、教育科技竞争力、社会稳定竞争力和文化事业竞争力4个三级指标构成。

以ACEP测算涉及的指标为主要参考，结合国内外学者提出的具有代表性的城市竞争力评价指标体系和海峡西岸城市群的发展特点，并根据海峡西岸发展的基本要求，经过多次反复循环筛选的过程，系统综合地进行变量的选取，并依据实际可获得的数据对所选的指标进行调整，本研究构建了一套更能体现海峡西岸城市群为了实现经济一体化目标要做的 10 个方面的努力的指标体系。该体系设计了 4 个层次。其中，第一层次为总目标层；第二层次为要素层，包括人力资本、金融资本、科学技术、产业结构、基础设施、生态环境、政府管理、对外开放、经济实力和城乡发展水平 10 个二级指标；第三层次为复合指标层，包括 32 个三级指标；第四层为具体指标，包括 84 个四级指标。对各个层次分别做如下解释。

（1）人力资本竞争力

经验研究告诉我们，经济增长的动力三分之一是物质资本的投入，三分之二的动力是来自于人力资本的更高劳动生产率。由此可见，人力资本是经济增长的重要源泉，是城市发展的重要战略资源，决定城市未来发展的潜力。基于此，根据数据资料的可得性，本研究从人力资本数量指数、质量指数、配置指数、需求指数和教育指数 5 个方面，选取 10 项具体指标来反映海峡西岸城市群 20 个城市的人力资本情况，以此衡量各城市的人力资本竞争力。

①数量指数

数量指数通过选取总人口数和人口自然增长率两个指标来反映。其中，总人口数是指常住人口数，常住人口是指一个城市内实际居住的人口，既包括户籍且实际在住的人口，也包括无户籍但实际在住的人口（外来人口）。由于改革开放以来，海峡西岸城市群各个城市之间的联系越来越紧密，生产要素在城市群之间不停地流动。这些无户籍但是常年住在城市的人口客观上对当地社会和经济的发展产生了重要影响，因此选择常住人口数更能体现城市的人口规模。人口自然增长率则反映一个城市的人口增长速度，是城市未来发展的重要影响因素。

②质量指数

质量指数通过选取从业人员文化素质和创业人员指数两个指标来反映。其中，从业人员文化素质是指大专以上人数占总人数的比重，用来衡量城市就业人员的整体素养。创业人员指数是指城镇私营及个体从业人员占全部从业人员的比重，是衡量一个城市新经济发展活力的重要指标。

③配置指数

配置指数通过选取城镇登记就业率指标来反映。这一指标反映城镇劳动力资源的利用程度，即一定时期内城镇的从业人数在城镇可能参加社会劳动的人数中所占的比重，可以有效衡量城市劳动力资源的配置状况。

④需求指数

需求指数通过选取在岗职工平均工资和人均银行储蓄两个指标来反映。其中，在岗职工平均工资是指各国有经济、城镇集体经济和其他各种经济类型单位及附属机构的在岗职工得到的劳动报酬的平均数，反映城镇在岗职工的平均收入水平，用来衡量人力资源的基本成长需求。人均银行储蓄反映城市对资金的吸附能力，用来衡量人力资源的投资需求，其计算方法是用金融机构本外币存款总额除以年常住人口数。

⑤教育指数

教育指数通过选取成人高等教育在校人数、人均教育支出、教育规模这3个指标来表现。其中，成人高等教育是普通高等教育的有效补充，用来衡量教育体系的健全性。人均教育支出反映教育的投入力度，计算公式为公共教育支出除以年常住人口数。教育规模是指中等教育及以上的学生数占全部学生数的比重。

（2）金融资本竞争力

金融行业的发展对一个国家、地区、城市的发展具有重要战略意义。本小节从金融数量指数、速率指数、质量指数、保险指数和投入指数共5个方面选取10项具体指标来反映城市的金融资本竞争力，指标的具体解析如下。

①数量指数

数量指数通过选取金融机构本币存款余额和贷款余额两个指标来表现。其中，金融机构本外币存款余额反映一个城市对资金的吸附能力，吸收的存款越多，发放的贷款或者投资的资本就越多，因此可用来衡量资本供应量。金融机构本外币贷款余额是金融机构对社会的信贷投放规模，用来衡量资本的需求量。

②速率指数

速率指数通过金融机构存款余额增长率和贷款余额增长率两个指标来反映。其中，金融机构存款余额增长率反映资本供应的速度。金融机构贷款增长率反映资本需求的速度。

③质量指数

质量指数通过选取资本使用率和资本风险性两个指标来反映。其中，资本使用率是指金融机构贷款余额与存款余额的比重，用来衡量金融机构的盈利水平。资本风险性是指短期贷款占贷款总额的比重，用来衡量金融机构的经营风险。

④保险指数

保险指数通过选取保险密度和保险深度两个指标来反映。其中，保险密度是指保费收入与常住人口数的比例，反映国民参加保险的程度。保险深度是指保费收入占国内生产总值（GDP）之比，反映地区保险业在整个经济中的地位。

⑤投入指数

投入指数通过选取人员投入和资本投入两个指标来反映。其中，人员投入是指金融从业人员数占全部从业人员数的比重。资本投入是指固定资产投资中金融资本投入的比重。

（3）科技竞争力

本小节从科技投入指数和科技创新能力指数两个方面选取6项具体指标来衡量海峡西岸城市群科技竞争力，具体解释如下。

①科技投入指数

科技投入指数通过选取科技支出占GDP比重、科技支出占财政支出比重、人员投入、高等学校数共4个指标来反映。其中，科技支出占GDP比重用来衡量每单位的产出水平投入科技的资金数量。科技支出占财政支出比重用来衡量科技在地方政府财政支出中的地位。人员投入是指科学研究、技术服务人员占从业人员的比重，用来衡量城市科技的人力投入。高等学校数是指城市的大专及以上的学校数，用来衡量城市的科技发展潜力。

②科技创新能力指数

科技创新能力指数通过选取专利申请量和高新技术企业数两个指标来反映。其中，专利申请量是指专利机构受理技术发明申请专利的数量，是发明专利申请量、实用新型专利申请量和外观设计专利申请量之和，用来衡量技术发展活动的活跃程度。高新技术企业数是指通过科学技术或者科学发明在新领域中的发展，或者在原有领域中革新的企业数，用来衡量城市知识和技术密集程度。

（4）产业结构竞争力

本小节从产业结构高级化程度、产业结构转化速度和经济体系健全度指数共 3 个方面选取 8 项指标来反映城市产业结构竞争力，具体解释如下。

①产业结构高级化程度

产业结构高级化程度通过选取工业化程度、服务化程度和高科技化程度共 3 个指标来反映。其中，工业化程度是指第二产业增加值占 GDP 的比重，用来衡量城市的第二产业增加值对 GDP 的贡献。服务化程度是指第三产业增加值占 GDP 的比重，用来衡量城市的第三产业增加值对 GDP 的贡献。高科技化程度是指信息传输计算机服务和软件从业人员占全部从业人员数的比重，用来衡量高科技产业的人力投入。

②产业结构转化速度

产业结构转化速度通过选取产业结构提升率、农村居民恩格尔系数下降百分点、城镇居民恩格尔系数下降百分点和城镇化增长速率共 4 个指标来反映。其中，产业结构提升率是指第三产业增加值占 GDP 的比重增长率，用来衡量第三产业增加值的增长速度。农村居民恩格尔系数下降百分点是指农村居民食品支出总额占个人消费支出总额的比重的减少值，用来衡量农村居民生活贫困程度的变化。城镇居民恩格尔系数下降百分点是指城镇居民食品支出总额占个人消费支出总额的比重的减少值，用来衡量城镇居民生活贫困程度的变化。城镇化增长速率是指城镇人口与年常住人口的比重增加值，用来反映城市城镇化的变化程度。

③经济体系健全度指数

经济体系健全度指数通过选取每万人拥有的公交车辆数指标来反映，用来衡量城市体系的健全性。

（5）基础设施竞争力

城市基础设施建设是推进城镇化进程必不可少的物质保证，是实现国家或区域经济效益、社会效益、环境效益的重要条件，对城市经济的发展具有重要作用。本小节从道路交通设施、水电设施、文化娱乐设施、卫生设施、路网设施和信息技术基础设施共 6 个方面选取 12 项具体指标来衡量城市的基础设施竞争力，指标具体解释如下。

①道路交通设施

道路交通设施通过选取人均道路面积和每万人拥有公共汽车数量两个指标来反映。其中，人均道路面积是指每一位居民平均占有的道路面积，用来衡量城市道路面积的合理性。每万人拥有公共汽车数量是指城市内每一万人平均所拥有的公交车数量，用来衡量城市公交发展的水平。

②水电设施

水电设施通过选取人均用水量和人均用电量两个指标来反映。其中，人均用水量是指每人平均的生活用水量，用来衡量城市水资源量的丰富程度。人均用电量是指每人平均的生活用电量，用来衡量城市电力资源的丰富程度。

③文化娱乐设施

文化娱乐设施通过选取每百万人拥有剧场电影院数和每百人藏书量两个指标来反映。其中，每百万人拥有剧场影院间数反映城市的娱乐发展状况。每百人藏书量反映城市居民的阅读情况。

④卫生设施

卫生设施通过选取卫生机构数和万人拥有医生数两个指标来反映。其中，卫生机构数包括医疗机构、疾病预防控制中心、采供血机构、卫生监督及监测机构、医学科研和在职培训机构、健康教育机构等的总计数，用来反映城市居民看病的便利性。万人拥有医生数用来反映城市居民医疗服务水平。

⑤路网设施

路网设施通过选取货物运输量和旅客运输量两个指标来反映。其中，货物运输量是以重量"吨"为单位计算的需要发送的货物数量，反映交通运输部门同国民经济其他部门相互联系的主要指标，用来衡量运输业务量的大小。旅客运输量是指各种运输工具实际运送的旅客数量，用来衡量运输业为人民生活服务的数量。

⑥信息技术基础设施

信息技术基础设施通过选取一般信息设施和高级信息设施两个指标来反映。其中，一般信息设施是指每百人拥有移动电话数，用来反映城市一般信息设施建设情况。高级信息设施是指每百人拥有互联网用户数，用来反映城市高级信息设施建设情况。

（6）生态环境竞争力

良好的生态环境是一个国家实现可持续发展的重要保障，保护生态环境、提高生态文明水平，是转方式、调结构、上台阶的重要内容。本小节从环境质量和绿化程度两个方面选取6项具体指标来反映城市的生态环境竞争力，具体分析如下。

①环境质量

环境质量通过选取每平方米二氧化硫排放量、污水处理厂集中处理率、工业固体废弃物综合利用率和生活垃圾无害化处理率共4个指标来反映。其中，每平方米二氧化硫排放量是指二氧化硫排放量与城市行政区域面积的比值，用来衡量空气质量。污水处理厂集中处理率反映城市水资源质量。工业固体废弃物综合利用率反映城市的污染程度。生活垃圾无害化处理率反映城市的垃圾处理情况。

②绿化程度

绿化程度通过选取人均绿地面积、建成区绿化覆盖率2项指标来反映。其中，人均绿地面积是指称城市绿地面积与年常住人口的比例，用来反映城市的绿化规模。建成区绿化覆盖率是指在城市建成区的绿化覆盖率面积占建成区的百分比，用来反映城市的绿化程度。

（7）政府管理竞争力

本小节从政府推销能力、政府财政能力和政府保障能力3个方面选取9项具体指标来反映城市政府管理能力，具体解释如下。

①政府推销能力

政府推销能力通过选取吸引外资能力、吸引游客能力和旅游总收入共3项指标来反映。其中，吸引外资能力用实际利用外资额来表示。吸引游客能力用境外游客数来表示，反映城市的旅游景点的吸引能力。旅游总收入是指一定时期内城市销售旅游产品所获得的货币收入的总额，反映城市旅游业总体规模和发达程度。

②政府财政能力

政府财政能力通过选取人均财政收入、人均财政支出、财政收入占GDP的比重和财政支出占GDP的比重共4项指标来反映。其中，人均财政收入是指政府的各项收入总额与年常住人口的比值，反映政府的财力状况。人均财政支出是指政府的各项支出与年常住人口的比值，反映政府的支出状况。财政收入占 GDP 的比重是指财政收入与 GDP 的比值，又称财政依存度，是综合分析财政与经济发展关系的重要内容和指标，也是反映一个经济运行质量和经济结构优劣的重要参数。财政支出占 GDP 的比重是指财政支出与 GDP 的比值，反映财政支出在城市生产总值中的地位。

③政府保障能力

政府保障能力通过选取养老保险覆盖率和失业保险覆盖率 2 项指标来反映。其中，养老保险覆盖率是指养老保险参保人数与年常住人口的比值，反映城市居民的幸福感。失业保险覆盖率是指失业人数与年常住人口的比值，反映城市居民的安全感。

（8）对外开放竞争力

本小节从经济国际化程度和社会远距离交往程度两方面选取 7 项具体指标来反映城市对外开放竞争力水平，具体解释如下：

①经济国际化程度

经济国际化程度通过选取对外贸易依存度、外企个数占城市总企业的比重、外企资金占城市总企业资金的比重、实际利用外资额和境外游客数共 5 项指标来反映。其中，对外贸易依存度（市场开放度）是指城市的进出口总额占城市生产总值的比重，反映该城市对市场的依赖程度，是衡量城市对外开放程度的重要指标。外企个数占城市总企业的比重、外企资金占城市总企业资金的比重这两项指标反映城市对外开放的程度。实际利用外资额是指城市在和外商签订合同后实际到达的外资款项，用来反映城市的招商引资水平。境外游客数是指城市吸引境外来旅游的人数，用来反映城市的魅力。

②社会远距离交往程度

社会远距离交往程度通过选取人均邮政业务和人均电信收入 2 项指标来反映。城市居民与其他地区居民联系交往的紧密程度。

（9）城乡发展水平竞争力

城镇化是未来中国发展的潜力，深入推进新型城镇化，用改革的办法解决城镇化难点问题是未来经济发展的动力。本小节选取市辖区人均

GDP 与全市之比、农村居民人均纯收入与城镇之比、农村居民人均生活消费支出与城镇之比、城乡恩格尔系数之差、城镇化率、市辖区人均教育支出与全市之比、市辖区人均公共图书馆藏书量与全市之比、市辖区人均床位数与全市之比共 8 项指标，分别反映城乡生产差异、城乡收入差异、城乡消费差异、城乡贫困差异、城乡人口差异、城乡教育差异、城乡文化差异、城乡医疗差异程度。

（10）经济实力竞争力

本小节从经济总量、经济均量和经济效率共 3 个方面选取 8 项具体指标来反映城市经济实力竞争力，具体解释如下。

①经济总量

经济总量通过选取 GDP 和 GDP 增长率 2 项指标来反映，其中，GDP 表示城市的经济规模。GDP 增长率表示城市经济发展的速度。

②经济均量

经济均量通过选取人均 GDP、人均固定资产投资额、人均社会消费品总额和人均限额以上批发零售总额共 4 项指标来反映。其中，人均 GDP 衡量城市居民的平均产出水平。人均固定资产投资额是指固定资产投资总额与年常住人口的比重，反映固定资产投资规模。人均社会消费品总额是指社会消费品总额与年常住人口的比重，反映城市的平均消费情况。人均限额以上批发零售总额是指限额以上批发零售总额与年常住人口的比重，反映城市零售批发业务的平均水平。

③经济效率

经济效率通过选取规模以上工业企业利润率、规模以上工业企业单位资产电力消费量 2 项指标来反映。其中，规模以上工业企业利润率，是指规模以上工业企业总利润与总收入的比重，反映规模以上工业企业的盈利能力。规模以上工业企业单位资产电力消费量，是指规模以上工业企业的电力消费总量与总资产的比重，反映规模以上工业企业的资源消耗情况。

第三节　海峡西岸城市群经济一体化的指标分析

本节运用统计分析软件，根据第二节设计的人力资本竞争力、金融资本竞争力、科学技术竞争力、产业结构竞争力、基础设施竞争力、生态环境竞争力、政府管理竞争力、对外开放竞争力、经济实力竞争力和城乡发展水平 10 个指标体系，收集海峡西岸城市群 20 个城市的数据，进行因子分析，并对相应的城市进行对比分析。使用的大部分数据来自《中国城市统计年鉴 2015》，小部分数据来自各城市《城市经济和社会发展统计公报 2014》。采用 2014 年数据有一个主要原因是《国家新型城镇化规划 (2014—2020 年)》于 2014 年 3 月发布实施，我国城镇化加速发展。2014 年 12 月 29 日，国家新型城镇化试点地区名单正式公布，部分城市的人口指标的口径发生变化，无法获得可连续的更新数据。

根据前面的指标体系分析可知，评价指标有正向指标和负向指标，还有量纲的影响。为了避免量纲和数量级的影响，必须对数据进行标准化处理，正向指标和逆向指标的公式如（2.1）和（2.2）所示。

$$Z_{ij} = \frac{X_{ij} - \overline{X}_j}{S_j} \tag{2.1}$$

$$Z_{ij} = \frac{\overline{X}_j - X_{ij}}{S_j} \tag{2.2}$$

式中：X_{ij} 表示第 i 城市第 j 项指标的数值，$\overline{X}_j$ 表示第 j 项指标的平均值，$\overline{X}_j = \frac{1}{n}\sum_{i=1}^{n} X_{ij}$，$S_j$ 表示标准差，$S_j = \sqrt{\frac{1}{n}\sum_{i=1}^{n}(X_{ij} - \overline{X}_j)^2}$，$Z_{ij}$ 表示标准化后的数据。

将标准化处理后的数据，运用极大似然法提取主因子，用最大方差法对因子载荷矩阵进行旋转，从而更好地解释新生成的公因子，使用回归法计算因子得分，计算总得分并进行综合排名。

一　人力资本竞争力排名与分析

人力资本成为经济体发展的新动力，是影响城市竞争力的重要因素。本小节选取总人口数、人口自然增长率、从业人员文化素质、创业人员指数、城镇登记就业率、在岗职工平均工资、人均银行储蓄额、成人高等教育在校人数、人均教育支出和教育规模共 10 项指标来衡量海峡西岸城市群的人力资本竞争力。按照前述指标要求，收集海峡西岸城市群的各项指标的数据，如表 2 - 2 所示。

表 2 - 2　人力资本竞争力原始数据

城市	年常住人口（万人）	人口自然增长率（‰）	从业人员文化素质（%）	创业人员指数（%）	城镇登记就业率（%）	在岗职工平均工资	人均银行储蓄额（万元/人）	成人高等教育在校人数（万人）	人均教育支出（百元/人）	教育规模（%）
福州	738.50	13.00	4.34	70.65	97.58	5.88	12.12	10.11	16.34	49.95
厦门	377.00	11.30	4.20	96.80	96.97	6.31	16.92	2.52	23.63	50.28
莆田	284.00	20.00	0.73	55.87	98.00	5.09	4.50	1.19	16.80	48.50
三明	251.00	23.00	0.97	146.49	97.90	5.32	4.72	0.85	16.61	46.45
泉州	840.00	18.20	1.45	64.30	98.78	4.90	6.44	1.68	12.44	43.39
漳州	494.50	16.30	1.41	68.81	97.98	5.20	3.70	0.46	10.48	48.07
南平	262.00	13.10	0.90	140.70	96.90	4.98	4.35	0.33	13.81	47.79
龙岩	258.50	16.90	0.66	96.53	97.53	4.96	4.23	0.21	16.70	44.65
宁德	284.50	16.70	0.35	143.35	98.42	5.01	3.58	0.16	13.91	42.09
温州	810.46	8.10	1.01	208.75	98.09	5.99	9.59	2.90	15.42	41.99
丽水	264.78	6.10	1.50	200.56	97.02	6.61	5.99	2.02	15.93	47.64
衢州	254.94	5.60	0.54	179.01	96.92	6.51	5.81	1.51	13.80	49.73
汕头	550.15	7.30	0.18	55.38	97.65	4.59	4.60	1.41	10.37	53.68
梅州	431.52	7.30	0.55	51.66	97.56	4.49	2.87	2.71	12.89	42.57
潮州	271.62	7.40	0.63	120.83	97.53	4.31	3.36	0.96	9.37	48.52
揭阳	601.50	15.10	0.20	95.49	97.64	4.36	2.54	0.53	8.95	55.69
鹰潭	114.50	22.50	0.53	126.21	96.50	4.73	4.20	0.32	13.76	23.10
赣州	849.27	30.30	1.03	129.62	96.68	4.51	3.09	3.43	12.81	48.97
抚州	396.94	20.00	0.72	182.38	95.50	4.56	2.88	0.67	12.92	43.85
上饶	667.60	22.50	0.37	99.84	96.52	4.36	2.49	1.30	13.04	38.30

（1）指标测算结果

①因子载荷矩阵及贡献率

对经过标准化处理后的数据进行因子分析，使用极大似然法提取主因子，用最大方差法对因子载荷矩阵进行旋转，旋转后的因子载荷矩阵和方差贡献率如表 2 - 3 所示。

表 2 - 3　人力资本竞争力旋转后因子载荷矩阵和方差贡献率

变量	Factor 1	Factor 2	Factor 3	Factor 4	Factor 5	Factor 6
年常住人口		0.971			0.158	0.119
人口自然增长率		0.110	-0.969	-0.142	-0.117	
从业人员文化素质	0.873	0.179		-0.123		0.422
创业人员指数				0.780	-0.332	-0.146
城镇登记就业率		0.102	0.138	-0.160	0.717	
在岗职工平均工资	0.617		0.268	0.659	0.174	0.267
人均银行储蓄额	0.948	0.181	0.234			
成人高等教育在校人数	0.460	0.468	0.127			0.510
人均教育支出	0.850	-0.195	-0.128	0.167		
教育规模		0.180	0.325		0.208	0.310
方差贡献率	0.298	0.133	0.123	0.115	0.075	0.065
累计方差贡献率	0.298	0.432	0.555	0.670	0.745	0.810

从表 2 - 3 可以看出，前 6 个因子特征值的累计方差贡献率达到 81%，基本上能全面反映人力资本指标的信息，因此本研究提取前 6 个公因子。

②因子解释

从表 2 - 3 中旋转后的因子载荷矩阵可以看出，Factor 1 在从业人员文化素质、人均银行储蓄额和人均教育支出上的载荷值很大，反映城市人力资本的质量、投资需求和教育投入规模，可命名为人力资本质量和规模因子。Factor 2 仅在年常住人口上有很大的载荷值，可直接视为人力资本规模因子。Factor 3 在人口自然增长率上的载荷值为 -0.969，说明 Factor 3 与人口自然增长率的相关系数为负值，且接近于 -1，可命名为人口增长因子。Factor 4 在创业人员指数和在岗职工平均工资上的载荷值都很大，这两项指标反映城市人力资源的发展基本成长和发展潜力，可命名为人力资本发展潜力因子。Factor 5 仅在城镇登记就业率上的载荷值最大，可直接命名为劳动力规模因子。Factor 6 仅在成人高等教育在校人数上的载荷值最大，这项指标反映教育体系的健全性，可直接命名为教育健全度因子。

③综合得分和排名

由回归估计法计算出各个因子的得分，以各因子的方差贡献率占所有因子方差贡献率的比重作为权重进行加权汇总，得出各个城市的综合得分，结果如表2-4所示。

表2-4 人力资本竞争力排名

城市	Factor 1	Factor 2	Factor 3	Factor 4	Factor 5	Factor 6	综合得分	排名
厦门	3.369	-0.210	0.392	-0.553	-0.223	-0.760	1.105	1
福州	1.677	1.039	0.312	-0.848	-0.447	2.383	0.864	2
温州	0.515	1.935	1.005	1.660	0.519	-1.628	0.813	3
丽水	-0.040	-0.766	0.890	2.004	-0.227	1.578	0.385	4
衢州	-0.176	-0.719	0.955	2.271	0.513	0.152	0.345	5
泉州	0.067	1.441	-0.407	-0.521	1.347	0.047	0.254	6
汕头	-0.655	0.492	1.349	-0.722	0.790	-0.985	-0.064	7
漳州	-0.475	-0.191	-0.340	-0.187	0.804	1.730	-0.071	8
三明	0.294	-1.025	-1.456	0.508	0.435	-0.042	-0.172	9
赣州	-0.479	1.686	-2.052	0.279	-0.551	0.390	-0.191	10
莆田	0.101	-1.041	-1.003	-0.162	1.410	-0.179	-0.193	11
南平	-0.187	-0.709	0.327	-0.106	-0.731	0.020	-0.217	12
宁德	-0.319	-0.799	-0.381	0.172	0.570	-0.391	-0.261	13
梅州	-0.964	-0.137	1.341	-1.092	0.095	0.392	-0.288	14
揭阳	-0.997	0.642	0.221	-0.544	0.255	-0.241	-0.301	15
上饶	-0.762	1.005	-0.861	-0.069	-0.450	-0.354	-0.326	16
龙岩	-0.024	-0.831	-0.180	-0.941	-0.116	-0.808	-0.382	17
潮州	-0.688	-0.611	1.451	-1.308	-0.960	-0.098	-0.416	18
抚州	-0.510	0.105	-0.453	0.203	-2.195	-0.078	-0.420	19
鹰潭	0.252	-1.306	-1.108	-0.043	-0.841	-1.130	-0.465	20

（2）结果分析

从表2-4中可以看出，在人力资本质量和规模因子Factor 1上，得分靠前的4个城市依次为厦门、福州、温州和三明，且得分为正，说明这4个城市的人力资本竞争力高于20个城市的平均水平，而梅州、揭阳、上饶和潮州则处于明显的相对劣势。三明在 Factor 1 能够排名第 4 位，主要是因为人均教育支出达 1661 元，说明三明市政府比较重视教育的投入。

在人力资本规模因子 Factor 2 上得分最高的 4 个城市分别为温州、赣州、泉州和福州，而龙岩、三明、莆田和鹰潭则处于相对劣势，这主要与城市的常住人口数量多少有关。从表 2-2 可以看出，福州、泉州、温州和赣州的年常住人口数明显高于其他城市，故排名靠前。鹰潭的年常住人口数只有 114.5 万人，在海峡西岸城市群 20 个城市中人口数最小，因此在人力资本规模因子方面排名最后。

在人口增长因子 Factor 3 上得分最高的 4 个城市分别是潮州、汕头、梅州和温州，而莆田、鹰潭、三明和赣州则处于相对劣势，这主要与城市的人口增长率指标有关。从表 2-2 可以看出，潮州、汕头、梅州和温州的人口自然增长率都很低，而人口自然增长率与 Factor 3 的相关系数为 -0.969，所以人口增长率的数值越低，Factor 3 的数值越大，从而排名越靠前。相反，赣州的人口增长率在 20 个城市中最高，为 30.30%，因此在人力增长因子方面排名最后。

在人力资本发展潜力因子 Factor 4 上得分最高的 4 个城市分别是衢州、丽水、温州和三明，而梅州、龙岩和潮州则处于相对劣势，这主要是由在岗职工平均工资和创业人员指数这两项指标共同决定的。从表 2-2 可以看出，衢州、丽水和温州在这两项指标的数值都很大，而 Factor 4 在这两个变量上有很大的正载荷，故这 3 个城市排名靠前。相反，梅州、龙岩和潮州在这两个变量的取值都比较小，因此在人力资本发展潜力因子方面排名靠后。

在劳动力规模因子 Factor 5 上得分最高的 4 个城市是莆田、泉州、漳州和汕头，而南平、鹰潭、潮州和抚州则处于相对劣势，这主要是与城镇登记就业率这个指标有关。从表 2-2 可以看出，莆田、泉州、漳州和汕头的城镇就业率都较高，因此排名靠前。相反，抚州的城市登记就业率最低，因此在劳动力规模因子方面排名最后。

在教育健全度因子 Factor 6 上得分最高的 4 个城市分别是福州、漳州、丽水和梅州，而龙岩、汕头、鹰潭和温州则处于相对劣势，这主要与成人高等教育在校人数和从业人员文化素质两项指标有关。从表 2-2 可以看出，福州在成人高等教育在校人数和从业人员文化素质两项指标上的数值都较大，因此在教育健全度因子方面排名最前。值得一提的是温州排名最后，虽然温州在这两项指标上的数值并不低，但是温州在创业人员指数上的数值最大，而 Factor 6 与创业人员指数呈负相关关系，从而导致整体排名最后。

就综合得分排名来看，厦门、福州、温州、丽水、衢州和泉州这 6 个城市的得分最高，且综合得分均为正，说明这 6 个城市的人力资本竞争力高于 20 个城市的平均水平，其他城市的人力资本竞争力则低于平均水平。从数据分析来看，厦门的人力资本竞争力位居第 1 位，主要原因有以下三点：第一，吸收资金能力强。厦门的人均银行储蓄额为 16.92 万元，在 20 个城市中排名第 1 位。第二，人均教育支出大。厦门的人均教育支出为 2363 元，在 20 个城市排名第 1 位。第三，从业人员文化素质高。厦门的从业人员文化素质指数为 4.20%，仅次于排名第 1 位的福州。

二　金融资本竞争力排名与分析

本小节选取金融机构存款余额、贷款余额、存款余额增长率、贷款余额增长率、资本使用率、资本风险性、保险密度、保险深度、人员投入和资本投入共 10 项指标来反映海峡西岸城市群的金融资本竞争力。按照前述指标要求，收集海峡西岸城市群的各项指标数据，如表 2 - 5 所示。

表 2 - 5　金融资本原始数据表

城市	金融机构年存款余额（亿元）	金融机构年贷款余额（亿元）	金融机构存款余额增长率（%）	金融机构贷款余额增长率（%）	资本使用率（%）	资本风险性（%）	保险密度（%）	保险深度（%）	人员投入（%）	资本投入（‰）
福州	9731.03	9766.85	8.7	19.7	100.37	29.16	24.55	3.51	2.34	3.98
厦门	7064.61	6643.98	10.7	13.7	94.05	28.79	34.80	4.01	2.08	5.27
莆田	1432.30	1315.32	12.0	21.6	91.83	50.09	13.44	2.54	2.14	0.57
三明	1205.73	1193.68	1.4	6.6	99.00	40.37	16.31	2.52	5.57	4.56
泉州	5778.53	4673.64	7.8	15.0	80.88	58.88	16.29	2.39	1.40	2.95

续表

城市	金融机构年存款余额（亿元）	金融机构年贷款余额（亿元）	金融机构存款余额增长率（%）	金融机构贷款余额增长率（%）	资本使用率（%）	资本风险性（%）	保险密度（%）	保险深度（%）	人员投入（%）	资本投入（‰）
漳州	2066.68	1569.32	13.30	15.4	75.93	52.36	11.67	2.30	2.61	0.11
南平	1257.47	1012.04	9.90	10.7	80.48	43.46	23.09	4.91	5.64	1.71
龙岩	1376.62	1291.90	8.60	10.6	93.85	43.02	15.47	2.47	5.31	0.74
宁德	1077.16	1317.89	5.20	13.2	122.35	47.72	10.45	2.16	4.17	0.37
温州	7937.16	7223.63	2.60	2.1	91.01	70.93	17.86	3.36	4.20	0.29
丽水	1741.81	1404.49	9.00	8.4	80.63	57.88	12.42	3.13	7.09	1.32
衢州	1624.29	1454.46	9.60	17.6	89.54	58.57	13.90	3.18	6.78	2.22
汕头	2664.46	1072.83	5.30	10.6	40.26	46.42	11.49	3.68	3.16	0.34
梅州	1411.88	635.46	13.40	16.1	45.01	46.03	6.28	3.06	3.03	0.29
潮州	1004.30	357.21	9.20	10.6	35.57	45.30	7.73	2.47	2.47	0.88
揭阳	1702.06	866.30	11.80	21.7	50.90	69.96	5.66	1.91	1.75	1.72
鹰潭	550.13	377.77	14.40	20.3	68.67	38.81	9.14	1.72	2.59	6.59
赣州	2881.77	1923.98	9.80	20.8	66.76	46.53	7.23	3.33	3.06	0.40
抚州	1264.37	755.92	13.80	26.0	59.79	46.00	6.72	2.57	2.16	0.71
上饶	1906.36	1234.10	14.48	22.8	64.74	46.15	5.49	2.36	2.88	0.11

（1）指标测算结果

①因子载荷矩阵及贡献率

对经过标准化处理后的数据进行因子分析，使用极大似然法提取主因子，用最大方差法对因子载荷矩阵进行旋转，旋转后的因子载荷矩阵和方差贡献率如表2-6所示。

表2-6 金融资本竞争力旋转后因子载荷矩阵和方差贡献率

变量	Factor 1	Factor 2	Factor 3	Factor 4	Factor 5	Factor 6
金融机构存款余额	0.959	-0.119	0.115	0.161		-0.130
金融机构贷款余额	0.942	-0.114	0.176	0.140	0.195	
金融机构存款余额增长率	-0.212	0.753	0.138		-0.248	-0.118

续表

变量	Factor 1	Factor 2	Factor 3	Factor 4	Factor 5	Factor 6
金融机构贷款余额增长率		0.969		−0.139		−0.182
资本使用率	0.227	−0.184	0.196		0.917	0.174
资本风险性		−0.179	−0.544	−0.294	−0.111	0.149
保险密度	0.464	−0.282	0.567	0.485	0.320	
保险深度	0.241	−0.160		0.937		0.167
人员投入	−0.264	−0.379		0.196	0.235	0.827
资本投入	0.195		0.800	−0.108		
方差贡献率	0.229	0.185	0.137	0.132	0.112	0.084
累计方差贡献率	0.229	0.414	0.550	0.682	0.794	0.878

从表 2-6 中可以看出，前 6 个公共因子所解释的方差占整个方差的比重达 87% 以上，基本上能全面反映金融资本指标的信息，因此本研究选取前 6 个公因子。

②因子解释

从表 2-6 中旋转后的因子载荷矩阵可以看出，Factor 1 在金融机构存款总余额和贷款总余额上的载荷值都很大，这两项指标分别反映资本的供应总量和需求总量，可命名为金融资本规模因子。Factor 2 在金融机构存款余额增长率和贷款余额增长率上的载荷值都很大，这两项指标分别反映金融资本的需求增长和供给增长状况，可命名为金融资本增长因子。Factor 3 仅在资本投入上有很大的载荷值，这项指标是指固定资产投资中金融资本投资所占比例，可直接命名为金融资本投入因子。Factor 4 仅在保险深度上有较大的载荷值，这项指标反映保险收入占 GDP 的比重，可直接命名为保险因子。Factor 5 仅在资本使用率上的载荷值较大，这项指标是指金融机构贷款余额与存款余额的比重，反映城市金融效率的高低，可命名为金融效率因子。Factor 6 仅在人员投入上有较大的载荷值，这项指标是指金融从业人员与全部从业人员数的比重，反映金融业人员投入情况，可命名为金融人力投入因子。

③综合得分与排名

由回归估计法计算出各个因子的得分，以各因子的方差贡献率占所有因子方差贡献率的比重作为权重进行加权汇总，得出各个城市的综合得分，结果如表2－7所示。

表2－7 金融资本竞争力排名

城市	Factor 1	Factor 2	Factor 3	Factor 4	Factor 5	Factor 6	综合得分	排名
福州	2.8530	1.0126	0.6236	0.2197	0.4512	0.3921	1.1829	1
厦门	0.9786	－0.1942	2.4084	1.3351	0.2673	－1.0205	0.7273	2
衢州	－0.1033	0.8768	0.0852	0.1572	0.3388	2.5340	0.4804	3
南平	－1.1480	－0.3323	0.3817	2.9633	0.3259	0.2355	0.1997	4
抚州	－0.3386	1.7338	－0.3808	0.0137	－0.2469	－0.2428	0.1649	5
赣州	0.1346	1.0459	－1.3817	0.8473	0.0170	－0.1027	0.1596	6
上饶	0.0038	1.2457	－0.6851	－0.5096	－0.2334	0.2457	0.0737	7
莆田	－0.6918	0.8274	－0.1142	0.1390	1.3278	－1.2306	0.0486	8
泉州	1.0130	－0.3045	0.1158	－0.7843	0.0644	－1.1478	－0.0014	9
丽水	－0.1414	－0.7347	－0.2147	－0.1389	－0.2919	2.2331	－0.0697	10
鹰潭	－0.7260	0.6122	1.6620	－1.4231	－0.4617	－0.0246	－0.0762	11
温州	1.9956	－2.0529	－1.3377	－0.1385	0.0509	0.1069	－0.1249	12
龙岩	－0.5342	－0.7405	0.4237	－0.6683	0.5791	0.7689	－0.1823	13
揭阳	－0.1023	0.8333	－0.1961	－1.1213	－0.9417	－0.3956	－0.2083	14
漳州	－0.3079	－0.1879	－0.1131	－0.5905	0.1604	－0.7415	－0.2768	15
梅州	－0.4023	0.1642	－0.6652	0.3850	－1.2059	－0.1952	－0.2888	16
宁德	－0.8169	－0.5706	－0.9582	－0.5858	2.6055	－0.7103	－0.3065	17
三明	－0.7851	－1.4638	0.9333	－0.6628	0.6636	0.5733	－0.3277	18
汕头	－0.2667	－0.7677	－0.7226	1.1082	－1.5598	－0.5620	－0.4302	19
潮州	－0.6140	－1.0028	0.1358	－0.5454	－1.9107	－0.7158	－0.7445	20

（2）结果分析

从表2－7中可以看出，在金融资本规模因子Factor 1上得分最高的4个城市分别为福州、温州、泉州和厦门，而鹰潭、三明、宁德和南平则处于相对劣势，这主要与金融机构存款余额和贷款余额有关。从表2－5可以看出，福州、温州、厦门和泉州在金融机构存款余额和贷款余额这两项指标上的数值都很大，因此在Factor 1上的得分都很高。相反，鹰潭在金融机构存款余额和贷款余额这两项指标上的数值都很小，因此排名较靠后。

在金融机构增长因子 Factor 2 上得分最高的 4 个城市分别是抚州、上饶、赣州和福州，而汕头、潮州、三明和温州则处于相对劣势，这主要与金融机构存款增长率和贷款增长率有关。从表 2 - 5 可以看出，抚州和上饶在金融机构存款增长率和贷款增长率这两项指标上的数值都很大，因此排名最靠前。相反，温州在这两项指标上的数值都很小，因此在金融机构增长因子方面排名最靠后。

在金融资本投入因子 Factor 3 上得分最高的 4 个城市分别是厦门、鹰潭、三明和福州，而汕头、宁德、温州和赣州则处于相对劣势，这主要与固定资产投资中金融资本所占的比例有关。从表 2 - 5 可以看出，鹰潭的固定资产投资中金融资本所占的比例最大为 6.59‰，因此排名靠前。相反，赣州在这项指标上的数值较小，仅为 0.4‰，因此在金融资本投入因子方面排名最靠后。

在保险因子 Factor 4 上得分最高的 4 个城市分别为南平、厦门、汕头和赣州，而龙岩、泉州、揭阳、鹰潭则处于相对劣势，这主要与保险深度有关。从表 2 - 5 可以看出，南平在这项指标上的数值最大，为 4.91%，因此排名最前。相反，鹰潭在这项指标上的数值最小，仅为 1.72%，因此在保险因子方面排名最靠后。

在金融效率因子 Factor 5 上得分最高的 4 个城市分别为宁德、莆田、三明和龙岩，而揭阳、梅州、汕头和潮州则处于相对劣势，这主要与金融机构的存贷比有关。从表 2 - 5 可以看出，宁德的金融机构贷款余额与存款余额的比值最大，为 122.35，说明宁德是负债经营的。相反，潮州在这项指标上的数值最小，仅为 35.37，因此在金融效率因子方面排名最后。

在金融人力投入因子 Factor 6 上得分最高的 4 个城市分别是衢州、丽水、龙岩和三明，而漳州、厦门、泉州和莆田则处于相对劣势，这主要与金融从业人员数占全部从业人员数的比重有关。从表 2 - 5 可以看出，衢州和丽水这两个城市的指标数值较大，因此在金融人力投入方面排名靠前。相反，漳州、厦门、泉州和莆田 4 个城市的指标数值较小，因此在金融人力投入方面排名靠后。

就综合得分来看，金融资本竞争力排名靠前的城市分别是福州、厦门、衢州、南平、抚州、赣州、上饶和莆田，且这些城市的综合得分均为正，说明这8个城市的金融资本竞争力高于20个城市的平均水平，而其他城市则低于平均水平，潮州的得分最低。从数据分析来看，福州的金融资本竞争力位居第1位，主要原因有三点：第一，金融资本的投入力度大。在海峡西岸城市群20个城市中，福州的固定资产投资中金融资本投资占比排名第4位，仅次于厦门、三明和鹰潭。第二，金融资本总规模比较大，并且增长速率比较高。福州的金融机构存款余额和贷款余额分别是9731.03亿元和9766.85亿元，在20个城市中排名第1位，存款增长率和贷款增长率分别为8.7%和19.7%，处于中等偏上水平。第三，金融资本的使用效率高。金融机构贷款余额与存款余额的比值为100.37，在20个城市中排名第2位。

三　科技竞争力排名与分析

本小节选取科技支出占GDP比重，人员投入、高等学校数、专利申请量、科技支出占财政支出比重和高新技术企业数共6项指标来衡量海峡西岸城市群的科技竞争力。按照前述指标要求，收集海峡西岸城市群的各项指标数据如表2-8所示。

表2-8　科技竞争力原始数据表

城市	科技支出占GDP比重（%）	人员投入（‰）	高等学校数（个）	专利申请量（个）	科技支出占财政支出比重（‰）	高新技术企业数（家）
福州	18.05	27.56	87	10844	18.26	368
厦门	53.12	13.73	32	12846	31.97	907
莆田	23.32	4.63	17	3317	31.76	36
三明	24.38	12.35	2	2560	43.48	34
泉州	18.44	2.27	3	18538	27.82	222
漳州	17.58	9.87	18	3655	26.07	115
南平	15.56	18.15	7	1677	23.67	41
龙岩	29.71	13.96	4	2584	40.19	60

续表

城市	科技支出占GDP比重（%）	人员投入（‰）	高等学校数（个）	专利申请量（个）	科技支出占财政支出比重（‰）	高新技术企业数（家）
宁德	9.42	8.69	2	1168	13.10	26
温州	26.27	9.68	8	24371	32.06	637
丽水	43.80	19.67	3	2361	56.91	211
衢州	52.51	12.58	2	2891	72.90	312
汕头	12.22	7.05	1	9097	16.92	132
梅州	16.99	12.32	1	2272	17.64	49
潮州	6.35	8.26	1	3474	13.07	20
揭阳	3.28	3.58	2	3098	7.93	49
鹰潭	37.96	11.50	1	972	31.39	45
赣州	33.08	10.82	8	3652	27.07	13
抚州	30.18	5.29	4	1526	26.89	43
上饶	27.12	2.80	3	1563	21.65	38

（1）指标测算结果

①因子载荷矩阵及方差贡献率

对经过标准化处理后的数据进行因子分析，使用极大似然法提取主因子，用最大方差法对因子载荷矩阵进行旋转，旋转后的因子载荷矩阵和方差贡献率如表2－9所示。

表2－9　科技竞争力旋转前后因子载荷矩阵和方差贡献率

变量	旋转前			旋转后		
	Factor 1	Factor 2	Factor 3	Factor 1	Factor 2	Factor 3
科技支出占GDP比重	0.806	-0.493	-0.318	0.981	0.172	
人员投入	0.622		0.779	0.225		0.971
高等学校数	0.449	0.376	0.451		0.310	0.669
专利申请量	0.353	0.698	-0.291	-0.113	0.826	
科技支出占财政支出比重	0.590	-0.554	-0.137	0.814		
高新技术企业数	0.815	0.503	-0.279	0.336	0.905	0.250
方差贡献率	0.396	0.239	0.182	0.301	0.272	0.244
累计方差贡献率	0.396	0.635	0.817	0.301	0.573	0.817

从表 2 - 9 中可以看出，前 3 个公共因子所解释的方差占整个方差的比重达 81% 以上，基本上能全面反映科技竞争力指标的信息。因此，本研究选取前 3 个因子进行分析。

②因子的解释

从表 2 - 9 中旋转后的因子载荷矩阵可以看出，Factor 1 在科技支出占 GDP 比重和科技支出占财政支出比重这两个变量上的载荷值都很大，这两项指标反映科技在城市发展中的地位，可命名为科技影响力因子。Factor 2 在高新技术企业数和专利申请量两项指标上的载荷值都很大，这两项指标反映科技活动的活跃程度，可命名为科技灵活度因子。Factor 3 在人员投入和高等学校数上的载荷值都很大，这两项指标反映未来科技发展的潜力，可命名为科技潜力因子。

③综合得分与排名

由回归估计法计算出各个因子的得分，以各因子的方差贡献率占所有因子方差贡献率的比重作为权重进行加权汇总，得出各个城市的综合得分，结果如表 2 - 10 所示。

表 2 - 10　科技竞争力排名

城市	Factor 1	Factor 2	Factor 3	综合得分	排名
厦门	1.5340	2.8143	0.2691	1.5825	1
福州	- 0.7394	0.4008	2.9933	0.7550	2
衢州	2.0284	- 0.0337	- 0.1600	0.6883	3
温州	- 0.3015	2.3225	- 0.0047	0.6608	4
丽水	1.4253	- 0.6345	1.1218	0.6489	5
鹰潭	1.0982	- 0.9262	- 0.1724	0.0448	6
龙岩	0.4614	- 0.7832	0.3949	0.0272	7
南平	- 0.6190	- 0.7389	1.3225	- 0.0791	8
赣州	0.7432	- 0.9280	- 0.2055	- 0.0965	9
三明	0.0825	- 0.7219	0.2207	- 0.1440	10
漳州	- 0.5209	- 0.0562	- 0.0187	- 0.2162	11
梅州	- 0.5170	- 0.4698	0.3513	- 0.2420	12
抚州	0.5074	- 0.4837	- 1.0385	- 0.2842	13

续表

城市	Factor 1	Factor 2	Factor 3	综合得分	排名
泉州	- 0.5522	0.8200	- 1.2374	- 0.3000	14
汕头	- 0.9529	0.2910	- 0.3910	- 0.3709	15
莆田	- 0.0096	- 0.3289	- 1.0236	- 0.4187	16
上饶	0.2755	- 0.3261	- 1.3912	- 0.4226	17
宁德	- 1.0740	- 0.2543	- 0.1040	- 0.5114	18
潮州	- 1.3062	- 0.1902	- 0.1149	- 0.5789	19
揭阳	- 1.5632	0.2271	- 0.8120	- 0.7428	20

（2）结果分析

从表2-10中可以看出，在科技影响力因子Factor 1上得分最高的4个城市分别是衢州、厦门、丽水和鹰潭，而汕头、宁德、潮州和揭阳则处于相对劣势，这主要与科技支出占GDP比重和科技支出占政府财政支出的比重这2项指标有关。从表2-8中可以看出，衢州、厦门、丽水和鹰潭这4个城市在这2项指标上的数值都很大，因此排名靠前。相反，汕头、宁德、潮州和揭阳在这2项指标上的数值都很小，因此在科技影响力方面排名靠后。

在科技灵活度因子Factor 2上得分最高的4个城市分别为厦门、温州、泉州和福州，而南平、龙岩、鹰潭和赣州则处于相对劣势，这主要与高新技术企业数和专利申请量2项指标有关。从表2-8中可以看出，厦门、温州、泉州和福州这4个城市在2项指标上的数值都很大，因此排名靠前。相反，南平、龙岩、鹰潭和赣州在这2项指标上的数值很低，因此在科技灵活度方面排名靠后。

在科技潜力因子Factor 3上得分最高的4个城市分别为福州、南平、丽水和龙岩，而莆田、抚州、泉州和上饶则处于相对劣势，这主要与科技从业人员占从业人员比重和高等学校数这2项指标有关。从表2-8中可以看出，福州在这2项指标上的数值都很大，因此排名最前。相反，泉州和上饶在这2项指标上的数值都很小，因此在科技潜力因子方面排名靠后。

就综合排名来看，科技竞争力排名靠前的城市分别是厦门、福州、衢州、温州、丽水、鹰潭和龙岩共 7 个城市，且得分为正，说明这 7 个城市的科技竞争力高于 20 个城市的平均水平，其他城市综合得分为负值，科技竞争力低于平均水平。从数据分析来看，衢州的科技竞争力位居第 3 位，主要原因有两点：第一，科技支出占 GDP 比重较高。衢州的科技支出占 GDP 的比重为 52.51%，仅次于厦门。第二，科技支出占财政支出的比重较高。衢州的科技支出占财政支出的比重为 72.90%，在 20 个城市中排名第 1 位，这说明衢州市政府非常重视科技支出的重要性。

四　产业结构竞争力排名与分析

本小节选取工业化程度、服务化程度、高科技化程度、产业结构提升率、农村居民恩格尔系数下降百分点、城镇居民恩格尔系数下降百分点、城镇化增长速率和每万人拥有公共汽车数共 8 项指标来衡量海峡西岸城市群的产业结构竞争力。按照前述指标要求，收集海峡西岸城市群的各项指标数据如表 2 – 11 所示。

表 2 – 11　产业结构竞争力原始数据表

单位：%，辆

城市	工业化程度	服务化程度	高科技化程度	产业结构提升率	农村居民恩格尔系数下降百分点	城镇居民恩格尔系数下降百分点	城镇化增长速率	每万人拥有公共汽车数
福州	45.50	46.45	1.18	1.42	5.00	4.00	1.00	18.67
厦门	44.61	54.67	1.53	5.95	5.25	0.92	0.24	21.36
莆田	57.70	34.98	0.66	- 0.14	2.09	6.40	1.70	3.31
三明	52.49	32.41	1.41	0.87	0.32	0.04	0.01	11.63
泉州	61.98	35.02	0.61	0.40	4.30	3.90	1.30	10.87
漳州	49.77	36.24	0.69	1.46	4.68	4.05	0.80	7.59
南平	44.11	33.86	2.52	1.83	- 10.40	- 4.10	0.80	5.94
龙岩	54.05	34.37	1.08	0.53	3.30	1.70	0.70	6.51
宁德	51.28	31.41	1.19	0.42	4.70	6.10	1.10	3.78
温州	47.17	50.09	0.56	7.08	8.52	7.79	0.30	14.63
丽水	48.07	43.51	1.65	6.77	6.45	6.61	1.13	7.73

续表

城市	工业化程度	服务化程度	高科技化程度	产业结构提升率	农村居民恩格尔系数下降百分点	城镇居民恩格尔系数下降百分点	城镇化增长速率	每万人拥有公共汽车数
衢州	50.12	42.47	1.37	7.46	0.42	0.51	1.30	4.46
汕头	52.64	42.01	0.88	-0.47	3.01	3.00	0.06	1.98
梅州	37.31	42.97	1.66	-0.58	0.35	0.83	0.90	4.45
潮州	54.83	38.02	1.83	2.48	0.43	0.64	0.26	1.93
揭阳	61.67	29.50	1.32	8.34	1.15	0.24	0.50	1.25
鹰潭	61.99	30.17	1.01	2.72	3.10	1.30	1.50	6.09
赣州	45.75	38.92	1.24	1.46	-0.50	1.10	1.43	4.07
抚州	51.59	31.65	0.70	3.33	-0.76	-0.10	1.40	2.50
上饶	50.25	35.99	1.17	3.01	-0.76	2.00	1.20	5.67

（1）指标测算结果

①因子载荷矩阵及贡献率

对经过标准化处理后的数据进行因子分析，使用极大似然法提取主因子，用最大方差法对因子载荷矩阵进行旋转，旋转后的因子载荷矩阵和方差贡献率如表 2-12 所示。

表 2-12　产业结构竞争力旋转后因子载荷矩阵和方差贡献率

变量	Factor 1	Factor 2	Factor 3	Factor 4
工业化程度	0.216	-0.845	-0.160	
服务化程度	0.255	0.703	0.522	0.223
高科技化程度	-0.701	0.306		0.108
产业结构提升率			0.123	0.990
农村居民恩格尔系数下降百分点	0.911		0.309	0.144
城镇居民恩格尔系数下降百分点	0.942	0.145	-0.130	
城镇化增长速率			-0.535	
每万人拥有公共汽车数	0.251	0.334	0.615	
方差贡献率	0.299	0.180	0.136	0.135
累计方差贡献率	0.299	0.479	0.615	0.750

从表 2 – 12 中可以看出，前 4 个公共因子所解释的方差占整个方差的比重达 75%，基本上能全面反映产业结构竞争力指标的信息，因此本研究提取前 4 个公因子进行分析。

②因子的解释

从表 2 – 12 中可以看出，Factor 1 在农村居民恩格尔系数下降百分点和城镇居民恩格尔系数下降百分点这 2 项指标上的载荷值都很大，这 2 项指标反映城市居民的富裕程度，可命名为居民生活富裕因子。Factor 2 仅在工业化程度上的载荷绝对值最大，可直接命名为城市工业化因子。Factor 3 仅在每万人拥有公共汽车数上的载荷值最大，可直接命名为城市服务体系健全性因子。Factor 4 仅在产业结构提升率上的载荷值最大，可直接命名为经济结构转化速度因子。

③综合得分与排名

由回归估计法计算出各个因子的得分，以各因子的方差贡献率占所有因子方差贡献率的比重作为权重进行加权汇总，得出各个城市的综合得分，结果如表 2 – 13 所示。

表 2 – 13　产业结构竞争力排名

城市	Factor 1	Factor 2	Factor 3	Factor 4	综合得分	排名
温州	1.6206	1.0547	0.3588	1.4583	1.2268	1
丽水	1.1094	0.8993	- 0.6155	1.4826	0.8134	2
厦门	- 0.1546	0.9820	2.4917	0.8193	0.7734	3
福州	0.6017	0.9537	0.9356	- 0.5954	0.5312	4
漳州	0.7133	- 0.1453	- 0.0152	- 0.4493	0.1658	5
衢州	- 0.6533	0.2779	- 0.1058	1.6901	0.0913	6
宁德	1.0931	- 0.1001	- 1.1251	- 0.6821	0.0850	7
汕头	0.3316	0.0377	0.5148	- 1.1902	0.0204	8
梅州	- 0.5570	1.5005	0.1731	- 1.2063	- 0.0477	9
莆田	0.9868	- 0.0538	- 1.5788	- 0.8205	- 0.0535	10
泉州	0.7875	- 1.1363	0.2229	- 0.8288	- 0.0675	11
龙岩	0.1333	- 0.7695	0.5082	- 0.8223	- 0.1874	12
赣州	- 0.5064	0.6395	- 0.4405	- 0.3966	- 0.1997	13

续表

城市	Factor 1	Factor 2	Factor 3	Factor 4	综合得分	排名
上饶	-0.3790	0.1952	-0.8011	0.1988	-0.2137	14
潮州	-0.5621	-0.3358	0.2895	-0.1041	-0.2709	15
揭阳	-0.5410	-1.7650	-0.2428	2.0489	-0.3145	16
鹰潭	0.1026	-1.6868	0.1132	0.0199	-0.3398	17
三明	-0.6267	-0.7529	0.7157	-0.7224	-0.4308	18
抚州	-0.6637	-0.6348	-0.5401	0.2968	-0.4615	19
南平	-2.8360	0.8396	-0.8585	-0.1968	-1.1202	20

（2）结果分析

从表2-13中可以看出，在居民生活富裕因子 Factor 1 上得分最高的4个城市分别是温州、丽水、宁德和莆田，而三明、衢州、抚州和南平则处于相对劣势，这主要与城乡居民恩格尔系数变化值大小有关。从表2-11中可以看出，温州和丽水这两个城市在城乡居民恩格尔系数变化值的数值都很大，因此排名靠前。相反，南平在这2项指标上的数值都很小，因此在居民生活富裕方面排名最后。

在城市工业化因子 Factor 2 上得分最高的4个城市分别是梅州、温州、厦门和福州，而龙岩、泉州、鹰潭和揭阳则处于相对劣势，这主要与城市工业化程度（第二产业增加值占 GDP 的比重）有关。从表2-11中可以看出，梅州的工业化程度（第二产业增加值占 GDP 的比重）最小，仅为37.31%。由于工业化程度与 Factor 2 的相关系数为负值，因此梅州排名最前。相反，鹰潭、揭阳、泉州等城市的第二产业增加值占 GDP 的比重较大，因此在城市工业化方面排名靠后。

在服务体系健全性因子 Factor 3 上得分最高的城市分别是厦门、福州、三明和汕头，而上饶、南平、宁德和莆田则处于相对劣势，这主要与每万人拥有公交车辆数这项指标有关。从表2-11中可以看出，厦门的每万人拥有公交车辆数最大，为21.36辆，因此排名第1位。相反，莆田在这项指标上的数值较小，因此在服务体系健全性方面排名靠后。

在经济结构转化速度因子 Factor 4 上得分最高的4个城市分别是揭阳、衢州、丽水和温州，而龙岩、泉州、汕头和梅州则处于相对劣势，这主要与产业结构提升率（第三产业增加值占 GDP 比重的增长率）有关。从表 2-11 中可以看出，揭阳、衢州、丽水和温州这 4 个城市在服务业增加值占 GDP 的比重增长上有明显的优势，因此在经济结构转化速度方面排名靠前。相反，汕头和梅州在这项指标上的数值为负值，表明这两个城市的服务业相对退步了，因此在经济结构转化速度方面排名靠后。

就综合得分来看，在产业结构竞争力方面温州、丽水、厦门、福州、漳州、衢州、宁德和汕头这 8 个城市的得分为正，说明这 8 个城市的产业结构竞争力高于 20 个城市的平均水平，其他城市的综合得分为负值，表示这些城市的产业结构竞争力低于平均水平。从数据分析来看，温州的产业结构竞争力位居第 1 位，主要原因有以下两点：第一，城乡生活水平变化大。温州在农村居民恩格尔系数和城镇居民恩格尔系数下降百分点分别为 8.52% 和 7.79%，在 20 个城市中均排名第 1 位，这说明温州的城乡居民食品支出占总消费支出的比重下降最多。第二，产业结构布局合理，第三产业发展速度快。温州的第二产业增加值和第三产业增加值占 GDP 的比重分别为 47.10% 和 50.09%。在 20 个城市中排名第 15 位和第 2 位。温州的第三产业增加值占 GDP 比重增长率为 7.08%，在 20 个城市中排名第 3 位，说明温州的产业正积极从第二产业为主向第三产业为主转变。

五　基础设施竞争力排名与分析

本小节选取人均道路面积、每万人拥有公共汽车数、人均用水量、人均用电量、每百万人拥有剧场电影院数、每百人藏书量、卫生机构数、万人拥有医生数、货物运输量、旅客运输量、每百人拥有移动电话数和每百人拥有互联网用户数共 12 项指标来衡量海峡西岸城市群的基础设施竞争力。按照前述指标要求，收集海峡西岸城市群的各项指标数据如表 2-14 所示。

表 2-14　基础设施竞争力原始数据表

城市	人均道路面积（平方米）	每万人拥有公共汽车数（辆）	人均用水量（吨）	人均用电量（千瓦时）	每百万人拥有剧场电影院数（个）	每百人藏书量（本）
福州	13.22	18.67	17.50	1037.10	4.87	117.38
厦门	17.71	21.36	37.87	1194.64	1.33	247.55

续表

城市	人均道路面积（平方米）	每万人拥有公共汽车数（辆）	人均用水量（吨）	人均用电量（千瓦时）	每百万人拥有剧场电影院数（个）	每百人藏书量（本）
莆田	3.64	3.31	12.68	619.06	1.41	26.91
三明	12.55	11.63	5.59	119.11	7.97	163.80
泉州	21.02	10.87	5.93	209.19	4.05	75.25
漳州	19.00	7.59	4.98	229.54	2.02	90.17
南平	5.05	5.94	4.38	154.91	3.05	64.35
龙岩	9.24	6.51	5.58	266.96	3.09	59.39
宁德	8.47	3.78	4.10	161.42	2.11	35.48
温州	18.32	14.63	12.85	308.71	1.23	157.85
丽水	10.83	7.73	6.07	124.95	7.93	62.29
衢州	13.11	4.46	7.35	192.04	5.49	57.69
汕头	4.64	1.98	27.71	704.54	1.82	52.05
梅州	8.45	4.45	5.34	160.96	2.78	29.81
潮州	3.02	1.93	8.00	342.13	2.58	19.12
揭阳	3.67	1.25	5.40	688.44	0.83	14.67
鹰潭	15.85	6.09	7.18	135.51	5.24	32.78
赣州	9.53	4.07	5.96	108.23	3.06	33.44
抚州	9.31	2.50	7.16	98.41	6.05	31.39
上饶	22.38	5.67	2.15	42.22	3.00	21.53

城市	卫生机构数（个）	万人拥有医生数（人）	货物运输量（万吨）	旅客运输量（万人）	每百人拥有移动电话数（个）	每百人拥有互联网用户数（个）
福州	230	24.17	23093	13785	127.96	28.17
厦门	56	24.36	23545	7916	149.60	38.73
莆田	377	16.69	4504	6870	94.72	66.20
三明	165	18.44	11514	3414	97.21	21.91
泉州	246	15.73	20423	9892	117.98	22.02
漳州	177	14.05	11000	3546	99.70	19.62

城市	卫生机构数（个）	万人拥有医生数（人）	货物运输量（万吨）	旅客运输量（万人）	每百人拥有移动电话数（个）	每百人拥有互联网用户数（个）
南平	169	18.96	3611	3013	91.22	20.23
龙岩	156	11.14	9320	2557	115.28	24.37
宁德	145	16.91	4417	8141	101.23	22.85
温州	391	26.97	11740	22338	137.33	32.20
丽水	238	23.42	5248	4628	109.15	19.26
衢州	177	26.48	9201	5397	109.83	20.00
汕头	71	15.64	6057	2076	116.70	17.45
梅州	151	20.83	7524	2789	86.67	11.82
潮州	77	15.55	4419	2330	91.30	14.36
揭阳	101	13.94	3702	2289	88.28	12.97
鹰潭	61	21.15	11733	2258	72.49	15.72
赣州	378	12.78	18829	9637	66.76	11.77
抚州	211	12.55	15304	4566	55.42	10.83
上饶	352	15.93	20921	10218	51.08	6.59

（1）指标测算结果

①因子载荷矩阵及贡献率

对经过标准化处理后的数据进行因子分析，使用极大似然法提取主因子，用最大方差法对因子载荷矩阵进行旋转，旋转后的因子载荷矩阵和方差贡献率如表 2-15 所示。

表 2-15　基础设施竞争力旋转后因子载荷矩阵和方差贡献率

变量	Factor 1	Factor 2	Factor 3	Factor 4	Factor 5	Factor 6
人均道路面积	0.225	0.817	-0.185	0.141		
每万人拥有公共汽车数	0.635	0.616	0.358			0.192
人均用水量	0.305	0.176	0.749	-0.146	-0.160	0.114
人均用电量	0.241		0.943		-0.186	
每百万人拥有剧场电影院		0.105	-0.268		0.945	

续表

变量	Factor 1	Factor 2	Factor 3	Factor 4	Factor 5	Factor 6
每百人藏书量	0.667	0.499	0.289			0.338
卫生机构	−0.111	0.148	−0.203	0.941		0.184
每万人拥有医生数	0.746		0.121	0.132	0.170	
货物运输量		0.913	0.295	0.215	0.125	−0.110
旅客运输量	0.450	0.375		0.752	−0.205	−0.130
每百人拥有移动电话机数	0.747		0.403		−0.156	0.214
每百人拥有互联网用户数	0.283	−0.165	0.399	0.319	−0.119	0.552
方差贡献率	0.206	0.197	0.186	0.141	0.090	0.049
累计方差贡献率	0.206	0.403	0.590	0.730	0.821	0.870

从表 2 - 15 中可以看出，前 6 个公共因子所解释的方差占整个方差的比重达 87%，基本上能全面反映城市基础设施竞争力指标的信息。因此，本研究提取前 6 个公因子进行分析。

②因子的解释

Factor 1 在每百人拥有移动电话机数和每万人拥有医生数两项指标上的载荷值最大，可命名为城市一般信息建设因子。Factor 2 在货物运输量和人均道路面积 2 项指标上的载荷值较大，因此命名为城市路网因子。Factor 3 在人均用电量和人均用水量 2 项指标上的载荷值较大，因此命名为城市水电因子。Factor 4 仅在卫生机构这项指标上的载荷值最大，这项指标反映城市居民看病的便利程度，可命名为医疗服务水平因子。Factor 5 仅在每百万人拥有剧场电影院的载荷值最大，这项指标反映城市居民的生活娱乐情况，可命名为城市娱乐因子。Factor 6 仅在每百人拥有互联网用户数上的载荷值较大，这项指标反映城市高级信息建设情况，可命名为城市高级信息建设因子。

③综合排名与分析

由回归估计法计算出各个因子的得分，以各因子的方差贡献率占所有因子方差贡献率的比重作为权重进行加权汇总，得出各个城市的综合得分，结果如表 2 - 16 所示。

表 2 - 16　基础设施竞争力排名

城市	Factor 1	Factor 2	Factor 3	Factor 4	Factor 5	Factor 6	综合得分	排名
福州	0.9121	0.6466	2.3664	1.0140	1.2206	- 0.9531	1.1053	1
厦门	1.0363	1.8656	2.0868	- 1.2960	- 0.8466	1.0379	0.8747	2
温州	2.5052	0.1446	- 0.8801	2.0839	- 1.4732	- 0.2445	0.6093	3
三明	0.8183	0.3660	- 0.7438	- 0.7050	1.8886	1.2139	0.2671	4
泉州	- 0.0991	1.4868	- 0.3995	0.2201	0.0079	- 0.2782	0.2486	5
丽水	0.8446	- 1.0725	- 0.5153	0.3945	2.1519	0.5809	0.1662	6
莆田	- 0.9139	- 1.5978	1.0329	1.7494	- 0.2067	2.0428	0.0198	7
赣州	- 1.6486	0.8940	- 0.2758	1.4000	- 0.1016	- 0.0500	- 0.0333	8
衢州	0.3550	- 0.3994	- 0.3511	- 0.0660	0.8591	- 0.5827	- 0.0362	9
上饶	- 1.4641	1.4148	- 0.5985	1.1094	- 0.3534	- 0.5162	- 0.0401	10
抚州	- 1.1676	0.3338	- 0.1578	0.0919	1.2480	- 0.9325	- 0.1431	11
漳州	- 0.3549	0.5999	- 0.6581	- 0.6970	- 0.9372	1.1875	- 0.2320	12
龙岩	- 0.3616	0.0638	- 0.3323	- 0.6790	- 0.2753	0.8221	- 0.2345	13
汕头	- 0.3267	- 1.0670	1.1896	- 0.7490	- 0.4504	- 0.5190	- 0.2619	14
鹰潭	- 0.0198	0.3536	- 0.5568	- 1.2930	0.4982	- 1.0793	- 0.2625	15
南平	0.2356	- 0.6734	- 0.8428	- 0.4900	- 0.3890	0.8744	- 0.3474	16
宁德	0.7550	- 0.7440	- 0.8596	- 0.2230	- 1.0122	- 1.1152	- 0.3772	17
梅州	- 0.3265	- 0.2057	- 0.6390	- 0.5930	- 0.5176	0.0068	- 0.4099	18
揭阳	- 0.6243	- 1.4530	1.1354	- 0.4120	- 0.8511	- 0.6160	- 0.4236	19
潮州	- 0.1549	- 0.9566	- 0.0006	- 0.8550	- 0.4601	- 0.8796	- 0.4892	20

（2）结果分析

从表 2 - 16 中可以看出，在城市一般信息建设因子 Factor 1 上得分最高的 4 个城市分别是温州、厦门、福州和丽水，而抚州、上饶和赣州则处于相对劣势，这主要与每万人拥有医生数和每百人拥有移动电话机数 2 项指标有关。从表 2 - 14 中可以看出，温州、厦门、福州、丽水这 4 个城市在这 2 项指标上的数值都很大，因此在城市一般信息建设方面排名靠前。相反，抚州、上饶、赣州这 3 个城市在这 2 项指标上的数值都很小，因此在城市一般信息建设方面排名靠后。

在城市路网因子 Factor 2 上得分最高的 4 个城市分别是厦门、泉州、上饶和赣州，而汕头、丽水、揭阳和莆田则处于相对劣势，这主要与人均道路面积和货物运输量这两项指标有关。从表 2-14 中可以看出，厦门、泉州和上饶这 3 个城市在这 2 项指标上的数值都很大，因此在城市路网方面排名靠前。相反，揭阳和莆田在这 2 项指标上的数值都很小，因此在城市路网方面排名靠后。

在城市水电因子 Factor 3 上得分最高的 4 个城市分别是福州、厦门、汕头和揭阳，而三明、南平、宁德和温州则处于相对劣势，这主要与城市额人均生活用电量和人均生活用水量有关。从表 2-14 中可以看出，福州、厦门和汕头在这 2 项指标上的数值都很大，因此在城市水电方面排名靠前。相反，三明、南平、宁德和温州在这 2 项指标上的数值都很小，因此在城市水电方面排名靠后。

在医疗服务水平因子 Factor 4 上得分最高的 4 个城市分别是温州、莆田、赣州和上饶，而汕头、潮州、鹰潭和厦门则处于相对劣势，这主要与卫生机构数这项指标有关。从表 2-14 中可以看出，温州、莆田、赣州和上饶的卫生机构数的数值都很大，因此在医疗服务水平方面排名靠前。相反，汕头、潮州、鹰潭和厦门的卫生机构数的数值都很小，因此在医疗服务水平方面排名靠后。

在城市娱乐因子 Factor 5 得分最高的 4 个城市分别为丽水、三明、福州和抚州，而揭阳、漳州、宁德和温州则处于相对劣势，这主要与每百万人拥有的剧场影院个数有关。从表 2-14 中可以看出，丽水、三明、福州和福州的每百万人拥有的剧场影院个数的数值都很大，因此在城市娱乐方面排名靠前。相反，揭阳、温州的每百万人拥有的剧场影院个数较小，因此在城市娱乐方面排名靠后。

在城市高级信息建设因子 Factor 6 上得分最高的 4 个城市分别是莆田、三明、漳州和厦门，而抚州、福州、鹰潭和宁德则处于相对劣势，这主要与城市每百人拥有的互联网用户数这项指标有关。从表 2-14 中可以看出，莆田的每百人拥有的互联网用户数最大，为 66.20 个，因此在城市高级信息建设方面排名最前。

就综合得分来看，在基础设施竞争力方面福州、厦门、温州、三明、泉州、丽水和莆田的综合得分为正，说明这 7 个城市的基础设施竞争力高于 20 个城市的平均水平,其他城市得分为负值,说明这些城市的基础设施竞争力低于 20 个城市的平均水平。从数据分析来看,三明的基础设施竞争力位居第 4 位,主要原因有两点:第一,娱乐业较发达。三明的每百万人拥有影剧院个数接近 8 个,在 20 个城市中排名第 1 位。第二,医疗服务较发达。三明的每万人拥有医生数为 18.44 人,在 20 个城市中排名第 8 位。

六　生态环境竞争力排名与分析

本小节选取每平方米二氧化硫排放量、工业固体废弃物综合利用率、污水处理厂集中处理率、生活垃圾无害化处理率、人均绿地面积和建成区绿化覆盖率共 6 项指标来衡量海峡西岸城市群的生态环境竞争力。按照前述指标要求,收集海峡西岸城市群的各项指标数据如表 2 - 17 所示。

表 2 - 17　生态环境原始数据表

城市	每平方米二氧化硫排放量（吨/平方米）	工业固体废弃物综合利用率（％）	污水处理厂集中处理率（％）	生活垃圾无害化处理率（％）	人均绿地面积（公顷）	建成区绿化覆盖率（％）
福州	4.32	95.97	93.60	99.49	13.58	42.89
厦门	10.26	97.95	88.01	99.90	48.40	41.87
莆田	2.20	92.60	87.00	98.10	7.87	45.12
三明	1.90	90.23	85.00	98.00	5.79	43.78
泉州	10.05	97.64	87.70	98.40	9.93	41.94
漳州	2.92	98.17	85.00	97.52	5.02	42.74
南平	0.70	59.13	85.00	93.28	4.50	43.83
龙岩	1.52	99.10	89.51	99.19	7.48	41.50
宁德	1.24	95.84	83.40	92.52	3.70	42.00
温州	2.83	98.15	87.25	99.77	8.96	38.32
丽水	1.52	95.34	81.09	99.98	5.34	45.09
衢州	5.43	94.55	80.05	100.00	9.99	41.94
汕头	12.98	99.86	86.61	69.16	18.36	42.11
梅州	2.30	99.00	86.80	94.06	4.74	42.77

续表

城市	每平方米二氧化硫排放量（吨/平方米）	工业固体废弃物综合利用率（%）	污水处理厂集中处理率（%）	生活垃圾无害化处理率（%）	人均绿地面积（公顷）	建成区绿化覆盖率（%）
潮州	4.00	99.80	87.52	79.10	7.33	53.71
揭阳	4.55	99.97	37.81	72.00	6.56	29.57
鹰潭	6.25	86.10	86.50	100.00	10.90	40.74
赣州	1.30	82.05	58.03	55.03	5.92	39.88
抚州	1.05	89.23	92.19	100.00	6.34	47.22
上饶	1.55	18.97	90.32	100.00	3.09	46.46

（1）指标测算结果

①因子载荷矩阵及贡献率

对经过标准化处理后的数据进行因子分析，使用极大似然法提取主因子，用最大方差法对因子载荷矩阵进行旋转，旋转后的因子载荷矩阵和方差贡献率如表2-18所示。

表2-18　生态环境竞争力旋转前后因子载荷矩阵和方差贡献率

变量	旋转前			旋转后		
	Factor 1	Factor 2	Factor 3	Factor 1	Factor 2	Factor 3
每平方米二氧化硫排放量	-0.204	0.968		0.987		
工业固体废弃物综合利用率	-0.122	0.310	-0.139	0.317	-0.164	
污水处理厂集中处理率	0.682	0.171	0.567	0.109	0.684	0.580
生活垃圾无害化处理率	0.995				0.150	0.984
人均绿地面积		0.700		0.692		0.108
建成区绿化覆盖率	0.297	-0.170	0.917	-0.170	0.959	
方差贡献率	0.267	0.264	0.198	0.266	0.240	0.223
累计方差贡献率	0.267	0.531	0.729	0.266	0.506	0.729

②因子的解释

从表 2 – 18 中可以看出，Factor 1 仅在每平方米二氧化硫排放量上的载荷值最大，这项指标反映城市的空气质量，可命名为城市空气质量因子。Factor 2 仅在建成区绿化覆盖率上的载荷值最大，这项指标反映城市的绿化程度，可命名为城市绿化规划因子。Factor 3 仅在生活垃圾无害化处理率上的载荷值最大，这项指标反映垃圾处理程度，可命名为生活垃圾处理因子。

③综合得分与排名

由回归估计法计算出各个因子的得分，以各因子的方差贡献率占所有因子方差贡献率的比重作为权重进行加权汇总，得出各个城市的综合得分，结果如表 2 – 19 所示。

表 2 – 19　生态环境竞争力排名

城市	Factor 1	Factor 2	Factor 3	综合得分	排名
厦门	1. 9256	0. 0462	0. 7058	0. 9337	1
泉州	1. 7642	0. 0587	0. 5710	0. 8377	2
汕头	2. 4224	0. 5412	– 1. 7419	0. 5292	3
鹰潭	0. 7155	– 0. 3640	0. 7030	0. 3563	4
潮州	– 0. 1515	2. 4899	– 1. 4256	0. 3283	5
衢州	0. 4692	– 0. 2177	0. 6581	0. 3009	6
福州	0. 1735	0. 0850	0. 5702	0. 2657	7
上饶	– 0. 6793	0. 7042	0. 4576	0. 1240	8
抚州	– 0. 7954	0. 8367	0. 4324	0. 1175	9
莆田	– 0. 4708	0. 4125	0. 3650	0. 0757	10
丽水	– 0. 6632	0. 2940	0. 5119	0. 0114	11
漳州	– 0. 2595	– 0. 0699	0. 4060	0. 0065	12
三明	– 0. 5528	0. 1037	0. 3992	– 0. 0455	13
梅州	– 0. 4537	– 0. 0284	0. 1215	– 0. 1377	14
龙岩	– 0. 6190	– 0. 3530	0. 5666	– 0. 1688	15
温州	– 0. 2234	– 0. 9919	0. 7336	– 0. 1837	16
南平	– 0. 9310	0. 1345	0. 0062	– 0. 2935	17
宁德	– 0. 7612	– 0. 2454	0. 0152	– 0. 3539	18
揭阳	0. 0828	– 2. 9341	– 1. 1557	– 1. 2893	19
赣州	– 0. 9925	– 0. 5022	– 2. 9000	– 1. 4146	20

（2）结果分析

从表 2 - 19 中可以看出，在城市空气质量因子 Factor 1 上得分最高的4 个城市分别是汕头、厦门、泉州和鹰潭，而宁德、抚州、南平和赣州则处于相对劣势，这主要与每平方米二氧化硫排放量有关。从表 2 - 17 中可以看出，汕头、厦门、泉州和鹰潭这 4 个城市的每平方米二氧化硫排放量都很大，因此排名靠前。相反，南平和赣州在每平方米二氧化硫排放量这项指标上的数值很小，因此在城市空气质量因子方面排名靠后。

在城市绿化规划因子 Factor 2 上得分最高的 4 个城市分别是潮州、抚州、上饶和汕头，而鹰潭、赣州、温州和揭阳则处于相对劣势，这主要与建成区绿化覆盖率这项指标有关。从表 2 - 17 中可以看出，潮州的建成区绿化覆盖率这项指标的数值最大，为 53.71%，因此在城市绿化规划方面排名第 1 位。揭阳的建成区绿化覆盖率这项指标的数值最低，为29.57%，因此在城市绿化规划方面排名最后。

在生活垃圾处理因子 Factor 3 上得分最高的 4 个城市分别是温州、厦门、鹰潭和衢州，而揭阳、潮州、汕头和赣州则处于相对劣势，这主要与生活垃圾无害化处理率有关。从表 2 - 17 中可以看出，温州、厦门、鹰潭和衢州的生活垃圾处理率都达到或接近于 100%，因此在生活垃圾处理方面排名靠前。相反，赣州的生活垃圾无害化处埋率最低，仅为 55.03%，因此在生活垃圾处理方面排名靠后。

就综合得分来看，在生态环境竞争力方面厦门、泉州、汕头、鹰潭、潮州、衢州、福州、上饶、抚州、莆田、丽水和漳州的综合得分为正，说明这 12 个城市的生态环境竞争力高于 20 个城市的平均水平，其他 8 个城市的综合得分为负值，说明这 8 个城市的生态环境竞争力低于平均水平。汕头的生态环境竞争力位居第 3 位，这主要与汕头绿地规模有关。汕头的人均绿地面积为 18.36 公顷，在 20 个城市中排名第 2 位。

七　政府管理竞争力排名与分析

本小节选取吸引外资能力、吸引游客能力、旅游总收入、人均财政收入、人均财政支出、财政收入占 GDP 的比重、财政支出占 GDP 的比重、养老保险覆盖率和失业保险覆盖率共 9 项指标来衡量海峡西岸城市群的政府管理竞争力。按照前述指标要求，收集海峡西岸城市群的各项指标数据如表 2 - 20 所示。

表 2 - 20　政府管理竞争力原始数据表

城市	吸引外资能力（万美元）	吸引游客能力（万人次）	旅游总收入（亿元）	人均财政收入（元）	人均财政支出（元）	财政收入占GDP的比重（％）	财政支出占GDP的比重（％）	养老保险覆盖率（％）	失业保险覆盖率（％）
福州	154651	90.69	468.03	7783.41	6917.64	11.12	9.88	33.88	22.76
厦门	197101	266.82	722.09	14542.4	14424.31	16.75	16.61	73.94	57.76
莆田	34092	4.42	136.23	5560.18	3883.75	10.51	7.34	19.74	16.13
三明	14033	5.24	131.1	7923.33	3622.35	12.27	5.61	37.92	20.81
泉州	148950	212.83	528.65	5675.25	4525.05	8.31	6.63	23.18	11.88
漳州	101207	40.65	204.77	5551.17	3417.43	10.95	6.74	22.69	13.16
南平	12000	28.82	312.46	7266.59	3091.35	15.45	6.57	39.38	23.32
龙岩	24082	8.09	165.45	7933.21	4636.04	12.65	7.39	32.23	22.92
宁德	17463	2.3	127.49	7026.51	3477.07	14.53	7.19	27.41	11.93
温州	53267	91.08	681	6033.38	4349.70	11.36	8.19	52.66	19.91
丽水	17838	26.82	339.58	8205.67	3057.48	20.66	7.70	40.15	14.59
衢州	7009	11.6	240.38	7528.88	3150.72	17.21	7.20	41.53	19.95
汕头	17813	17.64	190.89	3884.86	2253.49	12.45	7.22	33.18	18.88
梅州	14711	1.6253	254.39	6257.46	1976.18	30.48	9.63	36.14	12.00
潮州	10920	61.6	115.9	3869.07	1519.22	12.36	4.85	26.23	18.06
揭阳	23888	7.72	155.03	3115.76	1225.06	10.53	4.14	26.65	6.32
鹰潭	21566	25.63	138	10041.3	6409.83	18.94	12.09	31.57	12.56
赣州	122204	21.33	279.59	6314.55	2653.01	29.09	12.22	22.46	9.39
抚州	25104	7.15	133.33	6444.00	2931.88	24.67	11.23	32.11	11.61
上饶	83912	45.31	572.66	5761.00	2909.06	24.81	12.53	26.27	9.55

（1）指标测算结果

①因子载荷矩阵及贡献率

对经过标准化处理后的数据进行因子分析，使用极大似然法提取主因子，用最大方差法对因子载荷矩阵进行旋转，旋转后的因子载荷矩阵和方差贡献率如表2-21所示。

表2-21　政府管理竞争力旋转后因子载荷矩阵和方差贡献率

变量	Factor 1	Factor 2	Factor 3	Factor 4
吸引外资能力	0.293	0.901		
吸引游客能力	0.344	0.8	-0.153	0.26
旅游总收入	0.105	0.78		0.47
人均财政收入	0.876	0.175	0.208	0.264
人均财政支出	0.84	0.492		0.218
财政收入占GDP的比重		-0.114	0.99	
财政支出占GDP的比重	0.563	0.427	0.648	
养老保险覆盖率	0.522	0.172		0.83
失业保险覆盖率	0.7	0.293	-0.132	0.515
方差贡献率	0.308	0.294	0.167	0.152
累计方差贡献率	0.308	0.601	0.768	0.92

从表2-21中可以看出，前4个公共因子所解释的方差占整个方差的比重达92%，基本上能全面反映政府管理竞争力指标的信息。因此，本研究提取前4个公因子进行分析。

②因子的解释

从表2-21中可以看出，Factor 1在人均财政收入和人均财政支出上的载荷值都很大，这2项指标反映政府的财政收支情况，可命名为政府财政收支因子。Factor 2在吸引外资能力、吸引游客能力、旅游总收入上的载荷值都很大，这3项指标反映政府推销能力，可命名为政府营销因子。Factor 3在财政收入占GDP的比重和财政支出占GDP的比重这2项指标上的载荷都很大，这2项指标反映在国内生产总值分配中政府收支所占的比重，可命名为GDP财力分配因子。Factor 4在养老保险覆盖率和失业保险覆盖率上的载荷值都很大，这2项指标反映政府给城市居民提供的幸福感和安全感，可命名为政府保障因子。

③综合得分和排名

由回归估计法计算出各个因子的得分，以各因子的方差贡献率占所有因子方差贡献率的比重作为权重进行加权汇总，得出各个城市的综合得分，结果如表 2 – 22 所示。

表 2 – 22　政府管理竞争力排名

城市	Factor 1	Factor 2	Factor 3	Factor 4	综合得分	排名
厦门	2.8910	1.7979	0.3454	1.6726	1.8814	1
福州	0.5502	1.3352	– 0.6104	– 0.5872	0.4030	2
赣州	– 0.6106	0.7249	2.0517	– 1.0523	0.2258	3
上饶	– 0.8877	1.0706	1.4373	– 0.5080	0.2219	4
鹰潭	1.7737	– 0.7939	0.4100	– 1.2114	0.2144	5
温州	– 0.8796	0.6938	– 0.7061	2.2620	0.1728	6
梅州	– 0.5635	– 0.6303	2.0711	0.5348	0.0742	7
泉州	– 0.8550	2.1300	– 1.0133	– 0.8576	0.0688	8
抚州	– 0.0083	– 0.5944	1.2403	– 0.1646	0.0052	9
丽水	– 0.2274	– 0.5981	0.5881	0.8247	– 0.0243	10
衢州	– 0.0670	– 0.8983	0.0314	0.9566	– 0.1458	11
龙岩	0.7972	– 0.7765	– 0.6152	– 0.4462	– 0.1667	12
南平	– 0.2259	– 0.6249	– 0.2165	0.8280	– 0.1778	13
漳州	– 0.2972	0.4563	– 0.7634	– 0.9540	– 0.2499	14
三明	0.3338	– 1.0791	– 0.7352	0.4505	– 0.2921	15
宁德	0.3685	– 0.7652	– 0.3336	– 0.6817	– 0.2944	16
莆田	0.4572	– 0.3296	– 0.8892	– 1.5140	– 0.3638	17
汕头	– 0.6613	– 0.3770	– 0.6428	0.4540	– 0.3836	18
潮州	– 0.8224	– 0.4027	– 0.6886	– 0.0873	– 0.5434	19
揭阳	– 1.0655	– 0.3385	– 0.9608	0.0811	– 0.6259	20

（2）结果分析

从表 2 – 22 中可以看出，在政府财政收支因子 Factor 1 上得分最高的 4 个城市分别是厦门、鹰潭、龙岩和福州，而泉州、温州、上饶和揭阳则处于相对劣势，这主要与人均财政收入和人均财政支出 2 项指标有关。从表 2 – 20 中可以看出，厦门在这 2 项指标上的取值都很大，因此在政府财政收支方面排名靠前。相反，揭阳在这 2 项指标上的取值都很小，因此在政府财政收支方面排名靠后。

在政府营销因子 Factor 2 上得分最高的 4 个城市分别是泉州、厦门、福州和上饶，而龙岩、鹰潭、衢州和三明则处于相对劣势，这主要与实际利用外资额、境外游客数和旅游总收入有关。

在 GDP 财力分配因子 Factor 3 上得分最高的 4 个城市分别是梅州、赣州、上饶和抚州，而漳州、莆田、揭阳和泉州则处于相对劣势，这主要与财政收入和支出分别占 GDP 的比重有关。从表 2 - 20 中可以看出，梅州、赣州、上饶和抚州这 4 个城市在这 2 项指标上的数值都很大，因此在 GDP 财力分配方面排名靠前。相反，揭阳和泉州在这 2 项指标上的数值都很小，因此在 GDP 财力分配方面排名靠后。

在政府保障因子 Factor 4 上得分最高的 4 个城市分别是温州、厦门、衢州和南平，而漳州、赣州、鹰潭和莆田则处于相对劣势，这主要与养老保险覆盖率和失业保险覆盖率有关。从表 2 - 20 中可以看出，温州和厦门在这 2 项指标上的数值都很大，因此在政府保障方面排名靠前。相反，莆田和赣州在这 2 项指标上的数值都很小，因此在政府保障方面排名靠后。

就综合得分来看，在政府管理竞争力方面厦门、福州、赣州、上饶、鹰潭、温州、梅州、泉州和抚州这 9 个城市的综合得分为正，说明这 9 个城市的政府管理竞争力高于 20 个城市的平均水平，其他 11 个城市的政府管理竞争力则低于平均水平。从数据分析来看，赣州的政府管理竞争力位居第 3 位，主要有两个原因：第一，政府推销能力强。赣州的实际利用外资额为 122204 万美元，在 20 个城市中排名第 4 位。旅游总收入在 20 个城市中排名第 7 位。第二，政府 GDP 中财政收支分配合理。赣州的财政收入占 GDP 的比重为 29.09%，在 20 个城市中排名第 1 位。财政支出占 GDP 的比重为 12.22%，在 20 个城市中排名第 3 位。

2020 年 1 月，由社会科学文献出版社联合北京师范大学、江西师范大学联合发布的《2019 中国地方政府效率研究报告》给出了 2019 年中国地方政府效率排行榜，海峡西岸城市群 20 个城市中有 14 个城市进入全国百强，可见海峡西岸城市群总体上在 2019 年地方政府的管理效率水平较高。其中，厦门排名第 5 位，三明排名第 11 位，龙岩排名第 12 位，漳州排名第 14 位，泉州排名第 22 位，揭阳排名第 24 位，赣州排名第 31 位，

鹰潭排名第 38 位，莆田排名第 40 位，丽水排名第 42 位，衢州排名第 47
位，温州排名第 55 位，宁德排名第 68 位，上饶排名第 83 位。海峡西岸
城市群的 20 个城市中，福建省的 9 个城市中，福州和南平未能进入百强。
浙江省的 3 个城市均进入百强，表明浙南 3 市的政府效率均较高。广东省
的 4 个城市中，汕头、潮州和梅州均未进入百强。从海峡西岸城市群的
20 个城市的表现分析，作为中心城市的福州和汕头的政府效率有待提升。

八　对外开放竞争力排名与分析

本小节选取对外贸易依存度、外企个数占城市总企业的比重、外企资
金占城市总企业资金的比重、实际利用外资额、境外游客数、人均邮政收
入和人均电信收入共 7 项指标来衡量海峡西岸城市群的对外开放竞争力。
按照前述指标要求，收集海峡西岸城市群的各项指标数据如表 2 – 23
所示。

表 2 – 23　对外开放竞争力原始数据表

城市	对外贸易依存度（‰）	外企个数占城市总企业的比重（%）	外企资金占城市总企业资金的比重（%）	实际利用外资额（万美元）	境外游客数（万人次）	人均邮政收入（元）	人均电信收入（元）
福州	33.48	13.89	19.77	154651	90.69	376.98	1463.73
厦门	127.62	22.40	44.60	197101	266.82	711.93	3023.59
莆田	17.45	5.45	11.97	34092	4.42	90.26	1232.26
三明	6.29	1.03	1.64	14033	5.24	168.41	794.61
泉州	26.91	10.39	17.34	148950	212.83	397.63	1205.03
漳州	22.58	8.03	8.93	101207	40.65	86.24	934.96
南平	6.47	3.31	6.74	12000	28.82	131.96	791.01
龙岩	12.26	3.58	7.42	24082	8.09	78.61	1117.17
宁德	14.59	1.39	1.61	17463	2.3	159.33	966.35
温州	24.15	2.90	5.48	53267	91.08	402.48	1463.86
丽水	13.82	1.46	1.28	17838	26.82	208.25	684.87
衢州	19.94	3.32	5.78	7009	11.6	58.64	592.74
汕头	27.85	4.92	10.25	17813	17.64	47.82	967.69

续表

城市	对外贸易依存度（‰）	外企个数占城市总企业的比重（%）	外企资金占城市总企业资金的比重（%）	实际利用外资额（万美元）	境外游客数（万人次）	人均邮政收入（元）	人均电信收入（元）
梅州	12.32	5.05	7.08	14711	1.6253	60.96	1233.72
潮州	20.11	5.63	7.59	10920	61.6	630.75	7144.79
揭阳	15.34	2.53	4.65	23888	7.72	139.48	971.40
鹰潭	34.24	3.42	1.28	21566	25.63	112.55	560.74
赣州	10.59	5.84	9.96	122204	21.33	52.44	518.94
抚州	7.50	1.70	1.36	25104	7.15	59.38	409.94
上饶	13.02	1.69	1.41	83912	45.31	43.69	588.67

（1）指标测算结果

①因子载荷矩阵及贡献率

对经过标准化处理后的数据进行因子分析，使用极大似然法提取主因子，用最大方差法对因子载荷矩阵进行旋转，旋转前后的因子载荷矩阵和方差贡献率如表2-24所示。

表2-24 对外开放竞争力旋转后因子载荷矩阵和方差贡献率

变量	旋转前			旋转后		
	Factor 1	Factor 2	Factor 3	Factor 1	Factor 2	Factor 3
对外贸易依存度	0.868		0.112	0.79	0.283	0.252
外企个数占城市总企业的比重	0.956		0.284	0.952	0.261	0.146
外企资金占城市总企业资金的比重	0.942		0.245	0.923	0.252	0.177
实际利用外资额	0.852	-0.279		0.831		0.348
境外游客数	0.953		-0.288	0.695	0.277	0.66
人均邮政收入	0.777	0.517	-0.28	0.426	0.762	0.434
人均电信收入	0.363	0.85				0.925
方差贡献率	0.703	0.153	0.047	0.535	0.246	0.123
累计方差贡献率	0.703	0.857	0.904	0.535	0.781	0.904

从表 2 - 24 中可以看出，前 3 个公共因子所解释的方差占整个方差的比重达 90%，基本上能全面反映对外开放竞争力指标的信息。因此，本研究提取前 3 个公因子进行分析。

②因子的解释

从表 2 - 24 中可以看出，Factor 1 在外企个数占城市总企业个数的比重和外企资金占城市总企业资金的比重这 2 项指标上的载荷值较大，这 2 项指标反映城市外企的规模，可命名为对外开放实力规模因子。Factor 2 在人均邮政收入和人均电信收入 2 项指标上的载荷值都很大，这 2 项指标反映城市远距离交往程度，可命名为对外开放交往因子。Factor 3 仅在境外游客数这项指标上的载荷值较大，可命名为城市魅力因子。

③综合得分和排名

由回归估计法计算出各个因子的得分，以各因子的方差贡献率占所有因子方差贡献率的比重作为权重进行加权汇总，得出各个城市的综合得分，结果如表 2 - 25 所示。

表 2 - 25　对外开放竞争力排名

城市	Factor 1	Factor 2	Factor 3	综合得分	排名
厦门	3. 06	1. 09	0. 97	2. 24	1
福州	1. 73	0. 37	- 1. 04	0. 99	2
泉州	0. 69	- 0. 46	2. 89	0. 68	3
潮州	- 0. 90	3. 58	- 0. 29	0. 40	4
漳州	0. 77	- 0. 59	- 0. 74	0. 19	5
莆田	0. 24	- 0. 15	- 1. 13	- 0. 05	6
赣州	0. 42	- 0. 80	- 0. 67	- 0. 06	7
梅州	0. 13	- 0. 21	- 1. 06	- 0. 13	8
汕头	0. 14	- 0. 46	- 0. 64	- 0. 13	9
温州	- 0. 88	0. 55	1. 60	- 0. 15	10
龙岩	- 0. 20	- 0. 26	- 0. 55	- 0. 26	11
南平	- 0. 35	- 0. 26	0. 05	- 0. 28	12
鹰潭	- 0. 32	- 0. 39	0. 00	- 0. 30	13
衢州	- 0. 23	- 0. 49	- 0. 35	- 0. 32	14

城市	Factor 1	Factor 2	Factor 3	综合得分	排名
揭阳	−0.51	−0.06	−0.30	−0.36	15
丽水	−0.87	0.00	0.46	−0.45	16
宁德	−0.80	0.05	−0.15	−0.48	17
上饶	−0.63	−0.94	0.95	−0.50	18
抚州	−0.60	−0.57	−0.02	−0.51	19
三明	−0.89	0.02	0.02	−0.52	20

（2）结果分析

从表2－25中可以看出，在对外开放实力规模因子Factor 1上得分最高的4个城市分别是厦门、福州、漳州和泉州，而丽水、温州、三明和潮州则处于相对劣势，这主要与外企个数与资金占城市企业总体的比重有关。从表2－23中可以看出，厦门在这2项指标上的取值都很大，因此排名最前。相反，丽水、温州、三明和潮州在这2项指标上的数值都较小，因此排名靠后。

在对外开放交往因子Factor 2上得分最高的4个城市分别是潮州、厦门、温州和福州，而抚州、漳州、赣州和上饶则处于相对劣势，这主要与人均邮政收入和人均电信收入有关。从表2－23中可以看出，潮州、厦门、温州、福州和泉州这些城市在这2项指标上的数值都较大，因此排名靠前。相反，抚州、漳州、赣州和上饶在这2项指标上的数值都很低，因此排名靠后。

在城市魅力因子Factor 3上得分最高的4个城市分别是泉州、温州、厦门和上饶，而漳州、福州、梅州和莆田则处于相对劣势，这主要与境外游客数有关。从表2－23中可以看出，厦门、泉州、福州和温州这些城市的境外游客数都很大，因此排名靠前。相反，梅州和莆田的境外游客数都相对较小，因此排名靠后。

就综合得分来看，厦门、福州、泉州、潮州和漳州的综合得分为正，说明这些城市的对外开放竞争力高于20个城市的平均水平，其他城市的对外开放竞争力则低于平均水平。潮州的对外开放竞争力位居第4位，主要原因是潮州与其他城市之间的邮政电信业务往来频繁。潮州的人均邮政业务收入达到 630.75 元，在 20 个城市中排名第 2 位。人均电信收入达到 7144.79 元，在 20 个城市中排名第 1 位。

九 城乡发展水平竞争力排名与分析

本小节选取市辖区人均 GDP 与全市之比、农村人均纯收入与城镇之比、农村人均生活消费支出与城镇之比、城乡恩格尔系数之差、城镇化率、市辖区人均教育支出与全市之比、市辖区人均公共图书馆藏书量与全市之比、市辖区人均床位数与全市之比共 8 项指标来衡量海峡西岸城市群的城乡发展水平竞争力。按照前述指标要求，收集海峡西岸城市群的各项指标数据如表 2 - 26 所示。

表 2 - 26 城乡发展水平原始数据表

单位：%

城市	市辖区人均GDP与全市之比	农村人均纯收入与城镇之比	农村人均生活消费支出与城镇之比	城乡恩格尔系数之差	城镇化率	市辖区人均教育支出与全市之比	市辖区人均公共图书馆藏书量与全市之比	市辖区人均床位数与全市之比
福州	122.15	43.18	52.15	5	66.9	128.09	73.31	54.26
厦门	100.00	40.93	51.61	4.82	81.39	100.00	100.00	100.00
莆田	116.09	47.74	59.64	7.2	55.3	118.15	129.28	67.30
三明	138.43	46.30	48.89	4.5	55.1	193.10	142.30	15.20
泉州	122.86	41.89	49.55	5.6	62.9	162.36	186.30	32.75
漳州	145.30	49.30	50.14	3.05	53.8	167.87	54.13	22.88
南平	119.28	46.74	51.92	5.7	53.4	122.15	139.92	19.80
龙岩	138.86	46.09	49.04	4.7	51.6	176.58	294.68	30.27
宁德	112.50	47.18	51.93	3.6	52.9	153.96	201.72	22.54
温州	237.79	47.87	52.30	6.67	67	172.71	294.64	20.63
丽水	117.89	44.83	52.51	3.06	54.77	153.84	133.57	35.30
衢州	127.49	50.20	54.37	2.22	49	116.87	153.09	37.80
汕头	100.27	52.18	52.80	5.6	69.85	99.74	99.96	98.87
梅州	179.37	54.35	62.59	4.6	46.9	156.41	269.41	23.35
潮州	117.74	55.96	65.98	1.71	63.41	109.14	159.31	68.95

续表

城市	市辖区人均GDP与全市之比	农村人均纯收入与城镇之比	农村人均生活消费支出与城镇之比	城乡恩格尔系数之差	城镇化率	市辖区人均教育支出与全市之比	市辖区人均公共图书馆藏书量与全市之比	市辖区人均床位数与全市之比
揭阳	141.46	51.67	62.22	3.98	50.53	116.56	166.12	34.26
鹰潭	153.28	46.19	56.19	0.3	54.23	163.52	351.19	23.25
赣州	183.88	30.29	40.02	3.5	43.99	90.75	139.95	17.49
抚州	111.90	45.06	49.62	−1.8	43.5	34.57	52.98	32.97
上饶	179.20	36.92	45.38	−9.01	45.86	73.20	178.22	12.73

（1）指标测算结果

①因子载荷矩阵及贡献率

对经过标准化处理后的数据进行因子分析，使用极大似然法提取主因子，用最大方差法对因子载荷矩阵进行旋转，旋转后的因子载荷矩阵和方差贡献率如表2-27所示。

表2-27 城乡发展水平旋转后因子载荷矩阵和方差贡献率

变量	Factor 1	Factor 2	Factor 3	Factor 4
市辖区人均GDP与全市之比	0.173	0.225	0.838	
农村人均纯收入与城镇之比	0.836			−0.216
农村人均生活消费支出与城镇之比	0.985	0.14		
城乡恩格尔系数之差	−0.173	−0.394		0.536
城镇化率		0.847		−0.216
市辖区人均教育支出与全市之比			0.311	0.942
市辖区人均公共图书馆藏与全市之比	−0.181	0.104	0.661	0.301
市辖区人均床位数与全市之比	0.225	0.855	0.423	0.185
方差贡献率	0.228	0.212	0.179	0.174
累计方差贡献率	0.228	0.439	0.618	0.793

从表2-27中可以看出，前4个公共因子所解释的方差占整个方差的比重接近80%，基本上能全面反映城乡发展水平竞争力指标的信息。因此，本研究提取前4个公因子进行分析。

②因子的解释

从表 2 - 28 中可以看出，Factor 1 在农村人均纯收入与城镇之比和农村生活消费支出与城镇之比这 2 项指标上的载荷值都很大，这 2 项指标从收入和支出反映城乡居民的生活差异，可命名为城乡收支因子。Factor 2 在城镇化率和市辖区人均床位数与全市之比这 2 项指标上的载荷值都很大，这 2 项指标反映城乡医疗服务水平的差异，可命名为城乡医疗因子。Factor 3 仅在市辖区人均 GDP 与全市之比上的载荷值最大，可直接命名为城乡产出因子。Factor 4 仅在市辖区人均教育支出与全市之比上的载荷值最大，可直接命名为城乡教育因子。

③综合得分和排名

由回归估计法计算出各个因子的得分，以各因子的方差贡献率占所有因子方差贡献率的比重作为权重进行加权汇总，得出各个城市的综合得分，结果如表 2 - 28 所示。

表 2 - 28　城乡发展水平排名

城市	Factor 1	Factor 2	Factor 3	Factor 4	综合得分	排名
潮州	2.09	0.61	0.11	0.70	0.94	1
汕头	-0.25	2.14	1.09	0.33	0.82	2
厦门	-0.56	2.49	0.65	0.42	0.74	3
莆田	1.02	0.71	0.49	0.23	0.65	4
揭阳	1.62	-0.63	-0.21	0.62	0.38	5
抚州	-0.31	-1.19	1.13	2.19	0.33	6
福州	-0.22	0.60	0.42	-0.13	0.16	7
衢州	0.33	-0.40	0.43	0.27	0.14	8
梅州	1.63	-0.50	-1.21	-0.11	0.04	9
丽水	-0.03	-0.24	0.54	-0.78	-0.12	10
南平	0.00	-1.08	0.51	0.09	-0.15	11
鹰潭	0.52	-0.23	-1.01	-0.48	-0.24	12
宁德	-0.04	-0.79	0.51	-0.76	-0.27	13
泉州	-0.58	0.03	0.17	-0.96	-0.33	14
上饶	-1.16	-0.83	-0.81	1.73	-0.36	15

续表

城市	Factor 1	Factor 2	Factor 3	Factor 4	综合得分	排名
漳州	-0.37	-0.55	0.37	-1.12	-0.41	16
龙岩	-0.66	0.12	-0.14	-1.24	-0.46	17
温州	-0.29	0.67	-2.65	-0.32	-0.58	18
赣州	-2.13	-0.33	-0.60	1.07	-0.60	19
三明	-0.59	-0.61	0.20	-1.75	-0.67	20

（2）结果分析

从表 2 - 28 中可以看出，在城乡收支因子 Factor 1 上得分最高的 4 个城市分别是潮州、梅州、揭阳和莆田，而三明、龙岩、上饶和赣州则处于相对劣势，这主要是与农村人均纯收入和人均生活消费与城镇之比这 2 项指标有关。从表 2 - 26 中可以看出，潮州、梅州、揭阳和莆田在这 2 项指标上的数值都很大，因此在城乡收支方面排名靠前。相反，上饶和赣州在这 2 项指标上的数值都很小，因此在城乡收支方面排名靠后。

在城乡医疗因子 Factor 2 上得分最高的 4 个城市分别是厦门、汕头、莆田和温州，而宁德、上饶、南平和抚州则处于相对劣势，这主要与城镇化率和市辖区人均床位数与全市之比这 2 项指标有关。从表 2 - 26 中可以看出，厦门和汕头在这 2 项指标上的数值都很大，因此在城乡医疗方面排名靠前。相反，宁德、上饶、南平和抚州这些城市都在这 2 项指标上的数值都很小，因此城乡医疗方面排名靠后。

在城乡产出因子 Factor 3 上得分最高的 4 个城市分别是抚州、汕头、厦门和丽水，而上饶、鹰潭、梅州和温州则处于相对劣势，这主要与市辖区人均 GDP 与全市之比这项指标有关。从表 2 - 26 中可以看出，抚州、汕头、厦门和丽水在这项指标上的数值都较小，表示这些城市的城乡发展水平差距小，因此在城乡产出方面排名靠前。相反，温州在这项指标上的数值最大，表明温州的市辖区创造的人均 GDP 远远超过农村人均 GDP，因此城乡发展很不平衡。

在城乡教育因子 Factor 4 上得分最高的 4 个城市分别是抚州、上饶、赣州和潮州，而泉州、漳州、龙岩和三明则处于相对劣势，这主要与市辖区人均教育支出与全市之比这项指标有关。从表 2 - 26 中可以看出，抚州、上饶、赣州和潮州在这项指标上的数值都很低，说明这些城市的城乡教育支出比较均衡，因此在城乡教育方面排名靠前。相反，泉州、漳州、龙岩和三明这些城市在这项指标上的数值都较大，城乡教育支出的差距较大，因此在城乡教育方面排名靠后。

就综合得分来看，在城乡发展水平竞争力方面潮州、汕头、厦门、莆田、揭阳、抚州、福州、衢州和梅州的综合得分为正，说明这9个城市的城乡发展水平竞争力高于20个城市的平均水平，其他城市综合得分为负值，说明这些城市的城乡发展水平竞争力低于平均水平。从数据分析来看，汕头的城乡发展水平竞争力位居第2位，主要原因有以下两点：第一，城镇化率高。汕头的城镇化率为69.85%，在20个城市中排名第2位；第二，城乡医疗水平服务水平高。汕头的市辖区人均床位数与全市人均床位数之比为98.87%，在20个城市中排名第2位，仅次于厦门。

十　经济实力竞争力排名与分析

本小节选取GDP总量、GDP增长率、人均GDP、人均固定资产投资额、人均社会消费品总额、人均限额以上批发零售总额、规模以上工业企业利润率和规模以上工业企业单位资产电力消费量共8项指标来衡量海峡西岸城市群的经济实力竞争力。按照前述指标要求，收集海峡西岸城市群的各项指标数据如表2-29所示。

表2-29　经济实力竞争力原始数据表

城市	GDP（亿元）	GDP增长率（%）	人均GDP（元）	人均固定资产投资额（万元）	人均社会消费品总额（万元）	人均限额以上批发零售总额（万元）	规模以上工业企业利润率（%）	规模以上工业企业单位资产电力消费量（千瓦时）
福州	5169.16	10.1	69995	5.94	4.15	6.67	5.42	48.12
厦门	3273.58	9.2	86832	4.14	2.84	19.45	4.85	238.03
莆田	1502.07	11.1	52890	5.01	1.75	2.90	8.46	133.48
三明	1621.21	9.6	64590	6.39	1.61	2.53	2.68	120.14
泉州	5733.36	10.1	68254	3.42	2.61	3.41	7.06	45.30
漳州	2506.36	11.3	50685	4.21	1.40	1.54	8.07	90.75

续表

城市	GDP（亿元）	GDP 增长率（%）	人均 GDP（元）	人均固定资产投资额（万元）	人均社会消费品总额（万元）	人均限额以上批发零售总额（万元）	规模以上工业企业利润率（%）	规模以上工业企业单位资产电力消费量（千瓦时）
南平	1232.56	9.6	47044	5.54	1.73	1.07	4.84	225.72
龙岩	1621.58	9.7	62730	6.03	2.17	2.97	6.71	156.42
宁德	1376.09	10.8	48369	3.98	1.46	1.17	5.67	19.60
温州	4303.05	7.2	53094	3.77	2.97	3.21	5.75	160.91
丽水	1051.75	7	39721	2.51	1.80	1.94	7.87	56.02
衢州	1115.10	7.4	43740	3.07	1.98	1.75	5.80	361.20
汕头	1716.51	9	31201	1.82	2.16	2.05	7.70	396.74
梅州	885.84	8.5	20529	0.94	1.16	0.53	6.55	218.29
潮州	850.20	8.2	31301	1.15	1.46	2.70	9.43	428.21
揭阳	1780.44	10.7	29600	1.82	1.26	1.81	6.12	275.30
鹰潭	606.98	9.7	53011	4.05	1.32	0.78	5.13	11.88
赣州	1843.59	10	21708	1.89	0.74	0.39	6.77	67.08
抚州	1036.77	9.8	26119	2.41	0.96	0.36	6.07	47.60
上饶	1550.24	9.9	23221	2.01	0.82	0.37	9.11	6.26

（1）指标测算结果

①因子载荷矩阵及贡献率

对标准化后的数据进行因子分析，使用极大似然法提取主因子，用最大方差法对因子载荷矩阵进行旋转，旋转后的因子载荷矩阵和方差贡献率如表 2-30 所示。

表 2-30 经济实力竞争力旋转后因子载荷矩阵和方差贡献率

变量	Factor 1	Factor 2	Factor 3	Factor 4
GDP		0.95	0.199	0.223
GDP 增长率	0.148			0.663
人均 GDP	0.692	0.446	0.462	0.121
人均固定资产投资额	0.943	0.186		0.266

续表

变量	Factor 1	Factor 2	Factor 3	Factor 4
人均社会消费品零售总额	0.44	0.811	0.213	− 0.314
人均限额以上批发零售总额	0.243	0.287	0.911	− 0.154
规模以上工业企业利润率	− 0.53		− 0.144	− 0.119
规模以上工业企业单位资产电力消费量	0.138	0.108	− 0.138	0.611
方差贡献率	0.243	0.237	0.146	0.136
累计方差贡献率	0.243	0.48	0.626	0.762

②因子的解释

从表2-30中可以看出，Factor 1在人均固定资产投资额上的载荷值最大，这项指标反映城市固定资产的投资规模，可命名为资产投入因子。Factor 2在GDP和人均社会消费品总额上的载荷值都很大，这2项指标反映居民的生产和消费情况，可命名为居民收支因子。Factor 3在人均限额以上批发零售总额这项指标上的载荷值最大，可命名为居民消费因子。Factor 4在GDP增长率和规模以上工业企业单位资产电力消费量上的载荷值都很大，这2项指标反映经济的活力和效率，可命名为发展潜力因子。

③综合得分与排名

由回归估计法计算出各个因子的得分，以各因子的方差贡献率占所有因子方差贡献率的比重作为权重进行加权汇总，得出各个城市的综合得分，结果如表2-31所示。

表2-31　经济实力竞争力排名

城市	Factor 1	Factor 2	Factor 3	Factor 4	综合得分	排名
福州	1.29	2.46	− 0.27	− 0.85	0.97	1
厦门	0.41	0.09	4.14	− 0.36	0.89	2
泉州	− 0.95	2.34	− 0.05	1.61	0.70	3
三明	1.61	− 0.66	− 0.11	1.18	0.50	4
温州	− 0.11	1.80	− 0.50	− 0.30	0.38	5
龙岩	1.66	− 0.31	− 0.33	− 0.04	0.36	6
漳州	0.02	0.00	− 0.10	1.51	0.25	7

续表

城市	Factor 1	Factor 2	Factor 3	Factor 4	综合得分	排名
莆田	0.96	− 0.49	− 0.05	0.30	0.20	8
南平	1.32	− 0.59	− 0.61	0.23	0.16	9
宁德	0.32	− 0.50	− 0.31	0.35	− 0.05	10
鹰潭	0.57	− 0.97	− 0.39	− 0.01	− 0.19	11
赣州	− 1.31	− 0.38	0.02	1.26	− 0.31	12
揭阳	− 1.08	− 0.19	0.10	0.19	− 0.35	13
上饶	− 1.11	− 0.50	− 0.07	0.91	− 0.36	14
衢州	0.17	− 0.26	− 0.48	− 1.36	− 0.36	15
抚州	− 0.65	− 0.73	− 0.20	0.37	− 0.41	16
丽水	− 0.20	− 0.33	− 0.30	− 1.24	− 0.45	17
汕头	− 0.64	0.29	− 0.42	− 1.67	− 0.49	18
潮州	− 1.01	− 0.53	0.17	− 1.30	− 0.69	19
梅州	− 1.28	− 0.53	− 0.24	− 0.78	− 0.76	20

（2）结果分析

从表 2 - 31 中可以看出，在资产投入因子 Factor 1 上得分最高的 4 个城市分别是龙岩、三明、南平和福州，而揭阳、上饶、梅州和赣州则处于相对劣势，这主要与人均固定资产投资额这项指标有关。从表 2 - 29 中可以看出，龙岩、三明、南平和福州这些城市的人均固定资产投资额比较大，因此这些城市在资产投入方面排名靠前。相反，揭阳、上饶、梅州和赣州的人均固定资产投资额相对较小，因此在资产投入方面排名靠后。

在收支因子 Factor 2 上得分最高的 4 个城市分别是福州、泉州、温州和汕头，而南平、三明、抚州和鹰潭则处于相对劣势，这主要与 GDP 和人均社会消费品零售总额这 2 项指标有关。从表 2 - 29 中可以看出，福州、泉州和温州在这 2 项指标上的数值都很大，因此在收支方面排名较前。相反，南平、三明、抚州和鹰潭这些城市在这 2 项指标上的数值都很小，因此在收支方面排名靠后。

在居民消费因子 Factor 3 上得分最高的 4 个城市分别是厦门、潮州、揭阳和赣州，而汕头、衢州、温州和南平则处于相对劣势，这主要与人均限额以上批发零售总额有关。从表 2 - 29 中可以看出，厦门的人均限额以上批发零售总额最大，为 19.45 万元，因此在居民消费方面排名最前。相反，汕头、衢州、温州和南平这些城市的人均限额以上批发零售总额都相对较小，因此在居民消费方面排名靠后。

在发展潜力因子 Factor 4 上得分最高的 4 个城市分别是泉州、漳州、赣州和三明，而丽水、潮州、衢州和汕头则处于相对劣势，这主要与 GDP 增长率和规模以上工业企业单位资产电力消费量有关。

就综合得分来看，在经济实力竞争力方面福州、厦门、泉州、三明、温州、龙岩、漳州、莆田和南平的综合得分为正，说明这 9 个城市的经济实力竞争力高于 20 个城市的平均水平，其他 11 个城市的经济实力竞争力则低于平均水平。三明的经济实力竞争力位居第 4 位，主要原因有两点：第一，人均固定资产投资额规模大。三明的人均固定资产投入完成额 6.39 万元，在海峡西岸城市群排名第 1 位。第二，资源消耗少，经济效率高。三明的规模以上工业企业单位资产电力消费量为 120.14 千瓦时，排名中等。从排名看，前十名的城市由福建省 9 个城市和温州组成，可见福建省各城市经济实力竞争力在海峡西岸城市群的 20 个城市中处于领先地位。

第四节　海峡西岸城市群经济一体化的城市分析

一　海峡西岸城市群 20 个城市 10 个要素的竞争力排名情况

在前面的章节里，本研究对海峡西岸城市群 20 个城市的 10 个方面的表现进行了竞争力分析，现将有关竞争力排名归纳于表 2 - 32。

表 2 - 32　海峡西岸城市群 20 个城市的各要素的竞争力排名

城市	人力资本竞争力	金融资本竞争力	科技竞争力	产业结构竞争力	基础设施竞争力	生态环境竞争力	政府管理竞争力	对外开放竞争力	城乡发展水平竞争力	经济实力竞争力
福州	2	1	2	4	1	7	2	2	7	1
厦门	1	2	1	3	2	1	1	6	3	2
莆田	11	8	16	10	7	10	17	6	4	8

续表

城市	人力资本竞争力	金融资本竞争力	科技竞争力	产业结构竞争力	基础设施竞争力	生态环境竞争力	政府管理竞争力	对外开放竞争力	城乡发展水平竞争力	经济实力竞争力
三明	9	18	10	18	4	13	15	20	20	4
泉州	6	9	14	11	5	2	8	3	14	3
漳州	8	15	11	5	12	12	14	5	16	7
南平	12	4	8	20	16	17	13	12	11	9
龙岩	17	13	7	12	13	15	12	11	17	6
宁德	13	17	18	7	17	18	16	17	13	10
温州	3	12	4	1	3	16	6	10	18	5
丽水	4	10	5	2	6	11	10	16	10	17
衢州	5	3	3	6	9	6	11	14	8	15
汕头	7	19	15	8	14	3	18	9	2	18
梅州	14	16	12	9	18	14	7	8	9	20
潮州	18	20	19	15	20	5	19	4	1	19
揭阳	15	14	20	16	19	19	20	15	5	13
鹰潭	20	11	6	17	15	4	5	13	12	11
赣州	10	6	9	13	8	20	3	7	19	12
抚州	19	5	13	19	11	9	9	19	6	16
上饶	16	7	17	14	10	8	4	18	15	14

从 10 个要素的综合分析可知，厦门、福州、温州、丽水、衢州和泉州这 6 个城市的人力资本竞争力高于 20 个城市的平均水平。福州、厦门、衢州、南平、抚州、赣州、上饶和莆田 8 个城市的金融资本竞争力高于 20 个城市的平均水平。厦门、福州、衢州、温州、丽水、鹰潭和龙岩 7 个城市科技竞争力高于 20 个城市的平均水平。温州、丽水、厦门、福州、漳州、衢州、宁德和汕头 8 个城市的产业结构竞争力高于 20 个城市的平均水平。福州、厦门、温州、三明、泉州、丽水和莆田 7 个城市的基础设施竞争力高于 20 个城市的平均水平。厦门、泉州、汕头、鹰潭、潮州、衢州、福州、上饶、抚州、莆田、丽水和漳州 12 个城市的生态环境竞争力高于 20 个城市的平均水平。厦门、福州、赣州、上饶、鹰潭、温州、

梅州、泉州和抚州 9 个城市的政府管理竞争力高于 20 个城市的平均水平。厦门、福州、泉州、潮州和漳州 5 个城市的对外开放竞争力高于 20 个城市的平均水平。潮州、汕头、厦门、莆田、揭阳、抚州、福州、衢州和梅州 9 个城市的城乡发展水平竞争力高于 20 个城市的平均水平。福州、厦门、泉州、三明、温州、龙岩、漳州、莆田和南平 9 个城市的经济实力竞争力高于 20 个城市的平均水平。

二　海峡西岸城市群的 10 个要素的综合得分与排名情况

进一步，通过对海峡西岸城市群指标体系进行竞争力的详细分析，得出城市各要素层的综合得分，见表 2 - 33。本研究以 10 个要素层为变量指标进行因子分析，进而得到海峡西岸城市群的综合得分与排名，见表 2 - 35。

表 2 - 33　城市各要素综合得分

城市	人力资本	金融资本	科学技术	产业结构	基础设施	生态环境	政府管理	对外开放	城乡发展水平	经济实力
福州	0.86	1.18	0.75	0.53	1.11	0.27	0.40	0.99	0.16	0.97
厦门	1.10	0.73	1.58	0.77	0.87	0.93	1.88	2.24	0.74	0.89
莆田	-0.19	0.05	-0.42	-0.05	0.02	0.08	-0.36	-0.05	0.65	0.20
三明	-0.17	-0.33	-0.14	-0.43	0.27	-0.05	-0.29	-0.52	-0.67	0.50
泉州	0.25	0.00	-0.30	-0.07	0.25	0.84	0.07	0.68	-0.33	0.70
漳州	-0.07	-0.28	-0.22	0.17	-0.23	0.01	-0.25	0.19	-0.41	0.25
南平	-0.22	0.20	-0.08	-1.12	-0.35	-0.29	-0.18	-0.28	-0.15	0.16
龙岩	-0.38	-0.18	0.03	-0.19	-0.23	-0.17	-0.17	-0.26	-0.46	0.36
宁德	-0.26	-0.31	-0.51	0.08	-0.38	-0.35	-0.29	-0.48	-0.27	-0.05
温州	0.81	-0.12	0.66	1.23	0.61	-0.18	0.17	-0.15	-0.58	0.38
丽水	0.38	-0.07	0.65	0.81	0.17	0.01	-0.02	-0.45	-0.12	-0.45
衢州	0.34	0.48	0.69	0.09	-0.04	0.30	-0.15	-0.32	0.14	-0.36
汕头	-0.06	-0.43	-0.37	0.02	-0.26	0.53	-0.38	-0.13	0.82	-0.49
梅州	-0.29	-0.29	-0.24	-0.05	-0.41	-0.14	0.07	-0.13	0.04	-0.76
潮州	-0.42	-0.74	-0.58	-0.27	-0.49	0.33	-0.54	0.40	0.94	-0.69

续表

城市	人力资本	金融资本	科学技术	产业结构	基础设施	生态环境	政府管理	对外开放	城乡发展水平	经济实力
揭阳	-0.30	-0.21	-0.74	-0.31	-0.42	-1.29	-0.63	-0.36	0.38	-0.35
鹰潭	-0.46	-0.08	0.04	-0.34	-0.26	0.36	0.21	-0.30	-0.24	-0.19
赣州	-0.19	0.16	-0.10	-0.20	-0.03	-1.41	0.23	-0.06	-0.60	-0.31
抚州	-0.42	0.16	-0.28	-0.46	-0.14	0.12	0.01	-0.51	0.33	-0.41
上饶	-0.33	0.07	-0.42	-0.21	-0.04	0.12	0.22	-0.50	-0.36	-0.36

数据来源：根据前面要素层的综合得分整理。

（1）指标测算结果

①因子载荷矩阵及贡献率

对标准化后的数据进行因子分析，使用极大似然法提取主因子，用最大方差法对因子载荷矩阵进行旋转，旋转前后的因子载荷矩阵和方差贡献率如表2-34所示。

表2-34　综合竞争力旋转后因子载荷矩阵和方差贡献率

变量	Factor 1	Factor 2	Factor 3	Factor 4	Factor 5
人力资本	0.819	0.349	0.365	0.211	0.148
金融资本	0.203	0.233	0.918	0.231	
科学技术	0.661	0.168	0.443	0.434	
产业结构	0.874			0.157	
基础设施	0.591	0.49	0.472	0.258	
生态环境	0.204	0.289		0.293	0.337
政府管理	0.329	0.186	0.358	0.848	
对外开放	0.292	0.495	0.191	0.534	0.52
城乡发展水平		-0.129			0.864
经济实力	0.211	0.91	0.276	0.17	-0.13
方差贡献率	0.25	0.17	0.16	0.15	0.12
累计方差贡献率	0.25	0.42	0.58	0.73	0.85

从表2-34中可以看出，前5个因子的累积方差贡献率已达85%，基本上可以解释综合竞争力的大部分信息。因此，本研究提取前5个因子

进行分析。

②因子的解释

从表2-34可以看出，Factor 1侧重于反映人力资本、科学技术和产业结构。Factor 2侧重于反映经济实力。Factor 3侧重于反映金融资本。Factor 4侧重于反映政府管理水平。Factor 5侧重于反映城乡发展水平。

③综合得分与排名

由回归估计法计算出各个因子的得分，以各因子的方差贡献率占所有因子方差贡献率的比重作为权重进行加权汇总，得出各个城市的综合得分，结果如表2-35所示。

表2-35　城市综合竞争力排名

城市	Factor 1	Factor 2	Factor 3	Factor 4	Factor 5	综合得分	排名
厦门	1.12	1.08	0.44	3.26	1.35	1.39	1
福州	0.59	1.36	2.67	-0.78	0.64	0.91	2
温州	2.60	0.32	-0.80	-0.27	-1.22	0.47	3
泉州	0.09	1.65	-0.43	-0.07	0.20	0.28	4
衢州	0.89	-1.19	1.57	-1.10	0.33	0.19	5
丽水	1.78	-1.32	-0.11	-0.36	-0.43	0.13	6
莆田	-0.80	0.77	0.27	-0.84	0.68	-0.09	7
漳州	-0.05	0.84	-0.82	-0.36	-0.14	-0.09	8
汕头	0.42	-0.55	-0.98	-0.59	1.26	-0.10	9
赣州	-0.41	-0.96	0.61	0.69	-0.70	-0.17	10
南平	-0.99	0.37	0.76	-0.41	-0.25	-0.18	11
三明	-0.20	1.23	-0.90	-0.35	-1.48	-0.26	12
梅州	-0.12	-1.51	-0.53	0.73	0.27	-0.27	13
上饶	-0.67	-1.01	0.42	0.85	-0.86	-0.28	14
抚州	-1.11	-0.92	0.81	0.30	-0.04	-0.31	15
潮州	-0.40	-0.46	-1.72	-0.39	2.15	-0.31	16
宁德	-0.25	0.10	-0.65	-0.26	-0.63	-0.32	17
龙岩	-0.98	0.95	-0.43	0.06	-1.02	-0.32	18
揭阳	-0.44	-0.30	-0.11	-1.20	0.62	-0.33	19
鹰潭	-1.08	-0.44	-0.07	1.07	-0.73	-0.33	20

（2）结果分析

从表 2 - 35 中可以看出，根据样本数据计算结果，海峡西岸城市群的各城市之间综合得分差异不大，得分最高的厦门与得分最低的鹰潭两者的极差为 1.72，但是各城市在 5 个因子上得分的分布有一定的差距。接下来，按海峡西岸城市群涉及的 4 个省份相关城市进行分析。

三　海峡西岸城市群相关城市具体分析与建议

（1）江西省 4 个城市的城市竞争力的整体水平最低，但是各城市之间的差异不大。

从 Factor 3 和 Factor 4 可以看出，江西省的 4 个城市都比较靠前，只有鹰潭在 Factor 3 上的得分为负值，其他城市在这两个因子上的得分都为正，说明江西省 4 个城市在金融资本竞争力和政府管理竞争力方面相对较好。鹰潭和上饶的金融机构存款余额增长率分别为 14.4% 和 14.48%，贷款余额增长率分别为 20.3% 和 22.8%，在海峡西岸城市群排名前列，说明这两个城市的金融规模增长率正在逐步上升。另一方面，江西省 4 个城市的短期贷款与贷款总额的比重也较高，说明其控制风险的能力也较强。江西省 4 个城市财政支出占 GDP 的比重均较高，说明其政府能够有效利用财政手段来调节经济。值得一提的是赣州吸引外资能力排名第 4 位，仅次于福州、厦门和泉州。在因子 Factor 1、Factor 2、Factor 5 方面，江西省 4 个城市的得分均为负值，尤其是抚州在 Factor 1 上的排名在整个城市群 20 个城市中排名最靠后，说明江西省 4 个城市在人力资本、科学技术、产业结构、经济实力和城乡发展水平方面都处于相对劣势。

（2）广东省 4 个城市的城市竞争力的整体水平排名第 3 位，各分项中基础设施竞争力总体排名靠后，表明粤东 4 市在基础设施建设方面应增加投入。

粤东 4 市的具体分析如下。潮州在 Factor 5 上的排名在海峡西岸城市群 20 个城市中为第 1 位，说明潮州在城乡发展水平上占有相对优势。农村居民人均纯收入与城镇之比为 55.96%，农村居民人均生活消费支出与城镇居民人均生活消费支出之比为 65.98%，在 20 个城市中排名均为第 1 位，说明潮州的农村发展水平较高。另外，城镇化率为 63.41%，市辖区人均床位数与全市人均床位数之比为 68.95％，在广东省 4 个城市中排名第 2 位，在海峡西岸城市群 20 个城市中排名也靠前，说明潮州的城市发展水平也较快。但是潮州在金融资本竞争力方面处于相对劣势，各项指标都较低。

梅州在 Factor 4 方面在广东省 4 个城市中排名在第 1 位，说明梅州在政府管理水平上相对较好。梅州在旅游总收入、人均财政收入、财政收入和支出占 GDP 的比重、养老保险覆盖率方面在广东省 4 个城市中排名都在第 1 位，说明梅州市政府在营销能力、财政控制能力和保障能力方面都较强。但是梅州在 Factor 2 上的排名最后，说明梅州的经济实力相对比较差，梅州的人均 GDP 规模在 20 个城市中排名最后。

揭阳在 Factor 2 和 Factor 3 上在广东省排名均在第 1 位，说明揭阳在经济实力和金融资本上都相对较好。揭阳的 GDP 及其增长率、金融机构存贷款余额增长率在广东省 4 个城市中排名第 1 位，但是揭阳在政府管理上处于相对劣势。

汕头在人力资本（7）、产业结构（8）、生态环境（3）和城乡发展水平（2）方面都相对较好（括号内为排名，下同）。汕头的在岗职工平均工资、人均银行储蓄额和城镇登记就业率方面在广东省 4 个城市中排名均在第 1 位。汕头的专利申请量为 9097 件，高新技术企业数为 132 家，均比同年潮州、梅州和揭阳的相关指标值之和还多。汕头的城乡居民恩格尔系数下降百分点在广东省 4 个城市中排名第 1 位。作为海峡西岸城市群五大中心城市之一，汕头在城市群 20 个城市中城市综合竞争力排名第 9 位，但在金融资本竞争力（19）、科技竞争力（15）、基础设施竞争力（14）、政府管理能力竞争力（18）和经济实力竞争力（18）等方面有待提高。2018 年《海峡西岸城市群粤东地区城际铁路网规划》获得国家发展和改革委员会批复后，目标是实现汕潮揭地区中心城市"半小时通勤圈"和粤东地区"一小时交通圈"，为粤东地区提供公交化的快捷城际旅客运输服务。进一步，汕头积极构建面向珠三角和厦漳泉两个经济区以及连通粤东城市群和闽粤赣的快速通道网，形成粤东 1 小时，珠三角、厦漳泉 3 小时经济生活圈。《广东省沿海经济带综合发展规划（2017—2030年）》明确提出，以汕头为中心，加快推进汕潮揭同城化发展，建设资源共享、一体化融合发展的汕潮揭特色城市群，具体包括要规划建设粤东城际轨道，形成汕潮揭"一小时生活圈"、建设汕潮揭临港空铁经济合作区等。

（3）浙江省3个城市的城市竞争力整体水平排名第2位，各城市在各要素上差异明显。

浙南3市在人力资本、科技、产业竞争力等方面实力均较强。温州在人力资本、科学技术、产业结构、经济实力和政府管理等方面竞争力都相对较好。温州在人口规模和人口自然增长率、创业人员指数、人均银行储蓄额方面在浙江省3个城市中都排名第1位。温州的高等学校数、专利申请量、高新技术企业数在浙江省3个城市中排名均为第1位。作为海峡西岸城市群五大中心城市之一，温州在城市群20个城市中综合竞争力排名第3位，但在金融资本竞争力（12）、生态环境竞争力（16）、城乡发展水平竞争力（18）等方面有待提高。温州、丽水和衢州所属的浙南闽北赣东地区远离"长三角"和"珠三角"，较难接受两大中心经济区的辐射，这些地区主要城市的经济发展水平与先进地区相比落差较大，需要一个龙头带动这些城市共同发展，而温州恰好具备这样的经济基础条件。温州未来目标是打造成为中国东南沿海地区最大的综合交通枢纽和网络化的区域中心城市，成为领跑浙南闽北赣东的重要区域中心城市。另外，温州在产业结构竞争力排名第1位，可以强化温州中心城区与浙南闽北赣东各大城市经济发展的产业对接，建立更加紧密的经济发展与合作关系。在政府政策引领、市场机制引导下，依托各自的主导产业及优势产业，积极推动与宁德、南平、上饶、丽水的优势互补，有计划、有步骤、有重点地推动相互间产业链对接，如温州的制鞋与宁德的合成革，温州的汽摩配件与上饶的汽车制造等。温州在城乡医疗因子方面排名靠前，可以进一步将温州打造成为浙南闽北赣东地区区域性医疗中心、区域性科教中心、区域性商贸物流中心、区域性现代金融中心等，全面辐射并带动地区间现代服务业质的提升。

丽水在20个城市中综合竞争力排名第6位，但是在对外开放竞争力（16）和经济实力竞争力（17）方面排名靠后，可以在提升对外开放竞争力方面多下功夫。衢州在20个城市中综合竞争力排名第5位，在人力资本竞争力（5）、金融资本竞争力（3）、科技竞争力（3）、产业结构竞争力（6）、生态环境竞争力（6）方面表现相对较好，但是在政府管理竞争力（1）和对外开放竞争力（4）方面表现相对较差。

（4）福建省城市竞争力总体排名第1位，但是各城市之间的差距较大。在城市综合竞争力排名中，厦门排名第1位，龙岩排名第18位。

①厦门在人力资本、科学技术、生态环境、政府管理、对外开放上都处于领先地位。虽然厦门的GDP总量不如泉州和福州，但从人均值来看，2019年厦门的人均GDP从2018年的11.80万元提升至14.27万元，折合20691美元，首次突破2万美元大关，已达到发达经济体标准，在海峡西岸城市群中继续独占鳌头。作为海峡西岸城市群中人均GDP最高的城市，厦门新一轮的规划主要是要打造成国家级中心城市。厦门拥有自然条件和人文魅力两大优势，厦门港拥有多个港区和生产性泊位，是国内大型一类港区、世界集装箱大港，港口优势带来了便捷的贸易交流，尤其方便厦门对接台湾的贸易，区位优势显著。厦门作为著名的旅游城市，被誉为最宜居城市之一，浓厚的小资氛围和缓慢的生活节奏吸引了较多追求生活档次的移民，这也是厦门楼市火爆的原因之一。2019年厦门平均房价居全国第4位，较2018年上升了1位。

厦门在海峡西岸城市群20个城市中综合竞争力排名第1位，但在产业结构竞争力（3）、城乡发展水平竞争力（3）方面应该进一步提升。《中国城市政商关系排行榜（2018）》对全国292个地级及以上城市的政商关系进行了全面评价，在政商关系健康指数排名中，厦门位居第6位，是海峡西岸城市群20个城市中唯一进入全国排名前20的城市。《2018厦门市环境质量公报》中报道，厦门的生态文明指数全国排名第1位，整体上达到世界先进水平，空气优良率全国排名第2位，空气质量综合指数全国排名第7位，饮用水源地达标率100%，危险废物处置利用率100%。厦门交通网络将打造一个国际性综合交通枢纽，基本形成厦漳泉区域"一小时交通圈"和厦门城市"半小时交通圈"，在全省率先建成安全、便捷、高效、绿色的现代化综合交通运输体系。

②作为福建省会城市，福州的经济总量不及泉州，人均GDP水平次于厦门，但近年来福州迎来了生态文明示范区、21世纪海上丝绸之路核

心区、自由贸易试验区、福州新区、自主创新示范区等战略机遇，"五区叠加"打开了跨越发展的机会窗口。2018 年由国家发展和改革委员会发布的《中国开发区审核公告》中，福州有 8 个开发区被划为国家级开发区，总核准面积达到 7276 公顷。目前福州以纺织化纤、轻工食品、机械制造、冶金建材、石油化工、能源 6 大产业为城市的支柱产业，大力推动服务业的发展，2018 年的服务业增加值达到 4000 亿元，占全市 GDP 的 50% 以上，福州目前正处于向第三产业为主导的模式转型阶段，未来人均 GDP 有望得到大幅增长。海峡西岸城市群的五个中心城市中，福州在海峡西岸城市群 20 个城市中综合竞争力排名第 2 位，但是在产业结构竞争力（4）、生态环境竞争力（7）、城乡发展水平竞争力（7）方面有待提升。交通方面，福厦高速铁路沿线经过泉州，终点到漳州，预计 2022 年建成通车，届时福州至厦门的铁路行程时间将压缩至 1 小时以内，实现两地"一小时生活圈"。

③泉州的经济总量在福建省最大，在海峡西岸城市群 20 个城市中综合竞争力排名第 4 位，但多项指标在 20 个城市排名中靠后，特别是科技竞争力（14）、产业结构竞争力（11）、城乡发展水平竞争力（14）方面有待进一步提升。作为福建省内最大的制造业基地，泉州的民营经济相当活跃，形成以服装、制鞋业等为代表的传统产业集群。但是产业结构中第二产业比重较大，第三产业比重偏低，产业结构竞争力排名靠后。泉州应加大力度提升产业结构竞争力，在第三产业发展方面，进一步加强与周边城市的实质性协调与合作。

④莆田在海峡西岸城市群 20 个城市中综合竞争力排名第 7 位，没有排名特别靠前的分项。另外，人力资本竞争力（11）、科技竞争力（16）、政府管理竞争力（17）这 3 项指标排名靠后。《2019 中国地方政府效率研究报告》中，2019 年莆田的政府效率竞争力进入百强，在海峡西岸城市群入榜城市中排名第 9 位。

⑤漳州在海峡西岸城市群 20 个城市中综合竞争力排名第 8 位，但 3 项指标在 20 个城市排名中靠后，包括金融资本竞争力（15）、政府管理竞争力（14）、城乡发展水平竞争力（16）。另有 4 项指标在 20 个城市中排名相对靠前，包括人力资本竞争力（8）、产业结构竞争力（5）、对外

开放竞争力（5）、经济实力竞争力（7）。作为闽南金三角、厦漳泉都市圈的一员，自2011年福建省政府提出厦漳泉同城化重要发展策略以来，漳州努力抓住同城化的机遇，一方面发展自己的经济实力，另一方面不断开放市场，找准定位，逐步突破行政区划之间的藩篱，促进与厦门、泉州的协同发展。具体来说，漳州的第二产业是其经济支柱，以提速工业带动经济全局，缩小与厦门和泉州的差距，是漳州配速赶超的基本路径。近几年，漳州着力培育食品、机械装备、特殊钢铁、石化等重点产业，逐步形成几个近千亿元产值的产业集群。此外，在利用高科技培育新动能方面，大力发展电子信息、新材料、新能源、生物医药等新兴产业，把产业转型升级作为重点任务，深入推进创新驱动战略和供给侧结构性改革，促进实体经济做大做强。2019年漳州市规模工业增加值增速位居福建省第2位，在促进产业结构竞争力提升方面取得一定收效。对外开放竞争力方面，漳州的对外贸易规模不断扩大，市场主体更加活跃，货物贸易伙伴更趋多元化，贸易结构不断优化，多元化市场不断拓展。2016年漳州成为构建开放型经济新体制综合试点试验城市，在促进通关便利、优化口岸环境方面先行探路，取得明显成效。漳州积极拓展对台"五缘六求"的独特优势，经贸合作不断加强，充分利用港口、区位、对台、生态等优势，以对接重点产业、引办重特大项目为主攻方向，重点加大石化、精密机械、光电、食品等先进制造业以及医疗、养生、旅游、文创等服务业的对接合作。2018年漳州出台《扩大对外开放积极利用外资八条措施》，对税收奖励、大项目引办奖励、土地出让价优惠、鼓励新办外资银行、企业转型升级、强化项目保障和奖励引荐人员等方面给予政策扶持，为提升漳州外资水平和质量，吸引更多外商来漳投资兴业创造了更加优惠便利的条件。

⑥南平在海峡西岸城市群20个城市中综合竞争力排名第11位，没有排名特别靠前的分项。另外，产业结构竞争力（20）、基础设施竞争力（16）、政府管理竞争力（17）这3项指标排名靠后。南平的产业结构竞争力排名最后的原因在于居民生活富裕因子Factor 1和城市服务体系健全性因子Factor 3排名靠后。南平的农村居民恩格尔系数下降百分点和城镇居民恩格尔系数下降百分点均为负数，表示恩格尔系数上升了。另外，南平的每万人拥有公共汽车数较低，而南平的工业化程度和产业结构提升率

在 20 个城市中表现还是不错的。总的说来，南平一方面要积极提升经济实力，另一方面要提升城市的公共服务体系水平，完善基础设施建设，加快补齐各项基础设施短板，提升公共服务质量，提供综合性公共服务平台。作为福建省地域面积最大的设区市，南平最大的特色是绿色。近年来，南平围绕加快把绿水青山转化为金山银山，探索形成"选产业、补短板、延链条、强保障"的发展思路，积极发展现代绿色农业、旅游、健康养生、数字信息、生物、先进制造及文化创意七大绿色产业。

⑦三明在海峡西岸城市群 20 个城市中综合竞争力排名第 12 位，没有排名特别靠前的分项。另外，金融资本竞争力（18）、产业结构竞争力（18）、对外开放竞争力（20）、城乡发展水平竞争力（20）这 4 项指标排名靠后。金融资本竞争力方面，三明在金融资本投入因子 Factor 3、金融效率因子 Factor 5 和金融人力投入因子 Factor 6 排名靠前，金融资本规模因子 Factor 1 和金融资本增长因子 Factor 2 排名靠后，三明应在金融机构的存贷款规模和增长方面加大力度。产业结构竞争力方面，三明在居民生活富裕因子 Factor 1 排名靠后，而在城市服务体系健全性因子 Factor 3 排名靠前，表明三明可以进一步优化布局，完善机制，提升公共服务水平。居民收入方面，三明的居民收入绝对值在福建省 9 个城市中基本排名在第 7 位，居民收入的绝对量与全省平均水平相比差距仍较为明显，应加大扶贫开发力度。另外，三明还应在提升对外开放竞争力和城乡发展水平竞争力等方面加大力度。2017 年 12 月，三明市人民政府印发了《三明市人民政府关于扩大对外开放积极利用外资的实施意见》，积极改善投资环境，健全招商引资机制，加大招商引资力度，提升招商引资实效。

恒大研究院发布的《中国城市发展潜力排名：2019》报告中，海峡西岸城市群 20 个城市中，有 7 个城市进入全国百强。其中，厦门（18）和福州（23）被划分为第一档城市；温州（24）和泉州（37）被划分为第二档城市，汕头（62）、莆田（76）和漳州（88）被划分为第三档城市。在 7 个进入发展潜力百强的城市中，排名前 5 位的城市恰好是海峡西岸城市群的 5 大中心城市，被划分为第一、二档的城市恰好是 20 个城市的综合竞争力排名中的前 4 位的城市。莆田和漳州在前文给出的城市竞争力指数排名和城市综合竞争力排名均靠前，可以看出这两个城市经济发展一直保持良好势头。而衢州和丽水在城市竞争力指数中的排名在三个五年计划 (2001～2015) 期间均退后了 10 位，在本研究样本年城市综合竞争力排名靠前，但在 2019 年的发展潜力排名中，未进入全国百强，可以看出近年来衢州和丽水经济发展相对于海峡西岸城市群里的其他城市表现欠佳，应从多方面加大力度发展经济。

第三章 海峡西岸城市群经济一体化
驱动因素研究

《中国城市群一体化报告》显示，经济一体化的主要驱动因素中，区域经济集聚对一体化指数提升的贡献最大，区域连接性的提高次之。报告中对研究期内各年份一体化指数的变化进行分解，从总体看，经济集聚的贡献占 55.75%，连接性的贡献占 41.29%，经济均等化的贡献占 1.50%，政策协同的贡献占 1.46%。本章参考经济集聚度和经济均等化的测度方法，以海峡西岸城市群为研究对象，深入研究海峡西岸城市群经济一体化的方方面面，基于分析结果提出提升海峡西岸城市群经济一体化水平的初步建议。

第一节 海峡西岸城市群总体经济集聚度分析

近 10 年来，海峡西岸城市群的经济实力得到一定程度的发展和提高，如表 3 - 1 所示。2014 年海峡西岸城市群的 GDP 达到 40776.09 亿元，占全国 GDP 总量的 6.41%，比 2005 年提高了近 0.1 个百分点。人均 GDP 为 46231.68 元，低于全国人均 GDP 水平，应给予重视。就业人员数为 1092.7 万人，占全国的 1.41%，比 2005 年提高了 0.53 个百分点。第三产业增加值实现 16388.06 亿元，占全国的 5.35%，与 2005 年相比略有下降。实际利用外资 110.18 亿美元，占全国的 9.20%。进出口总额为 2396.25 亿美元，占全国的 5.57%，比 2005 年提高了 0.42 个百分点。全社会固定资产总投资额为 29765.04 亿元，占全国的 5.81%，比 2005 年提高了 0.86 个百分点。社会消费品零售总额为 17286.06 亿元，占全国的 6.36%，比 2005 年下降了 0.27 个百分点。从表 3-1 中可以看出，海峡西岸城市群的经济实力有所提升，但是在中国经济的地位并没有明显提高。

表 3-1　海峡西岸城市群在中国经济的地位

单位：%

指标	2014 年		2005 年		占全国比重 (2014)	占全国比重 (2005)
	海西	全国	海西	全国		
面积（万平方千米）	27.35	960	27.16	960	2.85	2.83
年末人口数（万人）	9350.6	136782	8496.24	130756	6.84	6.50
GDP（亿元）	40776.09	636138.7	11746.83	185895.8	6.41	6.32
人均 GDP（元）	426231.68	46629	14221.6	14259	99	99.74
就业人员数（万人）	1092.7	77253	687.19	77877	1.41	0.88
第三产业增加值（亿元）	16388.06	306038.2	4511.96	76964.9	5.35	5.86
实际利用外资（亿美元）	110.18	1197.05	58.29	638.05	9.20	9.14
进出口总额（亿美元）	2396.25	43015.3	732.6	14219.1	5.57	5.15
全社会固定资产投资总额（亿元）	29765.04	512020.7	4390.32	88773.6	5.81	4.95
社会消费品零售总额（亿元）	17286.06	271896.1	4453.81	67176.6	6.36	6.63

　　数据来源：海峡西岸城市群的数据来自《中国城市统计年鉴 2015》《中国城市统计年鉴 2006》，全国的数据来自《中国统计年鉴 2015》《中国统计年鉴 2006》。

一　海峡西岸城市群 GDP 总量变化特征

根据相关数据整理，得到 2005～2015 年海峡西岸城市群 GDP、海峡西岸城市群 GDP 增长率和全国 GDP 增长率，绘制图 3-1。

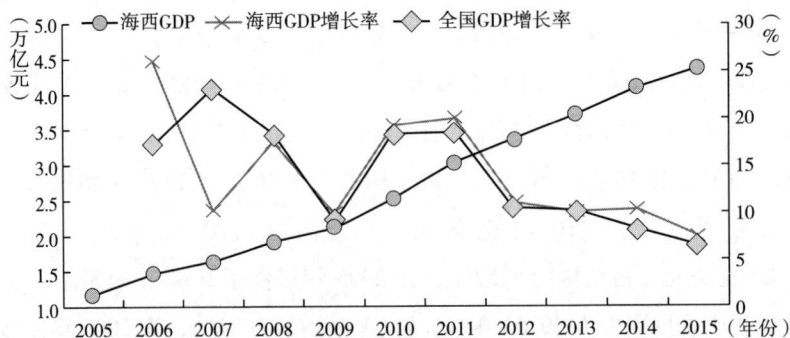

图 3-1　海峡西岸城市群 GDP 及其增长率的演变趋势

从绝对值总量来看,2005~2015年,海峡西岸城市群GDP总量呈现逐年递增趋势,2015年的GDP为4.38万亿元,是2005年的3.73倍。从经济增长速度来看,2005~2015年,海峡西岸城市群GDP增长率整体上呈下降趋势,由2006年的25.2%下降到2015年的7.4%。自2008年以来,海峡西岸城市群的GDP增长率与全国GDP增长率趋势基本相同(见图3-1)。

从相对值来看,2005~2015年海峡西岸城市群人口占全国人口的比重呈现波动式增长,从2005年的6.41%增长到2015年的6.58%。2005~2008年,海峡西岸城市群GDP占全国GDP的比重呈现逐年减少的趋势,2008~2015年,海峡西岸城市群GDP占全国的比重大致呈现逐年增加的趋势,说明近些年来,海峡西岸城市群创造的产值占全国GDP的比重越来越大(见图3-2)。

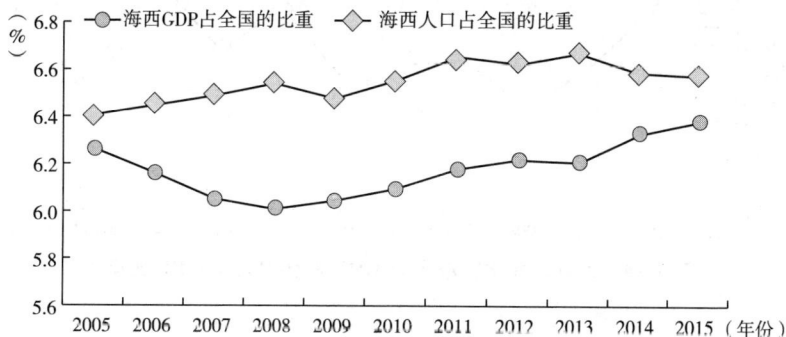

图3-2　海峡西岸城市群GDP和人口占全国GDP和人口比重的演变趋势

二　海峡西岸城市群人均GDP变动特征

根据相关数据整理得到2005~2015年海峡西岸城市群人均GDP、人均GDP增长率和全国人均GDP增长率,绘制图3-3。

从绝对值来看,2005~2015年,海峡西岸城市群人均GDP呈逐年扩大趋势,2015年的人均GDP为49227.80元,是2005年的3.46倍。从增长速度来看,2005~2015年,海峡西岸城市群人均GDP变化趋势与全国人均GDP保持一致,整体呈下降趋势(见图3-3)。

从相对比值来看,2005~2008年,海峡西岸城市群人均GDP与全国人均GDP之比呈下降趋势,2008~2015年呈波浪式递增趋势。2015年海峡西岸城市群人均GDP与全国之比为0.98,2005年该比值为0.99(见图3-4)。

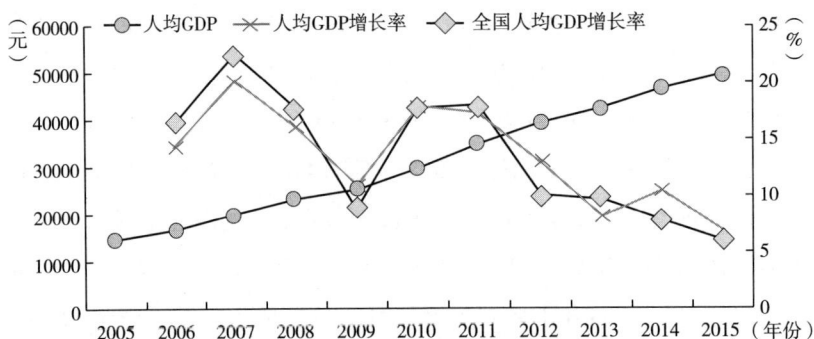

图 3 – 3　海峡西岸城市群人均 GDP

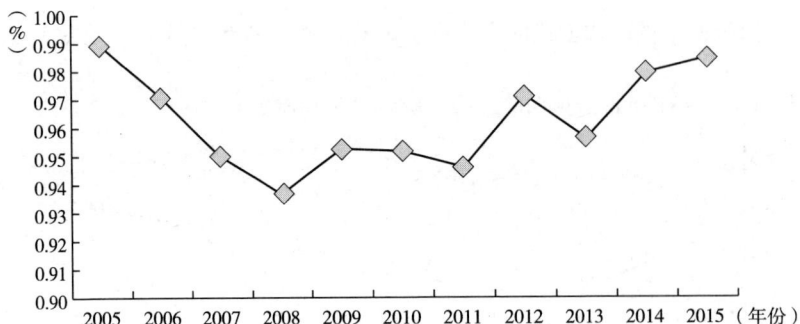

图 3 – 4　海峡西岸城市群人均 GDP 占全国人均 GDP 比重

三　海峡西岸城市群 GDP 和人均 GDP 的区位商变化特征

区位商是指某地区 GDP 占整个地区的比重与该地区人口占整个地区的比重之比，其计算公式为：

$$Q_i = \frac{X_i/X}{P_i/P} \qquad (3.1)$$

式中，Q_i 为地区的区位商，Q_i 越大，表示该地区的经济发展的相对水平越高，反之，则相反。X_i 表示第 i 个地区的 GDP，X 表示城市群各城市 GDP 的总和，P_i 表示第 i 个地区的人口数，P 表示城市群各城市人口的总和。假设 $\bar{Q}$ 表示城市群内所有城市区位商的平均值，当 $Q_i > \bar{Q}$ 时，第 i 个城市为经济发达城市；当 $1 < Q_i < \bar{Q}$ 时，第 i 个城市为经济发展城市；当 $Q_i < 1$ 时，第 i 个城市为经济落后城市。

表 3 - 2 海峡西岸城市群 GDP 和人均 GDP 的区位商

年份	GDP 总量 (亿元)		人均 GDP (元)		总人口 (万人)		GDP 区位商	人均 GDP 区位商
	海西	全国	海西	全国	海西	全国		
2005	11746.83	187318.9	14221.6	14368	8377.25	130756	0.98	15.45
2006	13528.78	219438.5	16240.25	16738	8477.30	131448	0.96	15.04
2007	16351.53	270232.3	19486.65	20505	8573.36	132129	0.93	14.65
2008	19212.77	319515.5	22586.85	24121	8692.37	132802	0.92	14.31
2009	21111.45	349081.4	24973.55	26222	8647.33	133450	0.93	14.70
2010	25186.11	413030.3	29379.16	30876	8778.89	134091	0.93	14.53
2011	30241.41	489300.6	34442.85	36403	8952.59	134735	0.93	14.24
2012	33582.84	540367.4	38849.28	40007	8973.10	135404	0.94	14.65
2013	36964.65	595244.4	41948.25	43852	9081.05	136072	0.93	14.33
2014	40776.44	643974	46231.68	47203	9003.28	136782	0.96	14.88
2015	43782.91	685505.8	49227.80	49992	9051.01	137462	0.97	14.96

注：数据来源于《中国城市统计年鉴》和作者的计算

从表 3 - 2 中可以看出，以 GDP 总量为标准计算的区位商都小于 1，表明海峡西岸城市群经济发展总水平低于全国平均水平。但是，以人均 GDP 为标准计算的区位商都远远大于 1，表明海峡西岸城市群经济发展的人均水平远远高于全国平均水平。

四 海峡西岸城市群与长三角城市群和珠三角城市群的比较

1985 年 2 月，国务院批准了《长江、珠江三角洲和闽南厦漳泉三角地区座谈会纪要》，将长江三角洲、珠江三角洲和闽南三角区划为沿海经济开放区。长三角城市群和珠三角城市群一直是我国大陆经济发展最快的城市群，也是经济最富朝气、活力和潜力的城市群，城市群内经济合作相对成熟，发展经验丰富。海峡西岸城市群正处于加快发展之中，不可避免地将受到长三角城市群和珠三角城市群发展带来的压力，因而将海峡西岸城市群与长三角城市群和珠三角城市群进行对比，对海峡西岸城市群的发展具有特别的意义（见表 3 - 3、表 3 - 4）。

表 3 - 3　长三角城市群、珠三角城市群和海峡西岸城市群范围

地 区	所辖市
长三角城市群	上海市、南京市、无锡市、徐州市、常州市、苏州市、南通市、连云港市、淮安市、盐城市、扬州市、镇江市、泰州市、宿迁市、杭州市、宁波市、嘉兴市、湖州市、绍兴市、金华市、衢州市、舟山市、台州市、丽水市、合肥市、芜湖市、淮南市、马鞍山市、安庆市、滁州市
珠三角城市群	广州市、深圳市、珠海市、佛山市、江门市、肇庆市、惠州市、东莞市、中山市
海峡西岸城市群	福州市、厦门市、莆田市、三明市、泉州市、漳州市、南平市、龙岩市、宁德市、温州市、丽水市、衢州市、汕头市、梅州市、潮州市、揭阳市、鹰潭市、赣州市、抚州市、上饶市

表 3 - 4　2014 年海峡西岸城市群与长三角城市群、珠三角城市群比较

指　标	长三角	占全国比重（%）	珠三角	占全国比重（%）	海峡西岸城市群	占全国比重（%）
行政区域面积（万平方千米）	25.76	2.68	5.49	0.57	27.35	2.85
年底人口数（万人）	15807.20	11.56	3193.50	2.33	9003.28	6.58
GDP（亿元）	138921.82	21.84	57650.02	9.06	40776.09	6.41
人均 GDP（元）	71910.40	154.22	27036.00	57.98	46231.68	99
从业人员数（万人）	3657.45	4.73	1555.45	2.01	1092.70	1.41
第三产业增加值（亿元）	68199.13	22.28	39673.96	12.96	16388.06	5.35
实际利用外资（亿美元）	691.92	57.80	248.61	20.77	110.18	9.20
进出口总额（亿美元）	13991.82	32.53	10291.73	23.93	2396.25	5.57
全社会固定资产投资总额（亿元）	80813.67	15.78	17542.28	3.43	29765.04	5.81
社会消费品零售总额（万元）	52305.01	19.24	20580.98	7.57	17286.06	6.36
区位商（GDP 比重/人口比重）	1.89		3.88		0.96	

注：数据来源于《中国城市统计年鉴 2015》。

（1）三大城市群 GDP 规模的比较：总体来看，海峡西岸城市群的经济实力与长三角城市群、珠三角城市群相比还有相当大的差距。2014 年，长三角城市群行政区域面积拥有 25.76 万平方千米，约占全国土地面积的 2.68%，总人口有 15807.20 万人，约占全国总人口的 11.56%，GDP 实现 138921.82 亿元，约占全国 GDP 的 21.84%，第三产业实现增加值 68199.13 亿元，约占全国的 22.28%；珠三角城市群行政区域面积拥有 5.49 万平方千米，约占全国土地面积的 0.57%，总人口有 3193.50 万人，约占全国总人口的 2.33%，GDP 实现 57650.02 亿元，约占全国 GDP 的 9.06%，第三产业实现增加值 39673.96 亿元，约占全国的 12.96%；海峡西岸城市群行政区域面积拥有 27.35 万平方千米，约占全国土地面积的 2.85%，总人口有 9003.28 万人，约占全国总人口的 6.58%，GDP 实现 40776.09 亿元，约占全国 GDP 的 6.41%，第三产业实现增加值 16388.06 亿元，约占全国的 5.35%。

（2）人均 GDP 和 GDP 区位商的比较：2014 年长三角城市群人均 GDP 为 71910.40 元，约为全国平均水平的 1.54 倍，珠三角城市群人均 GDP 为 27036.00 元，约为全国平均水平的 57.98%，海峡西岸城市群人均 GDP 为 46231.68 元，约为全国平均水平的 99%，可见，海峡西岸城市群的人均 GDP 高于珠三角城市群的平均水平，但是略低于全国平均水平，与长三角城市群相比差距甚大。从各城市群的 GDP 区位商来看，长三角城市群的 GDP 区位商值为 1.89，珠三角城市群的 GDP 区位商值为 3.88，而海峡西岸城市群的 GDP 区位商值为 0.96。反映人民生活水平的社会消费品零售总额比重的比较，2014 年长三角城市群社会消费品零售总额占全国的 19.24%，珠三角城市群社会消费品零售总额占全国的 7.57%，而海峡西岸城市群社会消费品零售总额占全国的 6.36%，说明海峡西岸城市群与其他两个城市群相比差别较大。

（3）资本集聚能力的比较：2014 年，长三角城市群完成全社会固定资产投资总额达 80813.67 亿元，约占全国的 15.78%，珠三角城市群完成全社会固定资产投资总额达 17542.28 亿元，约占全国的 3.43%，海峡西岸城市群完成全社会固定资产投资总额达 29765.04 亿元，约占全国的 5.81%。可见，海峡西岸城市群的固定资产投资规模略高于珠三角城市群，但是远低于长三角城市群。

2014 年，长三角城市群实际利用外资额为 691.92 亿美元，约占全国的 57.80%，珠三角城市群实际利用外资额为 248.61 亿美元，约占全国的 20.77%，海峡西岸城市群实际利用外资额为 110.18 亿美元，约占全国的 9.20%。

（4）对外贸易的比较：2014 年，长三角城市群的进出口总额为 13991.82 亿美元，约占全国的 32.53%，珠三角城市群的进出口总额为 10291.73 亿美元，约占全国的 23.93%，海峡西岸城市群的进出口总额为 2396.25 亿美元，约占全国的 5.57%。

（5）就业的比较：2014 年，长三角城市群从业人员数为 3657.45 万人，约占全国的 4.73%；珠三角城市群从业人员数为 1555.45 万人，约占全国的 2.01%；海峡西岸城市群从业人员数为 1092.70 万人，约占全国的 1.41%，说明海峡西岸城市群在创造就业岗位方面都低于长三角城市群和珠三角城市群。《中国城市群一体化报告》在分析城市群人口份额变化对经济份额变化的弹性时，可以看到城市群的增长包容性。分析结果表明，长三角城市群、珠三角城市群和海峡西岸城市群的相关弹性系数分别达到 0.49、0.97 和 0.11，这意味着，如果经济份额和人口份额的弹性关系不变，珠三角城市群、长三角城市群和海峡西岸城市群地区占全国的经济份额提高 1%，其人口份额也分别提高 0.49%、0.97% 和 0.11%，从数值上也可以看出珠三角城市群和长三角城市群吸引人口的能力比海峡西岸城市群大很多。

第二节　海峡西岸城市群区域内部经济集聚度分析

上一节分析了海峡西岸城市群在中国经济的地位以及与长三角城市群和珠三角城市群的比较，研究了海峡西岸城市群的整体发展特征。这一节将从海峡西岸城市群 20 个城市和 4 大区的角度来分析海峡西岸城市群区域发展的总体特征。

一　海峡西岸城市群 20 个城市分析

常用的测算区域经济差异的方法有绝对差异和相对差异。绝对差异是指某变量偏离参照值的绝对额，相对差异是指某变量偏离参照值的相对额。测算绝对差异的方法一般有：平均差、标准差和极差等。测算相对差异的方法有：极值差率、洛伦兹曲线、基尼系数、变异系数、库兹涅茨比率、泰尔系数、结构熵、集中指数等。鉴于本书编写安排，本节以人均 GDP 为例来介绍部分指标的计算方法，其他指标的计算方法可以参考相关书籍。

（1）区域经济差异指标介绍

①绝对差异

绝对差异指标主要反映经济指标之间的绝对差异，用极差（R）和标准差来衡量，其计算公式分别为：

$$R = X_{max} - X_{min} \tag{3.2}$$

$$S = \sum_{i=1}^{n} \sqrt{[X_i - \bar{X}]/n} \tag{3.3}$$

式中，X_{max} 为城市群各城市中人均 GDP 的最大值，X_{min} 为人均 GDP 的最小值。X_i 为第 i 个城市的人均 GDP，n 为城市群内城市的个数，本书中 n 取 20。R 指一组数据中最大数据与最小数据的差值，在统计中，通常用极差来刻画一组数据的离散程度。标准差是各数据偏离平均数的距离的平均数，用来反映一个数据集的离散程度。

②相对差异

相对差异衡量的指标主要有极值差率和变异系数，其中极值差率公式为：

$$I = X_{max}/X_{min} \tag{3.4}$$

式中，I 为极值差率，X_{max} 为人均 GDP 的最大值，X_{min} 为人均 GDP 的最小值。

变异系数公式为：

$$C_v = \frac{S}{\bar{X}} = \frac{\sqrt{\sum_{i=1}^{n} (X_i - \bar{X})^2/n}}{\bar{X}} \tag{3.5}$$

式中，C_v 为变异系数，X_i 为第 i 个城市的人均 GDP，$\bar{X}$ 为海峡西岸城市群平均人均 GDP，n 为城市群内城市的个数。

（2）20 个城市人口差异分析

根据福建、浙江、广东、江西统计年鉴（2006～2016）提供的 2005～2015 年各年份 20 个城市 GDP、总人口和人均 GDP 数据，本研究给出了 20 个城市的人口差异演变、GDP 差异演变和人均 GDP 差异演变分析，见表 3-5、表 3-6 和表 3-9。

①绝对差异：2005 年海峡西岸城市群 20 个城市人口的极差和标准差分别为 707.43 万人和 203.77 万人，2015 年两者发展为 737.68 万人和 225.07 万人，分别增加了 4.2% 和 10.5%。

②相对差异：20 个城市的人口极值差率基本呈现下降趋势，2005～2015 年总体呈减小趋势，其中 2008 年出现最大值 7.59。2005～2008 年总体增速缓慢，2008 年比 2005 年增加了 0.5%。2008～2015 年人口极值差率呈下降趋势，2015 年人口极值差率为 7.41，比 2008 年下降了 2.3%。值得注意的是，20 个城市人口极值差率均超过 7，从经济意义来看，反映区域经济发展的不平衡性和差异程度的指标极值差率数值目前已处于发展中国家和地区在经济快速发展过程中的警戒线（贫富悬殊一般应控制在 7～8），需要引起高度重视和注意。2005～2013 年变异系数呈增大趋势，2005 年变异系数值为 0.4840，2013 年增大到 0.5114，增大了 5.6%。2014 年减小为 0.4964，相比 2013 年减小了 2.9%。2015 年减小为 0.4973，相比 2013 年减小了 2.76%（见表 3-5）。

表 3-5　海峡西岸城市群 20 个城市的人口差异变化

年份	平均值	最小值	最大值	极差	极值差率	标准差	变异系数
2005	421.00	107.88	815.31	707.43	7.5572	203.77	0.4840
2006	423.87	108.35	820.98	712.63	7.5771	205.54	0.4849
2007	428.67	109.25	827.11	717.86	7.5710	209.63	0.4890
2008	434.62	110.59	839.51	728.92	7.5912	214.10	0.4926
2009	432.37	111.14	839.77	728.63	7.5560	211.00	0.4880
2010	438.94	112.09	840.52	728.43	7.4986	215.60	0.4912
2011	447.63	113.02	852.44	739.42	7.5425	221.23	0.4942
2012	448.66	113.59	850.69	737.10	7.4892	222.33	0.4955
2013	454.05	125.00	929.00	804.00	7.4320	232.21	0.5114
2014	450.16	114.50	849.27	734.77	7.4171	223.47	0.4964
2015	452.55	115.04	852.72	737.68	7.4123	225.07	0.4973

（3）20 个城市 GDP 差异分析

①从绝对差异来看，20 个城市 GDP 的极差和标准差都呈上升趋势。2005 年 GDP 的极差和标准差分别为 1502.78 亿元和 448.47 亿元，到 2015 年两者发展为 5498.45 亿元和 1527.64 亿元，分别增长了 2.66 倍和 2.4 倍（见表 3 - 6）。

②从相对差异来看，20 个城市 GDP 的极值差率整体呈下降趋势，从 2005 年的 13.17 下降到 2015 年的 9.60，下降了 27%，说明海峡西岸城市群 20 个城市之间的差异在逐渐变小。极值差率都大于 8，说明 20 个城市经济发展不平衡性和差异程度超过发展中国家和地区在经济快速发展过程中的警戒线，需要引起高度重视。变异系数基本在 0.7 附近上下波动（见表 3 - 6）。

表 3 - 6 海峡西岸城市群 20 个城市的 GDP 差异变化

年份	平均值	最小值	最大值	极差	极值差率	标准差	变异系数
2005	587.34	123.53	1626.30	1502.78	13.17	448.47	0.76
2006	676.44	143.21	1900.76	1757.55	13.27	516.00	0.76
2007	817.58	220.20	2343.30	2123.10	10.64	621.57	0.76
2008	960.64	256.81	2795.63	2538.82	10.89	715.59	0.74
2009	1055.57	256.80	3069.50	2812.70	11.95	772.27	0.73
2010	1259.31	344.89	3564.97	3220.08	10.34	896.70	0.71
2011	1512.07	427.59	4270.89	3843.30	9.99	1067.32	0.71
2012	1679.14	482.17	4702.70	4220.53	9.75	1175.57	0.70
2013	1848.23	553.47	5218.00	4664.53	9.43	1296.04	0.70
2014	2038.82	606.98	5733.36	5126.38	9.45	1416.26	0.69
2015	2189.15	639.26	6137.71	5498.45	9.60	1527.64	0.70

（4）20 个城市人均 GDP 差异分析

首先需要说明的是，本节研究采用的数据均来自海峡西岸城市群中各城市的统计年鉴，数据经过整理和计算得出。海峡西岸城市群的绝对经济差异见表 3 - 7。

表 3 - 7　海峡西岸城市群的绝对经济差异

单位：元

年份	2006	2007	2008	2009	2010	2011	2012	2013	2014	2015
极差	43048	47960	52933	57754	56563	54937	59856	63560	66303	68224
标准差	9634	10810	11915	13232	13692	14668	16080	17427	18410	19402

从表 3 - 7 可以看出，海峡西岸城市群人均 GDP 的绝对经济差异在逐年扩大。极差从 2006 年的 43048 元上升到 2015 年的 68224 元，标准差从 2006 年的 9634 元上升到 2015 年的 19402 元，差距扩大很快。图 3 - 5 显示了海峡西岸城市群的绝对差异都呈现稳步上升趋势，虽然极差从 2009 年到 2011 年稍有下降，但是波动并不明显。

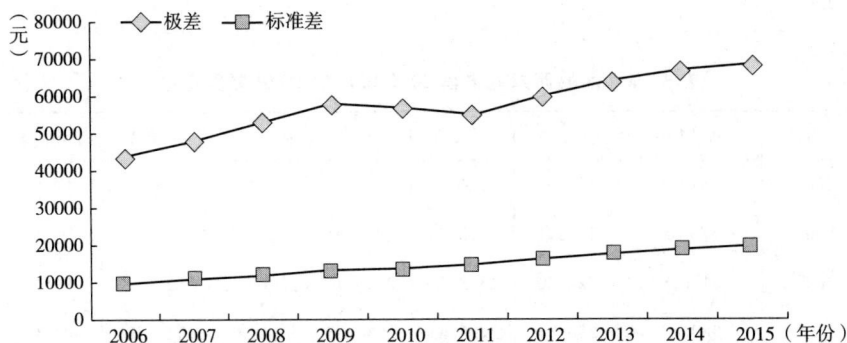

图 3 - 5　海峡西岸城市群各城市人均 GDP 的极差和标准差

根据海峡西岸城市群中各城市的数据整理计算得出海峡西岸城市群的相对经济差异，如表3 - 8所示。

表 3 - 8　海峡西岸城市群的相对经济差异

年份	2006	2007	2008	2009	2010	2011	2012	2013	2014	2015
极值差率	7.079	6.829	6.447	6.164	5.246	4.456	4.413	4.529	4.230	4.079
变异系数	0.593	0.555	0.528	0.530	0.466	0.426	0.421	0.415	0.398	0.394

从表 3 - 8 中可以看出，海峡西岸城市群人均 GDP 的相对差异在迅速缩小。极值差率从 2006 年的 7.079 下降到 2015 年的 4.079，变异系数从 2006 年的 0.593 下降到 2015 年的 0.394。从图 3 - 6 中可以直观看出，从

极值差率方面来看，20 个城市的相对差异缩小的幅度更大一些，而且自 2009 年以来，20 个城市的相对差异在明显缩小。从变异系数方面来看，20 个城市的相对差异呈现相对平稳的趋势。

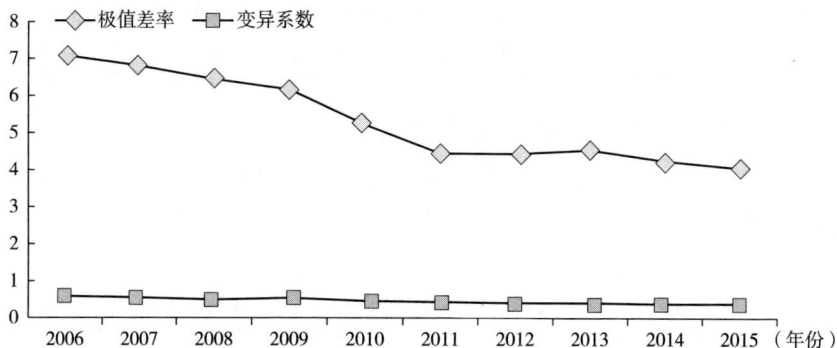

图 3 - 6　海峡西岸城市群 20 个城市人均 GDP 的极值比和变异系数

①从绝对差异来看，2005 ~ 2015 年，人均 GDP 的极差和标准差呈上升趋势。2005 年的极差和标准差分别为 38607 元和 8393 元，2015 年上升到 68224 元和 18910 元，分别上升了 76.7% 和 125%。

②从相对差异来看，20 个城市人均 GDP 的极值差率和变异系数都呈递减趋势，2005 年极值差率和变异系数分别为 7.30 和 0.59，2015 年两者分别减少为 4.08 和 0.394，分别减少了 44.1% 和 33.56%，说明海峡西岸城市群 20 个城市的人均 GDP 差异总体上在不断缩小。而且，人均 GDP 的极值差率大大小于警戒线，表明按照人均 GDP 测算的 20 个城市经济发展不平衡性和差异程度呈现不断缩小的趋势（见表 3 - 9）。

表 3 - 9　海峡西岸城市群 20 个城市的人均 GDP 差异变化

年份	平均值	最小值	最大值	极差	极值差率
2005	14222	6130	44737	38607	7.30
2006	16240	7082	50130	43048	7.08
2007	19487	8228	56188	47960	6.83
2008	22587	9718	62651	52933	6.45
2009	24974	11184	68938	57754	6.16
2010	29379	13322	69885	56563	5.25
2011	34443	15895	70832	54937	4.46

续表

年份	平均值	最小值	最大值	极差	极值差率
2012	38218	17536	77392	59856	4.41
2013	41948	18012	81572	63560	4.53
2014	46232	20529	86832	66303	4.23
2015	49228	22155	90379	68224	4.08

（5）20 个城市人均 GDP 的区位商

进一步计算出海峡西岸城市群 20 个城市人均 GDP 的区位商如表 3 - 10 所示。

表 3 - 10　海峡西岸城市群 20 个城市的人均 GDP 区位商

年份 城市	2006	2007	2008	2009	2010	2011	2012	2013	2014	2015
均值	1.036	1.022	1.022	1.023	1.024	1.020	1.021	1.031	1.021	1.018
福州	1.587	1.548	1.521	1.557	1.557	1.544	1.558	1.573	1.545	1.556
厦门	3.198	2.946	2.834	2.824	2.436	2.097	2.068	2.004	1.917	1.868
莆田	0.960	0.950	0.973	0.994	1.051	1.117	1.148	1.170	1.168	1.197
三明	1.096	1.088	1.149	1.244	1.322	1.432	1.427	1.449	1.426	1.405
泉州	1.585	1.552	1.576	1.607	1.553	1.547	1.531	1.540	1.507	1.497
漳州	0.971	0.948	0.953	1.008	1.038	1.085	1.107	1.118	1.119	1.149
南平	0.871	0.849	0.875	0.880	0.916	1.000	1.009	1.035	1.039	1.053
龙岩	1.046	1.053	1.101	1.218	1.349	1.437	1.432	1.412	1.385	1.382
宁德	0.804	0.788	0.808	0.826	0.878	0.975	1.016	1.072	1.068	1.075
温州	1.556	1.488	1.380	1.335	1.302	1.187	1.152	1.224	1.172	1.175
丽水	0.900	0.898	0.998	0.866	0.868	0.822	0.819	0.917	0.877	0.857
衢州	1.004	1.132	1.057	1.014	1.051	0.987	0.977	1.024	0.966	0.925
汕头	0.949	0.894	0.877	0.835	0.743	0.700	0.701	0.708	0.689	0.697
梅州	0.541	0.523	0.525	0.514	0.504	0.484	0.469	0.460	0.453	0.458
潮州	0.833	0.800	0.784	0.765	0.737	0.717	0.703	0.712	0.691	0.702
揭阳	0.549	0.542	0.574	0.580	0.599	0.614	0.627	0.660	0.654	0.646
鹰潭	0.843	1.057	1.051	0.946	1.072	1.120	1.134	1.088	1.170	1.149
赣州	0.453	0.445	0.453	0.459	0.464	0.471	0.478	0.442	0.479	0.479
抚州	0.523	0.502	0.508	0.529	0.561	0.560	0.559	0.550	0.577	0.573
上饶	0.452	0.431	0.440	0.458	0.479	0.498	0.510	0.453	0.513	0.509

从表3-10中可以看出，2006~2015年，海峡西岸城市群各城市的人均GDP区位商，只有福州、厦门、三明、泉州、龙岩和温州的人均GDP区位商全部大于平均水平，说明这6个城市为海峡西岸城市群的发达城市。2009年漳州的人均GDP区位商大于1且小于平均值。自2010年起，漳州和莆田的人均GDP区位商都大于平均值。自2011年起，南平的人均GDP区位商都大于1。自2012年起，宁德的人均GDP区位商都大于1。这说明漳州、莆田、南平和宁德这4个城市正在逐步跨入城市群中的发达城市之列，总体上2012~2015年福建省的9个城市都是城市群中的发达城市或者正在跨入城市群中的发达城市之列。在这10年中，丽水、汕头、梅州、潮州、揭阳、赣州、抚州和上饶这8个城市的人均GDP区位商都小于1，且小于平均值，说明这8个城市属于海峡西岸城市群中的落后城市。其他城市的人均GDP区位商在1附近徘徊，说明其发展不稳定。值得一提的是，2006~2010年和2013年衢州的人均GDP区位商一直大于1，2011年、2012年、2014年、2015年变得小于1，说明衢州的经济发展呈现不利趋势。

二 4大区分析

本研究将海峡西岸城市群分成4大区，4大区的范围如表3-11所示。

表3-11 海峡西岸城市群4大区大区范围

地区	所辖市
福建区	福州、厦门、莆田、三明、泉州、漳州、南平、龙岩、宁德
浙江区	温州、丽水、衢州
广东区	汕头、梅州、潮州、揭阳
江西区	鹰潭、赣州、抚州、上饶

（1）4大区人口分析

从绝对量来看，2015年，福建区人口数为3822.5万人，人口密度为307人/平方千米；浙江区人口数为1334.5万人，人口密度为349人/平方千米；广东区人口数为1857.63万人，人口密度为706人/平方千米；江西区人口数为2036.38万人，人口密度为241人/平方千米；海峡西岸城市群总人口数为9051.01万人，人口密度为330人/平方千米。

从相对量来看，2005～2015年，福建区人口占整个海峡西岸城市群人口数的比重总体呈增大趋势，由2005年的42.08%上升到2015年的42.23%；浙江区从2005年的14.86%下降到2015年的14.74%；广东区从2005年的20.46%上升到2015年的20.52%；江西区从2005年的22.60%下降到2015年的22.51%。

（2）4大区GDP总量分析

从绝对量来看，2005～2015年4大区的GDP都在上升，见图3-7。

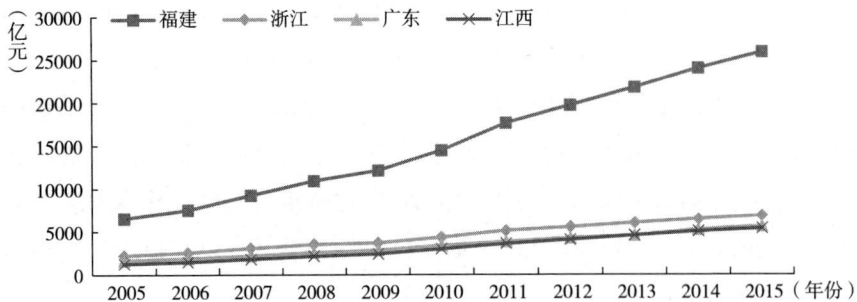

图3-7　海峡西岸城市群4大区GDP

其中，福建区的GDP从2005年的6567.71亿元增长到2015年的25923.1亿元，年均增长率为26.8%；浙江区的GDP从2005年的2231.45亿元增长到2015年的6867.5亿元，年均增长率为18.9%；广东区的GDP从2005年的1673.92亿元增长到2015年的5623.23亿元，年均增长率为21.45%；江西区的GDP从2005年的1273.75亿元增长到2015年的5369.08亿元，年均增长率为29.23%。

从相对量来看，由表3-12和图3-8可以看出，福建区和江西区的GDP占整个海峡西岸城市群GDP的比重出现平缓上升势头，浙江区和广东区的GDP占整个海峡西岸城市群GDP的比重出现平缓下降势头。

表3-12　海峡西岸城市群4大区GDP占全区比重

单位：%

年份	2005	2006	2007	2008	2009	2010	2011	2012	2013	2014	2015
福建	55.91	55.84	56.60	56.91	57.50	57.42	58.34	58.67	58.96	58.95	59.21

续表

年份	2005	2006	2007	2008	2009	2010	2011	2012	2013	2014	2015
浙江	19.00	19.07	18.83	18.32	17.49	17.24	16.98	16.48	16.35	15.87	15.69
广东	14.25	14.07	13.45	13.50	13.51	13.44	12.71	12.69	12.33	12.83	12.84
江西	10.84	11.02	11.12	11.27	11.50	11.89	11.96	12.15	12.36	12.35	12.26

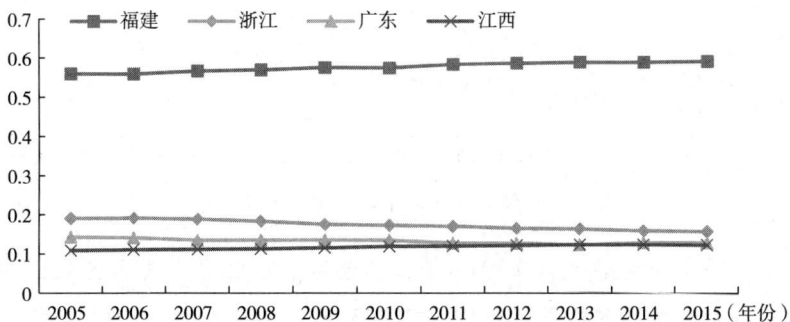

图 3-8 海峡西岸城市群 4 大区 GDP 占全区比重

其中,福建区的 GDP 占比从 2005 年的 55.91% 上升到 2015 年的 59.21%,上升了 3.3 个百分点,并且始终保持整个海峡西岸城市群第 1 位;浙江区的 GDP 占比从 2005 年的 19.00% 下降到 2015 年的 15.69%,下降了 3.31 个百分点,但始终保持整个海峡西岸城市群第 2 位;广东区的 GDP 占比从 2005 年的 14.25% 下降到 2015 年的 12.84%,下降了 1.41 个百分点,江西区的 GDP 占比从 2005 年的 10.84% 上升到 2015 年的 12.26%,上升了 1.42 个百分点。

(3) 4 大区人均 GDP 和人民生活水平分析

从人均 GDP 来看,各区的人均 GDP 整体呈上升趋势,见图 3-9。福建区的人均 GDP 从 2005 年的 18564.89 元上升到 2015 年的 65477.11 元,年均增长率为 23%,并且始终高于整个海峡西岸城市群的人均 GDP 水平;浙江区的人均 GDP 从 2005 年的 15641.67 元上升到 2015 年的 47694 元,年均增长率为 23%,从 2005~2011 年,浙江区的人均 GDP 高于整个城市群的人均 GDP 水平,2012~2015 年,浙江区的人均 GDP 低于整个城市群的人均 GDP 水平;广东区的人均 GDP 从 2005 年的 9953.75 元上升到 2015 年的 30273.98 元,年均增长率为 18.56%,始终低于整个海峡西岸城市群的人均 GDP 水平；江西区的人均 GDP 从 2005 年的 7652 元上升到 2015 年的 32771 元，年均增长率为 29.84%，始终低于整个海峡西岸城市群的人均 GDP 水平。

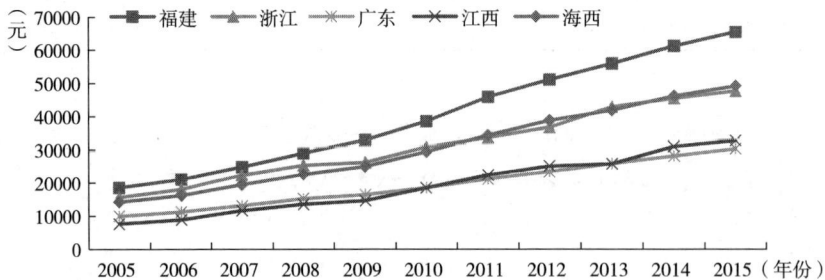

图 3 - 9　海峡西岸城市群 4 大区人均 GDP

从人民生活水平来看，2015 年，福建区、浙江区、广东区和江西区的人均社会消费品零售总额分别为 21905 元、22497 元、15084 元和 9585 元，整个城市群人均社会消费品零售总额为 17268 元。其中，福建区和浙江区的人均社会消费品零售总额分别高出整个城市群平均水平 4637 元和 5229 元，广东区和江西区的人均社会消费品零售总额分别低于整个城市群平均水平 2184 元和 7683 元。福建区、浙江区、广东区和江西区的人均社会消费品零售总额的比值为 2.29∶2.35∶1.57∶1。

（4）4 大区 GDP 和人均 GDP 区位商分析

根据相关数据整理，得到 2005～2015 年海峡西岸城市群 4 大区的 GDP 区位商和人均 GDP 区位商，见表 3 - 13。

表 3 - 13　海峡西岸城市群 4 大区的 GDP 区位商和人均 GDP 区位商

年份	GDP 区位商					人均 GDP 区位商				
	福建	浙江	广东	江西	平均值	福建	浙江	广东	江西	平均值
2005	1.33	1.28	0.70	0.48	0.95	3.10	7.40	3.42	2.38	4.08
2006	1.33	1.29	0.69	0.48	0.95	3.10	7.54	3.40	2.38	4.11
2007	1.33	1.30	0.67	0.49	0.95	2.99	7.94	3.38	2.60	4.23
2008	1.34	1.25	0.68	0.49	0.94	3.01	7.63	3.40	2.62	4.16
2009	1.37	1.18	0.67	0.50	0.93	3.16	7.06	3.24	2.54	4.00

续表

年份	GDP 区位商					人均 GDP 区位商				
	福建	浙江	广东	江西	平均值	福建	浙江	广东	江西	平均值
2010	1.38	1.16	0.64	0.52	0.93	3.17	7.09	3.01	2.76	4.01
2011	1.41	1.07	0.62	0.53	0.91	3.22	6.19	3.03	2.90	3.83
2012	1.41	1.05	0.62	0.54	0.91	3.17	6.03	2.95	2.87	3.76
2013	1.42	1.12	0.63	0.50	0.92	3.22	7.04	3.17	2.50	3.98
2014	1.40	1.07	0.62	0.55	0.91	3.15	6.66	2.96	2.98	3.94
2015	1.40	1.06	0.63	0.55	0.91	3.15	6.57	3.00	2.96	3.92

从 GDP 区位商来看，2005～2015 年，福建区 > 浙江区 > 平均值 > 广东区 > 江西区，福建区和浙江区为经济发达区，广东区和江西区为经济落后区。福建区和江西区的 GDP 区位商呈递增趋势，说明这两个区的经济发展呈现改善趋势。浙江区和广东区的 GDP 区位商呈下降趋势，说明这两个区的经济发展有减退趋势。

从人均 GDP 区位商来看，2005～2015 年，浙江区的人均 GDP 区位商都大于平均值，说明浙江区为经济发达区。其他三个区的人均 GDP 区位商都小于平均值，并且都大于 1，说明这三个区为经济发展区。福建区和江西区的人均 GDP 区位商呈递增趋势，说明这两个区的经济发展呈现变好趋势。浙江区和广东区的人均 GDP 区位商呈下降趋势，说明这两个区的经济发展呈现相对减退趋势。

从图 3-10 可以看出，福建区各城市人均 GDP 区位商排名前 5 位的是厦门、福州、泉州、三明和龙岩，且都高于平均水平。厦门的人均 GDP 区位商虽然数值最大，但是有逐渐下降的趋势，优势有所丧失，应给予重视。从图 3-11 可以看出，浙江区中各城市人均 GDP 区位商只有温州处于均值水平之上，属于发达城市。丽水处在均值水平之下，属于落后城市。衢州在均值水平上下波动，说明衢州的经济发展不太稳定，经济波动比较大。从图 3-12 可以看出，广东区的 4 个城市的人均 GDP 区位商都处于均值水平之下，为落后城市。从发展趋势上看，汕头、潮州和梅州都呈现下降趋势，揭阳呈现稳步上升的趋势。从图 3-13 可以看出，江西区的赣州、抚州、上饶的人均 GDP 区位商都处于均值水平之下，属于落后城市。自

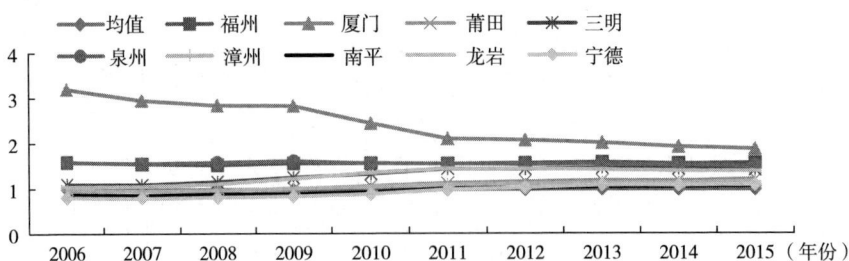

图 3 – 10　福建区的人均 GDP 区位商

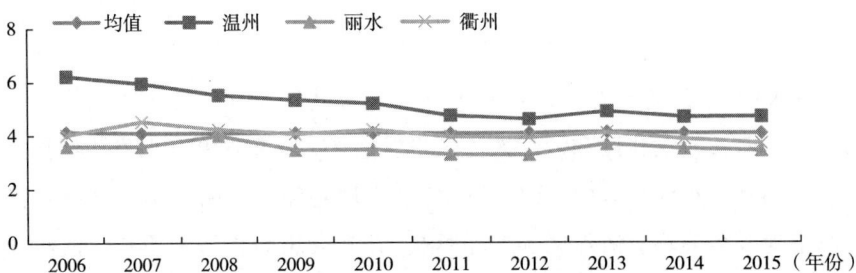

图 3 – 11　浙江区的人均 GDP 区位商

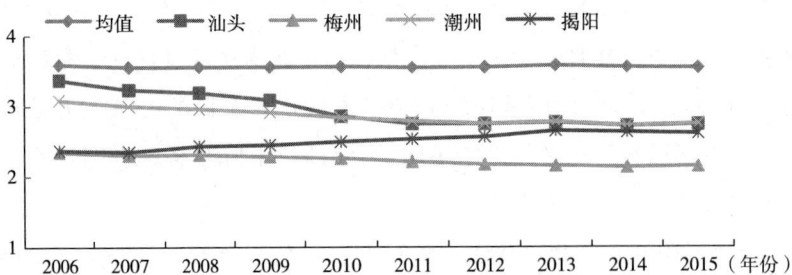

图 3 – 12　广东区的人均 GDP 区位商

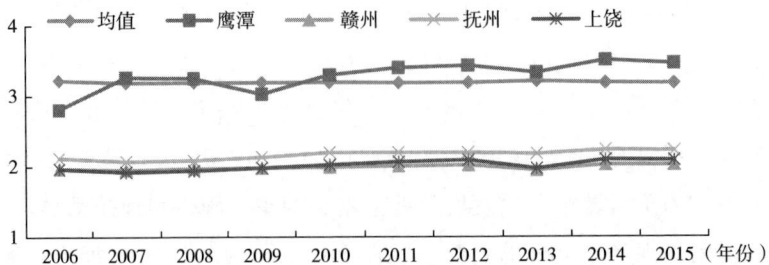

图 3 – 13　江西区的人均 GDP 区位商

2011 年起，鹰潭处于均值水平之上，说明鹰潭正在逐步跨入城市群中的发达城市之列。前面的城市竞争力分析中，鹰潭综合竞争力排名第 20 位，但是 15~20 名的得分值差别不大。

综上分析，海峡西岸城市群 20 个城市的人口规模、GDP 规模和人均 GDP 规模的相对差异不断缩小或趋于平稳，经济集聚度越来越强，努力向海峡西岸城市群的经济一体化迈进。

第三节　海峡西岸城市群经济集聚扩散的城市流强度分析

本节通过测算海峡西岸城市群 20 个城市的城市流指标，侧重从产业的角度分析各个城市的优势和不足，研究成果有利于加强城市间的联系，有利于加快海峡西岸城市群的生产要素和资源的流动，进而推动城市群的总体发展。

一　理论模型与指标数据选取

（1）城市流强度模型

作为城市之间发生相互作用的基本形式，城市流是指人流、物流、信息流、资金流、技术流等空间流在城市群内所发生的频繁、双向或多向的流动现象，是城市群功能联系的产物和空间表现形式，其实质是城市群区域具有密切经济联系的城市间和产业间的相互作用。城市流强度指的是在城市群内城市间的联系中城市外向功能（集聚与扩散）所产生的影响量，是城市与外界联系的量化指标。其计算公式为：

$$F = E \times N \qquad (3.6)$$

其中，F 为城市流强度，E 为城市外向功能量，反映城市外向功能的大小，N 为城市功能效益，即单位外向功能量所能产生的实际影响。考虑到指标选取的代表性和可得性，本研究选取地区生产总值 GDP 表示经济增长状况，选取城市从业人员数作为城市样本功能量的指标，那么第 i 个城市的功能效益 N_i 可以表示为：

$$N_i = GDP_i / L_i \qquad (3.7)$$

其中，GDP_i 表示第 i 个城市的国内生产总值，L_i 表示第 i 个城市的从业人员数。

城市是否具有外向功能量 E，主要取决于某一部门从业人员数的区位商，i 城市 j 部门从业人员数的区位商 I_{ij}，表达式为：

$$I_{ij} = \frac{L_{ij}/L_i}{L_j/L} \qquad (3.8)$$

其中，L_{ij} 表示 i 城市 j 部门的从业人员数，L_i 表示第 i 个城市的从业人员数，L_j 表示第 j 个部门的从业人员数，L 表示城市群中总的从业人员数。如果 $I_{ij} > 1$，则表示在 i 城市中，j 部门从业人员数所占的比重大于在整个城市群中 j 部门从业人员数比重，意味着 i 城市 j 部门能够向城市以外的区域提供更多的产品或服务，表明 i 城市 j 部门具有外向功能，即 $E_{ij} > 0$；如果 $I_{ij} < 1$，则表示在 i 城市中，j 部门从业人员数所占的比重小于在整个城市群中 j 部门从业人员数比重，意味着 i 城市 j 部门与区位商值大于 1 的其他城市的 j 部门相比不具有规模优势，可以认为 i 城市 j 部门不具有外向功能，即 $E_{ij} = 0$。因此 i 城市 j 部门的外向功能 E_{ij} 可以根据区位商转换为：

$$E_{ij} = L_{ij} - L_i \times (L_j/L) \qquad (3.9)$$

将 E_i 表示 i 城市的外向功能量，为该城市的所有部门功能量的总量，即：

$$E_i = \sum_{j=1} E_{ij} \qquad (3.10)$$

那么，i 城市的城市流强度 F_i，可以表示为：

$$F_i = E_i \times N_i = E_i \times GDP_i/L_i = GDP_i \times K_i \qquad (3.11)$$

其中，$K_i = E_i/L_i$ 称为城市流倾向度，是 i 城市外向功能量占总功能量的比重，即单位从业人员所能提供的外向功能量，反映该城市对外联系与扩散的能力。因此，可以通过对城市群城市流强度的分析与计算确定区域联系的中心，同时反映各城市在区域内的联系地位。

（2）数据指标选取

考虑到海峡西岸城市群各城市经济发展相关数据的代表性和可得性，以及海峡西岸城市群建立的时间阶段，本研究选取《中国城市统计年鉴》中 2008 年和 2015 年的第二产业和第三产业（采矿、制造、建筑、批发和零售业等 18 个）部门单位从业人员数作为衡量城市外向功能量大小的指标，其中 S1 到 S4 的部门属于第二产业，S5 到 S18 的部门属于第三产业。结合城市地区生产总值 GDP 指标来进行城市流强度等相关指标的测度与对比，具体指标如表 3 - 14 所示。

表 3 - 14　海峡西岸城市群 18 个部门单位从业人员数指标

序号	行业部门	表示	序号	行业部门	表示
1	采矿业	S1	10	房地产业	S10
2	制造业	S2	11	租赁和商务服务业	S11
3	电力燃气及水的生产供应业	S3	12	科学技术、技术服务和地质勘查业	S12
4	建筑业	S4	13	水利环境	S13
5	交通运输、仓储和邮政业	S5	14	居民服务和其他服务业	S14
6	信息传输、计算机服务和软件业	S6	15	教育业	S15
7	批发和零售业	S7	16	卫生、社会保障和社会福利业	S16
8	住宿和餐饮业	S8	17	文化、体育娱乐业	S17
9	金融业	S9	18	公共设施管理业	S18

二　海峡西岸城市群的城市集聚扩散能力变动分析

虽然区位商和外向功能量表达存在差异，但是其本质上都是为了判别各城市行业的外向性能力，因此本研究只给出各城市行业部门的外向功能量。具体根据公式（3.9），对各城市行业部门的从业人员数据进行计算处理，得到 2008 年和 2015 年海峡西岸城市群各城市主要产业部门外向功能量 E，如表 3 - 15 和表 3 - 16 所示，通过分析可以得到如下结果。

表 3 – 15　2008 年海峡西岸城市群各城市主要产业部门外向功能量 E

单位：万人

城市	S1	S2	S3	S4	S5	S6	S7	S8	S9
福州	0	0	0	0	0.77	0.7	0.31	0.24	0
厦门	0	9.91	0	0.05	0	0.62	0.04	0	0
莆田	0.06	3.42	0	0	0	0	0	0	0
三明	—	0	0.02	0.04	0	0	0	0.08	0.2
泉州	0	6.17	0	0	0	0	0.03	0	0
漳州	—	0	0	0.89	0.28	0	0	0.04	0
南平	0.02	0.28	0.12	0	0	0	0	0.13	0.12
龙岩	1.38	0	0.06	0.63	0	0	0	0.03	0.23
宁德	0	0	0.32	0.48	0.07	0.04	0.01	0.01	0.16
温州	—	0	0	2.4	0	0.27	0.21	0	0.35
丽水	—	0	0.06	0	0	0.07	0	0.12	0.33
衢州	0	0	0.05	0	0	0	0	0.02	0.62
汕头	0	0	0.01	0	1	0	0.02	0	0.15
梅州	—	0	0.07	0	0	0	0	0.1	0.39
潮州	0	0.03	0.09	0	0	0	0	0.14	0.04
揭阳	—	0	0.13	0	0	0	0	0.07	0.06
鹰潭	—	0	0.08	0	0.15	0.01	0.01	0.05	0.09
赣州	0	0	0.1	0	0	0	0	0.04	0.13
抚州	—	0	0.06	0.26	0.04	0	0	0.02	0
上饶	0	0	0.04	0	0.54	0.09	0.13	0.08	0
E > 0	3	5	14	7	7	7	8	15	13

城市	S10	S11	S12	S13	S14	S15	S16	S17	S18
福州	0.3	2.66	1.07	0.27	0.13	0	0.32	0	0.65
厦门	1.48	0.2	0	0	0.42	0	0	0	0
莆田	0	0	0	0	0	0.56	0	0	0
三明	0	0	0	0.02	0	0	0	0.13	0
泉州	0	0	0	0	0	0	0	0	0
漳州	0.05	0	0	0.01	0	0	0	0	0
南平	0	0	0	0	0	0.02	0.04	0.22	0
龙岩	0	0.65	0.09	0	0	0	0.01	0.03	0

续表

城市	S10	S11	S12	S13	S14	S15	S16	S17	S18
宁德	0	0	0.03	0.02	—	0.21	0.05	0.37	0.01
温州	0	0	0	0	0	0	0.1	0	0
丽水	0	0.09	0.06	0.03	—	0.15	0.26	0.33	0.02
衢州	0	0	0	0	0	0.14	0.02	0.62	0.02
汕头	0	0	0	0.25	0	2.88	0.58	1.29	0
梅州	0	0	0.07	0.05	0	0.19	0.21	0.46	0.03
潮州	0	0	0.01	0.12	0.01	0.13	0.11	0.02	0
揭阳	0	0	0	0	0	0.43	0.1	0.48	0.04
鹰潭	0	0	0.14	0	—	0	0.03	0.36	0.07
赣州	0	0	0.24	0.17	0	0.27	0.22	0.3	0
抚州	0	0	0	0.01	0	0.71	0.06	0.4	0
上饶	0.03	0	0.03	0	0	0.21	0.1	0.17	0.05
E > 0	4	4	9	10	3	12	15	14	8

注：表中"—"表示缺失数据，"0"表示不具外向功能，大于零的表示外向功能量的值。

表 3 - 16　2015 年海峡西岸城市群各城市主要产业部门外向功能量 E

单位：万人

城市	S1	S2	S3	S4	S5	S6	S7	S8	S9
福州	0	0	0	8.18	1.44	0	0.28	0.73	0
厦门	0	7.27	0	4.75	0.54	1.21	1.23	0	0
莆田	0.03	6.17	0	0.64	0	0	0	0	0
三明	0	0	0.06	0	0.09	0.13	0	0.13	0.48
泉州	0.05	3.15	0	0	0.27	0.03	0.04	0	0
漳州	—	0	0.07	0	0	0	0	0	0.26
南平	0	0	0.18	0	0	0.33	0	0.3	0.23
龙岩	0.38	0	0.15	0	0.4	0.38	0.03	0	0.82
宁德	0	0	0.23	0	0.09	0.07	0	0.09	0.27
温州	—	0	0	0	0	0.73	0	0	2.62
丽水	—	0	0.1	0	0	0	0.01	0.06	0.95
衢州	—	0.72	0.04	0	0	0	0	0.01	1.05

续表

城市	S1	S2	S3	S4	S5	S6	S7	S8	S9
汕头	0	2.7	0.17	0	0	0	0	0	0
梅州	0.05	0	0.21	0	0	0.01	0	0.13	0.01
潮州	0	3.05	0.44	0	0	0	0	0	0
揭阳	—	2.88	0.16	0	0.05	0	0	0.03	0
鹰潭	—	0.09	0	0	0	0.24	0.05	0.03	0.02
赣州	0.12	0.34	0	0	0	0.16	0	0.13	0
抚州	—	0	0	7.05	0	0	0	0	0
上饶	0.03	0	0.04	0.48	0	0	0	0.04	0.03
E>0	6 (+)	9 (+)	12 (−)	5 (−)	7 (=)	10 (+)	6 (−)	11 (−)	11 (−)

城市	S10	S11	S12	S13	S14	S15	S16	S17	S18
福州	0.81	1.4	2.51	0.3	0	0	0	0.5	0
厦门	1.38	0.24	0	0.07	0.54	0	0	0	0
莆田	0	0	0	0	0	0	0	0	0
三明	0	0	0	0.02	0	0	0.05	0.02	0.25
泉州	0.09	0	0	0	0	0	0	0	0
漳州	0.33	0.22	0	0	0	0.02	0.17	0	0.19
南平	0	0.06	0	0.02	0	0.2	0.24	0	0.55
龙岩	0.13	0.48	0.1	0	0	0.65	0.45	0.04	0.81
宁德	0	0	0	0	0	0	0	0	0.27
温州	0.05	0.78	0	0	0	0.41	0.96	0.11	0.96
丽水	0	0.03	0.09	0.02	0	0.33	0.48	0.06	0.57
衢州	0	0	0	0	0	0.16	0.16	0	0.76
汕头	0	0	0	0	0	2.23	0.13	0	0.08
梅州	0	0	0.03	0.12	0	0.51	0.46	0.04	0.78
潮州	0	0	0	0.05	0	0.61	0.13	0.01	0.03
揭阳	0	0	0	0	0	0.99	0	0	0.5
鹰潭	0	0	0.04	0	—	0	0.01	0.01	0.45
赣州	0.05	0	0.18	0.19	0.07	0.72	0.76	0.01	0.49
抚州	0	0	0	0	0	0.39	0	0	0

城市	S10	S11	S12	S13	S14	S15	S16	S17	S18
上饶	0	0	0	0	0	0.6	0.36	0	1.24
E > 0	7 (+)	7 (+)	6 (-)	8 (-)	2 (-)	13 (-)	13 (-)	9 (-)	15 (+)

注：表中"—"表示缺失数据，"0"表示不具外向功能，大于零的表示外向功能量的值。括号内，"＋"表示具有外向功能量 E 大于 0 的城市数量增加，"－"表示数量减少，"＝"表示数量不变。

海峡西岸城市群外向型产业部门发展不平衡，非营利型服务类行业的专业化程度较高，传统服务行业的专业化程度低，高新技术产业、房地产业和制造业外向能力扩大。从表 3 - 15 和表 3 - 16 可以知道，2008 年海峡西岸城市群城市中具有较多外向功能量的行业部门有电力燃气及水的生产供应业（S3）、住宿和餐饮业（S8），金融业（S9），卫生、社会保障和社会福利业（S16），文化、体育娱乐业（S17），表明这些行业部门在城市群形成之前能够为外界提供的服务更多，而像采矿业（S1）、制造业（S2）、房地产业（S10）、租赁和商务服务业（S11）、居民服务和其他服务业（S14）的外向功能量较少。

与 2008 年相比，2015 年海峡西岸城市群中较具区际意义的 3 大产业是教育业（S15），卫生、社会保障和社会福利业（S16）和公共设施管理业（S18）。它们作为城市群的基本活动部分，其外向功能量的值大于 0（即 E > 0）的城市数目较多，表明这些行业相对其他行业能够为外界提供更多的服务，专业化程度高。但是，像建筑业（S4）、居民服务和其他服务业（S14）这些行业部门的外向功能相对较弱，特别是居民服务和其他服务业（S14），除了厦门和赣州以外，其他城市的该行业部门都不具有外向功能（即 E = 0），专业化程度低，这主要是因为居民服务和其他服务业（S14）这种产业主要集聚在各自特定的城市区域，而像教育业（S15），卫生、社会保障和社会福利业（S16），公共设施管理业（S18）这种公共型服务不是以营利为目的，并且主要由政府或社会团体和事业单位提供，其专业化程度较高，而生产性行业以营利为目的。同时，2015 年外向功能量增强的行业部门有采矿业（S1），制造业（S2），信息传输、计算机服务和软件业（S6），房地产业（S10），租赁和商务服务业（S11），公共设施管理业（S18），而其他行业部门除了交通运输、仓储和邮政业（S5）外都出现了相应的减少。这表明，随着经济区内城市间的联系发展和各城市的产业结构调整，外向型的行业部门出现一定的调整，特别是高新技术产业（S6）、房地产业（S10）和制造业（S2）的外向程度显著扩大。

海峡西岸城市群各城市间产业结构趋同现象较为明显，且各城市的部门外向程度差异大。通过图3-14和图3-15给出2008年和2015年每个城市的行业部门外向功能量的分布图，并结合表3-15和表3-16可以知道，2008年和2015年，制造业在外向型行业部门都占有一定重要地位。海峡西岸城市群中各城市的制造业（S2）行业的外向功能量占外向功能量总额的比重超过50%的城市，在2008年，有厦门、莆田和泉州。其中厦门的数值为9.91万人，占整个城市外向功能量的比重为78%。莆田的数值为3.42万人，占整个城市外向功能量的比重为85%。泉州的数值为6.17万人，占整个城市外向功能量的比重为99%。而到2015年为莆田、泉州、潮州、揭阳和汕头5个城市，其中莆田的值为6.17万人，占整个城市外向功能量的比重为91%。泉州的数值为3.15万人，占整个城市的外向功能量的比重为88%。潮州的数值为3.05万人，占整个城市的外向功能量比重为71%。揭阳的数值为2.88万人，占整个城市的比重为62%。汕头的数值为2.7万人，占整个城市的比重为51%。这表明制造业已成为这些城市主导的外向型产业，源于这些城市以制造业为主导产业的历史悠久，形成了各自能够服务于其他城市的特色制造业，如莆田的鞋类制造业、食品制造业和电子设备制造业，泉州的传统纺织鞋服制造业、石油化工业和机械设备制造业，潮州的陶瓷产业和不锈钢产业制造业，揭阳的纺织服装、金属、食品医药、石化、玉器和制鞋等优势产业集群，表明这些城市对制造业的发展具有趋同性。

同时，在2015年，海峡西岸城市群中的建筑业（S4）在抚州比重为95%，在福州比重为52%，表明建筑业为抚州和福州的主要外向功能型产业。特别是抚州，除了教育业以外就只有建筑业具有外向功能，符合其最美"建筑之乡"赞誉，这是其大力培育发展优势企业、试点工程总承包和全过程工程项目管理模式、加强行业人才培养所获得的成果。

还需要注意的是城市的部门外向程度存在显著差异，对比各城市2015年外向型部门数量可以知道，龙岩、丽水和梅州的外向型部门数量最多，其中龙岩达到13个、丽水达到11个、梅州达到11个。而抚州和莆田的数量最少，其中抚州有2个，为建筑业（S4）和教育类（S15）；莆田有3个，为采矿业（S1）、制造业（S2）和建筑业（S4），都属于第二产业，表明这两个城市能够服务于其他城市的产业部门类型较单一，而且主要集中于第二产业。

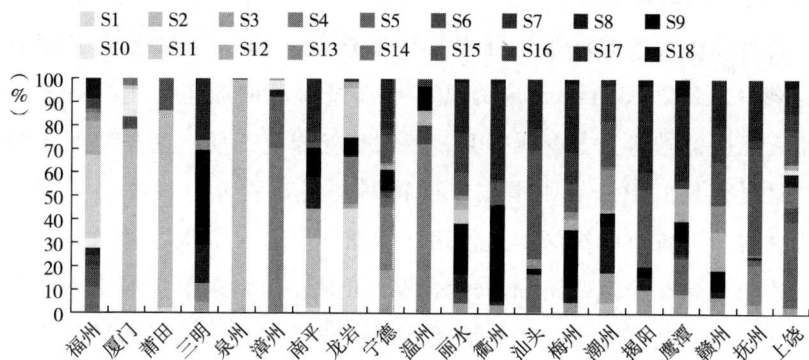

图 3 − 14　2008 年海峡西岸城市群城市分行业部门外向功能量 E 分布

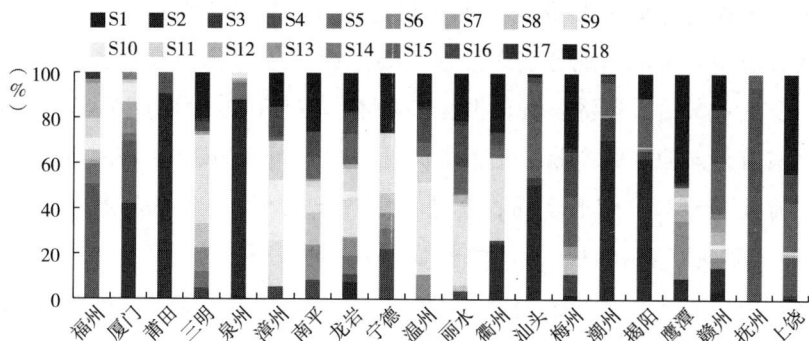

图 3 − 15　2015 年海峡西岸城市群城市分行业部门外向功能量 E 分布

根据公式（3.7）、公式（3.9）和公式（3.11）计算各个城市的城市流强度，比较 2008 年和 2015 年各城市的集聚和扩散能力的差

异，结果如表 3 - 17 所示，可以发现海峡西岸城市群城市流强度的主
要变化。

首先，除了宁德和汕头以外，其他所有城市的城市流强度都有较大程
度的增加，其中增加最多的是福州，增加值为 644.85 亿元。其次是温州，
增加值达到 538.18 亿元。增加幅度排在第 3 位的城市是龙岩，增加值为
457.14 亿元。而海峡西岸城市群总体的城市流强度由原先的 3464.73 亿
元上升到 7762.03 亿元，增加一倍多。这表明随着经济的发展、产业结构
的调整，海峡西岸城市群的城市以及整个城市群的集聚和扩散能力有所加
强，海峡西岸城市群内不同区域之间的集聚扩散能力对整个城市群经济一
体化发展的影响越来越大。

其次，从城市的城市流强度排名变化看，2008 年城市流强度最强
的为泉州，到 2015 年福州成为具有最强城市流的城市。非沿海地区的
城市流强度的排名基本有所提升，特别是龙岩、三明、南平、丽水和抚
州。这可能是由于海峡西岸城市群特别是福建省充分发挥对三明、南
平、龙岩 3 个城市的纵深推进作用，借助其生态、资源、对内连接等优
势，依托福建省快速铁路和高速公路，山海互动，东西贯通，不断向纵
深发展，促进生产要素的集聚扩散，形成非沿海城市地区的城市流强度
增加。

最后，城市流可以反映城市在区域集群中的核心地位，2015 年福州
的城市流强度为 950.73 亿元，绝对超过海峡西岸城市群的其他城市，其
作为核心中心城市的地位显著。这主要是因为福州作为福建省的省会城
市，是全省政治、经济、文化中心，人才、信息、金融等资源比较集中。
福州具有外向功能的产业主要有建筑业（S4），科学技术、技术服务和地
质勘查业（S12），交通运输、仓储和邮政业（S5），租赁和商务服务业
（S11），房地产业（S10），住宿和餐饮业（S8）等。

2015 年温州的城市流强度为 756.65 亿元，仅次于福州市的城市流强
度，源于温州地处海峡西岸城市群的北翼，北承长江三角洲，背靠赣、
皖、湘广阔内陆腹地，并与台港澳有密切联系，具有连接两岸三地的区位
优势，同时温州先进的轻工业能够和海峡西岸城市群其他城市形成优势互
补。温州具有外向功能的产业主要有金融业（S9），卫生、社会保障和社

会福利业（S16），公共设施管理业（S18），租赁和商务服务业（S11），信息传输、计算机服务和软件业（S6）等。

2015 年泉州的城市流强度为 606.23 亿元，排在第 4 位，主要是因为泉州多年来一直是福建省的第一经济大市，吸引了大量外商投资，经济总量迅速扩大，地区生产总值达到 6137.71 亿元，泉州地处沿海，具有区域优势。泉州具有外向功能的产业主要有制造业（S2），交通运输、仓储和邮政业（S5）等。

值得注意的是，2015 年作为中心城市的厦门和汕头的城市流强度却小于龙岩和丽水的城市流强度，其中厦门的城市流强度为 437.29 亿元，从 2008 年的第 3 位退后到 2015 年的第 8 位，为中等集聚和扩散中心。厦门具有外向功能的产业主要有制造业（S2），建筑业（S4），房地产业（S10），信息传输、计算机服务和软件业（S6），批发和零售业（S7）等。汕头的城市流强度较低，为 183.22 亿元，排在第 18 位，为地方集聚扩散中心。汕头具有外向功能的产业主要有制造业（S2）、教育业（S15）等。

2015 年龙岩和揭阳的城市流强度分别为 655.92 亿元和 514.69 亿元，分别排在第 3 位和第 6 位。龙岩具有外向功能的产业主要有金融业（S9）、租赁和商务服务业（S11）、教育业（S15）、公共设施管理业（S18）等。揭阳具有外向功能的产业主要有制造业（S2）、教育业（S15）、公共设施管理业（S18）等。

表 3 - 17　2015 年海峡西岸城市群城市集聚和扩散能力比较

地区	2008 年				2015 年			
	N（万元/人）	E（万人）	F（亿元）	排名	N（万元/人）	E（万人）	F（亿元）	排名
福州	41.27	7.41	305.88	2	58.84	16.15	950.73	1
厦门	20.78	12.72	264.37	3	25.37	17.23	437.29	8
莆田	26.88	4.03	108.43	15	40.12	6.84	274.37	13
三明	102.99	0.49	50.63	20	204.70	0.98	252.7	14
泉州	85.49	6.20	530.13	1	166.75	3.63	606.23	4
漳州	91.63	1.27	116.74	13	163.79	1.07	206.62	16
南平	81.52	0.96	77.97	18	132.01	1.56	279.72	11

地区	2008 年				2015 年			
	N（万元/人）	E（万人）	F（亿元）	排名	N（万元/人）	E（万人）	F（亿元）	排名
龙岩	63.67	3.12	198.78	6	135.89	4.01	655.92	3
宁德	118.04	1.77	209.01	5	132.66	0.75	134.91	20
温州	65.57	3.33	218.47	4	114.38	5.66	756.65	2
丽水	95.91	1.53	146.62	12	188.75	2.13	515.02	5
衢州	67.92	1.48	100.21	17	96.02	2.14	277.71	12
汕头	30.59	6.19	189.36	9	34.48	5.23	183.22	18
梅州	92.77	1.58	146.64	11	86.18	1.57	202.83	17
潮州	81.43	0.70	56.69	19	55.23	4.29	238.54	15
揭阳	145.43	1.31	191.19	8	111.91	4.11	514.69	6
鹰潭	113.13	1.00	113.51	14	152.91	0.49	141.65	19
赣州	100.58	1.47	147.92	10	109.14	2.73	351.04	9
抚州	64.37	1.57	100.9	16	63.73	7.44	473.83	7
上饶	131.25	1.46	191.28	7	109.22	1.58	308.37	10

为了深入了解上述城市流强度差异的内在机制，需要对城市流的构成因素进行剖析，可以引入城市流强度结构这个概念。城市流强度结构是指构成城市流强度影响因素之间的相对数量比例关系。根据公式（3.11）可以知道，构成城市流强度的因素最终可分解为城市总体实力与城市流倾向度两个因素，其相对比例关系直接影响城市流强度的大小，具体数据根据公式

$$GDP'_i = GDP_i/max(GDP_i) \text{ 和 } K'_i = K_i/max(K_i) \qquad (3.12)$$

计算得到。因此，具有较高的总体经济实力和较高的综合服务能力的城市，才能具有较强的城市流强度。

图 3 - 16 和图 3 - 17 分别给出了经过标准化后的 2008 年和 2015 年的城市流结构图，可以看出，泉州的地区生产总值在整个海峡西岸城市群中始终保持领先地位，因此其标准化后的地区生产总值为 1。较 2008 年不同的是，2015 年丽水的城市流倾向度在整个海峡西岸城市群中最大，取代了之前鹰潭的领先地位，因此其标准化后的值为 1，表明 2015 年丽水

对周边外界地区具有最强的综合服务能力。

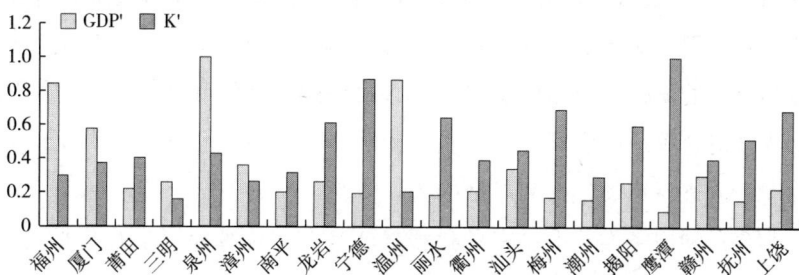

图 3 - 16　2008 年海峡西岸城市群城市流强度结构

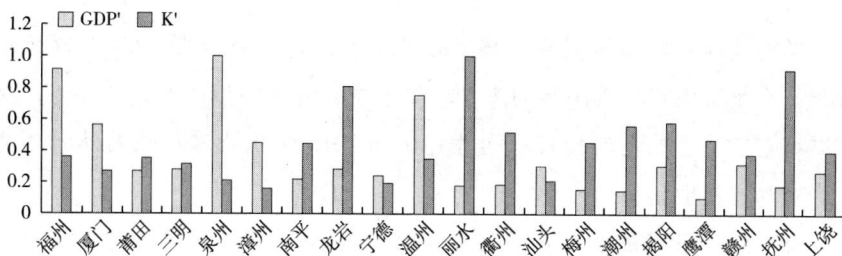

图 3 - 17　2015 年海峡西岸城市群城市流强度结构

比较 2015 年各城市的总体经济实力和城市流倾向度的大小，可以发现除了福州、厦门、泉州、漳州、宁德、温州和汕头的总体经济实力大于城市流倾向度的值外，其他城市的总体经济实力都小于城市流倾向度，这与 2008 年的城市流强度结构分布相似，除了三明原先的地区生产总值大于城市流倾向度的城市流强度结构稍微发生了改变。泉州和福州的总体经济实力比城市流倾向度高得较多，其中泉州的总体经济实力比城市流倾向度高出 0.79，且比 2008 年的差异还大，比福州的值高出 0.55，比温州的值则高出 0.41，表明泉州、福州和温州这三个中心城市在加强经济实力的同时，也必须加快产业结构调整，大力发展外向型产业，注重综合服务能力的加强。

通过运用城市流强度模型对 2008 年和 2015 年海峡西岸城市群各城市第二、三产业 18 个部门的外向功能量分析，发现海峡西岸城市群外向型产业部门发展不平衡，非营利型服务总体经济实力比城市流倾向度小得多的城市有丽水、抚州、龙岩、潮州和鹰潭，分别为 0.82、0.74、0.53、0.41 和 0.37，表明在现有的产业结构下，这些城市可以通过加强经济实力的提升，促进城市的集聚和扩散能力。而对于经济综合能力和城市流倾向度都较小的城市，比如宁德和汕头，可以通过经济和产业结构的协调发展，寻求适合本地区发展的产业链，提高产业的专业化程度，借此拉动经济发展，促进城市的集聚和扩散能力。

非营利型服务类行业的专业化程度较高，传统服务行业的专业化程度低，高新技术产业、房地产业和制造业外向能力扩大。2015 年海峡西岸城市群中，最具区际意义的三大产业是教育业（S15），卫生、社会保障和社会福利业（S16）和公共设施管理业（S18）。海峡西岸城市群城市间产业结构趋同现象较为明显，城市的部门外向程度差异大。例如 2015 年莆田、泉州、潮州、揭阳和汕头 5 个城市主导的外向型产业为制造业，这些城市对制造业的发展具有趋同性。又如 2015 年抚州和福州的外向功能型产业为建筑业。

随着经济的发展、产业结构的调整，海峡西岸城市群各城市以及整个城市群的集聚和扩散能力有所加强。从各城市的城市流强度排名变化看，非沿海地区的城市流强度排名基本有所提升，特别是龙岩、三明、南平、丽水和抚州。2015 年丽水对周边外界地区具有较强的综合服务能力。从城市流可以反映城市在区域集群中核心地位来看，福州、温州和泉州作为核心中心城市的地位合理，而厦门从 2008 年的第 3 位退后到 2015 年的第 8 位，厦门在运用城市流强度模型分析 2015 年的产业数据表现欠佳，结合第一、二节的区位商分析，2006~2015 年厦门的区位商虽然数值最大，但是有逐渐下降的趋势。同样汕头的城市流强度从 2008 年的第 9 位退后到 2015 年的第 18 位。而 2015 年龙岩和揭阳分别排在第 3 位和第 6 位。

福州、泉州和温州这 3 个中心城市在加强经济实力的同时，也必须加快产业结构的调整，大力发展外向型产业，注重综合服务能力的加强。前面的产业结构竞争力分项调查中（括号内为该城市在 20 个城市中该分项竞争力排名），福州（4）和温州（1）的产业结构竞争力较强，泉州（11）的第二产业增加值比重一直较大而第三产业相对薄弱，都需要根据自身情况进行产业结构调整，提升综合服务能力，更好地发挥城市群中心城市对区域经济的推动作用。

丽水、抚州、龙岩、潮州和鹰潭可以通过经济实力的提升，促进城市的集聚和扩散能力的提升。宁德和汕头可以通过经济和产业结构的协调发展，寻求适合本地区发展的产业链，提高产业的专业化程度，以此拉动经济发展，促进城市的集聚和扩散能力，更好地推动城市群的一体化建设。

第四节　海峡西岸城市群经济均等化分析

本研究在前面三节从不同角度探讨海峡西岸城市群经济集聚情况，进行了详细分析。这一节将参考 ACEP 中经济均等化的思想，采用基尼系数分解方法，以人均 GDP 为分解标准来进一步考察 4 大区和 20 个城市的经济差异对海峡西岸城市群总体经济差异的影响。

一　基尼系数的计算方法

基尼系数是一个从总体上衡量一国或地区内区域经济发展不平衡程度的相对量统计指标，其值域为 [0，1]，基尼系数值在 0.2 以下表示高度平均，在 0.2 ~ 0.3 之间表示比较平均，在 0.3 ~ 0.4 之间表示相对合理，在 0.4 ~ 0.5 之间表示差异较大，在 0.5 以上表示差异相当悬殊。基尼系数的计算方法是研究基尼系数理论的重要环节，对于收集的数据可以是原始离散数据，也可以在离散数据基础上拟合一个连续性分布函数，还可以是一个分组数据。考虑到海峡西岸城市群的数据特征，本节选取离散数据和分组数据来阐述基尼系数的计算方法。

（1）离散数据的基尼系数计算方法

基尼系数通过简单的几何方法可以得到更直观的解释，如图 3 - 18 所示。

基尼系数表示两个区域的面积之比：

$$G = \frac{A}{A+B} = 2A = 1 - 2B \qquad (3.13)$$

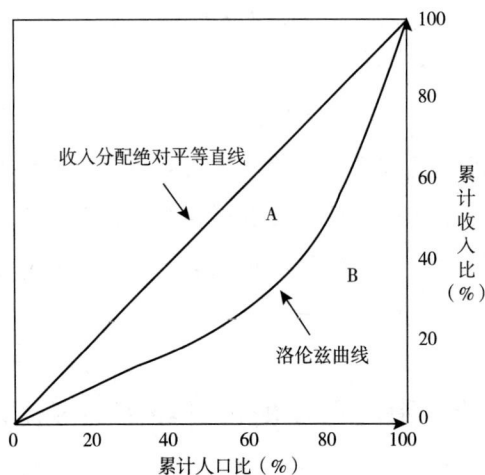

图 3 – 18 基尼系数

设 n 个城市的人均 GDP 向量为 $(x_1, x_2, \cdots, x_n)$，洛伦兹曲线横坐标 $F(x)$，纵坐标 $L(x)$，基尼系数的计算公式为：

$$G = 1 - \sum_{i=0}^{n-1} (F_{i+1} - F_i)(L_{i+1} + L_i) = \sum_{i=1}^{n-1} (F_i L_{i+1} - F_{i+1} L_i) \qquad (3.14)$$

令平均收入 $\mu = \frac{1}{n} \sum_{i=1}^{n} x_i$，由于：

$$F_i = \frac{i}{n}, L_i = \frac{1}{n\mu} \sum_{j=1}^{i} x_j, F_i - F_{i-1} = \frac{1}{n}, L_i - L_{i-1} = \frac{x_i}{n\mu}$$

$$G = \sum_{i=1}^{n-1} (F_i L_{i+1} - F_{i+1} L_i) = \sum_{i=1}^{n} [F_i(L_i - L_{i-1}) - (F_i - F_{i-1})L_i]$$

$$= \frac{1}{n^2 \mu} \sum_{i=1}^{n} (ix_i - \sum_{j=1}^{i} x_j) \qquad (3.15)$$

G 可以进一步表示为：

$$G = \frac{n+1}{m} - \frac{2}{n^2 \mu} \sum_{i=1}^{n} (n+1-i)x_i \qquad (3.16)$$

该式表明人均 GDPx_i 的权重 $n+1-i$ 是人均 GDP 的逆序数，即人均 GDP 的数值越大，所占的权重越小，人均 GDP 越小，所占的权重越大。

（2）分组数据的基尼系数计算方法

Sundrum 提供了两组混合基尼系数的算法：

$$G = p_1^2 \frac{\mu_1}{\mu} G_1 + p_2^2 \frac{\mu_2}{\mu} G_2 + p_1 p_2 \frac{|\mu_1 - \mu_2|}{\mu} \tag{3.17}$$

式中，p_1 和 p_2 分别表示组 1 和组 2 的人口比重，μ_1 和 μ_2 分别表示两组的人均 GDP。该算法要求两组人均 GDP 的分布不重叠。

如果将 n 个城市按照一定的方法分成 s 组，那么基尼系数可以按照下面的公式分解：

$$G = \sum_{i=1}^{s} p_i \theta_i G_i + \frac{1}{2} \sum_{i=1}^{s} \sum_{j=1}^{s} p_i p_j \left| \frac{u_i}{u} - \frac{u_j}{u} \right| + R \tag{3.18}$$

式中，G 为基尼系数，p_i 为第 i 组人数与总人数之比，θ_i 是第 i 组的人均 GDP 与全区人均 GDP 的比重，G_i 为第 i 组的基尼系数，u_i 为第 i 组的平均收入。第一项表示每一组内各城市之间的人均收入差异，第二项则表示各组之间的人均收入差异。剩余项 R 的解释仁者见仁，智者见智。Silber 认为剩余项 R 是由于不同组之间的交错程度造成的。李虎认为剩余项 R 是由于不同组间洛伦兹曲线对总体洛伦兹曲线的偏离造成的。

二　海峡西岸城市群人均 GDP 的基尼系数演变

为了考察 4 大区地区内部和地区之间发展差异对海峡西岸城市群人均 GDP 差异的影响程度，按照上述公式，分别计算 2005～2015 年基尼系数及其构成，如表 3 - 18。根据表 3 - 18，绘制图 3 - 19 和图 3 - 20。

表 3 - 18　海峡西岸城市群人均 GDP 的基尼系数

单位：%

年份	G	福建区	浙江区	广东区	江西区	G_w	G_b	R
2005	27.05	24.36	12.99	13.03	13.66	13.38	8.82	4.84
2006	26.77	24.02	12.64	13.13	13.70	13.07	8.71	4.98
2007	26.20	22.90	11.18	12.42	19.85	12.47	8.04	5.69

续表

年份	G	福建区	浙江区	广东区	江西区	G_w	G_b	R
2008	25.22	21.71	7.41	11.47	19.25	11.85	8.09	5.28
2009	25.56	21.08	9.73	10.64	16.04	11.64	8.75	5.16
2010	24.09	17.41	8.98	8.30	18.50	9.48	8.36	6.24
2011	23.07	13.38	8.12	7.80	18.98	7.39	8.60	7.09
2012	22.86	12.64	7.54	7.76	18.83	6.90	8.52	7.44
2013	22.79	11.68	6.45	7.90	20.06	6.46	8.80	7.53
2014	21.94	10.92	6.53	7.53	19.51	6.09	8.50	7.35
2015	21.81	10.23	7.16	7.82	19.14	5.75	8.54	7.53

注：$G = G_w + G_b + R$，G_w 表示组内基尼系数，G_b 表示组间基尼系数，R 表示剩余项

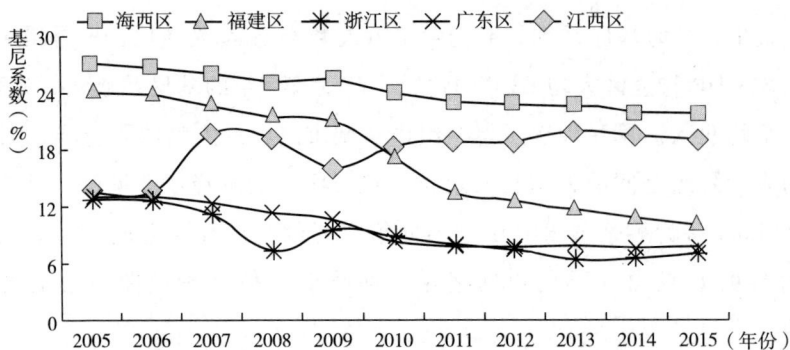

图 3 - 19　"4 大区"地区人均 GDP 基尼系数的变化

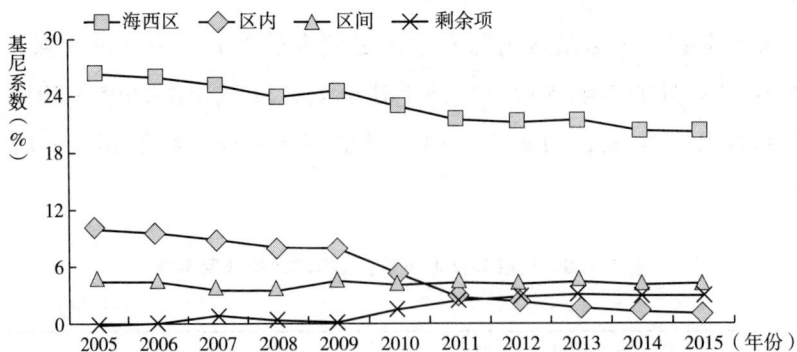

图 3 - 20　"4 大区"内部人均 GDP 基尼系数的变化

（1）海峡西岸城市群人均 GDP 的基尼系数演变分析

从表 3 - 18、图 3 - 19 和图 3 - 20 可以看出，2005 ~ 2015 年，海峡西

岸城市群人均 GDP 的基尼系数总体上呈下降趋势，2005 年基尼系数值最大为 27.05%，2015 年基尼系数为 21.81%，下降了 5.24 个百分点，说明海峡西岸城市群区域经济差异正在逐步减少。2005～2008 年基尼系数比较平稳，区域内部经济差异变化不大，2009 年基尼系数有所上升，但幅度不大，2010～2015 年基尼系数又呈下降趋势，总体上整个城市群经济均等化表现较好。

（2）4 大区人均 GDP 基尼系数演变分析

从表 3-18 和图 3-20 可以看出，福建区人均 GDP 的基尼系数整体呈下降趋势，区域内经济差异呈缩小趋势。从 2005 年的 24.36% 下降到 2015 年的 10.23%，年均下降 5.8%。其中，2009～2011 年下降速度最快，由 21.08% 下降到 13.38%，年均下降 18.26%。

浙江区人均 GDP 的基尼系数整体表现为波动性的下降趋势，由 2005 年的 12.99% 下降至 2015 年的 7.16%，年均下降 8.14%，区域内经济差异呈缩小趋势，在不同阶段具体表现为"下降—上升—下降—上升"。2005～2008 年，基尼系数呈下降趋势，由 12.99% 下降至 7.41%，年均下降 14.32%；2008～2009 年，基尼系数呈上升趋势，由 7.41% 上升至 9.73%，上升了 2.32 个百分点。2009～2013 年，基尼系数又呈下降趋势，由 9.73% 下降为 6.45%，年均下降了 8.42%。2013～2015 年，基尼系数变化比较平稳，略有上升。

广东区人均 GDP 的基尼系数整体表现为下降趋势，由 2005 年的 13.03% 下降到 2015 年的 7.82%，年均下降 4%，区域内经济差异呈缩小趋势。其中 2005～2010 年，基尼系数呈现下降趋势，2011～2015 年，基尼系数呈平稳态势，区域内经济差异变化不大。

江西区人均 GDP 的基尼系数整体上表现为上升趋势，由 2005 年的 13.66% 上升至 2015 年的 19.14%，年均上升 4%，区域内经济差异呈扩大趋势。在不同阶段具体表现为波动上升的特征。2006～2007 年，区域差异急剧扩大，2007 年基尼系数达到一个峰值（19.85%）；2007～2009 年又呈递减趋势；2010～2015 年呈平稳增长趋势。

总体而言，只有江西区人均 GDP 的基尼系数呈现上升趋势，说明江西区内经济差异在不断扩大。其他三个区人均 GDP 的基尼系数呈现下降趋势，福建区的人均 GDP 基尼系数始终高于广东区和浙江区，表明福建区的经济发展差异大于广东区和浙江区，但是福建区在 2010 年之后基尼系数一直低于江西区。

（3）4 大区人均 GDP 的基尼系数构成分解

按不同区域对海峡西岸城市群人均 GDP 基尼系数进行分解，可以将其分解为三部分：4 大区区域内部差异 G_w，4 大区区域间差异 G_b 和剩余项 R。这里剩余项 R 解释为 4 大区之间的交错程度。从图 3 – 20 可以看出，海峡西岸城市群人均 GDP 差异总体趋势基本与地区之间差异走势相同，即 2005 ~ 2009 年基尼系数呈平稳减少趋势，2009 ~ 2011 年基尼系数下降幅度最大，2011 ~ 2015 年基尼系数呈平稳减少趋势。

地区内部差异整体呈下降趋势，从 2005 年的 13.38% 下降至 2015 年的 5.75%，对基尼系数的贡献率从 2005 年的 49.46% 下降至 2015 年的 26.36%。地区间的人均 GDP 基尼系数波动比较平稳，说明 4 大区之间的经济差异并不明显。2005 ~ 2010 年地区内部差异大于地区之间差异，2011 ~ 2015 年地区之间差异大于地区内部差异，且地区之间差异与地区内部差异有逐步扩大的趋势。剩余项 R 呈现出不断扩大的趋势，从 2005 年的 4.84% 上升到 2015 年的 7.53%，对海峡西岸城市群人均 GDP 的基尼系数贡献率从 2005 年的 17.9% 上升到 2015 年的 34.5%，增长了接近 1 倍。这里 R 表示为不同区之间的相互交错程度，可理解为区域集聚和扩散情况，由此可见，海西 4 大区之间的集聚扩散能力差别对海峡西岸城市群经济发展差异的影响越来越大，应尽可能缩小 4 大区之间的经济差距，有助于提升城市群整体竞争力，推动海峡西岸城市群一体化进程。

第二篇

产业高级化

产业高级化是指一国国民经济的产业由以劳动密集型产业为主的低级产业，向以知识、技术密集型产业为主的高级产业调整和转变的过程及趋势。产业高级化是海西经济发展的基本要求之一。了解城市群产业发展情况，了解各城市在城市群中产业发展水平与定位，是推动产业高级化、制定适宜产业发展政策的前提条件。产业高级化问题是本书研究的重点。

第四章　海峡西岸城市群产业结构演进对经济增长贡献的空间效应研究

　　产业结构优化升级是资本、劳动力、土地和技术等生产要素从低附加值、低效率和高消耗的生产部门或产业链环节（如产能严重过剩和环境污染大的行业）退出，继而导入到高附加值、高效率、低消耗的生产部门或产业链环节（如先进制造业和高端生产性服务业）的过程。描述产业结构演进对经济增长贡献可以用柯布－道格拉斯生产函数来描述。本章主要参考中国经济学家刘伟、李绍荣对我国产业结构影响经济增长的方式构建的经济计量模型（参见刘伟、李绍荣《产业结构与经济增长》，《中国工业经济》2005 年第 5 期），并将空间维度引入模型中。

第一节　海峡西岸城市群产业结构演进对经济增长的影响分析
——基于空间面板模型

　　自克拉克和库兹涅茨等人发表关于产业结构与经济增长的研究以来，产业结构演进对经济增长的影响得到了更多地区实证分析的佐证。产业结构的异质性也成为发达地区与欠发达地区的显著性差异之一，产业结构的梯次演进应是后发国家加快经济增长步伐的内在要求。产业结构演进包括在产业发展过程中结构和内容在数量和质量两方面的提高，大量学者对不同城市群在不同阶段的产业结构进行研究，试图揭示产业结构演化的一般性规律，英国产业经济学家克拉克在前人基础上提出了"配第－克拉克定理"，德国经济学家霍夫曼在工业内部结构演变规律方面提出"霍夫曼定理"，美国经济学家库兹涅茨提出多国"结构演变模型"，美国经济学家罗斯托根据经济发展进程划分为六个阶段的"主导产业演进理论",美国学者钱纳里提出经济发展与结构变动"标准形式"。20世纪80年代西方经济学的"三次产业划分"理论首次被介绍到中国,从此国内学者开始在借鉴国外产业结构理论的基础上,结合中国实际情况,从宏观角度如全国、省域进行产业结构理论分析和实际模型的建立,深化对产业结构演化过程的研究。而从微观城市层面的研究,可以更清楚地认识产业结构的时空演替特征及其演化机理,与时空角度的结合将更有利于问题的深入探讨。

产业结构作为经济结构的核心要件,直接关系到国民经济增长速度和质量,同时也决定了环境发展水平和国民收入。从时空的角度出发,在考察产业结构的同时引入空间效应,研究某一城市群内的经济增长和产业结构演进的相互影响,可以更好地发挥协同作用和规模优势。本节试图以海峡西岸城市群20个城市为例,运用空间面板模型探讨海峡西岸城市群自2001年至2015年产业结构的演进路径并提出相应的产业政策建议。

一　海峡西岸城市群的产业结构演进

海峡西岸城市群包括福建省的福州、厦门、莆田、三明、泉州、漳州、南平、龙岩、宁德以及浙江省的温州、丽水和衢州,广东省的汕头、梅州、潮州和揭阳,江西省的鹰潭、赣州、抚州和上饶,共计20个城市。根据海峡西岸城市集聚及经济发展水平的不同阶段,本研究分为海西整体、沿海城市和非沿海城市。海西整体是指整个海峡西岸城市群,包括20个城市;沿海城市包括有海岸线的9个城市,即福州、莆田、泉州、厦门、漳州、汕头、潮州、温州和宁德;非沿海城市包括11个城市,即三明、南平、龙岩、丽水、衢州、梅州、揭阳、上饶、鹰潭、抚州和赣州。在本书中关于沿海城市和非沿海城市的划分,均统一采用这个标准。

区域产业结构演进指产业发展过程中结构和内容在数量和质量两方面的提高,即产业结构逐渐高度化的过程。从静态上判断产业结构水平高低,可以采用"标准结构"法。这一方法将一国和地区产业结构与世界上其他国家产业结构的水平进行比较,以确定本国产业结构的高度化程度。本研究采用世界银行关于三次产业产值比重的标准统计作为参考值，对照海峡西岸城市群的产业结构变化（见表 4 - 1）。如表 4 - 2 所示，2015 年海西整体三次产业的国内生产总值产值构成为 10.4 : 49.5 : 40.1，与 2000 年相比，第一产业的比重显著下降，第二产业的比重大幅增加，第三产业的比重小幅提升，总体经济发展水平有了质的飞跃。以第一产业的比重来衡量，海西整体从下中等收入国家的产业结构跃升至上中等收入国家的产业结构，产业结构日趋合理。但第二产业仍占主导地位，第三产业份额依旧不高。沿海城市和非沿海城市也呈现同样的趋势，但在第三产业的比重上有较大差异，相对于沿海城市，非沿海城市的经济发展更倚重于第二产业的发展，整体发展水平仍处于下中等收入国家的产业结构。伴随着产业部门的分化和整合，产业结构变动会产生出产业结构效益。一般用比较劳动生产率指数来反映产业结构效益。该指数是将某一个产业的产值百分比与该产业从业人员百分比的比值。该比值越大，表示该产业的比较劳动生产率越高。进一步测算海峡西岸城市群各产业比较劳动生产率（见表 4 - 3），可以进行海西沿海城市与非沿海城市各产业劳动生产率的比较。

表 4 - 1　世界银行关于三次产业产值比重的统计

单位：%

	年份	农业	工业	服务业
低收入国家		31	27	42
中等收入国家		12	38	50
下中等收入国家	1997	14	40	46
上中等收入国家		10	34	56
高收入国家		5	27	68
低收入国家		26	31	43
中等收入国家		10	41	49
下中等收入国家	2010	13	34	53
上中等收入国家		9	31	60
高收入国家		2	25	73

资料来源：世界银行：《世界银行发展报告（2011）》。

表 4-2 海峡西岸城市群产业结构的演变

单位：%

| | 2000 | | | 2006 | | | 2015 | | |
	第一产业	第二产业	第三产业	第一产业	第二产业	第三产业	第一产业	第二产业	第三产业
海西整体	16.4	46.1	37.5	11.9	49.3	38.8	10.4	49.5	40.1
沿海城市	12.6	49.4	38	8.8	51.5	39.7	7.1	50.3	42.6
非沿海城市	25.1	38.6	36.3	18.9	44.4	36.7	13.2	48.8	38

资料来源：笔者根据各地统计年鉴及统计公报自行整理。

表 4-3 海峡西岸城市群内各产业比较劳动生产率比较

| | 2000 | | | 2006 | | | 2015 | | |
	第一产业	第二产业	第三产业	第一产业	第二产业	第三产业	第一产业	第二产业	第三产业
海西整体	0.328	2.352	1.258	0.310	2.483	1.348	0.298	2.503	1.395
沿海城市	0.349	1.953	1.104	0.347	2.068	1.202	0.336	2.029	1.235
非沿海城市	0.613	1.508	0.801	0.589	1.796	0.891	0.527	1.949	0.925

资料来源：笔者自行计算整理。

从表 4-3 可以看出，第一，从不同产业的结构效益变动来看，海峡西岸城市群内变动趋势大体一致，即第一产业结构效益逐步下降，说明大量剩余劳动力来自农业。第二产业结构效益不断上升，表明工业产值在国民经济中占据主体地位，进入了工业化加速阶段。由于吸纳了大量剩余劳动力，第三产业的比较劳动生产率自 2000 年以来有所上升，这正说明了第三产业作为就业蓄水池的功能和特点。在三次产业的结构效益中，第一产业的效益一直是最低的，说明海峡西岸城市群基础薄弱的产业仍然是农业。第二，从区域对比来看，沿海城市第三产业的比较劳动生产率比较高，但是其第一产业的比较劳动生产率却比较低，说明沿海城市农业劳动力转移问题比较严重。非沿海城市三次产业的结构效益指数相对都比较高（比值较大），与沿海城市相比，其第一产业的比较劳动生产率较高，第二、三产业比较劳动生产率和沿海城市相比较低。第三，从总体效益水平来看，沿海城市的产业结构效益上升，表现为 2006 年到 2015 年间三次产业之间的劳动生产率差距有所缩小。而非沿海城市产业结构效益下降，表现为 2006~2015 年间三次产业之间的劳动生产率差距有所拉大。

二　海峡西岸城市群经济集聚测度演进

空间计量经济学理论认为一个地区的经济增长往往与其周围地区的经济增长存在着空间相互依赖性，当其中某个地区发生冲击时，这种冲击会产生外溢，进而影响其周围地区经济增长变动。测度空间自相关性有很多种方法，最普遍采用的是 Moran's I 统计值，根据 Anselin、Haining 的分析方法，Moran's I 统计值为：

$$I = (\frac{n}{s_0}) \frac{\sum_{i=1}^{n} \sum_{j=1}^{n} w_{ij} x_i x_j}{\sum_{i=1}^{n} x_i^2} \tag{4.1}$$

其中，n 是经济体的个数；w_{ij} 是空间权数矩阵 W 中的元素，W 可通过 (i, j) 之间关系计算而得到；x_i 和 x_j 分别是地区 i 和地区 j 中变量的离差；s_0 是标准化因素，等于权数矩阵的元素之和，即 $s_0 = \sum_i \sum_j x_{ij}$。对于地区间交互影响的定义不同，得到的空间权重矩阵也不同。最简单常用的定义是二进制连续矩阵。当地区间拥有共同边界时，$w_{ij} = 1$，否则 $w_{ij} = 0$。当空间权重矩阵是行标准化时（也就是每行中的元素之和为1），则（4.1）式可以进一步表示为：

$$I = \frac{\sum_{i=1}^{n} \sum_{j=1}^{n} w_{ij} x_i x_j}{\sum_{i=1}^{n} x_i^2} \tag{4.2}$$

Moran's I 值取值范围在 $[-1, 1]$ 之中，当取值为 -1 时表示在空间上存在完全负的自相关关系，取值为 1 时表示在空间上存在完全正的自相关关系。当相邻地区的经济发展有着相似的特征时，Moran's I 统计值趋向于正数表明存在空间集聚效应，而当相邻地区经济发展表现出异质性时则为负数。对于 Moran's I 指数的显著性检验，常用的比较简单的方法是假设变量服从正态分布。正态统计量 Z 值近似服从 N (0, 1) 的标准正态分布，并以此来判断其显著性。根据 Ansenlin 的分析，地区间的空间关系可划分为四个类别：第一种是 H – H 类型，即指标高数值地区周围的地区也是指标高数值地区；第二种是 L－H 类型，即指标低数值地区周围的地区是指标高数值地区；第三种是 L－L 类型，即指标低数值地区周围的地区也是指标低数值地区；第四种是 H－L 类型，即指标高数值地区周围的地区是指标低数值地区。其中第一种和第三种类型代表正的空间关系，而第二种和第四种类型代表负的空间关系。本研究采用 Moran's I 统计值来测度空间自相关性，分析的变量是 2001～2015 年海峡西岸城市群 20 个城市的 GDP 数据，计算结果列于表 4－4。

表 4－4　海峡西岸城市群的经济集聚测度

年份	2001	2002	2003	2004	2005	2006
Moran's I	0.3207 (0.0036)	0.2787 (0.0078)	0.2934 (0.0072)	0.2952 (0.0070)	0.2381 (0.0184)	0.2417 (0.0175)
2007	2008	2009	2010	2011	2012	2013
0.1828 (0.0481)	0.2176 (0.0282)	0.2565 (0.0147)	0.2485 (0.0187)	0.2720 (0.0134)	0.2863 (0.0104)	0.2768 (0.0122)
2014	2015					
0.2948 (0.0090)	0.3043 (0.0076)					

由表 4－4 可知，整个城市群经济发展水平相近的地区在空间分布上呈高度集聚态势，即经济发展高的地区和经济发展低的地区在空间上分别呈现集聚分布。从时间来看，2007 年以前 Moran's I 指数逐步减小，城市群内的经济集聚水平逐渐减弱。2007 年 1 月，福建省人民代表大会第五次会议通过《福建省建设海峡西岸经济区纲要》，海西建设进入全方位推进阶段。区域经济发展不平衡现象缓解，经济集聚度的减弱趋势开始改变。这主要是因为中央和福建省政府开始重视海峡西岸城市群经济的协调发展，加大对福建欠发达地区的发展扶持。同时，欠发达地区也积极利用国家的优惠扶持政策，接受厦门、福州、泉州等地的产业转移，发展具有一定科技含量的制造业和生产性服务业，促使第二、三产业比重大幅上升，从而逐渐削弱了原有的产业结构水平高值区高度集聚区域范围的格局。因此，从海峡西岸城市群全域来看，海峡西岸城市群城市之间的经济增长水平存在明显的集聚现象。在研究区域经济增长进程的演变趋势时，

空间维度因素是不容忽视的，应重点引入空间因素进行分析。

三　海峡西岸城市群产业结构演进对经济增长影响的空间计量分析

（1）模型设定

本研究使用柯布－道格拉斯齐次方程表示海峡西岸城市群生产函数关系：

$$Y = AK^{\alpha}L^{\beta} \tag{4.3}$$

（4.3）式中 Y 表示产出，A 为技术进步，包含结合性和非结合性的技术进步，K 表示资本投入，L 表示劳动力投入，α、β 分别表示资本份额与劳动力份额的弹性系数。Romer 认为：长期经济增长是由技术进步（含经济制度的变迁）贡献的，而短期的经济增长则是由资本和劳动力等要素投入的增加所贡献的。因此，不同的产业结构将会影响要素的生产结构，从而影响到经济的增长。

本研究主要参考了刘伟、李绍荣对我国产业结构影响经济增长的方式构建的经济计量模型。令 $r_i = R_i/Y$ （$i = 1, 2, \cdots, k$）表示第一、二、三产业的增加值占总产出的比重，并且用这个指标来表示第 i 产业在整个产业结构中的大小，其中 k 表示产业的总数。以柯布－道格拉斯生产函数为分析起点，把产业结构视为制度因素，建立新的生产函数如下：

$$Y = K_i^{\alpha_1\gamma_1 + \alpha_2\gamma_2 + \cdots + \alpha_k\gamma_k} L_i^{\beta_1\gamma_1 + \beta_2\gamma_2 + \cdots + \beta_k\gamma_k} e^{\partial_1\gamma_1 + \partial_2\gamma_2 + \cdots + \partial_k\gamma_k + \mu} \tag{4.4}$$

考虑数据的对比性和经济学意义，将（4.4）式两端同时取对数，可得到估计产业结构对经济规模和要素效率影响的经济计量模型：

$$Ln（Y）=（a_1r_1 + a_2r_2 + \cdots + a_kr_k）Ln（K_i）+（\beta_1r_1 + \beta_2r_2 + \cdots + \beta_kr_k）$$
$$Ln（L_i）+ \delta_1r_1 + \delta_2r_2 + \cdots + \delta_kr_k + \mu \tag{4.5}$$

空间计量经济与传统计量经济不同之处在于将经济单元体的观测值的空间滞后变量引入到模型中以反映因素在空间上的相互作用，这种空间关系主要是通过设置空间权重矩阵来表示。空间权重矩阵的设置通常包括空间距离矩阵和空间邻接关系矩阵，而空间邻接关系矩阵又可分为一阶和二阶邻接关系矩阵，而在计量实证研究过程中一阶邻接关系矩阵被广泛使用。空间计量模型有很多种，大体可分为基于横截面数据和基于面板数据的空间计量模型。根据其对空间相关模式计量又可分为空间滞后模型、空间误差模型和空间 Durbin 模型三类。虽然横截面数据可以进行空间相关性计量研究，但截面回归使用的数据信息只有同一个时期各个地区的情况，是一种静态分析，无法反映各个地区在不同时期的动态信息，因而具有一定的局限性，没有考虑各个地区的特殊性，暗含了一个与现实不符的假定：各地区具有相同的经济结构和技术水平，且选择哪个年份的截面数据计算结果都可能不同，难以得出一致的分析结论。本研究将选用空间面板数据模型予以估计。

（2）数据说明

为了研究海峡西岸城市群产业结构升级的空间效应，在（4.5）式基础上，选取样本包括海峡西岸城市群 20 个城市。被解释变量 GDP 代表经济发展水平，解释变量包括第一产业比重（Yic）、第二产业比重（Erc）、第三产业比重（Sanc），第一产业比重乘以资本存量（Yic × K）、第二产业比重乘以资本存量（Erc × K）、第三产业比重乘以资本存量（Sanc × K），第一产业比重乘以劳动力投入（Yic × L），第二产业比重乘以劳动力投入（Erc × L）、第三产业比重乘以劳动力投入（Sanc × L）。时间区间为 2000 年到 2015 年，相关数据按照 2000 年的可比价格进行了调整。变量的选取综合考虑其代表性和数据的可获得性等方面的因素。有关变量含义如下。

①GDP：GDP 表示经济发展水平。

②第一产业比重（Yic）：Yic 代表第一产业增加值占 GDP 的比重。

③第二产业比重（Erc）：Erc 代表第二产业增加值占 GDP 的比重，反映工业化程度。

④第三产业比重（Sanc）：Sanc 代表第三产业增加值占 GDP 的比重，衡量第三产业发展水平。

⑤资本存量（K）：K 代表固定资产投入。选取永续盘存法来计算资本存量：

$$K_t = K_{t-1} \times (1-\delta) + I_t, \ t = 1, 2, \cdots, T \qquad (4.6)$$

其中，K_t 表示第 t 年的资本存量，δ 表示折旧率，取为 9.6%，I_t 表示第 t 的固定资本投资，主要参考张军的相关论述。对于基期资本存量的取值，本研究采用 Young 的方法，用 2000 年固定资本形成总额除以 10% 作为初始资本存量，然后根据各城市统计年鉴（2001～2016 年）可得到固定资产投资价格指数，以 2000 年为基期可以计算得到 2001～2015 年的资本存量值，单位：亿元。

⑥劳动力投入（L）：L 代表劳动力投入。

本研究选择第二产业和第三产业及随机误差项来考察其空间效应，主要是基于第二产业和第三产业在资源利用和生产过程中对邻近地区的相互作用可能会比较大。

（3）模型估计结果分析

模型（1）：传统模型（无空间效应）

$$
\begin{aligned}
\log(GDP_{it}) = {} & \alpha_1(yic_{it} \times \log K_{it}) + \alpha_2(erc_{it} \times \log K_{it}) + \alpha_3(sanc_{it} \times \log K_{it}) + \\
& \beta_1(yic_{it} \times \log L_{it}) + \beta_2(erc_{it} \times \log L_{it}) + \beta_3(sanc_{it} \times \log L_{it}) + \\
& \gamma_1 yic_{it} + \gamma_2 erc_{it} + \gamma_3 sanc_{it} + c_i + \theta_t + \varepsilon_{it}
\end{aligned}
$$

$$(4.7)$$

模型（2）：引入空间效应模型

$$
\begin{aligned}
\log(GDP_{it}) = {} & \alpha_1(yic_{it} \times \log K_{it}) + \alpha_2(erc_{it} \times \log K_{it}) + \alpha_3(sanc_{it} \times \log K_{it}) + \\
& \beta_1(yic_{it} \times \log L_{it}) + \beta_2(erc_{it} \times \log L_{it}) + \beta_3(sanc_{it} \times \log L_{it}) + \\
& \gamma_1 yic_{it} + \gamma_2 erc_{it} + \gamma_3 sanc_{it} + \gamma_4 Werc_{it} + \gamma_5 Wsanc_{it} + c_i + \theta_t + \mu_{it}
\end{aligned}
$$

$$
\mu_{it} = \rho W \mu_{it} + \varepsilon_{it}
$$

$$(4.8)$$

其中 μ、ε，代表扰动项，γ_4、γ_5、ρ 代表空间效应。

为了深入研究海峡西岸城市群市域产业结构升级的空间效应，本研究将从海西整体、沿海城市和非沿海城市三个部分进行分析。海西整体是指整个海峡西岸城市群的 20 个城市，沿海城市包括 9 个城市，非沿海城市包括 11 个城市，具体城市分类在本章第一节已阐述清楚，全文都统一用这个分类标准。

传统模型是标准的面板数据模型，对其固定效应和随机效应的检验主要采用 Hausman 检验，参数估计方法主要参考 Hsiao 的可行广义最小二乘

法（Feasible Generalized Least Squares，FGLS）方法。对于空间面板数据计量模型而言，随机项中包含空间滞后变量，随机因素也可能存在空间相互效应 $[\mu_{it} = \rho W\mu_{it} + \varepsilon_{it}, \ \varepsilon_{it} \sim iid \ (0, \ \sigma_\varepsilon), \ |\rho| \leq 1]$，本研究参考 Kapoor 等提出的两阶段方法对其参数进行估计。首先，对空间面板模型中的固定效应或随机效应进行初步估计，得到系数 β、γ 的一致估计（Hausman 检验对空间面板数据模型固定效应或随机效应检验依然有效，空间面板数据模型只是在传统模型上新增加了变量）。其次，根据第一步估计得到的模型残差通过广义矩方法对其参数 ρ、σ_μ^2、σ_ε^2 进行估计。最后，利用第二步得到的估计结果采用 FGLS 方法，对空间面板模型中的固定效应或随机效应再次进行估计，最终得到 β、γ 的一致有效估计值。模型估计通过 R 软件实现，估计结果如表 4-5 所示。

表 4-5 传统模型（1）和空间模型（2）估计结果

变量	海西整体		沿海城市		非沿海城市	
普通变量	传统	空间	传统	空间	传统	空间
c						
yic	7.4515 **	10.859 ***	-27.185 ***	-10.988 ***	9.4759	11.4869 ***
	(3.7527)	(0.8977)	(5.1407)	(1.3257)	(6.1232)	(2.6561)
erc	9.7961 **	6.3985 ***	-9.7526 **	13.484 ***	1.6359	-2.0442
	(4.6004)	(1.0842)	(4.5986)	(1.1122)	(8.8664)	(3.8904)
sanc	-11.233 **	-12.431 ***	12.6491 ***	5.6836 ***	-11.5531	-15.863 ***
	(4.4638)	(1.0318)	(4.5860)	(1.4701)	(8.4197)	(3.6254)
Yic × K	0.9000 ***	0.5556 ***	0.4780	0.8695 ***	2.1357 ***	0.9484 ***
	(0.2321)	(0.0574)	(0.4015)	(0.0812)	(0.4728)	(0.2435)
Erc × K	1.0551 ***	1.4909 ***	1.8898 ***	1.9820 ***	2.1982 ***	1.5099 ***
	(0.3961)	(0.0955)	(0.4157)	(0.0907)	(0.7124)	(0.3158)
Sanc × K	-0.3940	-0.5985 ***	-2.0945 ***	-1.6055 ***	-2.6872 ***	-0.8271 **
	(0.3970)	(0.0926)	(0.5107)	(0.1219)	(0.7168)	(0.3643)
Yic × L	-1.519 ***	-1.9118 ***	4.4799 ***	0.7852 ***	-3.6655 ***	-3.0386 ***
	(0.4439)	(0.1054)	(0.9397)	(0.2665)	(1.0787)	(0.4637)
Erc × L	-1.897 ***	-2.0441 ***	-0.4869	-0.0546	-2.2304 ***	-1.2953 ***
	(0.6639)	(0.1539)	(0.7575)	(0.1693)	(0.8020)	(0.3495)
Sanc × L	4.2432 ***	4.4663 ***	1.4438	1.6597 ***	6.0301 ***	4.4259 ***
	(0.8949)	(0.2072)	(0.9751)	(0.2165)	(1.6048)	(0.6919)

续表

变量	海西整体		沿海城市		非沿海城市	
普通变量	传统	空间	传统	空间	传统	空间
空间变量						
werc		1.7762*** (0.1136)		3.3688*** (0.1294)		-4.2884*** (0.5691)
wsanc		-3.282*** (0.2649)		-2.2931*** (0.3006)		-8.7140*** (0.6939)
Rho		0.7586*** (0.1666)		-1.2766*** (0.1322)		-0.4221** (0.1820)
R^2	0.9048	0.9945	0.9742	0.9969	0.8511	0.9725
R^2	0.8988	0.9941	0.9700	0.9961	0.8384	0.9682
Hausmantest	210.4162 (P=0.000)	177.9288 (P=0.000)				
整体模型 F统计量	151.0690 (P=0.000)	2357.193 (P=0.000)	231.020 (P=0.000)	4913.460 (P=0.000)	45.094 (P=0.000)	222.209 (P=0.000)

注：括号内为参数估计的标准差；*** 表示1%水平上显著；** 表示5%水平上显著；* 表示10%水平上显著。

①传统模型解释（不含空间效应）

表4-5中第2、4和6列中给出了基于海西整体、沿海城市、非沿海城市三个样本组的估计结果。海西整体对经济规模产生显著正效应的是第一产业和第二产业，而第三产业产生的却是负效应。这表明海西整体总体经济发展主要是由第一、二产业驱动的。因此，海西整体要维持长期稳定的经济高增长势必要改造传统农业和传统工业的生产结构和生产方式，并利用新技术提升工业的生产方式，以提高第一产业和第二产业对经济增长贡献的效率，在发展第三产业时要注意三大产业的均衡发展，以免揠苗助长，不利于经济增长。沿海城市的第一、第二产业比重系数为负，第三产业比重系数为正，与经济增长的趋势相一致，第三产业在样本期是海西沿海城市的城市经济增长的重要驱动引擎。对非沿海城市来讲，第一、二产业比重系数为正数但不显著，第三产业比重系数为负数但不显著。这可能是由于非沿海城市的三大产业对经济增长的贡献相对较平均。

对海西整体来说，第一产业及第二产业影响资本要素和劳动力要素的生产效率，对资本要素的生产效率产生正的影响，而对劳动力的生产效率产生负的影响。这说明在海峡西岸城市群市场化经济进程中，第一、二产业还处于劳动密集型阶段，从业人员已经达到相对饱和状态，从业人员的再增加未必带来总产出的增加。第一、二产业在地区生产总值中的比重增加，不仅有助于经济规模的扩大，而且也有助于资本收益的增加，但会减少劳动收入，从而使资本所有者与劳动者之间的收入差距逐渐拉大。第三产业则不同，对资本要素的生产效率影响不显著，而对劳动力要素的生产效率产生正的影响。而第三产业以服务业为主，发展中需要大量劳动力资源。第三产业比重变化对劳动力要素的生产效率具有正向影响，与第一产业形成鲜明的对比，说明第三产业劳动力空间尚有剩余，劳动力投入仍未达到最佳的状态，增加第三产业的劳动力投入可以促进产出的增长。

对沿海城市来讲，第一产业对资本要素的生产效率影响不显著，对劳动力要素的生产效率则显著为正的影响。这说明沿海城市第一产业劳动力尚有剩余空间，劳动力投入仍未达到最佳的状态，增加第一产业的劳动力投入可以促进产出的增长。第二产业对资本要素的生产效率影响为正，对劳动力要素的生产效率不显著。第三产业对资本要素的生产效率则为负的影响，对劳动力要素的生产效率不显著，说明海西沿海城市的第二、三产业没有得到长足的发展，虽然比重不断增加，但仍然存在总量不足、质量不高问题，还有待进一步提升。

对于非沿海城市来讲，第一、二产业的资本要素的生产效率的正影响显著，对劳动力要素的生产效率则显著为负的影响。第一、二产业在地区生产总值中的比重增加，不仅有助于经济规模的扩大，而且也有助于资本收益的增加，但会减少劳动收入，从而使资本所有者与劳动者之间的收入差距逐渐拉大。而第三产业则相反，对资本要素的生产效率的负的影响显著，但对劳动力要素的正的影响显著，增加第三产业的劳动力投入可以促进产出的增长。

②空间模型解释

从表4-5中第3、5和7列估计结果来看，城市群的产业结构的空间相互作用是不容忽视的。不论是海西整体还是分地区样本，产业结构调整都存在着显著的空间相互作用。这可以从空间变量及模型的显著性水平得到验证，即模型中所有的空间变量都是高度显著的，且在传统模型中加入空间变量后，模型解释能力及显著水平明显提高。此外，在空间计量模型中引入空间变量后，普通变量的符号与传统模型基本一致，这说明解释变量的增加并没有影响本研究所选取的实证模型和理论的一致性，从而进一步支持了空间模型的适用性与合理性。下面主要从空间变量的系数表现来分析。

首先，海西整体而言，各城市第二产业之间存在着显著的互补关系。随着沿海城市经济的发展，部分产业由于劳动力、资源等要素价格上升急需进行产业结构调整，当地形成高端的工业发展的产业链，将相对低端的产业如纺织业、食品加工业等一般性加工业不断地向非沿海地区城市转移，可以腾出空间发展重化工业和高科技产业。同时非沿海地区城市要素资源丰沛，完全有能力承接沿海城市部分企业外包的一些高新技术产业的某些加工制造环节。以海峡西岸城市群的主体省份福建省为例，地处偏远山区的长汀县，从1999年起主动吸引厦门、泉州等沿海城市的纺织、机械产业投资，形成纺纱、织布、漂染、服装加工以及外贸出口等产业链，拉动经济快速增长。第三产业之间存在着竞争关系。以福建省为例，虽然福建省服务业在沿海地区城市和非沿海地区城市之间的非均衡差异非常明显，福州和厦门是福建省服务业发展的龙头，但由于经济发达地区对非沿海地区的依存度和产业经济联系还不明显，且由于空间依赖作用，服务业发达地区会集聚在一起，非沿海地区城市也会集聚在一起，造成沿海发达地区服务业与中西部服务业发展程度趋同，协调性较差。海西整体的随机因素表现出正效应，可能是海峡西岸城市群承接城市群内产业转移及山海协作政策发挥成效所致。

其次，沿海城市间的第二产业之间存在着显著的互补关系，"厦漳泉都市圈"就是最好的例子，这三个城市的产业基础和产业技术水平存在阶段性差异，呈现出一种梯度发展状态。厦门基本完成了产业转型升级，经济发展状况良好，第三产业成为经济中的重要力量。泉州处于工业化的中期，第二产业占比非常高，经济保持快速增长，但是传统制造业占比高，发展质量偏低，转型压力逐渐加大。漳州目前正处于产业转型升级中，新型高技术产业增速明显加快。目前厦漳泉3市在产业规划方面，以城市间专业化分工协作为导向，促进形成功能互补、产业错位、特色鲜明的产业格局。沿海城市间的第三产业之间存在着竞争关系。福州、厦门、泉州作为福建省三大中心城市，第三产业相对发达，形成各自的特点，但总体水平偏低，区域内部凝聚力有限，无法充分发挥其应有的吸引和辐射的功能。比如福州有省会城市优势，泉州生产性服务业总量最大，厦门的第三产业及其生产性服务业综合生产效率远高于泉州，3 个城市陆续出台鼓励企业总部入驻税收鼓励、用地优惠等扶持政策，争夺本省企业总部入驻。

最后，非沿海城市间第二产业和第三产业均存在着显著的竞争关系。近年来，福建非沿海地区城市加强基础设施建设，成为沿海向内陆山区和浙南向南平、宁德市转移产业的重要选择地，经济获得增长。但由于非沿海地区城市处于工业化初期向中期过渡阶段，工业化进程落后，所承接的主要以劳动密集型和资源加工型企业为主，如纺织、服装、制鞋业等，存在投资规模小、技术含量少、附加值低的问题，使得区域内制造业结构呈低级化，抑制该区域制造业的升级，各地产业结构趋同，竞争加剧。第三产业也存在类似的问题。

在沿海城市和非沿海城市，随机因素表现为负效应，且沿海城市的负效应更加明显，这可能是海峡西岸城市群中心城市的集聚辐射能力不强、功能效益不高，导致中心城市间形成一定的竞争关系。应推进产业配套协作，促进产业合理布局和上下游联动，共建山海协作产业园区，形成梯度发展、分工合理、优势互补的产业协作体系。

四　结论及政策建议

（1）积极发展现代农业，巩固和加强农业在产业结构中的基础地位

第一产业对海西整体的贡献为正，要始终推进和加强农业在产业结构中的基础地位，改善和促进农业技术构成和农业结构的优化，加强、促进科技进步和技术创新。要坚持以市场为导向，注重科技进步，大力发展高产、优质、高效、生态、安全农业，促进农业区域化布局、专业化生产和产业化经营，加快传统农业向现代农业转变。也就是说，加强和改善第一产业，关键要运用先进管理理念和技术选择，提倡走农业现代化、产业化

和特色化道路。当然，应该遵循农业技术发展规律和经济运行规律，紧密结合海峡西岸城市群的社会经济发展态势、自然生态环境以及科技发展水平，实现农业生产结构合理，农林牧副渔协调发展；农业生产地区布局合理，农业区域经济协调发展；农业经济发展与人口增长、自然生态环境协调发展。应积极发展高效农业，提高农产品科技含量，推进农业产业化经营，拓展农业功能，提高农业档次，开发特色生态农业，提高土地附加值，实现农业规模化、集约化和产业化。做到调整农业结构与改善农业技术构成并重，加强生态保护与提高资源利用效率并重，增加农民收入和实现剩余人口转移并重。

（2）调整产业内部结构，整合和提升第二产业

调整和提升第二产业，必须以市场需求为导向，坚持自主创新和技术引进相结合，积极发展装备制造业，提升传统优势产业竞争力，培育发展高新技术产业，努力掌握核心技术和关键零部件的自我配套水平，从根本上增强海峡西岸城市群企业的竞争优势和产业的国际竞争力。做到产业经济与技术创新并重，产出结构与政策引导并重，产业发展与环境保护并重。

从产业结构的空间分布来看，海峡西岸城市群内的沿海城市和非沿海城市应调整产业内部结构。鉴丁海西沿海地区城市和非沿海地区城市经济差异大的现状，政府应按梯度发展战略，充分发挥沿海地区城市和非沿海城市间产业的关联性和互补性，构建沿海地区城市和非沿海地区城市产业的有效联动机制。充分发挥各地区优势，核心城市积极发展电子信息、机械装备、石油化工三大主导产业及新材料等高新技术产业，加强高端生产服务业的发展，更好地为腹地城市提供更为全面的生产及生活服务，加快区域产业结构优化升级，不断向外辐射和拓展，形成各具特色、合理分工的格局，避免区域内的低级竞争，减少重复建设，优化海峡西岸经济区产业发展布局，提升产业发展空间和区域竞争力，实现经济、人口、资源在空间上的均衡。

从空间面板数据分析来看，沿海城市在夯实第一、二产业之后，应着重加大第三产业的投入，以期拉动经济的增长速度。同时，应加强产业的融合。制造业是现代服务业发展的前提和基础，现代服务业是制造业的重

要支撑，要坚持以工业化增强现代服务业的发展动力。而非沿海城市仍应以提高工业化水平为重点，积极承接一部分沿海城市第二产业的迁移，迅速提高工业化水平，同时提高城市的第三产业的发展水平。

（3）努力提升中心城市的集聚辐射能力

福州是海峡西岸城市群重要的中心城市，应充分发挥龙头城市的作用，以"福莆宁都市圈"建设为引擎，带动福州、宁德、莆田、南平、平潭四市一区组成的闽东北协同发展区加快发展，构建富有竞争力的区域产业合作体系。第一产业方面，要以龙头企业为纽带，推动跨区域农业协作。第二产业方面，要推动工业融合发展，推动四市一区的优势产业、新兴产业加强配套协作、集聚发展。加快海洋经济产业协同发展。积极开展福莆宁山海协作。第三产业方面，积极推动旅游文化开发。打造、推介四市一区精品旅游线路。

厦门是海峡西岸城市群重要的中心城市，应充分发挥龙头城市的作用，构建以"厦漳泉都市圈"为主体，厦漳泉同城化区域为突破口，泉州湾区、厦门湾区、东山湾区为引领，沿海城镇发展带、非沿海绿色发展带为支撑，"厦漳龙""厦泉三"发展轴为纽带，带动厦门、漳州、泉州、三明、龙岩组成的闽西南协同发展区加快发展。在产业发展方面，积极构建现代产业体系，推动区域协同创新和产业合理分工，有序转移承接，联手培育优势产业集群，壮大产业实力，为推进闽西南产业迈向中高端提供强大动力。

粤东4个城市中，汕头是城市群的中心城市，"汕潮揭同城化"发展表明3个城市紧密联系，在产业发展上粤东城市应积极承接珠三角地区和国内外产业转移，第一产业方面可建立多个农产品生产加工基地、精细农业合作发展示范园区和高效生态农业发展示范园区。第二产业方面可建立多个产业转移工业园、经贸投资合作园区和开发区等。第三产业方面共同打造粤东文化休闲旅游观光带等。

（4）加大区域经济协作，加强闽台合作

从推动海峡西岸城市群产业整合的角度来看，闽台经济互补性强，合作可行性高。从大的方面而言，积极进行有效的闽台经济开发合作，对两地经济的高速成长，会起到关键性的作用。福建省作为台商最早投资的省份，闽台产业合作领域已从第一、二产业延伸到物流、金融等第三产业。推进闽台产业合作深入发展，可从农业、制造业、文化创意、金融等产业入手，强化海西中心城市的核心地位，发展中西部地区，充分利用海峡两岸农业实验区的政策优势，大力吸引台湾农业资金，引进台湾农业先进技术、设备、优良品种和农产品深加工企业管理机制，提高农产品保鲜、加工和绿色食品生产水平，推进闽台农产品交易市场建设，使其成为台湾农产品输入大陆的重要集散地。主动接纳台湾电子信息、机械、石化等产业的转移，鼓励台资企业在闽设立研发中心，积极推进产业配套，培育新兴产业，加快产业集聚，将海峡西岸城市群发展成为全世界的电子、机械、化工产业重心。近年来，福建省工业逐渐转型，先进制造业和重化工业日益壮大，对生产性服务业的需求增大，台商也逐渐将生产性服务业中下游（如金融业、外包服务业）向福建沿海城市转移。要加快对台湾文化创意等服务业的开放准入，考虑从金融、贸易、旅游和物流等方面着手，鼓励台湾商业银行来闽设立分行或代表处，吸引台商投资金融业，组建闽台多主体股份制商业银行或非银行金融机构，加强闽台物流业合作，改变承接服务外包主要停留在软件服务外包合作上的状况，进一步提升闽台经济合作层次和水平。当前，海西城市群应该积极融入"一带一路"建设，中心城市发挥经济特区、自贸试验区和海上丝绸之路核心区、先行区、节点城市、战略支点等叠加优势，吸引优质生产要素集聚全面提升产业竞争力，深化闽台融合发展，构建全方位、多层次、宽领域、高水平的开放新格局。

第二节　海峡西岸城市群产业结构与经济增长关系研究
——基于偏离 - 份额分析方法空间模型

本节将运用偏离 - 份额分析方法空间模型研究 2004～2008 年、2008～2012 年和 2012～2016 年三个阶段海峡西岸城市群各城市之间产业结构的变动对区域经济增长的影响，目前国内主要运用传统的偏离 - 份额分析法探讨产业结构对经济增长的影响，而采用偏离 - 份额分析方法空间模型尚不多见。该方法考虑了被研究区域与其邻近空间区域之间的关系，比传统的偏离－份额分析法能更好地揭示城市群各城市之间的经济增长状况和产业结构状况的差异，具有一定的先进性。本研究将为进一步加快海峡西岸城市群各城市群产业结构调整、提高产业竞争力、促进经济增长提供数据支持。

一　偏离－份额分析法原理

（1）偏离－份额分析传统模型

偏离－份额分析方法是由美国经济学家 Daniel Creamer 在 1942 年首先提出来的，而后在实际应用中经 E. S. Dunn 和 V. R. Fuchs 等学者做了进一步发展和完善，它主要用来研究产业结构的变动对区域经济增长的影响，如今该方法在区域与城市产业结构分析等方面已得到广泛应用。

该方法的基本思路是将特定研究区域的经济变化看作一个动态的过程，把被研究区域的经济增长与一个标准区域（通常是指一个国家或者一个省）的经济增长联系起来比较。测算被研究地区按标准区域的增长率增长可能形成的假定份额，将这一假定份额同该地区的实际增长额进行比较，从而来分析该地区经济增长相对于标准区域平均水平的偏离情况。

根据偏离－份额分析法，一个地区的经济增长（G）在某一个时期的变动可以分解为三个分量，即：地区增长分量（R）、产业结构偏离分量（P）、竞争力偏离分量（D）。假定 G_j 表示 j 地区的经济增长，则有如下关系式成立：

$$G_j = R_j + P_j + N_j \tag{4.9}$$

假设 $Y_i(t)$ 表示 t 时期标准区域中第 i 产业的增加值，以 $Y_{ij}(t)$ 来表示 t 时期 j 地区第 i 产业的增加值（$j = 1, 2, 3, \cdots, n$，$i = 1, 2, 3$），n 为被研究区域的个数，用 $Y(t)$ 来表示 t 时期标准区域的 GDP 值，其中 $t = t_0$ 为研究基期，而 $t = t_1$ 则表示研究末期，那么就有如下关系式：

$$Y_{ij}(t_1) - Y_{ij}(t_0) = \Delta Y_{ij}$$

$$= Y_{ij}(t_0)\left[\frac{Y(t_1)}{Y(t_0)} - 1\right] + Y_{ij}(t_0)\left[\frac{Y_i(t_1)}{Y_i(t_0)} - \frac{Y(t_1)}{Y(t_0)}\right] + Y_{ij}(t_0)\left[\frac{Y_{ij}(t_1)}{Y_{ij}(t_0)} - \frac{Y_i(t_1)}{Y_i(t_0)}\right]$$

$$\tag{4.10}$$

从（4.10）式可以看出，其右边由三部分内容组成，分别为：

①地区增长分量

$$R_{ij} = Y_{ij}(t_0) \left[\frac{Y(t_1)}{Y(t_0)} - 1 \right] \tag{4.11}$$

（4.11）式中 R_{ij} 表示假定 j 地区第 i 产业从 t_0 到 t_1 时期以标准区域 GDP 增长率增长所实现的增长量。将这种假定的增长水平同该地区实际的增长水平相比较，如果其值低于实际增长水平，则这个地区的总偏离值为正，反之，则为负。

②产业结构偏离分量

$$P_{ij} = Y_{ij}(t_0) \left[\frac{Y_i(t_1)}{Y_i(t_0)} - \frac{Y(t_1)}{Y(t_0)} \right] \tag{4.12}$$

（4.12）式中 P_{ij} 表示 j 地区第 i 产业的产业结构偏离分量，它将 j 地区第 i 产业从 t_0 到 t_1 时期以标准区域第 i 产业增长率增长所实现的增长量与按标准区域所有产业增长率增长的增长量进行比较，反映了该地区第 i 产业随标准区域第 i 产业增长（或下降）而增长（或下降）的情况，如果该地区第 i 产业为标准区域中的快速增长型产业，且能促进该地区经济增长，则 $P_{ij} > 0$，反之 $P_{ij} < 0$。

因此，该偏离分量可以用来分析产业结构效应对经济增长的影响和贡献。若被研究区域大部分产业的增长速度均快于标准区域水平，则认为该区域的产业结构为有利于增长的结构，反之则认为是不利于增长的结构。

③竞争力偏离分量

$$D_{ij} = Y_{ij}(t_0) \left[\frac{Y_{ij}(t_1)}{Y_{ij}(t_0)} - \frac{Y_i(t_1)}{Y_i(t_0)} \right] \tag{4.13}$$

（4.13）式中 D_{ij} 表示 j 地区第 i 产业的竞争力偏离分量，反映了该地区与标准区域相比，其在发展第 i 产业上具有的竞争优势或劣势，它表示 j 地区从 t_0 到 t_1 时期按照该地区第 i 产业增长率增长所能实现的增长量与按标准区域第 i 产业增长速度所得到的增长量之差。如果该地区第 i 产业的竞争力高于标准区域，那么 $D_{ij} > 0$，反之则 $D_{ij} < 0$。值得注意的是，（4.13）式中竞争力偏离分量 D_{ij} 是偏离 – 份额分析中一个重要的分量，它

包括了除产业结构以外的其他所有因素的影响，且与技术因素、人类行为因素等密切相关，因此，它的正负以及数值大小对区域竞争力的提高有着极其重要的参考价值。

（2）偏离－份额分析空间模型

偏离－份额分析方法有诸多优点，它的分析过程中只需要相对较少、通常也比较容易得到的数据，这样节省了那些烦琐且枯燥的数据收集工作，简单易行同时分析结果相对准确，因此在区域经济、政治经济、地理学和城市经济等研究领域中都有广泛应用。不过，传统的偏离－份额分析法也存在着一些局限，其模型的前提是假定被研究的区域之间不存在相互影响，也就是说，传统模型并没有将被研究区域所在的有一定结构的空间单位的影响考虑在内。

实际上，被研究区域与其邻近空间区域有着密切的关系，这些城市之间是相互联系、相互作用的，针对传统模型中仅强调经济增长严格的区域等级假定所形成的缺陷，Nazara 和 Hewing（2004）提出了偏离－份额分析方法的空间模型，首次将空间结构与偏离－份额分析结合起来，并通过实证分析表明越是拥有相似结构的区域相互间的影响也就会越大。

在空间模型中，每个区域都是与其他一些区域相关联的，被研究区域之间存在着多方向的空间依赖，为了更好地描述这种关系，可以用一个 $n \times n$ 阶的空间权重矩阵 W 来表示，其中的元素 w_{jk} 代表被研究区域 j 和区域系统中其他区域 k 之间相互依赖的强度，因此，它的值是有限且非负的。如果其值取 0，则表示这两个区域之间没有相互作用，若为非 0 值则表示这两个区域之间存在某种作用。空间模型的一个关键，就是将权重矩阵量化处理时，应该选取能代表区域之间相互作用程度的合适变量，经过诸多学者的长期分析研究，主要选用的两大变量包括自然地理变量和经济变量。

①自然地理变量

依据著名的 Tobler 地理学第一定律所说："任何事物之间均相关，而离得较近的事物总比离得较远的事物相关性要高。"因此，区域之间的交互作用可认为与区域之间的地理距离成反比。基于区域间的"地理邻近"，Moran 提出了著名的布尔矩阵，即：如果区域 j 和 k 是相邻区域，则

w_{jk} 取 1，否则 w_{jk} 为 0；另一种地理变量，取的则是区域间拥有的公共边界的长度，它的基本思想是两个区域之间拥有的公共边界越长，这些城市之间的相互作用就会越大，其定义如下：

$$w_{jk} = \left\{ \begin{array}{l} (d_{jk})^{-a}\ (b_{jk})^{\beta} \\ w_{jj} = 0 \end{array} \right\};\ \ \forall_{j} \neq k \qquad (4.14)$$

（4.14）式中，d_{jk} 表示区域 j 和 k 之间的距离，b_{jk} 表示 j 和 k 之间共有的公共边界长度占区域 j 总周长的比重，α 和 β 为固定参数，$w_{ij} = 0$ 则表示权重矩阵主对角线上的元素均为 0，这表示在计算中不包含被研究区域自身。

②经济变量

区域之间的相互作用主要由经济因素来决定时，可选择合适的经济变量来测度区域之间的经济距离。Boarnet 给出了一个权重定义，它与区域之间的相似程度有关，相似程度越高，其权重也就越大。公式如下：

$$w_{jk} = \frac{\dfrac{1}{\mid X_{j} - X_{k} \mid}}{\sum_{k} \dfrac{1}{\mid X_{j} - X_{k} \mid}} \qquad (4.15)$$

（4.15）式中，X_{j} 可以是人口密度、人均收入、产业从业人数比重等经济变量。

为了便于理解，将传统模型的关系式（4.10）简记为：

$$\Delta Y_{ij} = Y_{ij}\ (t_{0})\ [r-1]\ + Y_{ij}\ (t_{0})\ [r_{i} - r]\ + Y_{ij}\ (t_{0})\ [r_{ij} - r_{i}] \qquad (4.16)$$

根据之前定义的空间权重，Nazara 和 Hewing 将一个空间修正的增长速度引入了偏离 - 份额分析空间模型，其值如下：

$$r_{ij} = r + (\overset{v}{r}_{ij} - r)\ + (r_{ij} - \overset{v}{r}_{ij}) \qquad (4.17)$$

其中，$\overset{v}{r}_{ij}$ 称为空间增长速度，表示被研究区域 j 的第 i 产业在其邻近区域中的增长速度，计算公式如下：

$$\overset{v}{r}_{ij} = \frac{\sum_{k \in v} w_{jk} Y_{ik}(t_{1})\ - \sum_{k \in v} w_{jk} Y_{ik}(t_{0})}{\sum_{k \in v} w_{jk} Y_{ik}(t_{0})} \qquad (4.18)$$

（4.18）式中，v 指与被研究区域 j 邻近的区域个数。

将（4.17）式代入传统模型（4.16）式中，则可得到空间模型的形式：

$$\Delta Y_{ij} = Y_{ij}(t_0)[r-1] + Y_{ij}(t_0)[\overset{v}{r}_{ij} - r] + Y_{ij}(t_0)[r_{ij} - r^v_{ij}] \quad (4.19)$$

比较传统分解式（4.16）和空间分解式（4.19），可以看出这两个公式之间最主要的区别就是（4.19）式用空间增长速度 $\overset{v}{r}_{ij}$ 替代了（4.16）式原有的 r_i，前者表示 j 区域的第 i 产业在其邻近区域中的增长速度，而后者则表示 j 区域所在标准区域第 i 产业的增长速度。同样的，（4.19）式右边也包含了三个分量：第一项与传统模型一样，仍为地区增长分量；第二项可称为空间产业结构分量，其代表的是被研究区域 j 第 i 产业以邻近区域的空间增长速度增长与以标准区域所有产业的平均增长速度增长的差额，其值大于 0 说明邻近区域对被研究区域 j 第 i 产业的发展将产生正面、积极的影响；第三项称为空间竞争力分量，描述的是被研究区域 j 第 i 产业的实际增长量与标准邻近区域的空间增长速度增长之间的差额，其值大于 0 则表明相对于邻近区域，被研究区域 j 在第 i 产业的发展上有着竞争优势，同时它也充分利用了这种优势对第 i 产业产生的正面、积极影响。

二　海峡西岸城市群产业结构与经济增长关系研究比较

为比较两个相邻时间段之间海峡西岸城市群产业结构的发展变化，并考虑到数据的可得性，本研究选取 2004 年、2008 年、2012 年和 2016 年的数据，分别以 2004 年、2008 年和 2012 年为基期、2008 年、2012 年和 2016 年为报告期进行数据模拟，选择的标准区域是全国，被研究的区域就是海峡西岸城市群包含的 20 个城市。以《中国统计年鉴》《福建省统计年鉴》《广东省统计年鉴》《浙江省统计年鉴》《江西省统计年鉴》和 2016 年 20 个城市的《国民经济和社会发展统计公报》为依据，选取了 2004 年、2008 年、2012 年和 2016 年全国和海峡西岸城市群 20 个城市的 GDP、三次产业增加值、人均 GDP 等数据，通过物价指数平减处理，整理后带入模型计算，分析结果分 2004～2008 年、2008～2012 年和 2012～2016 年共三个阶段进行分析。

表4-6 2004~2008年海峡西岸城市群经济增长偏离分量

单位：亿元，%

城市	总增长 (G)		地区增长分量 (R)		空间产业结构 分量 (P)		空间竞争力分量 (D)		总偏离 (G-R)	
	增量	增率	增量	增率	增量	增率	增量	增率	增量	增率
福州	735.7	47.51	1363.6	88.06	-284.23	-18.36	-343.67	-22.19	-627.9	-46.05
厦门	676.79	76.63	777.79	88.06	-195.92	-22.18	94.92	10.75	-101.00	-12.99
莆田	301.48	97.73	271.65	88.06	-92.93	-30.13	122.76	39.79	29.83	10.98
三明	291.08	77.45	330.97	88.06	-54.56	-14.52	14.67	3.90	-39.89	-12.05
泉州	1102.32	68.77	1411.61	88.06	-549.51	-34.28	240.21	14.99	-309.29	-21.91
漳州	300.96	42.93	617.37	88.06	-110.73	-15.79	-205.68	-29.34	-316.41	-51.25
南平	237.44	73.81	283.29	88.06	-40.60	-12.62	-5.23	-1.63	-45.85	-16.18
龙岩	323.62	92.67	307.53	88.06	-81.50	-23.34	97.60	27.95	16.09	5.23
宁德	233.63	75.60	272.14	88.06	-35.24	-11.40	-3.26	-1.05	-38.51	-14.15
温州	1021.72	72.85	1235.13	88.06	57.74	4.12	-271.15	-19.33	-213.41	-17.28
丽水	241.11	91.13	232.98	88.06	-13.77	-5.21	21.89	8.27	8.13	3.49
衢州	296.29	104.42	249.88	88.06	-13.59	-4.78	59.99	21.14	46.41	18.57
汕头	371.02	61.45	531.68	88.06	-203.82	-33.76	43.16	7.15	-160.66	-30.22
梅州	206.24	75.92	239.21	88.06	-64.51	-23.75	31.54	11.61	-32.97	-13.78
潮州	185.83	72.33	226.26	88.06	-102.52	-39.90	62.09	24.17	-40.42	-17.87
揭阳	184.5	34.13	476	88.06	-104.13	-19.26	-187.38	-34.67	-291.5	-61.24
鹰潭	160.25	166.27	84.87	88.06	8.40	8.72	66.98	69.50	75.38	88.82
赣州	441.5	112.24	346.39	88.06	46.37	11.79	48.73	12.39	95.10	27.46
抚州	229.88	112.59	179.8	88.06	48.78	23.89	1.30	0.63	50.08	27.85
上饶	327.26	108.69	265.14	88.06	73.27	24.34	-11.15	-3.70	62.12	23.43

（1）基于偏离-份额分析空间模型的分析结果

①2004~2008年偏离-份额分析空间模型分析结果

选择恰当的空间权重矩阵是偏离-份额分析空间模型的关键，经过综合考虑，本研究参照吴继英、赵喜仓的做法，为了兼顾地理临近和经济临近，在定义临近区域时主要从地理距离来考虑，而具体空间权重值 w 的选取则从经济距离来定义。本研究先计算海峡西岸城市群20个城市的空间权重矩阵，进一步根据权重计算出空间增长速率，并运用偏离 – 份额分析空间模型，经过整理后最终得到如下计算结果，见表 4 – 6、表 4 – 7 和表 4 – 8。

从表 4 – 6 从数据计算可以看出，2004～2008 年的第一阶段，总偏离为正的有 8 个城市，其中福建省 2 个城市、浙江省 2 个城市以及江西省 4 个城市，其他城市的总偏离均为负值，说明在样本区间内这 8 个城市的地区生产总值实际增长要快于全国平均增长水平，经济发展态势优于全国平均水平。其中，赣州的总偏离高达 95.10 亿元，其增长优势相对比较明显。

空间产业结构分量为正表明其临近区域的实际增长速度要高于全国平均水平，会对被研究区域的经济增长有正面促进作用，反之，则会带来负面影响。空间竞争力分量为正表明被研究区域相对于临近区域在经济发展上有竞争优势，反之，则处于竞争劣势地位。因此，根据空间产业结构和空间竞争力分量的数据结果，可以将海峡西岸城市群 20 个城市的经济增长状况分为 4 类：

第一，空间产业结构分量为正，空间竞争力分量为正：鹰潭、抚州和赣州。

第二，空间产业结构分量为负，空间竞争力分量为负：福州、漳州、南平、宁德和揭阳。

第三，空间产业结构分量为正，空间竞争力分量为负：温州、上饶。

第四，空间产业结构分量为负，空间竞争力分量为正：厦门、莆田、三明、泉州、龙岩、丽水、衢州、汕头、梅州和潮州。

第 1 种类型为空间产业结构分量为正，空间竞争力分量为正。鹰潭、抚州、赣州属于这一类型，这些城市的邻近城市经济实际增长速度要大于全国平均水平。而这 3 个城市的经济增长速度要大于空间增长速度，说明这 3 个城市充分利用了邻近城市经济增长对其产生的正面影响，相对其邻近区域的经济增长，其产业结构与竞争力都处于优势地位。

第 2 种类型为空间产业结构分量为负，空间竞争力分量为负。福州、漳州、南平、宁德、揭阳属于此类型，这 5 个城市的空间产业结构因素和空间竞争力因素都处于劣势，说明这些城市的经济增长水平要低于全国平均速度，其总偏离也均为负。其中，除了南平和宁德，其他 3 个城市空间竞争力分量的负面影响要略大于产业结构分量，说明这些城市存在着产业结构不合理现象，而竞争力不足更是造成其负偏离的主要原因，因而这些城市有必要在调整产业结构的同时，加强和提升自身竞争力建设，以获得更好的发展。

第 3 种类型为空间产业结构分量为正，空间竞争力分量为负。属于这一类的有温州和上饶，说明这两个城市的邻近城市的经济增长对其经济有着正面、积极的促进作用，但是这两个城市并没有充分利用这种正面影响来促进自身经济的发展。相对于邻近城市，这两个城市的竞争力处于相对劣势地位。特别是温州，其竞争力负效应大大削减了空间产业结构的正效应，以致总偏离为负，这也正说明其区位优势尚未得到充分发挥；而上饶的空间产业结构正效应大于竞争力负效应，使得其总偏离为正值，说明上饶的产业结构因素对城市经济的推动力比较大。

第 4 种类型为空间产业结构分量为负，空间竞争力分量为正。剩下的厦门、莆田、三明、泉州、龙岩、丽水、衢州、汕头、梅州和潮州这 10 个城市都属于这一类型，该类型城市特点是邻近区域对这些城市有负面的影响，但是这些城市自身的竞争力处于相对优势的位置，因此可以抵消一部分甚至超过产业结构因素带来的负推动效应。莆田、龙岩、丽水和衢州这 4 个城市的竞争力因素对其影响较大，使得总偏离都为正值。但总的来说，相对于邻近城市，这些城市的产业结构整体还存在不合理现象，需要进行调整和优化。

②2008～2012 年偏离－份额分析空间模型分析结果

从表 4－7 数据可以看到，2008～2012 年，海峡西岸城市群的偏离结构分布发生了比较大的变化。其中，总偏离除了温州、汕头、梅州和潮州为负值外，其余 16 个城市均为正值。这表明海峡西岸城市群有 16 个城市的地区生产总值实际增长要快于全国平均水平，相比较 2004～2008 年的 8 个城市在城市个数上增长了一倍，其中福州以 456.78 亿元的总偏离和高达 31.07% 的偏离增率值居于首位。空间产业结构分量除了揭阳为负值，其余均为正值，这从侧面说明 2008～2012 年第二阶段期间，海峡西岸城市群的经济发展水平整体有所提高，因此各城市对临近区域的经济发

表 4 - 7   2008 ~ 2012 年海峡西岸城市群经济增长偏离分量

单位：亿元，%

城市	总增长 (G)		地区增长分量 (R)		空间产业结构分量 (P)		空间竞争力分量 (D)		总偏离 (G - R)	
	增量	增率	增量	增率	增量	增率	增量	增率	增量	增率
福州	1926.77	84.35	1469.99	64.36	198.71	8.70	258.07	11.30	456.78	31.07
厦门	1255.15	80.46	1003.96	64.36	261.2	16.74	- 10.02	- 0.64	251.19	25.02
莆田	590.42	96.80	392.55	64.36	76.33	12.51	121.55	19.93	197.87	50.41
三明	667.9	100.15	429.2	64.36	146.2	21.92	92.49	13.87	238.7	55.61
泉州	1997.41	73.83	1741.01	64.36	603.04	22.29	- 346.64	- 12.81	256.4	14.73
漳州	1010.9	100.89	644.85	64.36	107.84	10.76	258.21	25.77	366.05	56.76
南平	435.94	77.96	359.85	64.36	117.59	21.03	- 41.51	- 7.42	76.09	21.14
龙岩	683.93	101.65	433.02	64.36	194.46	28.90	56.45	8.39	250.92	57.95
宁德	532.39	98.11	349.24	64.36	43.84	8.08	139.3	25.67	183.15	52.44
温州	1225.77	50.56	1560.17	64.36	563.95	23.26	- 898.35	- 37.06	- 334.4	- 21.43
丽水	379.52	75.05	325.42	64.36	29.86	5.90	24.25	4.80	54.1	16.62
衢州	402.75	69.43	373.6	64.36	88.6	15.27	- 59.16	- 10.20	29.45	7.89
汕头	450.23	46.19	627.33	64.36	63.07	6.47	- 240.17	- 24.64	- 177.1	- 28.23
梅州	264.02	55.25	307.55	64.36	88.92	18.61	- 132.45	- 27.72	- 43.53	- 14.15
潮州	263.74	59.57	284.94	64.36	23.15	5.23	- 44.35	- 10.02	- 21.2	- 7.44
揭阳	655.12	90.36	466.6	64.36	- 94.19	- 12.99	282.71	38.99	188.52	40.40
鹰潭	225.55	87.89	165.15	64.36	69	26.89	- 8.6	- 3.35	60.4	36.57
赣州	673.58	80.68	537.27	64.36	112.73	13.50	23.58	2.82	136.31	25.37
抚州	390.99	90.08	279.34	64.36	103.21	23.78	8.45	1.95	111.66	39.97
上饶	637.06	101.39	404.37	64.36	137.81	21.93	94.88	15.10	232.69	57.54

展几乎都是正面促进作用。按照上述分类标准，仍可将 20 个城市分为 4 类。

第一，空间产业结构分量为正，空间竞争力分量为正，包括福州、莆田、三明、漳州、龙岩、宁德、丽水、赣州、抚州和上饶。

第二，空间产业结构分量为负，空间竞争力分量为负，海西城市群无此类城市。

第三，空间产业结构分量为正，空间竞争力分量为负，包括厦门、泉州、南平、温州、衢州、汕头、梅州、潮州和鹰潭。

第四，空间产业结构分量为负，空间竞争力分量为正，揭阳。

2008～2012 年这 5 年间，福州、漳州、宁德 3 个城市从第一阶段的空间产业结构因素和空间竞争力因素都处于劣势，转变成产业结构与竞争力都处于优势地位。其中福州在第二阶段发展表现最佳，其产业结构效应对经济增长有积极的影响和贡献，其产业发展有竞争优势，且该城市充分利用了这种优势对产业产生正面积极影响。

空间产业结构分量为正，竞争力分量为负。属于这一类的有厦门、泉州、南平、温州、衢州、汕头、梅州、潮州和鹰潭共 9 个城市。其中，温州、汕头和梅州 3 个城市的邻近城市的经济增长对其经济有着正面、积极的促进作用，但是这些城市并没有充分利用这种正面影响来促进自身经济的发展，相对于邻近城市，这些城市竞争力处于相对劣势地位，这 3 个城市的竞争力负效应大大削减了空间产业结构的正效应，以致总偏离为负，这也正说明其区位优势尚未得到充分发挥。而厦门、泉州、南平、衢州、潮州和鹰潭 6 个城市的空间产业结构正效应大于空间竞争力负效应，使得其总偏离为正值，说明这 6 个城市的产业结构因素对城市经济的推动力比较大。

③2012～2016 年偏离－份额空间模型的分析结果

表 4-8 数据显示，2012～2016 年第三阶段中，海峡西岸城市群的偏离结构和分布发生了变化，其中总偏离值当中，正负值各占一半。与 2008～2012 年第二阶段相比，海峡西岸城市群的城市地区生产总值实际增长速度快于全国的比例有所下降。其中，漳州以 241.06 亿元的总偏离和 27.66% 的偏离增率值居于首位，增长优势较为明显。空间产业结构分量值正负各占一半，与 2008～2012 年第二阶段相比比例大幅下降，从侧面说明了这 5 年来，海峡西岸城市群的经济发展速度整体有所减缓，各城市对临近区域的经济发展未起到明显的促进作用。按照上述分类标准，仍可将 20 个城市分为 4 类。

表 4－8　2012～2016 年海峡西岸城市群经济增长偏离分量

单位：亿元，%

城市	总增长（G）		地区增长分量（R）		空间产业结构分量（P）		空间竞争力分量（D）		总偏离（G－R）	
	增量	增率	增量	增率	增量	增率	增量	增率	增量	增率
福州	1986.84	47.18	1822.84	43.29	－5.76	－0.14	169.76	4.03	164	9.00
厦门	969.08	34.42	1218.64	43.29	120.46	4.28	－370.02	－13.14	－249.56	－20.48
莆田	623.05	51.90	519.62	43.29	－9.96	－0.83	113.39	9.45	103.43	19.90
三明	526	39.41	577.82	43.29	－33.38	－2.50	－18.44	－1.38	－51.82	－8.97
泉州	1943.93	41.34	2035.72	43.29	36.84	0.78	－128.63	－2.74	－91.79	－4.51
漳州	1112.42	55.26	871.36	43.29	－73.43	－3.65	314.49	15.62	241.06	27.66
南平	462.66	46.49	430.75	43.29	25.84	2.60	6.07	0.61	31.91	7.41
龙岩	538.89	39.72	587.33	43.29	－44.45	－3.28	－3.98	－0.29	－48.44	－8.25
宁德	548.16	50.99	465.38	43.29	13.73	1.28	69.05	6.42	82.78	17.79
温州	1395.34	38.23	1580.05	43.29	190.43	5.22	－375.14	－10.28	－184.71	－11.69
丽水	315.62	35.66	383.19	43.29	－30	－3.39	－37.57	－4.24	－67.57	－17.63
衢州	262.69	26.73	425.44	43.29	24.81	2.52	－187.55	－19.08	－162.75	－38.25
汕头	655.53	46.00	616.87	43.29	－58.8	－4.13	97.46	6.84	38.66	6.27
梅州	303.65	40.93	321.16	43.29	27.32	3.68	－44.83	－6.04	－17.51	－5.45
潮州	270.32	38.26	305.83	43.29	16.27	2.30	－51.78	－7.33	－35.51	－11.61
揭阳	652.46	47.27	597.44	43.29	－21.01	－1.52	76.02	5.51	55.02	9.21
鹰潭	213.17	44.21	208.72	43.29	11.58	2.40	－7.14	－1.48	4.45	2.13
赣州	685.91	45.47	652.97	43.29	－31.47	－2.09	64.41	4.27	32.94	5.04
抚州	385.87	46.77	357.15	43.29	－11.35	－1.38	40.07	4.86	28.72	8.04
上饶	545.7	43.12	547.77	43.29	30.5	2.41	－32.57	－2.57	－2.07	－0.38

第一，空间产业结构分量为正，空间竞争力分量为正的是南平、宁德。这 2 个城市充分利用了邻近城市的经济增长对其产生正面影响，相对其邻近区域的经济增长，其产业结构与竞争力都处于优势地位。

第二，空间产业结构分量为负，空间竞争力分量为负的是三明、龙岩和丽水。相对其邻近区域的经济增长，这 3 个城市的产业结构因素和竞争力因素都处于劣势地位。

第三，空间产业结构分量为正，空间竞争力分量为负的是厦门、泉州、温州、衢州、梅州、潮州、鹰潭和上饶。除了鹰潭以外，其他7个城市的总偏离为负，表明这7个城市的邻近城市的经济增长对其经济有着正面、积极的促进作用，但是这些城市并没有充分利用这种正面影响来促进自身经济的发展，相对于邻近城市，这些城市的竞争力处于相对劣势地位，而且空间竞争力的负效应大大削减了空间产业结构的正效应，以致总偏离为负，这也正说明这些城市的区位优势尚未得到充分发挥。鹰潭的空间产业结构正效应大于空间竞争力负效应，使得其总偏离为正值，说明鹰潭的产业结构因素对城市经济的推动力比较大。

第四，空间产业结构分量为负，空间竞争力分量为正的是福州、莆田、漳州、汕头、揭阳、赣州和抚州。这7个城市的总偏离都为正值，表明邻近区域对这些城市有负面的影响，相对于邻近城市，这7个城市自身的竞争力处于相对优势的位置，因此可以抵消一部分甚至超过产业结构因素带来的负推动效应。这7个城市的产业结构整体还存在不合理现象，需要进行调整和优化。

综上所述，通过3个阶段对比，可以看到部分城市在2004～2016年间空间产业结构发生的巨大的变化，其中典型代表是南平和宁德。南平和宁德在2004～2008年间的空间产业结构分量与空间竞争力分量皆为负，经济发展的外部环境并不乐观，而2012～2016年间，两个城市的空间产业结构和空间竞争力分量转变为正值，说明其竞争力由劣势转变为优势，发展环境由限制作用转变为促进作用。另外一些城市的空间产业结构几乎没有变化，例如厦门和泉州，2004～2008年间厦门和泉州的空间产业结构分量为负，空间竞争力为正；2008～2012年间厦门和泉州转变成为空间产业结构分量为正，空间竞争力为负；到2012～2016年间这种状态几乎没有变化，说明厦门和泉州的空间竞争力相对于邻近区域处于劣势地位。汕头在2004～2008年间空间产业结构分量为负，空间竞争力分量为正；2008～2012年间转变成为空间产业结构分量为正，空间竞争力分量为负；到2012～2016年间又表现为空间产业结构分量为负，空间竞争力分量为正。而温州在3个阶段均表现为空间产业结构分量为正，空间竞争力分量为负。

④从三次产业角度的分析结果

基于三次产业从地区增长分量、空间产业结构分量和空间竞争力分量三个方面对海峡西岸城市群 20 个城市的经济增长状况进行分析，得出三次产业的偏离分量表，见表 4 - 9、表 4 - 10 和表 4 - 11。

表 4 - 9　2004～2008 年海峡西岸城市群各城市三次产业偏离分量

城市	第一产业			第二产业			第三产业		
	R	P	D	R	P	D	R	P	D
福州	142.92	-81.58	11.26	695.7	5.5	-407.28	524.98	-208.15	52.36
厦门	17.54	-9.67	-6.29	461.39	-40.23	-127.06	298.86	-146.02	228.27
莆田	40.16	-23.1	12.43	137.46	-34.96	86.25	94.02	-34.87	24.08
三明	76.86	-33.42	7.88	145.89	6.35	1.04	108.22	-27.49	5.75
泉州	83.36	-37.86	-19.86	755.16	-340.43	333.38	573.1	-171.23	-73.31
漳州	124.98	-69.56	16.27	255.85	21.15	-121.57	236.54	-62.32	-100.38
南平	73.29	-39.1	15.78	98.41	26.38	-16.18	111.58	-27.88	-4.83
龙岩	66.43	-27.07	-1	136.01	-11.59	69.89	105.08	-42.84	28.72
宁德	67.74	-33.39	-3.57	99.57	-2.91	9.48	104.83	1.06	-9.17
温州	57.01	-32.45	-12.62	701.09	64.95	-275.42	477.02	25.25	16.89
丽水	36.26	-17.27	-4.9	109.2	11.26	1.39	87.53	-7.76	25.4
衢州	40.19	-14.37	-9.74	123	16.07	39.09	86.69	-15.28	30.64
汕头	44.88	-46.02	3.01	267.52	-59.1	17.44	219.28	-98.71	22.71
梅州	61.22	-40.34	14.35	101.6	-0.56	-13.43	76.39	-23.61	30.61
潮州	30.07	-24.63	-5.7	110.3	-37.8	53.61	85.89	-40.08	14.18
揭阳	84.75	-62.77	-24.9	245.36	-7.27	-110.64	145.9	-34.08	-51.83
鹰潭	13.69	-4.28	3.15	39.36	15.4	63.64	31.81	-2.72	0.18
赣州	99.16	-39.83	1.1	114.19	45.24	70.15	133.04	40.96	-22.52
抚州	55.49	-17.93	-4.22	75.71	63.88	-17.32	48.6	2.82	22.84
上饶	62.37	-24.46	11.29	104.53	65.67	9.03	98.24	32.05	-31.47

表 4 - 10　2008 ~ 2012 年海峡西岸城市群各城市三次产业偏离分量

城市	第一产业			第二产业			第三产业		
	R	P	D	R	P	D	R	P	D
福州	151.17	- 53.1	34.76	697.56	191.07	- 67.06	621.25	60.74	290.37
厦门	13.84	- 4.71	- 5.33	526.46	173.6	- 154.25	463.67	92.31	149.56
莆田	48.33	- 11.36	- 4.83	221.93	47.8	75.07	122.28	39.89	51.31
三明	89.2	- 21.82	5.03	205.26	105.53	48.06	134.74	62.49	39.4
泉州	77.42	- 11.53	- 25.62	1033.32	248.73	2.72	630.27	365.85	- 323.75
漳州	137.46	- 45.15	14.53	287	79.74	148.41	220.39	73.25	95.27
南平	85.72	0.07	15.5	141.82	78.06	- 16.26	132.31	39.46	- 40.75
龙岩	73.24	- 16.06	- 8.98	224.45	133.02	45.85	135.33	77.5	19.58
宁德	69.31	4.96	19.38	141.07	23.42	128.52	138.85	15.47	- 8.6
温州	49.35	3.38	- 16.25	828.1	476.9	- 748.48	682.72	83.68	- 133.62
丽水	35.56	- 2.76	- 8.4	158.21	18.02	24.07	131.65	14.59	8.58
衢州	39.72	- 3.67	- 18.17	204.55	72.4	- 63.11	129.03	19.87	22.12
汕头	34	- 7.93	3.74	340.86	36.18	- 172.8	252.47	34.82	- 71.1
梅州	67.41	- 17.22	3.08	130.64	74.16	- 137.73	109.5	31.98	2.21
潮州	21.8	- 4.3	- 1.21	161.76	10.55	- 38.63	101.38	16.9	- 4.5
揭阳	60.05	- 12.4	- 0.19	261.33	- 107.95	283.83	145.22	26.15	- 0.93
鹰潭	18.09	1.7	- 6.43	104.97	61.95	- 24.33	42.09	5.35	22.16
赣州	111.36	- 18.28	- 14.2	231.2	61.78	44.65	194.71	69.24	- 6.87
抚州	62.01	- 11.41	4.86	134.01	83.84	9.53	83.31	30.78	- 5.94
上饶	77.24	- 6.66	1.73	191.74	108.87	64.52	135.39	35.59	28.63

　　对比表 4 - 9 和表 4 - 10 可知，第一产业的空间产业结构分量（P）从 2004 ~ 2008 年第一阶段所有城市的值都小于 0，变成了 2008 ~ 2012 年第二阶段南平、宁德、温州和鹰潭 4 个城市（P）值为正，说明这 4 个城市的临近城市第一产业实际增长速度变快，高于全国平均水平，对这些城市自身的经济增长带来了积极影响。第一产业的空间竞争力分量变化较小，其中宁德和抚州的（D）由负值变为正值，说明这两个城市的区域竞争力有所提高，竞争优势正在增强。莆田的空间竞争力分量（D）由正值变成负值，说明该城市的竞争力有所下降。

表 4 - 11　2012～2016 年海峡西岸城市群各城市三次产业偏离分量

城市	第一产业			第二产业			第三产业		
	R	P	D	R	P	D	R	P	D
福州	159.18	-62.81	31.72	824.86	-146.17	12.67	838.8	203.22	125.37
厦门	10.95	-4.17	-8.63	590.39	-75.92	-319.7	617.3	200.55	-41.69
莆田	46.42	-12.92	-14.08	298.54	-53.52	87.79	174.66	56.48	39.68
三明	91.34	-12.99	-13.76	293.41	-89.55	50.54	193.07	69.16	-55.21
泉州	69.51	-14.8	-16.87	1251.21	-218.03	-19.74	715	269.67	-92.02
漳州	138.72	-34.98	-8.59	416.04	-115.94	199.97	316.6	77.49	123.12
南平	101.51	-10.89	-2.85	183.53	12.38	-5.64	145.71	24.35	14.56
龙岩	70.13	-20.95	12.39	325.56	-44.58	-66.06	191.64	21.08	49.69
宁德	87.16	-12.98	10.41	221.73	-23.27	97.58	156.48	49.98	-38.94
温州	48.98	-4.91	-18.42	797.93	85.83	-614.34	733.14	109.51	257.62
丽水	34.49	-8.19	-10.33	193.13	-79	-23.38	155.57	57.19	-3.85
衢州	34.46	-6.08	-19.8	230.16	-18.46	-180.77	160.82	49.34	13.02
汕头	35.78	-1.71	-9.15	317.69	-74.9	74.92	263.4	17.81	31.69
梅州	68.41	-24.92	10.38	116.9	-22.16	6.48	135.85	74.39	-61.68
潮州	21.71	-6.48	5.66	166.68	-0.05	-40.9	117.44	22.8	-16.53
揭阳	60.94	-12.65	0.75	365.04	-32.27	16.46	171.47	23.91	58.81
鹰潭	17.95	-3.56	-3.06	132.33	-8.31	-25.17	58.44	23.45	21.09
赣州	109.05	-24.22	-16.62	301.67	-43.55	-18.15	242.25	36.29	99.18
抚州	65.71	-26.94	6.42	188.57	-46.55	13.69	102.86	62.14	19.96
上饶	83.26	-25.9	-14.3	287.03	-66.38	-19.72	177.48	122.78	1.45

在第二产业中，空间产业结构分量的变化趋势明显利好，从第一阶段的部分值为正到第二阶段除了揭阳以外海峡西岸城市群其他所有城市的（P）值均大于 0，这表明这些城市的第二产业的临近城市的实际增长速率大于全国平均水平，这些城市之间相互产生正面影响，相互促进，实现了经济增长的良性循环。在第三产业中，空间产业结构分量的变化趋势同样利好，而空间竞争力分量的变化与第二产业一样，仍处于薄弱地位。

对比表 4 - 10 和表 4 - 11 可知，第一产业的空间产业结构分量（P）从 2008～2012 年第二阶段部分城市的值都小于 0，变成了 2012～2016 年第三阶段海峡西岸城市群全部城市的空间产业结构分量（P）值为负，说明空间产业结构分量的变化趋势变差，竞争优势正在下降。第一产业的空间竞争力分量只在几个城市之间变化，例如三明的（D）值由正变为负，说明该城市的城市竞争力有所下降，竞争优势正在减弱。龙岩的空间竞争力分量（D）由负值变成正值，说明该地区的竞争力有所提高。

在第二产业中，空间产业结构分量的变化趋势明显变差，从第二阶段的所有值为正到第三阶段大部分区域的空间产业结构分量（P）值均小于0，这表明这些城市的临近城市的实际增长速率均小于全国平均水平，这些城市之间不能相互产生正面影响，经济增长需要新的推动力。

在第三产业中，空间产业结构分量的变化趋势没有明显变化，（P）值都是大于0，有利于经济增长；而空间竞争力分量（D）的变化与第二产业一样，仍处于薄弱地位，说明城市的竞争力有待提升。

（2）横向和纵向对比总结分析结果

纵向比较：与标准区域相比，2004～2008年、2008～2012年和2012～2016年三个阶段海峡西岸城市群20个城市的空间产业结构分量发生了颠覆性变化。几乎所有地区的空间产业结构分量都先由负值变为正值再转为负值，20个城市的临近区域经济发展速度由落后于全国平均水平到超过全国平均水平再到落后于全国平均水平，说明相较于2004～2008年，海峡西岸城市群在2008～2012年第二个阶段充分利用区域经济圈优势，实现经济相互促进共同发展这一目标，而在2012～2016年第三个阶段这种区域优势明显下降。同时，各地区的空间竞争力分量也发生了变化。在2004～2008年中，海峡西岸城市群的竞争力因素相对于产业结构因素更能促进区域经济增长，而到了第二阶段和第三阶段，竞争力因素的影响力大幅下降，产业结构因素对于拉动经济增长的作用更加显著。三次产业的空间产业结构分量和空间竞争力分量都有一定程度的提升。总的来看，虽然经济增长速度相对于全国平均水平有所下降，但海峡西岸城市群的经济增长趋势已经经历过一个倒"U"形变化，这一点毋庸置疑。

横向比较：对比海峡西岸城市群的第一、二、三产业的偏离分量可以看到，第一产业的空间产业结构分量总是处于劣势地位，落后于全国第一产业的平均水平。虽然在第二、三阶段情况有所改善，但相对于第二、三产业而言，第一产业的发展仍然是不平衡的。第二、三产业的产业结构和竞争力处于相对优势地位，且其产业结构因素对经济增长的影响力远远超过竞争力因素。这充分证明海峡西岸城市群的第二、三产业相对于全国平均水平具有一定的竞争优势，能够带动区域经济更好更快地发展。进一步比较可得，第二产业比第三产业的优势地位更明显，对经济发展的贡献更大，而诸如农业、林业、牧业、渔业等第一产业就需要调整政策，提升其发展水平。

表 4 - 12　2008 ~ 2012 年海峡西岸城市群各城市经济增长偏离分量（传统法）

单位：亿元，%

地区	总增长（G）		地区增长分量（R）		产业结构偏离分量（P）		竞争力偏离分量（D）		总偏离（G - R）	
	增量	增率	增量	增率	增量	增率	增量	增率	增量	增率
福州	1926.77	84.35	1469.99	64.36	25.17	1.10	431.61	18.90	456.78	31.07
厦门	1255.15	80.46	1003.96	64.36	31.96	2.05	219.22	14.05	251.19	25.02
莆田	590.42	96.80	392.55	64.36	- 6.08	- 1.00	203.95	33.44	197.87	50.41
三明	667.90	100.15	429.20	64.36	- 7.77	- 1.16	246.47	36.96	238.70	55.61
泉州	1997.41	73.83	1741.01	64.36	3.57	0.13	252.83	9.35	256.40	14.73
漳州	1010.90	100.89	644.85	64.36	- 6.67	- 0.67	372.72	37.20	366.05	56.76
南平	435.94	77.96	359.85	64.36	- 1.40	- 0.25	77.48	13.86	76.09	21.14
龙岩	683.93	101.65	433.02	64.36	- 7.36	- 1.09	258.27	38.39	250.92	57.95
宁德	532.39	98.11	349.24	64.36	2.17	0.40	180.98	33.35	183.15	52.44
温州	1225.77	50.56	1560.17	64.36	37.75	1.56	- 372.15	- 15.35	- 334.40	- 21.43
丽水	379.52	75.05	325.42	64.36	3.81	0.75	50.30	9.95	54.10	16.62
衢州	402.75	69.43	373.30	64.36	- 1.89	- 0.33	31.33	5.40	29.45	7.89
汕头	450.23	46.19	627.33	64.36	8.31	0.85	- 185.41	- 19.02	- 177.10	- 28.23
梅州	264.02	55.25	307.55	64.36	- 2.00	- 0.42	- 41.53	- 8.69	- 43.53	- 14.15
潮州	263.74	59.57	284.94	64.36	- 0.28	- 0.06	- 20.92	- 4.72	- 21.20	- 7.44
揭阳	655.12	90.36	466.60	64.36	- 7.36	- 1.02	195.89	27.02	188.52	40.40
上饶	637.06	101.39	404.37	64.36	- 4.64	- 0.74	237.33	37.77	232.69	57.54
鹰潭	225.55	87.89	165.15	64.36	- 5.15	- 2.01	65.55	25.54	60.40	36.57
抚州	390.99	90.08	279.34	64.36	- 6.47	- 1.49	118.12	27.21	111.66	39.97
赣州	673.58	80.68	537.27	64.36	- 2.26	- 0.27	138.57	16.60	136.31	25.37

（3）传统偏离－份额法和偏离－份额空间分析法比较

对比表4－12和表4－7可以看到，偏离－份额空间模型地区增长分量和总偏离的结果与传统模型一样，其中总偏离为负的只有广东省和浙江省的各2个城市，其他城市的总偏离均为正值，说明2008～2012年海峡西岸城市群大部分城市临近城市的地区生产总值实际增长要快于全国平均增长水平，经济发展势态良好。与传统模型不同的是，对于大部分城市而言，加入空间影响后的空间产业结构分量要比传统的产业结构偏离分量大，而空间竞争力分量则相对有所下降。

表4－13　2008～2012年海峡西岸城市群各城市三次产业分离（传统偏离－份额法）

地区	第一产业			第二产业			第三产业		
	R	P	D	R	P	D	R	P	D
福州	151.17	－21.01	2.67	697.56	－69.66	193.68	621.25	115.84	235.26
厦门	13.84	－1.92	－8.11	526.46	－52.58	71.93	463.67	86.46	155.41
莆田	48.33	－6.72	－9.48	221.93	－22.16	145.03	122.28	22.80	68.39
三明	89.20	－12.40	－4.40	205.26	－20.50	174.09	134.74	25.13	76.77
泉州	77.42	－10.76	－26.39	1033.32	－103.20	354.64	630.27	117.53	－75.42
漳州	137.46	－19.10	－11.51	287.00	－28.66	256.80	220.39	41.10	127.42
南平	85.72	－11.91	27.48	141.82	－14.16	75.96	132.31	24.67	－25.96
龙岩	73.24	－10.18	－14.86	224.45	－22.41	201.28	135.33	25.24	71.85
宁德	69.31	－9.63	33.97	141.07	－14.09	166.03	138.85	25.89	－19.02
温州	49.35	－6.86	－6.02	828.10	－82.70	－188.88	682.72	127.31	－177.25
丽水	35.56	－4.94	－6.21	158.21	－15.80	57.89	131.65	24.55	－1.38
衢州	39.72	－5.52	－16.31	204.55	－20.43	29.72	129.03	24.06	17.92
汕头	34.00	－4.73	0.53	340.86	－34.04	－102.58	252.47	47.08	－83.36
梅州	67.41	－9.37	－4.77	130.64	－13.05	－50.53	109.50	20.42	13.76
潮州	21.80	－3.03	－2.49	161.76	－16.15	－11.92	101.38	18.90	－6.51
揭阳	60.05	－8.35	－4.24	261.33	－26.10	201.98	145.22	27.08	－1.85
上饶	77.24	－10.73	5.81	191.74	－19.15	192.54	135.39	25.25	38.98
鹰潭	18.09	－2.51	－2.22	104.97	－10.48	48.10	42.09	7.85	19.66
抚州	62.01	－8.62	2.06	134.01	－13.38	106.75	83.31	15.54	9.30
赣州	111.36	－15.48	－17.01	231.20	－23.09	129.52	194.71	36.31	26.05

对比表 4 - 13 和表 4 - 10 可以看到，在传统模型中，第二产业所有产业结构偏离分量都为负值，而加入空间影响后其空间产业结构分量变化显著，除揭阳以外其余 12 个城市全部变为正值，说明其临近区域的第二产业实际增长速度快于全国平均速度，会对目标区域产生正面的、积极的影响。第三产业空间产业结构分量相较于第二产业变化趋势不太明显，但总体趋势更好。第一产业空间产业结构分量则大部分低于传统法的产业结构偏离分量，说明第一产业对经济增长的贡献没有传统法得出的结论大。通过比较两种模型结果可得，加入空间影响后的模型能够得出更准确的结论，探究区域之间的相互影响关系，有助于制定有针对性的区域经济发展对策。

三　对策建议

分析表明，从纵向来看，海峡西岸城市群的经济增长形势比较乐观，所有产业的发展水平都有一定程度的提升。但通过横向比较，可以发现各城市、各产业的产业结构和竞争力发展不平衡，可能会制约经济增长。同时各城市的产业结构因素比竞争力因素更能推动各城市的经济增长，竞争力成为经济发展的短板。针对存在的问题，提出相关的政策建议如下。

（1）促进产业结构调整。具体说来，海峡西岸城市群各城市应大力提升第一产业的发展水平，确保第二产业的优势地位，争取第三产业特别是高端生产性服务行业的更好发展。以福州为例，应积极发展都市现代农业，在保障主要农产品供给的同时，也积极拓展农业社会服务、生态涵养、休闲观光、文化传承等功能，不断提高机械化、专业化、智能化、标准化、规模化、集约化水平。目前，都市现代农业已成为发展现代农业的先行者、排头兵。推动传统产业升级和新兴产业培育并驾齐驱，着力改造提升纺织、轻工、食品、冶金、建材等传统优势产业，实现传统产业创新能力、发展后劲、品牌效应、集聚水平、经济效益的明显提升。大力培育发展战略性新兴产业，强化自主创新能力建设，重点突破一批关键技术，培育一批龙头企业。推动制造业与服务业融合发展，重点提升生产性服务业发展水平，加快发展面向工业生产的设计及研发服务、物流服务、电子商务、融资租赁、服务外包、信息服务等生产性服务业，加快与制造业的融合，促进制造业提质增效和创新发展，增强制造业发展的支撑作用，增强工业发展后劲。

（2）提升城市自身竞争力，大力发展优势产业和项目。以厦门为例，2004～2008年厦门的空间竞争力分量为正值，而2008～2012年变为负值，且2012～2016年仍没有改善，说明其竞争力相对临近区域有所下降，应该加大厦门竞争优势行业的发展力度，提升自身竞争力。截至2018年底，厦门共拥有8条千亿产业链，分别是平板显示、软件和信息服务、现代物流、旅游会展、金融、计算机与通信设备、机械装备和文化创意产业。厦门应继续以双千亿工作为抓手，推动经济持续向高质量发展。

（3）加强海峡西岸城市群区域之间相互合作交流，形成共同发展促进的良性循环。海峡西岸城市群20个城市涉及4个省份，作为中国横跨省份较多的一个城市群，浙南3市和粤东4市可能更加靠近长三角、珠三角城市群，赣南4市中上饶、鹰潭和抚州同样也在环鄱阳湖城市群的规划中。应加强城市间的交流合作，弱化行政区域概念，积极推进区域合作协调发展，消除区域市场壁垒，促进要素跨区域自由流动，打造有利于创新、创业、创造的良好发展环境。加强一体化市场建设，加快探索建立规划制度统一、发展模式共推、治理方式一致、区域市场联动的市场发展新机制，共同打造区域一体化大市场。积极推进基础设施互联互通、产业协同互补互促、生态环境共治共保、公共服务共建共享，推进经济一体化进程。

（4）发展壮大区域产业集群。产业园区的集聚效应能让产业链上的企业不再零散地生长，取而代之的是产业集群的协同发展，成为产业创新力和竞争力提升的关键新兴增长点。以海峡西岸城市群的5个中心城市为例，位于福州滨海新城中国东南大数据产业园内健康医疗、大数据、云计算、物联网等高端产业呈现集聚发展态势，产业体系不断优化。厦门的火炬高新区内重点发展平板显示、计算机与通信设备、集成电路、大数据与人工智能、数字文化创意、电子商务、移动互联、智慧城市与行业应用软件等数字经济产业，发展成为能覆盖数字经济全领域的产业园区。泉州产业集聚优势明显，跨境电商发展潜力巨大。泉州箱包、晋江食品与鞋业、石狮纺织服装、南安水暖卫浴、惠安石雕、安溪茶叶、德化日用工艺陶瓷等，都已根据当地产业特色，与阿里巴巴、亚马逊、WISH 等平台合作推进跨境电商业务，发动产业集群企业开展跨境电商零售，使更多的泉州企业通过跨境电商来拓展销售渠道，将泉州制造和泉州品牌推向世界。位于温州的浙南产业集聚区重点培育高端装备制造、汽车、电子信息、现代物流 4 大产业以及汽车时尚小镇，形成 4 大主导产业 + 特色小镇的产业发展格局。

　　汕头要充分发挥经济特区的龙头效应。例如，位于汕潮揭 3 市交界处的金平工业园区现代产业集聚，可以努力打造成为产城融合示范区、特色产业创新区和城乡统筹先行区，发展目标以创建创新型特色园区为驱动，带动汕头市北部园区的转型升级。当前汕头积极探索创新驱动发展新路径，发展先进产业聚集地，努力打造粤东科技创新中心。珠港新城是国家级华侨经济文化合作试验区的先行区，可以引导企业通过收购、兼并以及合并等方式，实现企业集群化重组，培育有国际竞争力的企业集团，建设跨地区企业战略联盟，打造一批大型跨省龙头企业，推进粤东城市与海峡西岸城市群其他城市的市场交易内部化，降低交易成本，从而实现海峡西岸城市群内部资源的优化配置。

第五章　全要素生产率和技术选择对海峡西岸城市群经济增长贡献研究

本章实证分析技术进步对经济增长的贡献，探讨全要素生产率和技术选择对海峡西岸城市群经济增长的贡献，其理论基础就是柯布 – 道格拉斯（Cobb – Douglas，简称 C – D）生产函数。生产函数是研究投入量与产出量之间关系的函数。全要素生产率（TFP，total factor productivity）是 Tinbergen 在对 C – D 生产函数深化研究的基础上最早提出的一个概念，指剔除资金、劳动两个生产要素的增长对经济增长贡献后的余额，通常叫作技术进步率。TFP 不仅包括技术和制度因素变革作用，还包括劳动者素质的提高、资金利用效率的提高和其他影响经济增长因素的作用。TFP 对经济增长贡献的大小在一定程度上反映出经济增长质量的优劣。用于度量技术选择的技术选择指数是中国经济学家林毅夫在对 C – D 生产函数深化研究基础上提出的概念，反映地区或产业劳动资本比相对于自身比较优势的偏离程度。

第一节　基于全要素生产率对海峡西岸城市群增长方式的研究（Ⅰ）

美国经济学家保罗·克鲁格曼在其著作《萧条经济学的回归》中指出："亚洲取得了卓越的经济增长率，却没有与之相当的卓越的生产率增长。它的增长是资源投入的结果，而不是效率的提升。"对于该论述，国内经济学者做了大量的实证和理论分析来验证或反驳。经济增长的两种模式的论证分析——投入型增长，还是技术进步推动的生产率型增长，对于我国改革开放的经验积累与进一步发展有着重大意义，关系到我国经济发展的可持续性与健康性。而城市是人类活动的集中地，其发展壮大是人类文明发展进步的集中体现。作为一种有着自身特征的较为独立的经济体，城市在经济生产生活中的地位日益提高。尤其是在进入 20 世纪 90 年代后，我国城镇化进程进入一个快速发展阶段，以城市为对象的研究日趋增多，且具有重要的理论和现实意义。城镇化的快速发展在推动整体经济发展进步的同时，也带来了不少值得探讨的问题。我国城镇化的快速进程中，城市经济的增长是单纯的资源投入的结果，抑或是生产率提高的结果，或者二者兼具？在城市经济的发展效率变化怎样？城市经济增长的要素构成中，哪些才是值得我们进一步重视的？这些问题的理论与实证分析，对我们城市经济发展中的资源配置和区域政策方向有着重要的参考意义。本章就是在这些问题的引导下，对城市全要素生产率进行动态实证分析，揭示海峡西岸城市群 TFP 的动态变化及经济增长的因素来源，为进一步健康、可持续、有效地推进城市经济的进一步发展提供参考。

TFP 的估算方法很多，大体可归结为两大类：一类是增长会计法，另一类是经济计量法。增长会计法是以新古典增长理论为基础，估算过程相对简便，考虑因素较少，主要缺点是假设约束较强，也较为粗糙。经济计量法利用各种经济计量模型估算 TFP，较为全面地考虑各种因素的影响，但估算过程较为复杂。经济计量方法中的潜在产出法也称边界生产函数法，在目前的研究中得到广泛应用。这类方法利用投入和产出变化以及边界生产函数的位移来度量 TFP 增长，其关键在于边界生产函数的估算以及观测值到生产边界距离的度量。依据边界生产函数和距离函数估算方法的不同，边界生产函数法可划分为参数随机边界方法和非参数 DEA 方法两类。

本节采用状态空间模型来测算 1991～2015 年间海峡西岸城市群总体 TFP 的变化情况，将不可观测的变量 TFP 从回归残差中分离出来，剔除掉一些测量误差对估算的影响，提高了测算精度。首先介绍 TFP 的状态空间模型，然后进行总体 TFP 对海峡西岸城市群经济增长影响的实证分析，并通过对 4 大区 TFP 的横向比较分析，最后得出主要结论。

一　全要素生产率的状态空间模型

在经济计量学中，状态空间模型主要是用来估计不可观测的时间变量，例如理性预期、长期收入和不可观测因素等。许多时间序列模型，包括典型的线性回归模型和 ARIMA 模型都能作为特例写成状态空间的形式，并估计参数值。状态空间模型多用于多变量时间序列，设 y_t 是包含 k 个经济变量的 $k \times 1$ 维的可观测向量。这些变量与 $m \times 1$ 维向量 α_t 有关，α_t 被称为状态向量。同时还要满足下面两个假设：第一，初始向量 α_0 的均值为 a_0，协方差为 P_0，即 $E(\alpha_0) = a_0$，$\text{var}(\alpha_0) = P_t$；第二是在所有的时间区间上，扰动项 u_t 和 ζ_t 相互独立，而且它们和初始向量 α_0 也不相关，即 $E(u_t\zeta'_t) = 0$，s，$t = 1$，2，$\cdots$，T，且 $E(u_t\alpha'_0) = 0$，$t = 1$，2，$\cdots$，T。定义"量测方程"或者"状态方程"为：

$$y_t = Z_t\alpha_t + d_t + u_t,\ t = 1,\ 2,\ 3,\ \cdots,\ T \qquad (5.1)$$

（5.1）式中，T 表示样本长度，Z_t 表示 k×m 矩阵，d_t 表示 k×1 向量，是均值为 0 协方差矩阵为 H_t 的连续的不相关扰动项，即 $E(u_t) = 0$，$\text{var}(u_t) = H_t$。

一般的，α_t 的因素是不可观测的，然而却可以表示成一阶马尔科夫过程。再定义"转移方程"或"状态方程"为：

$$\alpha_t = T_t\alpha_{t-1} + c_t + R_t\zeta_t,\ t = 1,\ 2,\ \cdots,\ T, \qquad (5.2)$$

（5.2）式中，T_t 表示 m×m 矩阵，c_t 表示 m×1 向量，R_t 表示 m×1 矩阵，ζ_t 表示 g×1 向量，是均值为 0 协方差矩阵为 Q_t 的连续不相关扰动项，即 $E(\zeta_t) = 0$，$\text{var}(\zeta_t) = Q_t$。

以 C－D 生产函数为基础，采用状态空间模型来估算技术进步对经济增长的增长率，研究思路是将 TFP 看成是隐性变量，即不可观测变量，采用状态空间模型，利用极大似然估计法给出 TFP 的估计结果。在对结果进行估计之前，为了避免出现伪回归问题，首先要对数据进行平稳性检验和协整检验。

这里以 C－D 函数来进行分析：$Y_t = AK_t^\alpha L_t^\beta$，其中 Y_t 为 t 期的实际产

出，K_t 为 t 期的资本存量，L_t 为 t 期的劳动力人数，α 和 β 分别为资本和劳动力的产出弹性。由此，可以建立如下的状态空间模型，信号方程为：

$$\Delta \ln Y_t = \alpha \Delta \ln K_t + \beta \Delta \ln L_t + \Delta \ln TFP_t + u_t \tag{5.3}$$

（5.3）式中，$\Delta \ln TFP_t$ 为 t 期技术进步的增长率，假设其为隐性变量，且遵循一阶自回归过程 AR（1），则可以建立如下的状态方程：

$$\Delta \ln TFP_t = \gamma \Delta \ln TFP_{t-1} + v_t \tag{5.4}$$

（5.4）式中，γ 为自回归系数，满足 $|\gamma| < 1$，u_t 和 v_t 为白噪声。由此，可以利用状态空间模型，通过极大似然法估计出模型的各个系数值，从而得到 TFP 增长率的估计值。

二　全要素生产率对海峡西岸城市群经济增长影响的实证分析

（1）数据来源

本研究选取的时间段为 1990～2015 年。其中，产出 Y 采用 12 个城市的实际国民生产总值 GDP 来表示［注：海峡西岸城市群包括 20 个城市，但由于抚州数据（1990～2000）的不可得性，而时间序列分析需要尽可能长的样本区间，故剔除抚州市］。为了剔除价格变动的影响，选取 1990 年为基期，以 1990 年的不变价格计算出 1991～2015 年的实际 GDP 值。劳动力投入 L 方面选取每年的实际投入的劳动力数量来表示。经济增长的资本投入 K 方面选取永续盘存法来计算资本存量：

$$K_t = K_{t-1} \times (1 - \delta) + I_t, \quad t = 1, 2, \cdots, T \tag{5.5}$$

其中，K_t 表示第 t 年的资本存量，δ 表示折旧率，取为 9.6%，I_t 表示第 t 年的固定资本投资。

（2）实证分析过程

由于产出 Y、资本 K 和劳动 L 都是时间序列数据，为了避免伪回归，对时间序列数据进行如下处理：首先，为了避免数据差异的影响，对三个序列取自然对数，表示为 lnY、lnK 和 lnL，进一步的差分，分别表示为 dlnY、dlnK 和 dlnL，然后对取对数后的序列进行平稳性检验和协整检验，采取 ADF 单位根检验和 JJ 协整检验，得出的结果见表 5-1 和表 5-2。

表 5 - 1 产出、资本、劳动的平稳性检验结果

	ADF	临界值（1%）	临界值（5%）	临界值（10%）
lnY	-1.423	-2.665	-1.956	-1.609
dlnY	-3.726**	-5.394		-3.243
lnK	3.365	-3.724	-2.986	-2.633
dlnK	-3.142**	-3.770	-3.005	-2.642
lnL	-0.768	-2.680	-1.958	-1.608
dlnL	-5.309***	-3.788	-3.012	-2.646

注：*** 表示 1% 显著性水平，** 表示 5% 显著性水平，* 表示 10% 显著性水平。

表 5 - 2 产出、资本、劳动的协整检验结果

协整个数	迹统计量	P 值
不存在协整关系	37.4735	0.0054
至少存在一个协整关系	6.6335	0.6206
至少存在两个协整关系	0.0012	0.9717

表 5 - 1 的单位根检验结果表明，实际产出 lnY、资本存量 lnK 和劳动力投入 lnL 都是非平稳序列，但是一阶差分后的序列 dlnY、dlnK 和 dlnL 的 ADF 值分别小于各自的临界值，即都通过了 95% 的临界值，在 5% 的显著性水平下可以认为原序列为一阶单整 I（1）。表 5 - 2 的协整检验结果表明，lnY、lnK 和 lnL 之间不存在协整关系。由于产出、劳动和资本数据的趋势成分是单位根过程且三者之间不存在协整关系，所以可以利用产出、劳动和资本的一阶差分序列建立状态空间模型。由此，可以利用 dlnY、dlnK 和 dlnL 建立状态空间模型，得到如下的估计结果：

$$信号方程：dlnY = 0.059dlnK + 0.014dlnL + dlnTFP + ei \qquad (5.6)$$

$$状态方程：dlnTFP = 0.987lnTFP + ei \qquad (5.7)$$

信号方程（5.6）的估计结果表明，以资本和劳动力两种投入而言，经济的增长率变动主要受到资本投入的正向带动，劳动力投入对城市群经济增长的贡献不如资本投入大。状态方程（5.7）的估计结果表明 TFP 的增长率 dlnTFP 具有一定的持续性。由此信号方程和状态方程可以估算出 1991 年至 2015 年的 TFP 的增长率 dlnTFP，绘制如图 5 - 1。为了进一步研究城市群总体 TFP 的增长率与 GDP 增长率、K 增长率和 L 增长率，绘制如图 5 - 2 与表 5 - 3。

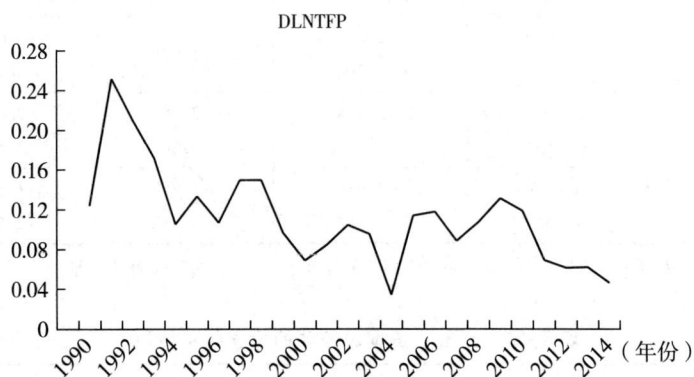

DLNTFP

图 5 - 1   1991~2015 年 TFP 增长率

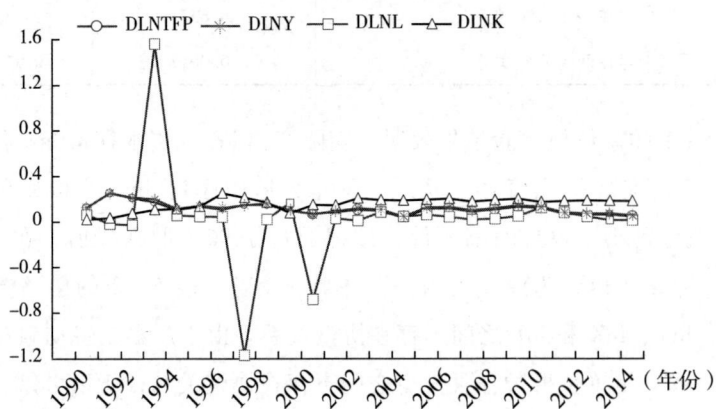

图 5 - 2   1991~2015 年 Y、K、L 和 TFP 增长率比较

表 5 - 3   1991~2015 年 Y、K、L、TFP 增长率及 K、L、TFP 的增长率
对 GDP 增长的贡献率

年份	dlnY	dlnk	dlnL	dlntfp	dlnK/dlnY	dlnL/dlnY	dlntfp/dlnY
1991	0.1258	0.0196	0.0631	0.1238	0.1554	0.5012	0.9840
1992	0.2534	0.0339	- 0.0174	0.2516	0.1340	- 0.0688	0.9930
1993	0.2138	0.0730	- 0.0271	0.2099	0.3413	- 0.1266	0.9816
1994	0.1989	0.1050	1.5627	0.1715	0.5278	7.8575	0.8623
1995	0.1126	0.1152	0.0570	0.1050	1.0225	0.5060	0.9328
1996	0.1419	0.1336	0.0473	0.1334	0.9410	0.3333	0.9399

续表

年份	dlnY	dlnk	dlnL	dlntfp	dlnK/dlnY	dlnL/dlnY	dlntfp/dlnY
1997	0.1221	0.2498	0.0441	0.1068	2.0455	0.3610	0.8744
1998	0.1462	0.2122	-1.1729	0.1496	1.4512	-8.0227	1.0232
1999	0.1601	0.1701	0.0219	0.1497	1.0625	0.1370	0.9354
2000	0.1032	0.0764	0.1664	0.0965	0.7400	1.6115	0.9345
2001	0.0683	0.1480	-0.6833	0.0688	2.1664	-10.0047	1.0078
2002	0.0932	0.1446	0.0273	0.0843	1.5506	0.2924	0.9045
2003	0.1167	0.2052	0.0100	0.1044	1.7585	0.0859	0.8950
2004	0.1078	0.1907	0.0842	0.0954	1.7685	0.7810	0.8850
2005	0.0456	0.1865	0.0454	0.0340	4.0855	0.9942	0.7454
2006	0.1263	0.1951	0.0626	0.1139	1.5452	0.4960	0.9021
2007	0.1304	0.2031	0.0436	0.1178	1.5580	0.3341	0.9035
2008	0.0992	0.1762	0.0182	0.0885	1.7772	0.1837	0.8926
2009	0.1188	0.1903	0.0249	0.1073	1.6014	0.2094	0.9026
2010	0.1439	0.2014	0.0496	0.1314	1.3995	0.3446	0.9127
2011	0.1305	0.1742	0.1238	0.1186	1.3345	0.9485	0.9084
2012	0.0811	0.1814	0.0818	0.0693	2.2375	1.0089	0.8542
2013	0.0731	0.1859	0.0461	0.0615	2.5414	0.6305	0.8414
2014	0.0731	0.1832	0.0132	0.0621	2.5072	0.1804	0.8496
2015	0.0573	0.1826	0.0153	0.0464	3.1842	0.2664	0.8084

（3）实证结果分析

从图 5-1 的总体 TFP 增长率可以看出，1991~2015 年的大部分年份中，海峡西岸城市群总体 TFP 的增长率在 8% 以上，TFP 的增长具有一定的持续性。1991 年至 1993 年 TFP 增长率呈增长趋势且处于较高的水平；从 1993 年底一直到 2000 年，海峡西岸城市群的 TFP 增长率整体处于下降趋势，但仍保持 9.65%~17.15% 的较高增长水平。这一段时期，虽然经济发展较为较快，但是经济增长的主要动力是来自国内外投资以及劳动力的大力投入，而非来自 TFP 的推动。这一时期的经济增长处于比较粗放的模式，是以高投入、高能耗、高污染为特点，以环境污染为代价的，对资源消耗型的投资有过热的现象。而从 2001 年开始到 2002 年结束的 TFP

增长率一直处于 10% 以下的现象，也主要是受到了 1997 年席卷整个亚洲的金融危机的影响。海峡西岸城市群毗邻台湾，靠近港澳，受到的影响较内陆地区更加显著。从 2001 年开始一直到 2008 年，TFP 增长率一直处于震荡变动，这是因为，传统的依靠投资的高能耗、高污染的粗放型经济增长模式的矛盾越来越突出。资源消耗和浪费严重，环境污染加剧，从粗放型经济增长方式到集约型经济转型，转型过程中对新的生产方式进行探索，导致期间的 TFP 水平波动。2008 年金融危机后，TFP 有所回升并于 2011 年附近达到近期较高水平。2012 年至 2015 年，国内经济进入调整阶段，GDP 经过长期高速增长后放缓了增长速率。海峡西岸城市群总体 TFP 的增长速率相应地受全国宏观经济调整等因素影响，也有所放缓。

从表 5 - 3 可以看出，1991 年以来，海峡西岸城市群的 GDP 一直增长较快，其增长速率远远高于同期的全国经济平均增长速度，但是自 20 世纪 90 年代后期开始，受经济"软着陆"政策的影响，GDP 增长率略有下降。资本投入增长率从 1994 年开始至 2015 年，一直处于缓慢的增长趋势。而劳动力投入的增长率没有处于明显的增长或者下降的趋势，1990 ~ 2015 年间一直在零值上下小幅波动。TFP 增长率与 GDP 增长率具有相似的变化趋势。

就贡献率来说，资本投入增长对 GDP 增长的贡献率一直处于较高的水平，具有逐渐增大的趋势，并且在 1998 年之后除了 2000 年以外一直处于 10% 以上的贡献率，可见资本投入增长对经济增长的重要性。而劳动力投入增长对 GDP 增长的贡献具有强烈的波动性，其中最高值出现在 1994 年，为 785.75%，最低值为 - 1000.47%，出现在 2001 年，但总体贡献率在零值附近上下波动。TFP 的增长率对经济增长的贡献率较为明显，在整个研究期内，其贡献率一直在 70% 以上，最大值为 102.32%，出现在 1998 年。从 1998 年以后，虽然 TFP 增长率对城市群经济增长的贡献率较为显著，但是与资本投入增长对城市群经济增长的贡献率相比还是稍显逊色，由此可以进一步知道，资本投入增长依然是拉动海峡西岸城市群整体经济增长最主要的动力。

从图 5 - 2 和表 5 - 3 以及上述分析可以看出，资本投入增长一直是推动海峡西岸城市群总体经济增长的主要动力，资本投入的增长趋势与城市群的经济增长趋势相似，目前，其对经济增长的贡献依然大于 TFP 增长对经济增长的贡献。虽然 TFP 的增长已经成为推动经济增长的主要动力之一，但是目前经济增长依然是主要靠资本投入增长实现的。

三　海峡西岸城市群 4 大区的全要素生产率增长率的比较分析

基于各个地区地理位置的不同、发展不平衡、经济增长的差别性，本研究将海峡西岸城市群 20 个城市 4 大区分别加以分析，继续采用 TFP 的状态空间模型，对 4 大区的 TFP 变化的差异性进行实证分析。通过采用状态空间模型，得到了海峡西岸城市群 4 大区从 1991 年至 2015 年的 TFP 的增长率，分别绘制了图 5 - 3 至图 5 - 6。

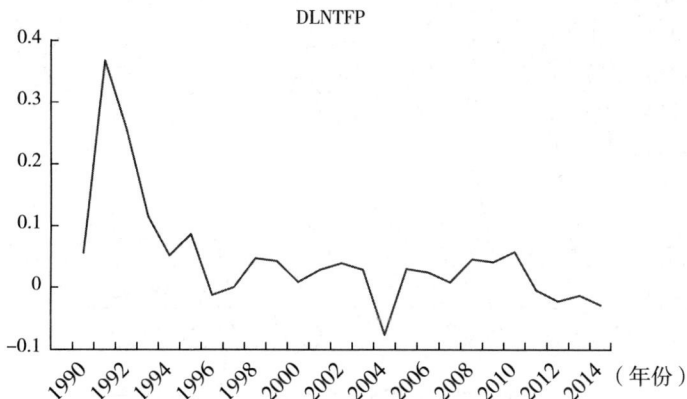

图 5 - 3　1991 ~ 2015 年福建区 TFP 增长率

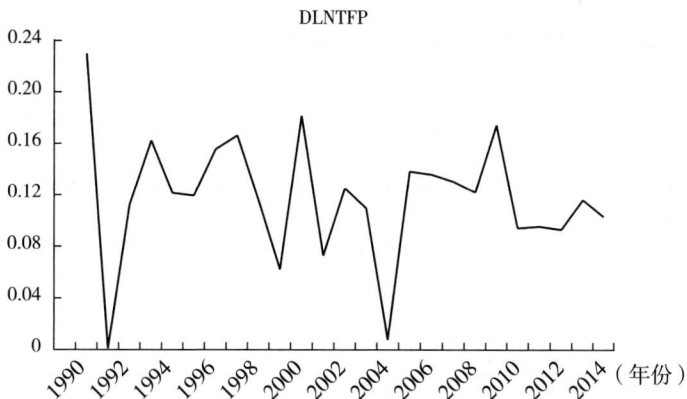

图 5 - 4　1991 ~ 2015 年粤东地区 TFP 增长率

DLNTFP

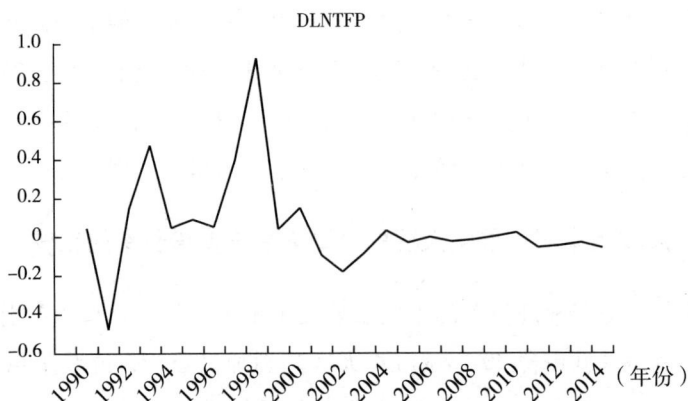

图 5 – 5　1991～2015 年赣南地区 TFP 增长率

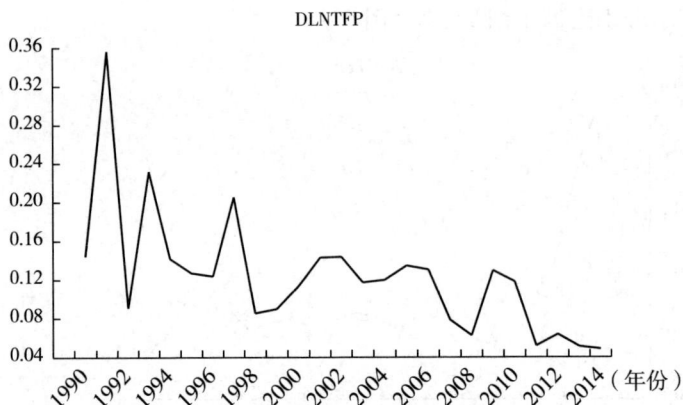

DLNTFP

图 5 – 6　1991～2015 年浙南地区 TFP 增长率

结合表 5 – 4 以及图 5 – 3 至图 5 – 6 可以清晰看出，粤东地区 4 个城市 1991～2015 年 TFP 增长率并未呈现显著的趋势性，期间具有较强的波动性，2005 年达到最低值后恢复平稳状态。赣南地区 3 个城市 1991 年至 1999 年期间 TFP 一直呈现上升趋势，2001 年以后趋于平稳，近年来无明显变动。在部分年份中，赣南地区 3 个城市（由于抚州数据 1990～2000 无法获得而略去）的 TFP 出现负值。浙南地区 3 个城市的 TFP 增长率在整个研究期内同样均为正值，在研究期间内浙南地区 3 个城市的 TFP 较早达到较高的水平，但之后长期呈现出下降趋势。这里，为了对 4 大区的 TFP 进行横向比较分析，绘制图 5 – 7。

从图 5 – 7 可以清晰看出，在 2005 年之前，海峡西岸城市群 4 大区的

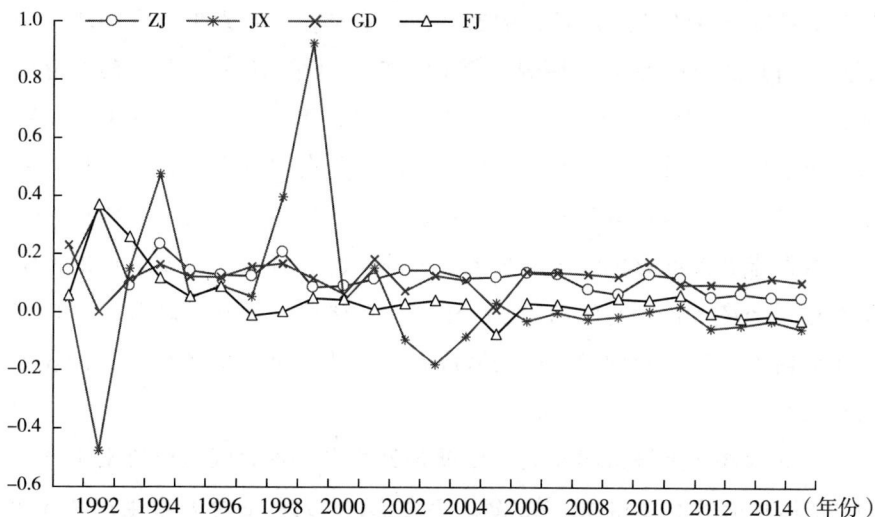

图 5 - 7　1991 ~ 2015 年 4 大区的 TFP 增长率

TFP 均具有一定程度的波动，2005 年以后，4 大区的 TFP 均趋于平缓与稳定，没有明显的大起大落，整个研究期内 4 大区的 TFP 增长率在 20% 上下浮动。在整个研究期内，浙南地区（ZJ）的全要素生产率整体上高于其他 3 个地区，赣南地区（JX）居于浙南地区与福建（FJ）和粤东地区（GD）之间。2012 年以来，除粤东地区 4 个城市依然保持较高的 TFP 增长率外，其他三个地区的 TFP 都下降到了较低的水平。其中，福建区和赣南地区的 TFP 出现下降，反映出这两个地区在新的经济形势下未能及时调整生产结构与生产方式，导致要素效率下降。浙南地区的 TFP 基本保持稳定，粤东地区的 TFP 则表现出较高水平。

四　结论

本节采用状态空间模型来测算海峡西岸城市群在 1991 ~ 2015 年间的全要素生产率 TFP 的变化情况，将不可观测的变量全要素生产率从回归残差中分离出来，剔除掉一些测量误差对其估算的影响，提高了测算精度。还进一步将海峡西岸城市群按地域分为 4 大区分别加以讨论，得出主要结论。

（1）1991 ~ 2015 年，海峡西岸城市群总体上全要素生产率 TFP 的增长率保持在 9.65% 到 17.15% 的较高增长水平，全要素生产率的增长率对经济增长的贡献率较为明显，其贡献率一直在 70% 以上，最大值出现在 1998 年，为 102.32%。尽管如此，1998 年以后，虽然 TFP 增长率对城市群经济增长的贡献率较为显著，但是与资本投入增长对海峡西岸城市群经济增长的贡献率相比还是稍显逊色，资本投入的增长依然是拉动海峡西岸城市群总体经济增长最主要的动力。海峡西岸城市群的经济依然处于经济增长要素驱动阶段、投资驱动阶段、创新驱动阶段、财富驱动阶段 4 个阶段中的投资驱动阶段，仍然属于粗放型经济增长，效率有待提高。

（2）海峡西岸城市群 4 大区发展各具特点，各大区的全要素生产率 TFP 的增长情况不尽相同。在 2005 年之前，4 大区的全要素生产率 TFP 均具有一定程度的波动，2005 年以后，TFP 均趋于平缓与稳定，没有明显的大起大落，整个研究期内 4 大区的 TFP 增长率在 20% 上下浮动。浙南地区的全要素生产率整体上高于其他三个省份区域。2012 年后，福建区和赣南地区的 TFP 缓慢下降出现负值，浙南地区 TFP 发展平稳，粤东地区的 TFP 则保持相对较高水平，反映出在新的经济形势下海峡西岸城市群各城市要素利用效率之间的分化差异。

第二节　基于全要素生产率对海峡西岸城市群增长方式的研究（Ⅱ）

本节采用 DEA 方法度量海峡西岸城市群 20 个城市的全要素生产率，探讨全要素生产率对海峡西岸城市群经济增长的贡献。

一　理论模型

TFP 估算的另一个角度是运用非参数 DEA 方法，本节运用非参数 DEA 方法估算的全要素生产率探讨海峡西岸城市群经济增长方式。目前较为流行的度量方法为 Malmquist 指数。Malmquist TFP 指数最初是被 Caves、Christensen 和 Diewert（CCD）引入的。此后该指数与 Charnes 等建立的 DEA 理论相结合，在生产率测算中的应用日益广泛。在实证分析中，研究者普遍采用 Farrell 等构建的基于 DEA 的 Malmquist TFP 指数。Malmquist TFP 指数可以分解为两部分：一部分是测量效率变化，另一部分则是测量技术进步。如果生产技术处在规模报酬可变状态，那么效率变化又可以分解为纯效率变化和规模效率变化两部分。

以 t 期技术 T^t 为参照，基于产出角度的 Malmquist TFP 指数可以表示为：

$$M_0^t\ (x_{t+1},\ y_{t+1},\ x_t,\ y_t)\ = d_0^t\ (x_{t+1},\ y_{t+1})\ /d_0^t\ (x_t,\ y_t) \tag{5.8}$$

同理，以 $t+1$ 期技术 T^{t+1} 为参照，基于产出角度的 Malmquist TFP 指数可以表示为：

$$M_0^{t+1}\ (x_{t+1},\ y_{t+1},\ x_t,\ y_t)\ = d_0^{t+1}\ (x_{t+1},\ y_{t+1})\ /d_0^{t+1}\ (x_t,\ y_t) \tag{5.9}$$

为避免时期选择的随意性所造成的差异，Caves 等仿照 Fisher 理想指数的构造方法，取两者的几何均值作为衡量从 t 期到 $t+1$ 期生产率变化的 Malmquist TFP 指数：

$$M_0^{t,t+1}\ (x_{t+1},\ y_{t+1},\ x_t,\ y_t)\ = \left[\frac{d_0^t\ (x_{t+1},\ y_{t+1})}{d_0^t\ (x_t,\ y_t)} \times \frac{d_0^{t+1}\ (x_{t+1},\ y_{t+1})}{d_0^{t+1}\ (x_t,\ y_t)}\right]^{\frac{1}{2}}$$

$$\tag{5.10}$$

其中，$(x_{t+1},\ y_{t+1})$ 和 $(x_t,\ y_t)$ 分别表示 $t+1$ 期和 t 期的投入和产出向量；d_0^t 和 d_0^{t+1} 分别表示以 t 时期技术 T^t 为参照，时期 t 和时期 $t+1$ 的距离函数。

根据上述处理所得到的 Malmquist TFP 指数具有良好的性质，它可以分解为不变规模报酬假定下综合技术效率变化指数（technical efficiency change，TEC）和技术进步指数（technical progress change，TPC），其分解过程如下：

$$M_c^{t,t+1}\ (x_{t+1},\ y_{t+1},\ x_t,\ y_t)\ = \frac{d_c^{t+1}\ (x_{t+1},\ y_{t+1})}{d_c^t\ (x_t,\ y_t)}\left[\frac{d_c^t\ (x_{t+1},\ y_{t+1})}{d_c^{t+1}\ (x_{t+1},\ y_{t+1}\mid c)} \times \frac{d_c^t\ (x_t,\ y_t)}{d_c^{t+1}\ (x_t,\ y_t)}\right]^{\frac{1}{2}}$$

$$\tag{5.11}$$

其中技术效率变化指数（TEC）还可进一步分解为纯技术效率变化指数（pure technical efficiency change，PTEC）和规模效率变化指数（scale efficiency change，SEC），则（5.11）式转换为：

$$M_{\nu,c}^{t,t+1} = \frac{d_{\nu}^{t+1}\ (x_{t+1},\ y_{t+1})}{d_{\nu}^{t}\ (x_{t},\ y_{t})} \times |\ \frac{d_{\nu}^{t}\ (x_{t},\ y_{t})}{d_{c}^{t}\ (x_{t},\ y_{t})} / \frac{d_{\nu}^{t+1}\ (x_{t+1},\ y_{t+1})}{d_{c}^{t+1}\ (x_{t+1},\ y_{t+1})} |\ \times$$

$$\left[\frac{d_{c}^{t}\ (x_{t+1},\ y_{t+1})}{d_{c}^{t+1}\ (x_{t+1},\ y_{t+1}\ |\ c)} \times \frac{d_{c}^{t}\ (x_{t},\ y_{t})}{d_{c}^{t+1}\ (x_{t},\ y_{t})} \right]^{\frac{1}{2}} \tag{5.12}$$

技术效率的概念最早是由 Farrell 提出来的。他从投入角度给出技术效率的定义，认为技术效率是指在相同的产出下生产单元理想的最小可能性投入与实际投入的比率。Leibenstein 从产出角度认为技术效率是指在相同的投入下生产单元实际产出与理想的最大可能性产出的比率。

二　变量和数据选取

DEA 模型的应用对样本和变量选取要求很严格，选取的样本和变量若不恰当，将对结果的好坏影响很大，从一定意义上讲，DEA 方法的好坏根本在于样本和变量的选取。

投入产出变量设计与上一节选取的变量设计一致。在数据选取方面，依照 DEA 模型对样本选取的要求，选择海峡西岸城市群 20 个城市作为研究对象，即 DEA 模型中的决策单元。选取的时间期间为 2000～2015 年。总体上讲，所选择的研究样本和变量指标满足基于 DEA 模型方法测算的要求，可以较为准确地对海峡西岸城市群 20 个城市全要素生产率进行核算。

三　全要素生产率结果分析

本研究的分析是建立在采用投入导向的方式进行核算所得到的结果。关于选取投入导向还是产出导向的问题，可以认为，在产出给定的情况下求投入要素的最小化，则选择投入导向；在投入给定的情况下求产出最大化，则选取产出导向，其实这两种方式得出的结果是一致的。

（1）城市全要素生产率的分布特征

海峡西岸城市群 20 个城市在 2000～2015 年期间的表现各异，有多少个城市的全要素生产率（TFP）得到改善还是未改善？受技术变化（techch）的贡献或拖累的有多少？受技术效率（effch）的贡献或拖累的又有多少？技术效率变化是来源于纯技术效率（pech），还是来源于规模效率（sech）？

这些问题对于我们了解不同效率在城市群城市的分布特征，进而明确各个城市的努力目标至关重要。海峡西岸城市群 20 个城市 TFP 分析结果均值的基本统计特征如表 5 - 4 所示。

表 5 - 4　海峡西岸城市群 20 个城市全要素生产率均值基本统计特征

指标	最小值	最大值	平均值	标准差	大于 1 的城市个数	有效率城市比重（%）
effch	0.971	1.057	1.007	0.021	12	60
techch	0.947	1.074	1.007	0.036	11	55
pech	0.976	1.047	1.008	0.016	14	70
sech	0.983	1.017	0.999	0.010	11	55
tfpch	0.937	1.104	1.014	0.046	12	60

首先将目光集中在海峡西岸城市群 20 个城市 2000 ~ 2015 年期间的全要素生产率的均值变化和来源上。在这期间全要素生产率（tfpch）的动态变化平均值为 1.014，这表示 2015 年的城市全要素生产率较 2000 年改善上升了 1.4%。再来看全要素生产率均值结果的分解，本研究分析的结果显示，全要素生产率 1.4% 改善的贡献来源为技术进步和技术效率。2000 ~ 2015 年期间 20 个城市的全要素生产率的动态变化平均值为 1.007，都改善上升 0.7%。而技术效率的上升主要是由于纯技术效率的上升，其动态变化平均值上升了 0.8%，规模效率的动态平均值下降了 0.1%。整体上的全要素生产率改善状况，给出 2000 ~ 2015 年期间海西整体城市发展总体健康程度的评价，这说明海峡西岸城市群总体上不仅注重技术革新和技术引进，而且能够对现有的技术水平进行充分挖掘，不断优化资源配置，提升技术效率。

全要素生产率改善的城市有 12 个，占所研究城市总体的 60%，说明此期间内，城市群中多数城市经济的进步伴随着全要素生产率的改善，而并非只是投入型增长。其中，全要素生产率改善最大的城市达到 10.4%，下降最大的则为 - 6.3%，离散程度较大，说明海峡西岸城市群各个城市全要素生产率改善程度并不均匀，个体间差异较大。取得技术进步指标改善的城市有 11 个，占所研究城市总体的 55%。而凭技术效率取得进步的城市为 12 个，占所研究城市总体的 60%。这也进一步印证了前面分析的全要素生产率改善是技术变化和技术效率综合改善的结果。

以下分成两种类型来统计 20 个城市在全要素生产率（TFP）及其分解效率的分布特征，即全要素生产率实现改善的城市和未实现改善的城市，见表 5 – 5 和表 5 – 6。

表 5 – 5　TFP 改善的城市中按来源分布

TFP 改善总数	12	所占比例（%）	effch 改善总数	8	所占比例（%）
effch > 1	8	66.7	pech > 1	8	100
techch > 1	12	100	sech > 1	7	87.5
effch 且 techch > 1	8	66.7	pech 且 sech > 1	7	87.5

直观来看，TFP 改善的 12 个城市都实现了技术变化指标上的改善，而 8 个城市（占 66.7%）实现了技术效率变化指标上的改善，两者都达到改进的城市占 66.7%，技术效率的改善对全要素生产率的改善起决定作用。而在技术效率改善的 8 个城市中，都实现了纯技术效率的改进，7 个城市达到了规模效率的改进，两者都对技术效率改善做出贡献的城市有 7 个。TFP 改善的城市中，实现了技术变化上的改进而没有实现技术效率上的进步的城市有 2 个，在技术效率改善的 8 个城市中，实现了纯技术效率的改进却没有实现规模效率的只有 1 个。

表 5 – 6　TFP 未改善的城市中按来源分布

TFP 未改善总数	8	所占比例（%）	effch 未改善总数	4	所占比例（%）
effch < 1	4	50	pech < 1	2	50
techch < 1	8	100	sech < 1	4	100
effch 且 techch < 1	4	50	pech 且 sech < 1	2	50

在 TFP 未改善的 8 个城市中，有 4 个城市被技术效率指标拖累，8 个城市是由于技术变化的拖累，而受到两者共同拖累的有 4 个城市；在技术效率未改善的 4 个城市中，受到纯技术效率拖累有 2 个，受到规模效率拖累的有 4 个，这说明海峡西岸城市群 20 个城市中全要素生产率未改善的城市都受到技术变化的拖累，一半受到技术效率的拖累。技术效率改善的城市都受到规模效率的拖累，一半受到纯技术效率的拖累。

（2）年度平均变化规律

城市群总体的全要素生产率从 2000 年到 2015 年的变化特征，要从 20 个城市年度平均值的变化来描述。表 5 - 7 和图 5 - 8 详细给出 20 个城市总体全要素生产率及其分解的均值结果。

表 5 - 7　2000 ~ 2015 年按年份的 Malmquist TFP 指数的平均变化及分解

年份	effch	techch	pech	sech	tfpch
2001	1. 168	0. 785	1. 143	1. 021	0. 917
2002	0. 882	1. 133	0. 91	0. 97	1
2003	0. 889	0. 954	0. 959	0. 927	0. 849
2004	0. 938	1. 108	1. 009	0. 929	1. 039
2005	1. 286	0. 786	1. 104	1. 165	1. 012
2006	0. 976	1. 078	0. 985	0. 991	1. 052
2007	1. 003	1. 108	0. 986	1. 018	1. 111
2008	1. 009	1. 099	1. 013	0. 996	1. 109
2009	1. 031	1. 032	1. 034	0. 997	1. 064
2010	0. 988	1. 116	0. 986	1. 002	1. 103
2011	0. 973	1. 091	1. 001	0. 972	1. 062
2012	0. 922	1. 059	0. 95	0. 971	0. 976
2013	1. 12	0. 875	1. 085	1. 032	0. 981
2014	0. 991	1. 006	0. 982	1. 009	0. 997
2015	1. 002	0. 977	0. 992	1. 01	0. 979
mean	1. 007	1. 007	1. 008	0. 999	1. 014

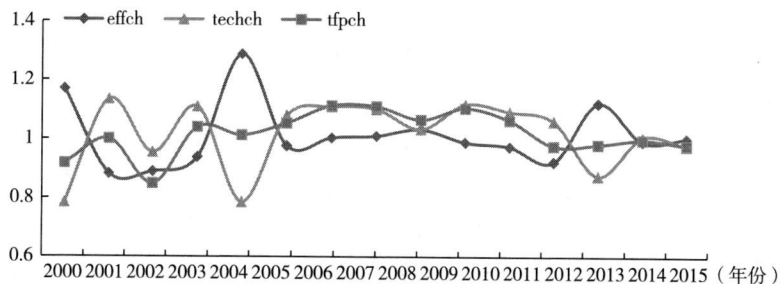

图 5 - 8　年度平均变化的 Malmquist TFP 指数（TFP 变化）

　　总体来看，2000～2015年期间，城市群总体 Malmquist TFP 指数呈现波浪式的上升趋势，其中2003年全要素生产率的 Malmquist 指数为0.849，下降了15.1%，技术变化和技术效率变化对下降都有作用，但技术效率变化影响为主要原因；2001年、2013年和2015年的全要素生产率的 Malmquist 指数分别为0.917、0.981和0.979，分别下降了8.3%、1.9%和2.1%，主要是由于技术变化下降引起的。2012年和2014年的全要素生产率的 Malmquist 指数分别为0.976和0.997，分别下降了2.4%和0.3%，主要是由于技术效率变化引起的。2004～2011年全要素生产率持续上升，上升幅度依次为3.9%、1.2%、5.2%、11.1%、10.9%、6.4%、10.3%和6.2%。这期间上升幅度最大的年份是2007年，其中技术进步的贡献最大，上升了10.8%。

　　（3）4大区结果分析

　　本研究继续将20个城市按地域分为福建、浙南、粤东和赣南地区4个区域分别加以分析，以探究全要素生产率变化的区域差异，计算结果如表5-8所示。

表5-8　各个城市全要素生产率变化

城市	effch	techch	pech	sech	tfpch
福州	0.985	1.033	1.001	0.983	1.017
厦门	1.02	1	1.034	0.986	1.02
莆田	1.004	0.97	1.002	1.001	0.973
三明	1.028	1.036	1.022	1.006	1.065
泉州	0.989	0.947	1	0.989	0.937
漳州	0.992	1.032	1.004	0.989	1.025
南平	1.015	1.041	1.012	1.003	1.057
龙岩	1.018	1.022	1.013	1.005	1.04
宁德	0.986	1.033	0.991	0.996	1.018
福建平均值	1.004	1.013	1.009	0.995	1.017
温州	0.988	1.016	1.002	0.985	1.004
丽水	1.03	1.072	1.013	1.017	1.104
衢州	1.021	1.074	1.012	1.01	1.096
浙南平均值	1.013	1.054	1.009	1.004	1.068

续表

城市	effch	techch	pech	sech	tfpch
汕头	1.021	0.958	1.01	1.012	0.979
梅州	1.034	0.959	1.023	1.011	0.992
潮州	1.003	1.023	1	1.003	1.026
揭阳	1.057	1.012	1.047	1.01	1.069
粤东平均值	1.029	0.988	1.020	1.009	1.017
鹰潭	0.993	0.997	1	0.993	0.989
赣州	0.98	0.968	0.986	0.993	0.948
抚州	1.012	0.976	1.008	1.004	0.987
上饶	0.971	0.987	0.976	0.995	0.958
赣南平均值	0.989	0.982	0.993	0.996	0.971
总体平均值	1.007	1.007	1.008	0.999	1.014

　　福建地区 9 个城市，2000～2015 年期间，全要素生产率的动态变化平均值为 1.017，这意味着全要素生产率改善了 1.7%，略高于 20 个城市的整体改善程度（1.4%），其来源主要为技术变化的贡献，上升了 1.3%，而技术效率仅上升 0.4%。福建省 9 个城市中只有莆田和泉州 2 个城市的全要素生产率出现下降。下降的原因都是由于技术变化下降造成的。其他城市的全要素生产率都呈现上升的趋势，这主要是由于技术变化的上升造成的。

　　浙南地区 3 个城市，2000～2015 年期间，全要素生产率的动态变化平均值为 1.068，这意味着全要素生产率改善了 6.8%，明显高于 20 个城市的整体改善程度（1.4%），其来源主要为技术进步的贡献，上升了 5.4%。而技术效率也上升了 1.3%，其中纯技术效率和规模效率分别上升了 0.9% 和 0.4%。

　　粤东地区 4 个城市，2000～2015 年期间，全要素生产率变化均值为 1.017，改善了 1.7%，略高于 20 个城市的整体改善程度（1.4%）；主要来源是技术效率的改善，上升了 2.9%，其中纯技术效率和规模效率分别有 2% 和 0.9% 的上升贡献；而技术变化下降了 1.2%。潮州和揭阳的全要素生产率上升，另外 2 个城市的全要素生产率下降。

赣南地区4个城市，是唯一全要素生产率动态变化平均值下降的地区，下降了2.9%。技术变化下降了1.8%，技术效率变化下降了1.1%，其中纯技术效率和规模效率分别有0.7%和0.4%的下降贡献。

本研究发现，2000~2015年期间浙南地区是生产率改善最高的区域（6.8%），其次为福建地区（1.7%）和粤东地区（1.7%），赣南地区的全要素生产率下降（负2.9%），这应该与赣南地区资源配置效率低下、经济结构急需转型、忽略技术创新以及人才引进等有很大关系；各个区域全要素生产率改善的主要来源，福建和浙南地区均表现为技术变化和技术效率共同的提高，但技术变化上升的贡献更大。这表明，这两个地区经济发展还处于有活力、但不成熟的阶段，城市经济发展方式上有一定的问题，如何转变经济增长方式，应该受到重视。

第三节　基于技术选择对海峡西岸城市群经济发展的影响研究

改革开放以来，中国经济高速增长，经济发展取得举世瞩目的成就。近年来，受国际经济环境影响与内部经济结构变化的共同作用，GDP增速自2012年起逐步回落，从高速增长转变为中高速增长。对于发展中国家如何通过技术发展促进本国经济增长，学术界进行了大量的研究讨论。其中，以经济学家林毅夫的技术选择理论较具有代表性，所谓技术选择是指决策者为实现一定的经济或技术目标，考虑各方面客观因素与本国（地区）实际情况，对各项技术进行分析比较，选择适宜本国（地区）发展的最优方案过程。从影响经济增长的因素角度看技术进步类型，存在劳动密集型技术、资本密集型技术、技术（知识）密集型技术共3种技术选择，其中技术（知识）密集型技术是技术选择首要原则。技术（知识）密集型技术特点是机械化、自动化程度高，技术装备复杂，投资费用高，劳动力占用较少，适用于资本资源充足，劳动力素质高、人工成本高的国家或地区。

技术选择的概念和主要思想，对中国经济新常态下产业升级、促进经济增长的目标具有重要价值。通过技术选择，根据本国实际的资源禀赋情况寻求发达国家的前沿技术或进行本国自主研发，可快速实现本国的技术进步与产业结构升级，促使本国产业向产业链上游移动，增强国家产业的核心竞争力，为经济增长添加新的动力。海峡西岸城市群在谋求跨越式发展的过程中，如何把握产业技术选择与要素禀赋结构间的匹配关系，是评价内生增长战略的关键所在。否则，盲目引入的先进技术，一旦不能反映要素禀赋的诉求，就无法发挥出区域比较优势，其结果只会导致争土地、争资金的无序性资源竞争，最终换来的只能是产业雷同和发展环境无特色。

鉴于此，以林毅夫等人提出的"技术选择假说"为分析框架，通过实证建模分析，本节试图回答以下问题：①海峡西岸城市群城市经济增长和技术选择是否存在空间聚集效应（或者说空间相关性）；②海峡西岸城市群城市的技术选择对相邻城市经济发展是否存在空间溢出效应，如果存在空间溢出效应，空间溢出效应模式和作用强度如何，地方政府在新常态的大背景下是否可以通过技术选择的手段进行地方资本深化以拉动地方经济增长；③技术选择及其空间溢出效应对城市群经济发展的作用是否受时间变化影响；④技术选择及其空间溢出效应对沿海城市和非沿海城市的经济增长的影响是否存在显著差异。

一　模型设定

（1）技术选择指数（TCI）推导

根据一般假定，各地区的生产函数遵循柯布－道格拉斯生产函数：

$$Y = AK^{\alpha}L^{\beta} \tag{5.13}$$

Y 表示产出，K 表示资本存量，L 为劳动要素投入量，α 和 β 分别表示资本和劳动的产出弹性系数，A 代表技术进步。对于具体的产业，也有相似的生产函数：

$$Y_i = A'K_i^{\alpha'}L_i^{\beta'} \tag{5.14}$$

标 i 用来表示不同地区或不同产业，'号代表各产业或地区生产函数的参数，（5.13）式和（5.14）式可进一步改写为人均形式：

$$y = \frac{Y}{L} = A\left(\frac{K}{L}\right)^{\alpha} = Ak^{\alpha} \tag{5.15}$$

$$y_i = \frac{Y_i}{L_i} = A'\left(\frac{K_i}{L_i}\right)^{\alpha'} = A'k_i{}^{\alpha'} \tag{5.16}$$

其中，y 表示人均产出，k 表示人均资本。

林毅夫将技术选择指数定义为用来衡量一国某一行业或地区的人均资本存量与全国人均资本存量的比值，反映地区或产业劳动资本比相对于自身比较优势的偏离程度，表述为：

$$TCI = \frac{(K_i/L_i)}{(K/L)} = \left(\frac{Y_i}{L_i}\right)^{1/\alpha'}\left(\frac{Y}{L}\right)^{-1/\alpha}\frac{A^{1/\alpha}}{(A')^{1/\alpha'}} = y_i{}^{1/\alpha'}y^{-1/\alpha}\frac{A^{1/\alpha}}{(A')^{1/\alpha'}} \tag{5.17}$$

则可推出：

$$y_i = (TCI_i)^{\alpha'}y^{\alpha'/\alpha}\frac{A'}{A^{\alpha'/\alpha}} \tag{5.18}$$

由推导结果可知，地区经济发展人均 GDP 受到地方技术选择与全国平均劳动产出的影响，假若资本的弹性系数为正，则技术选择指数与全国平均劳动产出对地区人均 GDP 均具有正向作用。假定地方政府技术选择的决策仅仅在地方资本禀赋与劳动力禀赋这两种资源禀赋之间做出，（5.18）式表明地方政府可以通过改变本地的资本劳动比，即通过资本深化提高本地的人均产出，有意识地增加本地的资本存量，提高人均资本水平有利于本地进行产业发展选择超前技术，促进本地的产业升级并以此提高本地的人均 GDP。所谓资本深化，是指经济增长过程中，资本积累快于劳动力增加的速度从而资本 – 劳动比率或人均资本量在提高。资本深化一般意味着经济增长中存在技术进步，主要是以资本密集型技术为主。

（2）计量经济模型设定

将时间 t 引入（5.18）式，可将人均产出方程改写为：

$$y_{it} = (TCI_{it})^{\alpha'}y^{\alpha'/\alpha}\frac{A'}{A^{\alpha'/\alpha}} \tag{5.19}$$

对（5.19）式进行对数线性化，令模型中被忽略的时间因素与个体差异因素影响所形成的不同地区之间人均 GDP 的差异仅反映在截距项的不同取值上，则可得到面板计量模型：

$$\ln\ (y_{it})\ = \alpha_i + \beta_1\ln\ (TCI_{it})\ + \beta_2\ln\ (y_t)\ + \varepsilon_{it} \tag{5.20}$$

其中，$\alpha_i = \ln\left(\dfrac{A'}{A^{\alpha'/\alpha}}\right)$，$\beta_1 = \alpha'$，$\beta_2 = \dfrac{\alpha'}{\alpha}$。

考虑到空间因素对中国区域经济发展及各省技术选择决策的影响，普通面板模型难以反映其中存在的空间相关信息。一方面，由于经济交流合作，人员要素流动等因素影响，各省之间的经济发展存在相互作用关系；另一方面，一个省通过技术选择成功促进本省的经济发展将带动周围省份的经济发展，同时起到示范作用影响周围省份的技术选择决策。若计量模型中未包含区域经济发展及地区技术选择的空间相关要素，则模型的残差必会因为包含空间相关性产生偏误，降低最终结果的可靠性。

目前较多的空间计量文献使用空间自回归模型（Spatial Autoregressive Model，SAR）和空间误差模型（Spatial Error Model，SEM）进行分析，但这两个模型仅能针对存在自变量空间滞后或随机空间滞后其中之一的情形，对复杂的空间关系解释乏力。因此，本研究的模型设定主要采用 Anselin 含有空间自回归误差项的空间自回归模型（SARAR，Spatial Autoregressive Model with Autoregressive Disturbances）来描述变量间的复杂空间关系。模型形式为：

$$y = \lambda Wy + X\beta + u,\ u = \rho Wu + \varepsilon \tag{5.21}$$

同时，考虑到技术选择指数的空间溢出效应，借鉴空间 Durbin 模型的设定方式，引入自变量技术选择指数（TCI）的空间相关矩阵，该权重矩阵选择与因变量空间滞后矩阵选择相同。模型的设定形式变为：

$$\ln y_{it}\ = \lambda W\ln y_{it}\ + \beta_1\ln(TCI_{it})\ + \beta_2 W\ln(TCI_{it})\ + \beta_3\ln y_t\ + u_{it} \tag{5.22}$$

$$u_{it} = \rho Wu_{it} + \varepsilon_{it} \tag{5.23}$$

其中，y_t 表示全国平均劳动产出水平，λ 表示因变量空间滞后项对自身的影响，ρ 表示扰动项 u 的空间依赖性，表示未放入解释变量中的因素间存在的空间相关性。SARAR 模型为空间误差模型和空间自相关模型的一般化形式，当 $\rho = 0$ 而 $\lambda \neq 0$ 时退化为空间滞后模型，当 $\rho \neq 0$ 而 $\lambda = 0$ 时则为空间误差模型，具体操作中通过检验两个系数的显著性判断模型的具体形式。

二　实证分析

(1) 描述性统计

本研究选取主要变量为 2001～2015 年海峡西岸城市群 20 个城市人均 GDP（AGDP）、技术选择指数（TCI）以及全国人均劳动产出（QGDP）。各城市的 AGDP 使用以 2000 年为基期的消费者价格指数（CPI）平减后得到实际值；QGDP 按照以 2000 年为基期折算的全国实际 GDP 除以全国总就业人数计算获得；TCI 按照由各城市资本存量及劳动力计算而来，其中各城市资本存量计算参照张军的计算方法，就业人员数据来自 EPS 平台的中国区域经济数据库与各省市历年统计年鉴。变量的描述性统计见表 5 - 9。

表 5 - 9　变量统计性描述

变量	意义	样本数	均值	标准差	最小值	最大值
AGDP	人均 GDP	300	10205	6556. 059	1464	31791
TCI	技术选择指数	300	4.9997	1.8253	0.5597	11.7757
QGDP	全国人均劳动产出	300	18154	7876. 306	7501	31133

(2) 空间相关性

普通面板估计时未能考虑各城市之间的空间效应，若研究的变量存在空间相关性，普通面板模型估计结果可能存在一定偏误。是否需要在模型中加入空间因素以修正原模型，须考虑城市群各城市 AGDP 与 TCI 是否实际存在空间相关性。本研究运用全局 Moran's I 指数考察海峡西岸城市群经济发展的空间相关性。图 5 - 9 为 2000～2015 年海峡西岸城市群人均 GDP 和 TCI 的全局 Moran's I 指数变化图。自 2000 年以来，海峡西岸城市群人均 GDP 的全局 Moran's I 指数均大于 0.15，且 P 值大小表明 Moran's I

指数在 5% 水平上显著, 城市群各城市间的人均 GDP 存在着显著的空间正相关。自 2001 年起至 2007 年, 城市群的经济发展空间相关度在整体上呈现下降趋势, 但随着中央建设海峡西岸城市群的构想提出之后, 城市之间的经济合作交流更加紧密, 区域整体经济发展的空间相关性呈现出上升趋势。

TCI 的 Moran's I 指数在 2008 年和 2012 年不显著, 从其他显著年份的变动趋势来看, 海峡西岸城市群的技术选择指数自 2001 年后整体呈现出空间相关度上升的趋势, 2013 年海峡西岸城市群的 TCI 空间相关性达到最大值 0.29, 随后虽有所下降但仍表现出显著的空间正相关, 表明城市群中城市的资本劳动比受到来自其周边相邻城市资本劳动比的影响整体趋强, 城市资本劳动比的空间聚集性有逐渐增强的趋势。总体上, 人均 GDP 和 TCI 都具有空间集聚性, 而且空间集聚性越来越强。

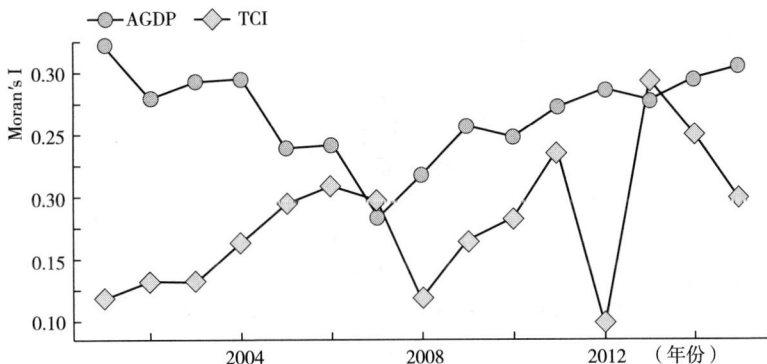

图 5 - 9　2001～2015 年 AGDP 与 TCI 的 Moran's I 指数

为探索 AGDP 与 TCI 的空间聚集模式, 由系统自动选出的 2004 年与 2013 年截面数据绘制两者的 Moran 散点图, 这里的 AGDP 与 TCI 均取对数后标准化, 分别以 LNAGDP 和 LNTCI 表示, 不改变原有属性。横坐标分别表示 AGDP 和 TCI, 纵坐标为对两变量采取空间滞后之后的对应值, 实线代表各散点拟合值, 带菱形点表示具有较强空间溢出能力的城市。2004 年与 2013 年厦门在 AGDP 的 Moran'I 散点图中被标记, 表明厦门的人均 GDP (经济发展) 对其周边邻近城市的人均 GDP (经济

发展）具有显著的促进作用，溢出数值较高，符合实际情况；赣州与梅
州的人均 GDP 数值较低，拉低了周围邻近城市的平均水平，存在低值
溢出效应。

　　在 TCI 的空间聚集模式图中，南平和丽水在 2004 年与 2013 年均呈现
出较强的溢出效应，这两个城市的技术选择对周边城市经济发展具有正向
作用；梅州的 TCI 则处于低值环绕区，表明梅州及其周边城市的 TCI 均处
于较低的水平。图中虚线表示变量及其空间滞后的均值，将整个平面划分
为 4 个象限，4 个象限分别代表 4 种不同的空间相关模式即高值被高值围
绕（HH）、低值被高值围绕（LH）、低值被低值围绕（LL）及高值被低
值围绕（HL）。由图 5 - 10 和图 5 - 11 可以发现，海峡西岸城市群的城市
人均 GDP 与 TCI 的空间相关主要以高值被高值围绕与低值被低值围绕两
种模式为主。

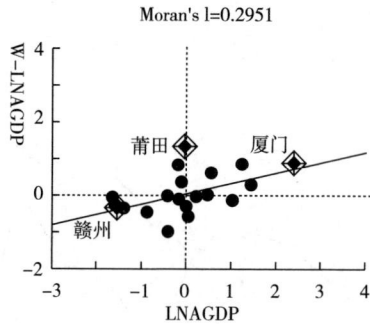

图 5 - 10a　2004 年人均 GDP 的 Moran 散点图

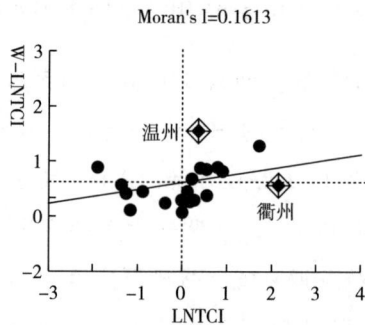

图 5 - 10b　2004 年 TCI 指数的 Moran 散点图

Moran's l=0.2768

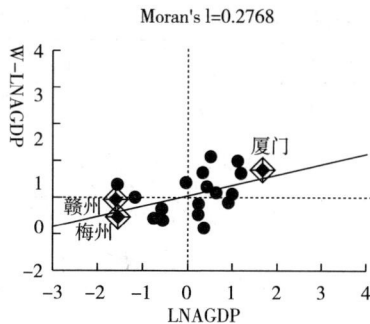

图 5 - 11a　2013 年人均 GDP 的 Moran 散点图

Moran's l=0.2927

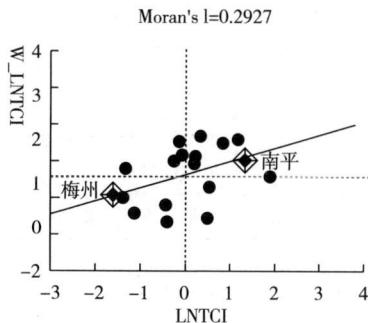

图 5 - 11b　2013 年 TCI 指数的 Moran 散点图

表 5 - 10 到表 5 - 13 分别给出了 2004 年与 2013 年海峡西岸城市群的空间相关分布模式。由这些内容可知，海峡西岸城市群各城市的人均 GDP 和 TCI 的空间聚集模式存在较大的差异。

从人均 GDP 的空间分布来看，在 2004 年与 2013 年都呈现高值聚集的城市主要为福建省的沿海城市，尤其是"厦漳泉"，表明相对于海峡西岸城市群的其他地区，福建省沿海发达地区的经济发展存在更强的空间聚集性。海峡西岸城市群中的江西及广东部分城市则在 2004 年与 2013 年呈现出低值聚集特征，说明这些城市的经济发展都受到相邻落后地区影响，亟须改变发展方式，建立发展同盟形式。

2004 年，海峡西岸城市群的 TCI 的空间分布特征主要表现为粤东、福建东北部城市及浙江部分城市处于高值聚集区；而 2013 年，粤东与浙南地区中在 2004 年处于 TCI 高值聚集区的城市均转变了发展方式，空间分布特征也产生了较大的变化，赣南的各城市主要表现出低值聚集特征。

表 5 - 10 2004 年人均 GDP 空间相关模式的具体分布

象限	空间相关模式	城市	数量（个）
第一象限	高值被高值环绕（HH）	福州、厦门、泉州、漳州	4
第二象限	低值被高值环绕（LH）	莆田、宁德、丽水	3
第三象限	低值被低值环绕（LL）	南平、梅州、潮州、揭阳、鹰潭、赣州、抚州、上饶	8
第四象限	高值被低值环绕（HL）	三明、龙岩、温州、衢州、汕头	5

表 5 - 11 2004 年 TCI 空间相关模式的具体分布

象限	空间相关模式	城市	数量（个）
第一象限	高值被高值环绕（HH）	南平、宁德、温州、丽水、汕头、潮州、揭阳、漳州	8
第二象限	低值被高值环绕（LH）	上饶	1
第三象限	低值被低值环绕（LL）	莆田、三明、泉州、龙岩、鹰潭、赣州、抚州	7
第四象限	高值被低值环绕（HL）	福州、厦门、衢州、梅州	4

表 5 - 12 2013 年人均 GDP 空间相关模式的具体分布

象限	空间相关模式	城市	数量（个）
第一象限	高值被高值环绕（HH）	福州、厦门、莆田、三明、泉州、漳州、宁德、温州	8
第二象限	低值被高值环绕（LH）	丽水、上饶	2
第三象限	低值被低值环绕（LL）	汕头、梅州、潮州、揭阳、赣州、抚州	6
第四象限	高值被低值环绕（HL）	南平、龙岩、衢州、鹰潭	4

表 5 - 13 2013 年 TCI 空间相关模式的具体分布

象限	空间相关模式	城市	数量（个）
第一象限	高值被高值环绕（HH）	福州、南平、宁德、丽水、衢州、鹰潭、上饶	7
第二象限	低值被高值环绕（LH）	泉州、温州、赣州、抚州	4
第三象限	低值被低值环绕（LL）	厦门、莆田、汕头、梅州、潮州、揭阳	6
第四象限	高值被低值环绕（HL）	三明、龙岩、漳州	3

值得注意的是，从人均 GDP 的空间分布来看，福州、厦门、泉州、

漳州分布在第一象限，即这些城市的人均 GDP 较高且被高值环绕，经济发展水平表现出显著的高值空间聚集特征，特别是"厦漳泉"，较海峡西岸城市群其他地区，经济发展水平高值聚集特征明显，表明经济协同发展的效果明显。而从 TCI 的空间分布来看，不同城市之间的技术选择间存在较大差异，如福建省的福州与厦门两市均属于人均产出较高的城市，2004年福州和厦门的 TCI 均位于第四象限即高值被低值环绕区域，而 2013 年福州则处于高值被高值环绕区域，厦门则处于低值被低值环绕区域。南平在 2004 年和 2013 年的 TCI 值均处于较高水平，其经济发展也由低值被低值环绕区域转向高值被低值环绕区域，表明南平的技术选择策略确实拉动了地方经济的发展，且高值溢出效应相互影响。而粤东地区各城市则由于较低的 TCI 水平，到 2013 年，各城市均位于低值环绕区，且低值溢出效应相互影响。

人均 GDP 是衡量经济发展水平重要指标。2004 年处于高值空间聚集特征有"厦漳泉"和福州共 4 个城市，到 2013 年增加为"厦漳泉""福莆宁"三明和温州共 8 个城市。而低值空间聚集特征的城市由 2004 年的 8 个城市减少为 6 个城市，其中梅州、潮州、揭阳、赣州和抚州仍然表现为低值聚集特征。另外，汕头也表现为低值聚集特征。粤东 4 个城市的经济发展都受到相邻落后地区影响，亟须改变发展方式，建立发展同盟。

TCI 是可以衡量技术进步的指标。2004 年处于高值空间聚集特征的城市有南平、宁德、温州、丽水、汕头、潮州、揭阳和漳州共 8 个城市，到 2013 年变化为福州、南平、宁德、丽水、衢州、鹰潭和上饶共 7 个城市，其中南平和丽水一直具有高值空间聚集特征，表明这两个城市与其相邻地区的技术选择策略确实拉动了本地经济发展，高值溢出效应相互影响。2013 年福州的 TCI 具有高值空间聚集特征，作为海峡西岸城市群的中心城市，福州的人力资本、科技、经济实力竞争力强，技术（知识）密集型选择策略带动地方经济的发展，且高值溢出效应相互影响。而低值空间聚集特征的城市由 2004 年的 7 个城市减少为 6 个城市，其中厦门、莆田、汕头、梅州、潮州、揭阳表现为低值聚集特征。从计算结果看，2013 年厦门的 TCI 处于低值环绕区，且低值溢出效应相互影响，需要在推动技术进步方面多下功夫。

综合以上分析，海西城市群 20 个城市的 AGDP 与 TCI 并非简单的随机分布，而具有明显的空间聚集特征，使用普通面板分析将忽略其内在空间相关性，应当选用空间面板模型。

（3）空间面板实证分析

由上述分析可以得知，被解释变量 AGDP 与解释变量 TCI 均存在空间相关性，模型可能同时存在空间滞后相关与空间误差相关，单纯使用空间滞后模型（Spatial Lag Model，SLM）或空间误差模型（SEM）可能导致估计偏误。因此本研究选用空间误差自相关模型（SARAR）分析技术选择对地方经济发展的影响及其空间效应。

表 5 - 14 给出了 2001 ~ 2015 年海峡西岸城市群 20 个城市 AGDP 的空间面板误差自相关模型的估计结果，其中固定效应与随机效应的估计结果中空间误差参数 ρ 与空间自回归系数 λ 的估计值均显著，表明 SARAR 模型相对 SLM 模型与 SEM 模型能更好地刻画实际问题。空间 Hausman 检验结果拒绝随机效应的原假设，应当选择固定效应模型，与普通面板模型选择有所不同。

从结果来看回归系数符号与预期一致，相同变量使用空间面板模型估计的系数符号与普通面板的估计结果一致。其中，TCI 的系数估计值与普通面板模型相比，未发生明显变化，技术选择指数每增加 1 个百分点，人均 GDP 将上涨 0.27 个百分点，说明随着经济增长和劳动生产率的提高，海西城市群内各城市通过技术选择进行资本深化对自身的经济增长具有促进作用。经空间加权的技术选择指数的估计系数为正，表明技术选择具有显著的溢出效应，一个城市提高本地区资本劳动比将对相邻城市的经济发展产生正向影响。全国人均劳动产出对 AGDP 的影响相对普通面板模型估计值增幅较大，反映了在普通模型中未能体现的全国经济增长对各城市人均 GDP 提升的空间效应，全国整体经济发展推动海峡西岸城市群整体产出上升，并通过相邻城市的经济合作得到进一步增强。估计结果表明，全国人均劳动产出每增加 1%，将使各城市的人均 GDP 上升 1.64%。AGDP 的空间自回归系数 λ 表示一个城市的人均 GDP 受临近城市人均 GDP 的影响。这里的固定效应模型估计结果为负值，表明海峡西岸城市群各城市的经济发展存在竞争关系，一个城市的人均 GDP 会受到周围相邻城市 GDP

的反向作用，人均 GDP 较高的发达城市倾向于"掠夺"周围城市的发展资源。空间误差参数 ρ 的系数为正表示一些未被纳入解释变量的因素通过扰动项对城市的人均 GDP 产生正向作用。

表 5 - 14　固定效应与随机效应空间误差自相关模型估计结果

变量	普通面板模型		空间面板模型	
	固定效应模型	随机效应模型	固定效应模型	随机效应模型
TCI	0.2658 ***	0.2658 ***	0.2736 ***	0.2339 ***
$QGDP$	0.9753 ***	0.9753 ***	1.6403 ***	0.2885 ***
$wTCI$			0.3430 ***	- 0.0965 *
c		- 0.8468 ***		- 0.3447 **
ρ			0.7131 ***	- 0.6342 ***
λ			- 0.6732 ***	0.7041 ***
R^2	0.9436	0.9401	0.9571	
F 统计量	2325.4	2333.5	2200.9	
Hausman 检验	$\chi^2(2) = 0.0008$，在 10% 显著性水平不能拒绝原假设，存在"随机效应"		$\chi^2(3) = 136.75$，在 1% 显著性水平拒绝原假设，存在"空间固定效应"	

注：*** 表示 1% 显著性水平，** 表示 5% 显著性水平，* 表示 10% 显著性水平。

考虑到样本研究时间跨度较大，期间中国及世界经济结构与环境都发生了较大的变化。故本研究以全球金融危机（2009）为分界点，分别考察两个时段内技术选择对经济发展的影响。

表 5 - 15　分时段空间误差自回归模型估计结果

变量	2001 ~ 2009 年	2010 ~ 2015 年
TCI	0.1242 ***	0.0503 *
$QGDP$	0.4932 ***	1.1673
$wTCI$	0.2178 ***	0.0010
ρ	- 0.3114	- 0.0245
λ	- 0.3635 *	- 0.0232
R^2	0.9825	0.9920
F 统计量	3309.08	4842.51

注：*** 表示 1% 显著性水平，** 表示 5% 显著性水平，* 表示 10% 显著性水平。

由表 5 – 15 可以看出，两个时段的估计系数存在较大的差异，表明 2008 年金融危机对海峡西岸城市群经济增长产生了重大影响。在此之前，TCI、全国人均产出增长与空间加权 TCI 对城市群的经济增长均具有显著的正向作用，在此之后，仅 TCI 指数对经济具有正向带动作用。结果说明在这次金融危机发生后，海峡西岸城市群的发展模式发生了重大改变，各城市的经济增长仅受到本城市的技术选择影响，相互之间的空间效应减弱。这种现象主要原因是海峡西岸城市群各城市在后危机期间选择了差异较大的发展模式，偏重不同的经济增长路径，因此临近城市的技术选择难以相互影响，也说明了海峡西岸城市群缺乏统一的部署与规划，造成城市群内各城市的协同发展能力削弱。

同时技术选择对地方经济发展的带动作用也从这次金融危机前的 0.12% 下降为 0.05%，虽然各城市仍能够通过进行技术选择促进本地方的经济发展，但效果有所下降。此外由空间自回归系数 λ 的系数虽然不显著，但从系数的变化可以发现，这次金融危机后海峡西岸城市群各城市本身存在的经济竞争现象有所减缓，由于各城市发展路径变化，技术选择的空间溢出效应减弱，各城市间关于资源与市场的竞争也同时减弱，呈现出差异化发展倾向，因此城市群内的要素竞争趋缓。

为进一步考察海西城市群各城市技术选择对经济发展的空间效应，将样本重新划分为沿海城市、非沿海城市两个子样本，使用固定效应的空间误差自相关模型进行分析。

具体估计结果如表 5 – 16 所示。沿海城市与非沿海城市的空间误差参数与空间自回归系数均显著，说明人均 GDP 在两类地区之间同时存在空间溢出效应与空间依赖效应。沿海城市 TCI 系数为 0.4168，这说明该地区资本劳动比率与全国平均资本劳动比率额比值每增长 1%，其人均 GDP 平均增长 0.4168 个百分点。而非沿海城市的 TCI 系数为 0.1957，这说明该地区资本劳动比率与全国平均资本劳动比率额比值每增长 1%，其人均 GDP 平均增长 0.1957 个百分点。沿海城市和非沿海城市的 TCI 系数估计值大小存在显著差异，表明沿海城市的资本深化过程对区域经济增长产生的积极效应较非沿海城市更加明显。非沿海城市大多根据自身禀赋情况选择发展相对具有比较优势的劳动密集型产业，而 TCI 的估计结果为正表明，非沿海城市也能够通过提高资本投入量，发展资本密集型产业和采取资本密集型技术进步，进而带动本地区的经济发展。这说明不同地区促进产业结构升级、加快资本深化、提高资本劳动比率、促进地区劳动生产率的效果是不同的。

表 5 – 16　分地区空间误差自相关模型估计结果

变量	沿海城市	非沿海城市
TCI	0.4168 ***	0.1957 ***
QGDP	0.2847 ***	1.7918 ***
wTCI	− 0.3315 ***	0.2720 ***
ρ	− 0.7710 ***	0.7039 ***
λ	0.6881 ***	− 0.7313 ***
R^2	0.9441	0.9706
F 统计量	737.4	1774.5

注：*** 表示 1% 显著性水平，** 表示 5% 显著性水平，* 表示 10% 显著性水平。

此外，加权的技术选择指数 wTCI 在沿海城市与非沿海城市的作用相反。沿海城市的经济发展受到相邻城市的技术选择决策的负向影响，而非沿海城市的经济发展则受到相邻城市技术选择的正向作用。沿海城市 wT-CI 的估计值为 − 0.3315，非沿海城市 wTCI 的估计值为 0.2720，表明沿海城市的经济发展受到相邻城市技术选择决策的负向影响，而非沿海城市的经济发展则受到相邻城市技术选择的正向作用。这可能是由于沿海城市的经济发展水平相近，对各种资源、生产要素的需求十分强烈，其要素竞争程度也比较大，而非沿海城市则表现出协同发展的特征。本研究可以得出如下结论：技术选择与地区所处的发展阶段有关，且与是否建立起一套与资本深化相适应的体制安排有关。因此海峡西岸城市群要维持经济长期稳定的较高增速，势必要改造传统农业和传统工业的生产结构和生产方式，并利用新技术提升工业的生产方式，以提高第一产业和第二产业对经济增长贡献的效率；在发展第三产业时要注意三大产业的均衡发展，以免揠苗助长。

海峡西岸城市群的沿海城市与非沿海城市的空间自回归系数与空间误差参数均显著，且沿海城市的空间自回归系数为正，非沿海城市的空间自回归系数为负；沿海城市空间误差参数 ρ 的系数为负，非沿海城市空间误差参数 ρ 的系数为正，表明在沿海城市和非沿海城市两个区域内部，经济发展和随机因素对相邻城市的空间作用模式存在显著差异。人均 GDP 在两个地区的城市之间同时存在空间溢出效应与空间依赖效应。沿海城市的空间自回归系数为正，非沿海城市的空间自回归系数为负，表明两者的经济发展对相邻城市经济发展的空间作用模式存在显著差异，即沿海相邻城市的经济发展存在相互促进关系，而非沿海相邻城市则表现出显著的竞争关系。非沿海城市相对于沿海城市，由于资源有限，与周围城市更倾向于形成相互竞争发展资源的关系。沿海城市得益于交通运输便利与资源相对丰富的优势，倾向于形成相互促进的发展联盟关系。在沿海城市，表示一些未被纳入解释变量的随机因素对邻近城市的经济发展有负面影响，而在非沿海城市则相反。

全国人均 GDP 水平对沿海城市与非沿海城市的经济发展均有显著的正向作用，说明全国整体的经济发展对各城市的经济都具有促进作用。非沿海城市经济发展受全国整体经济发展的促进作用较强，表明全国经济的发展对较落后城市的带动作用较强。

技术选择问题是发展中国家制定经济发展战略的重要问题。经济发展战略选择得当，技术选择就能加快经济的发展，加速提高自身的国际竞争力，并以较快的速度提高人民的生活水平。从整个海西城市群平均而言，技术选择系数的提高促进了经济增长，但在不同地区之间，这种促进作用存在显著差异，这说明没有考虑地区要素禀赋实际情况的技术选择，资本劳动比率的提高固然可以在一定程度上使产业结构升级，但不一定能有效地提高劳动生产率，反而不利于经济增长。

三　结论与政策建议

本节构建了一个反映海峡西岸城市群经济增长、技术选择和全国人均劳动产出比之间关系的空间面板计量模型，基于海峡西岸城市群 20 个城市 15 年数据的空间滞后误差自回归面板模型结果显示如下。

从海峡西岸城市群的平均水平来看，技术选择指数的提高对城市经济发展具有正向促进作用，且提升某一城市的资本劳动比的技术选择决策将显著促进邻近城市的经济发展。全国整体经济发展拉动了海峡西岸城市群产出水平的上升，并通过相邻城市的经济合作得到进一步增强。海峡西岸城市群各城市的经济发展存在竞争关系，一个城市的人均 GDP 会受到周围相邻城市人均 GDP 的反向作用。随机扰动项对邻近城市的人均 GDP 产生正向作用。

进一步将海峡西岸城市群 20 个城市分成沿海城市和非沿海城市进行分析，实证研究结果表明，沿海城市的资本深化过程对区域经济增长产生的积极效应较非沿海城市更加明显。而非沿海城市也能够通过提高资本投入量，发展资本密集型产业带动本地区的经济发展。在沿海城市和非沿海城市两类区域内部，加权的技术选择指数 wTCI 在沿海城市与非沿海城市的作用相反，经济发展和随机因素对相邻城市的空间作用模式也存在显著差异。沿海城市相邻城市的要素竞争程度也比较大，非沿海城市相邻城市的要素竞争程度相对较小。沿海城市相邻城市的经济发展存在相互促进关系，而非沿海城市相邻城市间的经济发展则表现出显著的竞争关系。沿海城市随机因素对邻近城市的经济发展有负面影响，而在非沿海城市则相反。

根据分析研究结果，各城市在进行技术选择时，必须考虑到空间因素的作用，提出如下建议。

（1）考虑到海峡西岸城市群经济增长与技术选择存在显著的空间效应，政府宏观层面应充分重视对各城市技术选择与经济发展的统筹规划，建立长效机制，针对目前城市群普遍存在沿海城市高值聚集、非沿海城市低值聚集的两极分化空间特征，优化产业空间布局，平衡资源、政策和技术在海峡西岸城市群的合理配置，进而解决区域发展失衡的问题。

（2）海峡西岸城市群各城市应当进一步进行资本深化，提高各城市的资本劳动比。我国原有的经济发展方式倾向于发展劳动密集型产业，在过去的发展过程中充分发挥了劳动力资源禀赋的比较优势，但随着我国经济进入新常态，产业发展必须向更高层次迈进，这就要求各城市的经济发展应当由劳动密集型产业逐步转向资本密集型、技术密集型产业，推进制造业向产业链上游移动，实现产业由低技术、高能耗、高污染的低水平产业向高技术、低能耗、低污染的高水平产业集群升级转型，实现经济的绿色增长。

（3）对于海峡西岸城市群沿海城市，资本深化对经济发展的促进作用较强，应当首先着重致力于本地区资本劳动比水平的提高以促进经济的快速发展，即积极推动劳动力节约型技术进步。而对于非沿海城市，由于空间溢出效应的存在，应加大资源技术投入，同时大力发展区域性合作，承接沿海城市产业转移，通过恰当的资本劳动比水平，在促进本地区经济发展的同时，促进合作区域的经济共同进步。

（4）海峡西岸城市群总体上各城市经济发展表现出显著的城市间竞争关系，这与政府的政策导向和中国经济发展特点有密切联系。政府应当主动进行宏观调控，打破原有的行政区域限制，合理分配资源，引导各城市选择与本地资源禀赋相适宜的发展方式，建立跨区域经济增长协作机制。相邻地区之间应加强战略伙伴关系，避免因选择相近的发展战略而产生资源、政策竞争。

第三篇

区域城镇化

本篇主要从两个角度探讨海峡西岸城市群产业结构演进和城镇化发展的互动关系。一方面分析产业结构演进对城镇化发展的贡献，另一方面分析城镇化发展对产业结构升级的影响。第六章首先介绍海峡西岸城市群城镇化的最新情况，并运用海峡西岸城市群20个城市10年的样本数据，分析城镇化率在样本期的空间集聚情况。在进行城镇化率影响因素的空间效应分析时，本研究引入包括人均GDP、城乡收入差距、基础设施、市场开放度、教育水平、第二产业比重、第三产业比重等影响因素以及这些影响因素的空间变量进行分析。从海西整体、9个沿海城市和11个非沿海城市进行比较，分析城镇化率影响因素空间效应的差别，给出基于实证结果的政策建议。第七章主要探讨城镇化发展对产业结构升级的贡献，分别选取产业结构高级化指标和产业结构综合指标作为因变量，以城镇化率为解释变量，以技术进步、外资利用、政府行为、经济发展、投资发展、金融水平和人力资本等因素作为控制变量，分别利用固定效应面板模型和面板分位数模型，就城镇化水平变化对海峡西岸城市群产业结构升级进行效应分析，得出分析结果和建议。

第六章 海峡西岸城市群城镇化率的空间集聚以及影响因素研究

第一节 海峡西岸城市群城镇化率的空间集聚性分析

城镇化是指人口向城镇集中的过程。这个过程表现为两个方面，一方面是城镇数目增多，另一方面是城市人口规模不断扩大。城镇化作为现代化的必由之路，是我国最大的内需潜力和发展动能之所在。《国家新型城镇化规划（2014—2020年）》在2014年3月发布实施以来，我国城镇化扎实有序推进。新型城镇化是以城乡统筹、城乡一体、产城互动、节约集约、生态宜居、和谐发展为基本特征的城镇化，是大中小城市、小城镇、新型农村社区协调发展、互促共进的城镇化。城镇化率是反映城镇化水平的重要经济指标。城镇化率在理论界目前还没有统一的定义，比较常见的定义是指一个地区城镇常住人口占该地区常住总人口的比例。比较常见的城镇化率主要有常住人口为总人口基数计算的常住人口城镇化率和户籍人口为总人口基数计算的户籍城镇化率两种。关于常住人口方面，还有一个重要的概念就是城区常住人口数。《2018年城市建设统计年鉴》的数据显示，全国有6个城市的城区人口数超过1000万人，15个城市的城区人口数超过500万人，29个城市的城区人口数超过300万人，属于Ⅰ型大城市。海峡西岸城市群目前20个城市中按城区人口数计算超过300万人的城市只有厦门（349.98万人）和福州（300.71万人），属于Ⅰ型大城市；温州的城区人口数超过200万人，赣州和泉州的城区人口数超过100万人，属于Ⅱ型大城市。其他15个城市的城区人口数在100万人以下，属于中小城市。

　　《2018 年国民经济和社会发展统计公报》统计了 2018 年末全国常住人口城镇化率为 59.58%，户籍人口城镇化率为 43.37%，分别比上一年提升了 1.06 个百分点和 1.02 个百分点。同时，2018 年的常住人口城镇化率和户籍人口城镇化率两项指标，已经非常接近《国家新型城镇化规划（2014—2020 年）》中提出的到 2020 年常住人口城镇化率达到 60% 左右、户籍人口城镇化率达到 45% 左右的目标。这表明，我国已从高速城镇化初期向中后期转变。2018 年广东省常住人口城镇化率达到了 70.70%，是直辖市以外首个城镇化率突破 70% 的省份；与海峡西岸城市群有关的其他三个省份的常住人口城镇化率分别为浙江 68.9%、福建 65.8% 和江西 56%。其中，温州、丽水和衢州的常住人口城镇化率分别为 70%、61.5% 和 58%；广东省的汕头、梅州、潮州和揭阳的常住人口城镇化率分别为 70% 以上、50.49%、65.3% 和 51.18%；江西省的上饶、鹰潭、抚州和赣州的常住人口城镇化率分别为 52%、60.68%、48.22% 和 50% 以上。初步测算，2018 年海峡西岸城市群常住人口数为 8925.97 万人，其中城镇人口数 5492.85 万人，常住人口城镇化率为 61.54%，有理由相信，海峡西岸城市群的常住人口城镇化率很快会达到《海峡西岸城市群发展规划（2008—2020）》中 2020 年城镇化水平提升到 62% 以上的目标。

　　目前关于城镇化率的计算没有统一的公式。本研究在收集公开发布的市级城镇化率时发现，有些城市很难找到完全统一口径的城镇化率序列。特别是国家做出新型城镇化建设重大决策后，在很多市级统计公报和统计年鉴中无法找到可以用于趋势分析的相关数据更新。本章第二节主要用历史数据对海峡西岸城市群城镇化率的空间集聚以及影响因素展开分析，从海西整体、9 个沿海城市和 11 个非沿海城市进行比较分析城镇化率影响因素的空间效应差异，给出基于实证结果的政策建议。笔者曾经从空间计量经济学的视角研究 10 年间海西整体城镇化变迁以及影响因素分析。Moran's I 指数分析结果表明，最初两年的 Moran's I 统计量值为负，随后 8 年基本为正，且不断增大，说明样本期内海峡西岸城市群市域城镇化水平在空间上表现出正的相关关系即出现集聚效应。这表明 20 个城市的市域城镇化水平存在显著的正向空间集聚效应，且有进一步加强的趋势。

第二节　海峡西岸城市群城镇化率的影响因素的空间效应分析

本节首先进行海峡西岸城市群城镇化水平影响因素的空间效应研究，然后分别就沿海城市和非沿海城市展开讨论。通过分析城镇化水平对海峡西岸城市群经济增长的影响，为进一步加快海峡西岸城市群各城市产业结构调整、提高产业竞争力提供参考。

为了研究海峡西岸城市群市域城镇化水平影响因素的空间效应，本研究引入包括人均 GDP、城乡收入差距、基础设施、市场开放度、教育水平、第二产业比重和第三产业比重等影响因素以及这些影响因素的空间变量。其中，人均 GDP 表示经济发展水平。经济发展水平在很大程度上导致产业集聚和城镇化发展需求的产生，是决定一个地区人口城镇化进程和水平的关键因素。城乡收入差距选取城镇居民家庭人均全年可支配收入与农村居民家庭人均全年纯收入之差来反映城乡收入差距。基础设施用单位国土面积上的公路通车里程数来表示，反映一个城市的基础设施建设情况。良好的基础设施条件不仅可以降低经济活动的运输成本，促进要素的流动和高效配置，更有助于发挥规模化生产经营的优势，加速地区间的协同与合作，促使城市规模扩大和生活质量提高，从而吸引更多的人口迁入，促进城镇化水平提高。教育水平用人均受教育年限表示，代表城市的教育发展水平。市场开放度用各城市当年按美元与人民币中间价折算的进出口总额占 GDP 的比重来表示市场对外开放程度。对外开放促进了出口导向产业的发展，有利于产业结构的调整、资源的重新配置和地区比较优势的发挥，这将有利于在城市经济部门创造更多的就业机会和提供较高的收入水平，吸引农村人口向城市迁移。第二产业比重用第二产业增加值占 GDP 的比重表示，反映工业化程度。工业化的推进与城镇化进程有着甚为密切的关系，工业革命是近代城镇化高速发展的引擎。城市工业的规模发展将带动周围农村的发展从而带动整个区域经济发展，同时工业化纵深发展会导致产业结构的变迁，使得城市优先发展具有自身比较优势的新型行业，这样会使得传统行业由城市转向农村地区，改变原有的就业结构，从而推动整个地区的城镇化进程。第三产业比重用第三产业增加值占

GDP 的比重表示，衡量第三产业发展水平。产业结构的调整和升级，能够完善城镇化的产业基础。为了更好地分析空间效应，对于以上影响因素本研究同时引入空间因素，表明一个城市的城镇化水平不仅受到该城市的各种因素的影响，还受到其邻近城市各种因素对本城市的冲击影响。

本研究对 10 年间海西整体数据，分成 20 个城市总体、沿海城市和非沿海城市进行比较分析。本节运用空间面板模型进行分别计算，将有关结果梳理出来。表 6 – 1 为未考虑空间效应的海峡西岸城市群城镇化率影响因素的分析结果。表 6 – 2 为考虑空间效应后海峡西岸城市群城镇化率影响因素的分析结果。

表 6 – 1　未考虑空间效应的海峡西岸城市群城镇化率影响因素分析

普通变量	海西总体	沿海城市	非沿海城市
经济发展	正（显著）	正（显著）	正（显著）
城乡收入差距	负（显著）	负（显著）	负（显著）
第二产业比重	正（显著）	正（显著）	正（显著）
第三产业比重	正（显著）	正（显著）	正（显著）
基础设施	正	正	
市场开放度	正（显著）	正（显著）	正
教育水平	正（显著）	正（显著）	正

表 6 – 2　考虑空间效应的海峡西岸城市群城镇化率影响因素分析

空间变量	海西总体	沿海城市	非沿海城市
经济发展	负（显著）	负（显著）	负（显著）
城乡收入差距	负（显著）	正	负（显著）
第二产业比重	正（显著）	正（显著）	负（显著）
第三产业比重	负	负	正
基础设施	正（显著）	正（显著）	正（显著）
市场开放度	正（显著）	正（显著）	正
教育水平	正（显著）	负（显著）	正

一　未考虑空间效应的海峡西岸城市群城镇化率影响因素分析

首先分析海峡西岸城市群 20 个城市的整体表现。经济发展水平对城镇化有显著的正向促进作用，城乡收入差距对整个城市群来讲有显著的不利影响，第二产业比重和第三产业比重提升对整个城市群的城镇化发展有显著的促进作用。可见，大力发展第二、三产业有利于提升海峡西岸城市群整体产业集聚水平和经济发展水平，将进一步促进城镇化进程。基础设施变量的系数为正数但统计上不显著，表明在样本期内城市群总体上对基础设施建设的投入存在不足现象。市场开放度和教育水平对整个城市群的城镇化发展有显著的促进作用。

其次对 9 个沿海城市的分析发现其表现和 20 个城市整体表现一致。最后通过 11 个非沿海城市的分析发现，非沿海城市的市场开放度和教育水平变量的影响系数不显著，表明非沿海城市的市场开放度相对较低，教育水平也相对落后，对城镇化进程的促进作用还不明显。从系数大小还可以看出在城市群总体表现中，沿海城市的影响因素对城镇化率的变迁影响效果较大。

二　考虑空间效应的 20 个城市总体城镇化率影响因素分析

对于海峡西岸城市群的 20 个城市总体，将普通变量作为控制变量，进一步考虑影响因素的空间效应，研究结果发现：经济发展水平和城乡收入差距的空间变量系数为负数，表明总体上，城市群内城市的周边城市经济发展水平越高，本地的优秀人才和农村人口会更愿意迁入周边城市，这样会抑制本城市人口城镇化率的提高。周边城市城乡收入差距过大，城乡收入分配不均衡，会抑制周边城市的消费水平，使得本地产品供给由于周边城市消费需求规模的扩大，影响到本地的产业集聚规模和城镇化水平的提高。基础设施、市场开放度和教育水平的空间变量在海峡西岸城市群存在着正的空间相关性即集聚效应。

从第二产业和第三产业的空间变量表现看来，第二产业的空间变量的系数为正且显著，说明周边城市的第二产业比重的提高对该城市本身有正向的促进作用。而第三产业的空间变量的系数为负但不显著，表示周边城市的第三产业表现对该城市本身可能存在竞争关系，不利于本城市的城镇化进程。众所周知，产业发展是城镇化发展的内在动力，是解决城镇就业问题的有效途径，是维护城镇社会稳定的重要保障。产业发展水平的高低决定了城镇化发展质量的高低。一个城市只有具备高度发达的产业分工体系，才可能吸纳大量劳动力，为转移人口创造充分的就业机会，进而推动城镇化进程的健康可持续发展。

与第二产业发展历程相比，海峡西岸城市群第三产业发展的基础相对薄弱，发展时期和水平都滞后于第二产业，依然要以劳动密集型服务业发展为主，进一步夯实第三产业的发展基础和扩大规模，努力提升产业的发展质量，发挥服务业对就业规模的拉动作用。随着经济发展水平的提高与工业化进程的加快，要大力发展第三产业并注重空间上的分工与协作，使之成为推动城镇化发展的主要动力。

三　考虑空间效应的9个沿海城市总体城镇化率的影响因素分析

对于海峡西岸城市群的9个沿海城市，未考虑空间效应，第二产业比重和第三产业比重的影响因素（普通变量）系数为正，且系数值比20个城市总体和非沿海城市相同变量的系数值大，这说明在沿海城市市域第二、三产业比重的提升，比非沿海城市对城镇化有更大的推动作用，并且第三产业比重系数值和第二产业系数值相比偏高，意味着沿海城市市域第三产业比第二产业在促进城镇化方面能发挥更大作用。

从影响因素的空间系数来看，对于沿海城市而言，经济发展水平、第三产业发展、教育水平都成为城市之间城镇化竞争的重要手段。周边城市的经济发展水平对于就业人口的吸引和城市间人力资源的竞争都是不言而喻的，但是沿海城市第三产业在空间上表现出高度的竞争效应，不利于城镇化水平的提高。建议沿海城市在第三产业发展模式上寻求差异化经营而不是同质化竞争。基础设施、市场开放度和第二产业发展水平在沿海城市依然存在集聚效应，且系数值都显著高于20个城市的总体水平，这主要是由于海峡西岸城市群的沿海城市里有经济特区和多个开放城市，享有多种政策和区位优势。要加大基础设施互联互通建设，发展对外贸易推进出口导向产业的发展，促进产业结构的调整与优化、资源的优化配置和地区比较优势的发挥，这将有利于提升经济的发展水平与质量，有效提供更多新的就业机会和较高的收入水平，实现产业发展和城镇化水平提高的良性循环。

（1）沿海城市第三产业的差异化经营

海峡西岸城市群的9个沿海城市中，隶属福建省的有福州、宁德、莆田、厦门、泉州和漳州6个城市，北连浙南，南接粤东，是海峡西岸城市群的核心区域。素有闽南"金三角"之称的厦门、漳州、泉州，要素的密集度、发展的繁荣度、联系的紧密度堪称福建省之最。在第三产业发展模式寻求差异化发展方面，厦门应大力发展现代服务业，在总部经济、航运物流、金融业、文化创意产业、软件与信息服务业等方面加大力度。厦门拥有良好的区位优势和先进的交通运输网络设施，基础性资源条件方面有较大优势，拥有高素质的人力资源和科研教育资源，具有优惠政策，能吸引更多优秀人才到厦门创业发展，可以大力发展总部经济。厦门在保持传统的贸易港口和物资集散地功能的同时，要以港口为平台，逐步与国际物流网络对接，发展成为区域性的商务、物流中心，将厦门打造成为全国性物流节点城市。金融业是厦门现代服务业的支柱产业，是培植和壮大区域产业、实现厦门经济转型升级跨越发展的重要支撑。利用厦门特区经济金融改革发展的良好基础，充分发挥金融在市场资源配置方面的作用，打造和壮大厦门金融服务业千亿产业群，巩固和提高金融业在厦门支柱产业的地位，进一步强化厦门两岸区域性金融服务中心功能。厦门应发挥人力资源和文化资源的优势，着力打造会展业、广告业、互联网信息业、动漫网游业和旅游业这5大具有创造财富和就业潜力的新兴文化创意产业。随着智慧经济时代的到来，厦门瞄准数字经济，加速传统产业与软件和信息技术服务业的融合发展。

发达的传统制造业和特色产业是泉州发展工业电子商务的核心优势所在，工业品电商发展不仅符合泉州的产业特点，也能缓解规模庞大的泉州制造业产能过剩的困扰。作为第三产业领头羊的旅游业，其发展能带动交通、运输、电信、餐饮、商贸、文化等多个行业。泉州是历史文化名城，实现旅游产品的品牌化经营和规模化经营，是泉州旅游业的发展方向。泉州还应继续积极打造物流业，实现仓配一体化、自动化，提高制造业物流效率，引导发展优势产业供应链物流，将泉州打造成为区域性物流节点城市。

漳州在第三产业发展上应主动融入区域分工，承接周边发达地区产业转移，发挥港口优势，全力打造两岸经贸合作基地和区域性物流节点城市。漳州的旅游产业可以将古城建筑、民俗风情、漳州水仙花、非物质文化遗产等丰富的传统元素融入文创产品的设计制作当中，发展具有漳州古城特色的文创产业，使漳州古城的文化符号成为漳州文化旅游的核心竞争力，将漳州打造成为闽南文化中心。

（2）沿海城市第二产业的集聚融合

第二产业在厦门、漳州、泉州3个城市总体上的表现存在集聚效应，可以通过产业融合发展进一步推动同城化。按照城镇化的理念推动工业园区建设，以产促城、以城兴产，走园区产业发展和城镇开发建设相互促进的产城融合之路。根据福建省工业园区总体规划，在特定区域合作建设开发各种产业园区，实现互利共赢。进一步完善园区生产性、生活性服务配套，促进制造业和生活服务业的有机融合，着力打造功能齐备的现代新城。通过共建产业园区等方式促进产业集聚发展，形成有竞争力的块状经济，以点带面加快同城融合进程。以联合共享资源，推动项目产业化的模式，通过市场的力量，使区域内各种要素向优势产业集聚，提升产业核心竞争力。

福州、莆田、宁德是福建省的另外3个沿海城市，2012年3月福莆宁同城化框架协议签订，福莆宁正式驶上了同城化的快车道。福莆宁同城化是以福州为中心，发挥其省会中心城市的龙头引领作用，带动莆田和宁德在基础设施共建共享、产业发展分工协作、公共服务共用共管等多方面同城化发展。福州与莆田、宁德的产业链相对分立，产业整合还有比较长的路要走，福莆宁3个城市应明确功能分区，统筹产业布局，促进产业园区联动发展，打造集聚效应突出的沿海产业地带。

四　考虑空间效应的11个非沿海城市城市总体城镇化率的影响因素分析

对于海峡西岸城市群的11个非沿海城市，考虑了空间效应后，主要体现在经济发展水平、城乡收入差距、第二产业比重和基础设施这4个影响因素的空间变量上。经济发展水平和城乡收入差距的空间变量系数为负，表明周边城市经济发展水平越高、城乡收入差距越大，越对本城市的城镇化发展不利，这意味着非沿海城市之间经济发展呈现竞争效应，这与整个海西城市群的结论一致。第二产业的空间变量系数为负，表明在非沿海城市的工业化水平对城镇化呈现出的是竞争效应而不是互补效应，也就是说，在非沿海城市中周边城市工业化水平发展提高将阻碍本城市的城镇化进程。究其原因，非沿海城市和沿海城市相比，其经济发展水平还比较低，第二产业发展的基础相对薄弱，城市之间对资源的争夺较为激烈。而各城市仅凭借自身的经济难以对工业化产生足够的推动力，因此，在第二产业的发展模式上，非沿海城市之间更应该采取分工协作而不是同质化恶性竞争的方式，这样才能更符合非沿海城市经济发展的实际需要。

　　基础设施空间变量的系数显著为正，意味着非沿海城市周边城市的基础设施越完善，越有利于本城市的城镇化进程。基础设施的空间变量对于海西整体、沿海城市和非沿海城市的系数都是显著为正，不同的是，非沿海城市基础设施的空间变量系数比整个城市群和沿海城市的空间变量系数大很多，可以理解为非沿海城市边远山区对改变落后基础设施的愿望更加迫切。快捷便利的交通网络设施，对提高要素在各城市间的流动效率、降低经济发展成本和促进城镇化发展都是不容忽视的巨大动力。因此在推进城镇化过程中，除了要进一步加大对基础设施建设投入外，更重要的是要做好海峡西岸城市群各城市的协调与统筹发展，特别是要做好城市间路网衔接与配合，实现交通一体化。通过交通基础设施建设，缩短城市空间距离，形成高速公路、城际快速通道、城际铁路和高速铁路客运专线相互融通的交通网络。因此，加快发展公路网、铁路网、通信网等基础设施建设，构建覆盖面广、相互配套的有利于地区间要素流动的交通通信网络，推动海峡西岸城市群城市之间城镇化互动发展，对于非沿海城市尤为重要。

　　市场开放度并不是海峡西岸非沿海城市促进城镇化的主要优势，相关空间变量的系数不显著，因而也无法作为非沿海城市各地方政府推进城镇化的竞争手段。第三产业和教育水平的空间变量系数均不显著，这说明第三产业和教育水平在非沿海城市还未形成对城镇化进程产生影响的空间效应。一方面，由于这些城市能够吸引大量劳动力的第三产业发展程度较低，城市创造新就业岗位的能力有限，不能有效吸引本地及外地人口就业，无法借助第三产业自身具有的优势在本城市形成对城镇化的集聚效应。另一方面，与沿海城市相比，由于非沿海城市的人均受教育水平普遍偏低，人力资本对城镇化进程产生的影响还不明显，亦不足以对城市之间城镇化进程产生有影响力的空间效应。因此，非沿海城市应该努力提高本城市自身的教育水平和第三产业的发展水平。

海峡西岸城市群的 11 个非沿海城市中，三明、南平和龙岩隶属福建省，衢州和丽水隶属浙江省，梅州和揭阳隶属广东省，上饶、鹰潭、抚州和赣州隶属江西省，这些非沿海城市可采取分工协作的方式发展第二产业，或是主动承接沿海地区的产业转移。同时，针对非沿海城市的实际情况，可以大力发展循环经济，积极发展果林竹、生物医药、绿色食品、旅游等产业，进一步吸引人口和产业集聚。大力发展集约型的绿色有机农业，建设优势农产品生产基地。

五　结论

总而言之，海峡西岸沿海城市要把加速城镇化发展的着力点放在第三产业，努力建立起城市群内部适合自身经济发展的第三产业协调发展机制。从简单的衣、食、住、行等传统商业流通服务活动，扩展到为生产服务的广告、运输、零售、批发、房地产、金融等领域，进一步延伸至为生活消费服务的旅游、文化、娱乐等领域以及社会公共服务部门。推动第三产业服务活动专业化分工，避免同质化竞争，实现城市间优势互补，促进城镇化良性发展。

海峡西岸非沿海城市要注重提高教育水平与人力资本积累，完善基础设施建设，加强城市之间第二产业的分工合作，提升第二产业的规模与质量。大力发展乡镇工业企业，为乡镇经济发展注入活力与动力，改变农村地区长期以第一产业为主的传统产业结构，开辟由单一的农村农业经济向三大产业综合发展的农村工业化道路，加速工业化进程，提高自身城镇化水平。

基础设施建设在任何时候都是一个城市建设和发展的物质基础。基础设施互联互通，是加快城市群建设的重要支撑。城市群依托发达的交通、通信等基础设施网络，形成空间组织紧凑、经济联系紧密、高度同城化和高度一体化的城市群体，对推进城镇化的意义十分重大。作为海峡西岸城市群的主体省份福建省，在 2019 年成为我国第一个市市通高铁的省，而且每个地级市都有高铁动车始发车站，福建 9 个地级市中高铁动车始发车站就达到 12 个。另外，粤东 4 市《海峡西岸城市群粤东地区城际铁路网规划》的实施，将形成以汕头、汕尾、潮州、揭阳为主要节点、覆盖粤东地区主要城镇的城际铁路网络，实现汕潮揭地区中心城市"半小时通勤圈"和粤东地区"一小时交通圈"，为粤东地区提供公交化的快捷城际旅客运输服务。

要努力构建跨区域的产业协作体系。一方面，构建闽、浙、赣、粤四省 20 个城市的制造业、物流业和旅游业协作体系，充分结合当地的实际情况，依托对台优势和连接内陆地区出海口的重要地理功能，联合招商引资，建设物流通道，整合旅游资源，促进生产要素集聚，协作项目对接，以电子信息、冶金、生物制药、纺织等产业为重点，优化产业垂直和水平分工。另一方面，构建海峡西岸城市群生产要素交流平台和生态协作体系，建立信息资源共享网络，推动电子商务和信息化建设。各个地方政府联手制定环境保护行动规划，打造区域联动、共同开发、共同治理、共同保护的长效机制。

第七章 城镇化水平对海峡西岸城市群产业结构升级的效应研究

城镇作为经济与社会发展的重心,其集聚效应汇聚了巨大的人才流、资金流、物流、技术流和信息流,为第二产业和第三产业的发展提供了资源要素和基础。城镇化是产业结构升级的空间依托,城镇化的发展又会促进产业结构升级的进步,成为推动经济与社会发展的引擎。可见,城镇化的顺利进行与产业结构的调整与升级密不可分。本章主要探讨城镇化发展对产业结构升级的贡献,分别选取产业结构高级化指标和产业结构综合指标作为因变量,以城镇化率为解释变量,以技术进步、外资利用、政府行为、经济发展、投资发展、金融水平和人力资本等因素作为控制变量,分别利用固定效应面板模型和面板分位数模型分析城镇化水平对海峡西岸城市群产业结构升级的效应,得出分析结果和建议。

第一节 海峡西岸城市群产业结构高级化和城镇化数据分析

在探讨城镇化水平对海峡西岸城市群产业结构升级的效应之前,首先对产业结构高级化指标和城镇化指标进行统计分析,并介绍影响产业结构高级化的有关因素。

一 变量选择

(1) 被解释变量

产业结构升级:也称为产业结构高级化,是产业结构优化的一个重要组成部分,其衡量指标包括非农产业的比重、产业结构层次系数、第三产业与第二产业产值的比重、Moore 结构变动指数和高新技术产业的比重。产业结构合理化包括结构偏离度、泰尔指数等。考虑到数据的可得性和合理性，本研究参考付凌晖构建的产业结构高级化指标，具体指标构建方法为：首先将三次产业的增加值占 GDP 的比重作为空间向量的元素 $X_0 =$ $(x_{1,0}, x_{2,0}, x_{3,0})$，并分别计算该向量与基向量 $X_1 = (1, 0, 0)$，$X_2 =$ $(0, 1, 0)$ 和 $X_3 = (0, 0, 1)$ 形成的夹角：

$$\theta_j = ar\cos\left\{\frac{\sum_{i=1}^{3}(x_{i,j} \times x_{i,0})}{\sum_{i=1}^{3}(x_{i,j}^2)^{1/2} + \sum_{i=1}^{3}(x_{i,0}^2)^{1/2}}\right\} \tag{7.1}$$

其中，$j = 1, 2, 3$，进一步定义产业结构高级化为：

$$stru\,1 = \sum_{k=1}^{3}\sum_{j=1}^{k}\theta_j \tag{7.2}$$

其中，$stru\,1$ 越大表示产业结构优化水平越高。为了检验结果的稳健性，还利用武晓霞、陈浩和魏哲海等构建的产业结构综合指数 IS 作为产业结构升级的衡量指标进行进一步回归分析：

$$stru\,2 = W_1 + 2W_2 + 3W_3 \tag{7.3}$$

其中，$W_i (i = 1, 2, 3)$ 表示第 i 产业占 GDP 的比重。产业结构综合指数赋予三个产业不同的权重，第三产业最高，第一产业最低，指数值越大表示产业结构升级的程度越大。

（2）解释变量

城镇化水平（urb）：为本章的核心解释变量，用非农就业人数占总就业人数的比重衡量。对非农人口的衡量标准包括常住人口比重法、户籍人口比重法、非农就业人数比重法。一方面，考虑到部分城市近些年才开始公布城镇常住人口数据，数据存在严重缺失，无法使用常住人口比重法；另一方面，户籍人口比重法往往因为部分城镇人口没有城镇户口而低估城镇化水平，因此最终选用非农就业人数占总就业人数的比重衡量海峡西岸城市群的城镇化水平。很多城市不再公布以往的人口指标数值，无法进行数据更新。这也是本研究选取样本数据截止到 2014 年的原因。

（3）控制变量

科技水平（tech）：本研究采用基于 Malmquist 提出的非参数生产指数进行计算的技术进步衡量科技水平：

$$M_0\left(x_t, y_t, x_{t+1}, y_{t+1}\right) = \underbrace{\frac{D_{0,t+1}\left(x_{t+1}, y_{t+1}\right)}{D_{0,t}\left(x_t, y_t\right)}}_{\text{效率改进}} \times \underbrace{\left[\frac{D_{0,t}\left(x_{t+1}, y_{t+1}\right)}{D_{0,t+1}\left(x_{t+1}, y_{t+1}\right)} \times \frac{D_{0,t}\left(x_t, y_t\right)}{D_{0,t+1}\left(x_t, y_t\right)}\right]}_{\text{技术进步}}$$

$$(7.4)$$

其中，（7.4）式右边的第一部分为效率改进，度量了每个决策单元从时间 t 到时间 $t+1$ 的技术效率变化，第二部分度量最佳前沿面从 t 到 $t+1$ 的技术进步。具体来说，将资本存量和劳动力投入作为投入变量，将总产出作为产出变量。其中，关于资本存量，首先以 2000 年为基期的各市固定投资价格指数对历年固定资本形成额进行折算，然后用永续盘存法，即 $K_t = I_t + \left(1 - \delta\right) K_{t-1}$ 测算各城市的资本存量，其中 K_{t-1} 和 K_t 为第 t 年和第 $t-1$ 年的资本存量，I_t 为第 t 年的投资，δ 为第 t 年的折旧率；劳动力投入用历年各城市的从业人员数表示；总产出用 GDP 衡量，并以 2000 年为基期进行平减处理。

经济发展水平（pgdp）：随着经济水平的发展，居民的可支配收入不断提高，其消费结构也会随之改变，对服务型商品的消费也会随之升高，进而由需求侧诱发产业结构升级。同时，经济发达的地区市场竞争更为激烈。企业为了获取市场上更多的销售产品份额会致力于优化产业结构适应市场需求。因此，本研究以人均 GDP 衡量城市经济发展水平。

金融发展水平（fin）：用金融机构存款余额与 GDP 的比值进行衡量，这是由于金融发展水平可能通过供给侧和需求侧对产业结构升级产生影响。

政府行为（gove）：用财政支出占 GDP 比重衡量。财政支出也称公共财政支出，是指在市场经济条件下，政府为提供公共产品和服务，满足社会共同需要而进行的财政资金的支付。若政府的财政支出科学可行，则适度的政府行为会对区域经济的产业结构升级产生影响，反之会阻碍产业结构升级。

人力资本水平（hc）：以各城市年末普通高等院校在校生与该市人口总量之比衡量。

资产投资水平（inv）：选取各城市固定资产投资的金额总量与当年GDP的比重作为代理变量。固定投资是拉动经济发展的"三驾马车"之一，该投资的变动会对产业结构升级产生影响。

外资利用水平（fdi）：以先经过汇率处理后的各城市实际利用外资总额占GDP比重表示。一般而言，FDI的投资能够带来技术溢出效应，进而提高东道主地区的技术水平，进而提高产业结构升级水平。近些年，FDI的投资由制造业向服务业转移，这说明产业结构升级会受FDI投资的影响。

二　海峡西岸城市群主要变量的描述性统计

由于2000年之前和2015年之后很多主要解释变量无法找到市级数据，有的指标概念定义发生变化，存在严重缺失现象，为了确保结果可信，本研究最终选取2001年到2014年共14年、20个城市两个维度的280个样本数据进行分析，其中除了汇率数据以外，其他数据来自《中国城市统计年鉴》、《中国区域统计年鉴》和《中国人口和就业统计年鉴》以及各省市统计年鉴。

表7-1为海峡西岸城市群主要变量的描述性统计。在样本期间，用产业结构高级化指数和综合指数衡量的产业结构升级存在一定差异，其中，产业结构高级化指标（stru 1）样本数据的均值为6.33，峰值为-0.53，综合指数（stru 2）的均值为2.23，峰值接近于0，表明用产业结构高级化指标衡量产业结构升级水平的观测值分布更加均匀。城镇化率（nurb）的峰值和偏度分别为6.42和2.76，表明海峡西岸城市群的城镇化水平存在集聚和非对称现象，统计意义上表现为分布呈高峰和右偏分布。技术进步（tech）偏度为-1.15，呈现左偏分布现象，表明海峡西岸城市群各城市的技术水平存在一定差异，且较多城市的科技水平处于全区平均技术水平之下。人力资本（hc）的峰值为10.37，偏度为3.19，表明其分布总体上呈现高峰和右偏现象，表明海峡西岸城市群的人力资本存在高度集聚现象。其他变量也呈现相应的统计特征。

表 7 - 1　统计性描述

名称	符号	样本量	均值	标准差	最小值	最大值	中位数	峰值	偏度
高级指标	stru1	280	6.33	0.3	5.62	7.14	6.28	-0.53	0.42
综合指标	stru2	280	2.23	0.11	1.93	2.54	2.2	0	0.41
城镇化率	nurb	280	0.16	0.23	0.03	0.99	0.09	6.42	2.76
技术进步	tech	280	1.02	0.14	0.49	1.24	1.07	1.15	-1.15
外资利用	fdi	280	0.03	0.03	0	0.14	0.02	2.17	1.57
政府行为	gove	280	0.11	0.06	0.01	0.3	0.1	0.28	0.65
经济发展	pgdp	280	2.39	1.71	0.34	8.68	1.89	0.85	1.18
投资发展	inv	280	0.47	0.21	0.13	1.07	0.44	-0.58	0.48
金融水平	fin	280	1.12	0.36	0.44	2.22	1.06	0.28	0.82
人力资本	hc	280	0.93	1.41	0.02	7.78	0.45	10.37	3.19

为了直观反映海峡西岸城市群产业结构升级的趋势和分布特征，图7-1给出了2001年到2014年海峡西岸城市群整体产业结构高级化的趋势，可以看出，海峡西岸城市群产业结构高级化除了2008年受金融危机的影响呈现下降趋势以外，整体趋势都保持上升趋势，由2001年的6.15上升为2014年的6.49，上升了5.53%，这表明海峡西岸城市群的第二、三产业迅速发展，产业结构升级优化的程度趋于合理。从2001年到2014年海西整体的产业结构高级化程度的分布，可以看出，厦门、温州、泉州、汕头和福州的产业结构高级化程度较强，抚州和南平的产业结构高级化程度较差。总体上，海峡西岸城市群东南沿海城市的产业结构高级化较强，这可能由于近年来这些城市充分发挥港口深水岸线资源优势，以集装箱、陆岛运输和海峡间对台客货运输为重点，逐渐将港口资源优势转化为经济优势，促进城市群产业结构升级优化。

表7-2给出了各个变量间的Pearson相关系数检验。用产业结构高级化衡量产业结构升级同产业结构综合指数的样本数据相关性很强，表明两个指标衡量的产业结构升级水平比较相似，这也正是众多文献对产业结构升级衡量不存在统一标准的表现。城镇化率、经济发展和金融发展水平同

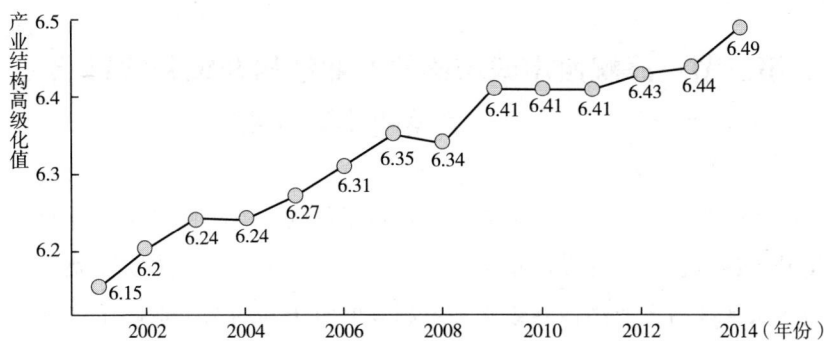

图 7 - 1　海峡西岸城市群产业结构高级化趋势

产业结构升级的 Pearson 相关系数达到 0.5 以上且都在 1% 的显著性水平上，可以初步判断这些解释变量和产业结构升级水平存在正向相关。但是这些因素对产业结构的影响如何？下面将用回归分析进行解释，即使有些解释变量（比如，政府行为和投资水平、政府行为和金融发展以及金融发展水平和人力资本）间的 Pearson 相关性较强，但是无法直接由相关性判断回归是否会存在多重共线性问题，后续将进行方差膨胀因子 VIF 多重共线性检验。

表 7 - 2　变量间的 Pearson 相关系数及其检验

stru 1	stru 2	nurb	tech	fdi	gove	pgdp	inv	fin	hc
	42. 29	11. 38	0. 43	− 0. 57	0. 92	13. 41	− 0. 37	13. 31	11. 95
0. 93 ***		10. 66	0. 9	0. 56	0. 97	11. 17	− 0. 94	15. 32	12. 54
0. 56 ***	0. 54 ***		− 0. 96	1. 55	− 0. 1	5. 57	− 2. 52	8. 43	8. 54
0. 03	0. 05	− 0. 06		− 1. 93	1. 71	1	4. 49	− 0. 63	0. 43
− 0. 03	0. 03	0. 09	− 0. 11 *		− 2. 24	− 2. 31	− 5. 14	− 1. 62	3. 87
0. 05	0. 06	− 0. 01	0. 1 *	− 0. 13 *		3. 89	12. 67	6. 28	2. 26
0. 63 ***	0. 56 ***	0. 32 ***	0. 06	− 0. 14 **	0. 23 ***		8. 1	6. 22	14. 96
− 0. 02	− 0. 06	− 0. 15 **	0. 26 ***	− 0. 29 ***	0. 61 ***	0. 44 ***		1. 64	2. 37
0. 62 ***	0. 68 ***	0. 45 ***	− 0. 04 *	− 0. 1	0. 35 ***	0. 35 ***	0. 1		11. 52
0. 58 *	0. 6 **	0. 46 ***	0. 03	0. 23 ***	0. 13 **	0. 67 ***	0. 14 **	0. 57 ***	

注：表中下三角为 Pearson 相关系数值，上三角为对应的 t 统计量，" *** "、" ** " 和 " * " 分别表示 1%，5% 和 10% 的显著性水平。

第二节　海峡西岸城市群的产业结构升级和城镇化关系的实证分析

从第一节的描述性统计结果已经初步了解到，海峡西岸城市群的产业结构升级和城镇化具有强正相关关系，但是这一关系是否为线性关系，即城镇化水平越高产业结构升级水平就越高？对于不同城市地区城镇化率水平对产业结构升级水平的影响是否具有差异性以及对于具有不同的产业结构水平的城市，其城镇化水平对产业结构升级的影响又是否具有异质性差异？下文将通过模型分析给以回答。

高铁梅、崔广亮、刘硕从理论上论证了城镇化率与城市产出之间存在倒"U"形曲线关系，构建了分析城镇化水平和产业结构对城市产出影响机制的理论框架。在理论分析的基础上，实际利用中国 264 个地级及以上城市 2003～2015 年的面板数据，建立城镇化率、产业结构对城市产出影响的 4 个面板数据模型以反映四类不同规模城市的情况。海峡西岸城市群的城镇化率和产业结构之间符合倒"U"形曲线关系的特征。

根据被解释变量和解释变量的拟合关系，后面实证分析将建立如下计量经济模型：

$$stru_{i,t} = c + \alpha \cdot nurb_{i,t} + \beta \cdot nurb_{i,t}^2 + \gamma X_{i,t} + \varepsilon_{i,t} \qquad (7.5)$$

其中，$stru_{i,t}$ 表示海峡西岸城市群内第 i 个城市的 t 年的产业结构升级水平，包括产业结构高级化指标和产业结构综合指标；$nurb_{i,t}$ 表示海峡西岸城市群内第 i 个城市的 t 年的城镇化水平，$nurb_{i,t}^2$ 表示海峡西岸城市群内第 i 个城市的 t 年的城镇化水平的平方，$X_{i,t}$ 表示海峡西岸城市群内第 i 个城市的 t 年的控制变量的值，$\varepsilon_{i,t}$ 为回归结果的误差项。

一　海峡西岸城市群整体产业结构升级效应分析

将整个面板数据当成混合截面数据进行 OLS 回归，回归结果如表 7－3 第 1 列所示。回归结果中变量的方差膨胀因子 VIF 的均值为 2.10 小于 10，表明回归分析选取的解释变量间不存在多重共线性问题；调整的可决系数为 0.7126，表明在解释变量和控制变量对被解释变量具有 71.26% 的解释能力，解释能力较强。城镇化水平（nurb）的回归系数为 1.161，且在显著性水平为 1% 下显著，这表明城镇化率每增加一个单位，海峡西岸城市群产业结构升级水平将提高 1.161 个单位，直观意义上说明城镇化水平的提高确实对海峡西岸城市群的产业结构升级优化具有促进作用。但是值得注意的是，城镇率的平方项系数为 -0.907，且在 1% 的显著性水平上显著，这表明城镇化水平对产业结构的影响具有倒"U"形关系，即城镇化水平虽然能够促进海峡西岸城市群的产业结构升级，但是当城镇化率达到一定程度时，其对产业结构升级的影响减弱。

控制变量方面：技术进步（tech）、经济水平（pgdp）和金融发展水平（fin）对产业结构升级的回归系数为正且在 1% 的显著性水平上显著，表明这些变量的提高能够促进海峡西岸城市群产业结构升级。投资水平（inv）对产业结构升级的回归系数为 -0.382，且在 1% 的显著性水平上显著，主要是因为固定资产投资是拉动内需的有效手段，但是过度投资会增加企业支出，从而影响企业的利润与还债能力，进而挤压企业技术进行升级与管理改善的资金空间。值得注意的是人力资本（hc）对产业结构升级的回归系数为 -0.051，也为负值，形成这个不合常规经济现象的原因，可能是因为混合截面回归不能规避海峡西岸城市群各城市的个体差异，存在内生性问题。经济发达的地区人力资本将更加集聚，比如海峡西岸城市群中厦门、汕头和温州相对于其他城市人力资本相对富有。对于其他控制变量如政府行为（gove）和外资利用水平（fdi）对产业结构升级的回归系数在 10% 的显著性水平上不显著，表明这些因素对海峡西岸城市群的产业结构升级影响较小。下面将进行面板数据回归，以控制个体的差异性，减少内生性问题。

表 7-3 横截面和面板数据回归结果

变量	截面数据模型	面板数据模型			
	OLS	FE1	FE2	RE1	RE2
nurb	1.161 ***	-0.0091	0.637 **	0.0987	1.077 ***
	(-4.24)	(-0.14)	(-2.26)	(1.51)	(-4.19)

续表

变量	截面数据模型	面板数据模型			
	OLS	FE1	FE2	RE1	RE2
nurb 平方	− 0. 907 ***		− 0. 560 **		− 0. 885 ***
	(− 3. 43)		(− 2. 36)		(− 3. 96)
fdi	0. 301	0. 148	0. 202	0. 333	0. 299
	(− 0. 67)	(− 0. 52)	(− 0. 71)	(1. 11)	(− 1. 03)
tech	0. 197 ***	0. 0516	0. 0479	0. 0613	0. 0542
	(− 2. 79)	(− 1. 62)	(− 1. 51)	(1. 76)	(− 1. 61)
gove	− 0. 216	1. 578 ***	1. 520 ***	1. 404 ***	1. 354 ***
	(− 0. 95)	(− 10. 68)	(− 10. 23)	(8. 84)	(− 8. 79)
pgdp	0. 108 ***	0. 0323 ***	0. 0309 ***	0. 0372 ***	0. 0341 ***
	(− 11. 71)	(− 5. 87)	(− 5. 63)	(6. 27)	(− 5. 91)
inv	− 0. 382 ***	− 0. 110 **	− 0. 103 **	− 0. 120 **	− 0. 109 *
	(− 5. 36)	(− 2. 59)	(− 2. 44)	(− 2. 61)	(− 2. 44)
fin	0. 381 ***	0. 0758 **	0. 0729 *	0. 0988 *	0. 0945 *
	(− 9. 84)	(− 2. 02)	(− 1. 96)	(2. 54)	(− 2. 51)
hc	− 0. 0510 ***	0. 00762	0. 0134	0. 0103	0. 0145
	(− 3. 84)	(− 0. 68)	(− 1. 18)	(0. 91)	(− 1. 31)
常数项	5. 572 ***	5. 988 ***	5. 933 ***	5. 939 ***	5. 866 ***
	(− 62. 71)	(− 112. 7)	(− 103. 07)	(93. 08)	(− 89. 65)
调整 R^2	0. 7126	0. 6937	0. 7003	0. 6857	0. 6946
VIF 检验	2. 10				
Hausman 检验	39. 85 ***				

注：括号内的数值表示回归系数的 t 统计量，"***"、"**"和"*"分别表示1%，5%和10%的显著性水平。

二　海峡西岸城市群产业结构升级的面板回归分析

本研究对不包含城镇化水平（nurb）的平方项的面板数据进行回归，城镇化水平对产业结果升级的回归系数在表7 – 3第2列（固定效应模型）和第4列（随机效应模型）结果都在10%的显著性水平上不显著，表明城镇化水平对海峡西岸城市群产业结构升级的线性影响关系不成立。

从面板回归的结果可以发现，在控制个体差异条件下，即控制海峡西岸城市群内各个城市个体特有的性质，人力资本对产业结果升级的回归系数由负变为正，进一步表明本研究利用面板回归同时考虑空间和个体两个维度对海峡西岸城市群产业结果升级的效应分析更加紧密可靠。

在加入城镇化水平（nurb）的平方项的面板数据进行回归时的 Hausman 检验的卡方统计值为 39.85，且在 1% 的显著性水平上显著，统计意义上表明固定效应模型能够更好地解释海峡西岸城市群产业结构升级的效应。在固定效应模型的回归结果（表 7 - 3 第 3 列）同混合截面数据存在一定的差异。

（1）解释变量方面上，固定效应模型下城镇化水平对产业结构升级的回归系数为 0.637，比混合截面回归系数 1.161 小，表明如果仅用截面数据进行回归分析可能高估城镇化水平对产业结构升级的影响程度。固定效应模型的城镇化水平的平方项对产业结构升级水平的回归系数为 - 0.56 大于混合截面回归模型下城镇化水平的平方项系数（- 0.907），表明截面回归模型相对于固定效应模型高估了城镇化水平的平方项对产业结构升级的反向作用。进一步，固定效应模型的城镇化水平的平方项对产业结构升级水平的最优程度为 0.4395（0.56/（2 × 0.637））大于 0.3906（0.907/（2 × 1.161）），表明固定效应模型的回归结果得到的最优城镇化率水平相对于混合截面数据回归结果来得大。

（2）控制变量方面上，固定效应模型下的科技水平对产业结果升级的回归系数相对混合截面回归模型的相关系数不仅减小了而且还在 10% 水平上不显著，表明海峡西岸城市群的整体平均技术水平推动了产业结构升级的优化，但是考虑区域内各城市特有的地理位置、资源要素等个体差异后，科技水平对产业结构升级的影响不显著。政府行为由原先的 - 0.216 在 10% 的显著性水平上不显著变为 1.520 在 1% 的显著性水平上显著，表明政府的财政支出的增加能够带动海峡西岸城市群产业结构升级的优化。人力资本在固定效应模型的系数变为正，但在 10% 的显著性水平上不显著，因此无法判断人力资本对产业结构升级是否具有线性影响关系。尽管 Hausman 检验选择了固定效应模型，但是表 7 - 3 第 5 列的随机效应模型的回归结果与固定效应的结果相似，近一步验证了面板模型回归的可靠性。

三 海峡西岸城市群产业结构升级的异质性分析

为了进一步研究海峡西岸城市群中不同产业结构升级水平城市的城镇化水平对产业升级的影响是否具有差异性，下面进一步运用 Koenker 所提出带有惩罚项的分位数固定效应模型进行回归分析，其中设置的惩罚项系数为 1，利用 R 语言的"rqpd"包进行计算。

表 7 - 4　面板分位数回归结果

变量	产业结构高级化（stru 1）			产业结构综合指数（stru 2）		
	0.25	0.5	0.75	0.25	0.5	0.75
nurb	1.9466 ***	1.2316 ***	1.0757 ***	0.3658 ***	0.2677 ***	0.1990 ***
	(0.4554)	(0.3524)	(0.3302)	(0.1200)	(0.1429	(0.1232)
nurb 平方	- 1.5191 ***	- 0.9684 **	- 0.9440 ***	- 0.2708 **	- 0.2010 *	- 0.1710 *
	(0.4090)	(0.3249)	(0.2997)	(0.1095)	(0.1334)	(0.1135)
tech	0.1758 **	0.1700 *	0.2213 *	0.0879 ***	0.0541 *	0.0726
	(0.1115)	(0.0980)	(0.1054)	(0.0267)	(0.0266)	(0.0473)
fdi	0.3553	0.6277	0.0293	0.5409 ***	0.4882 **	0.2600
	(0.5465)	(0.5830)	(0.6013)	(0.1609)	(0.2043)	(0.2046)
gove	- 0.0986	- 0.3326	- 0.4976	- 0.0836	- 0.1493	- 0.2836 **
	(0.2824)	(0.3987)	(0.5785)	(0.0810)	(0.1175)	(0.1436)
pgdp	0.0831 ***	0.1047 ***	0.0855 ***	0.0320 ***	0.0343 ***	0.0253 ***
	(0.0132)	(0.0086)	(0.0115)	(0.0029)	(0.0026)	(0.0060)
inv	- 0.2185 ***	- 0.2612 **	- 0.3670 ***	- 0.1082 ***	- 0.1073 ***	- 0.1277 ***
	(0.0727)	(0.0851)	(0.1004)	(0.0274)	(0.0236)	(0.0327)
fin	0.3690 ***	0.4408 ***	0.4717 ***	0.1764 ***	0.1786 ***	0.1922 ***
	(0.0582)	(0.0411)	(0.0591)	(0.0122)	(0.0181)	(0.0177)
hc	- 0.0541 ***	- 0.0688 ***	- 0.0442	- 0.0177 ***	- 0.0204 ***	- 0.0105 **
	(0.0123)	(0.0131)	(0.0142)	(0.0041)	(0.0046)	(0.0060)
常数项	5.4025 ***	5.5002 ***	5.6483 ***	1.8572 ***	1.9367 ***	1.9949 ***
	(0.1427)	(0.0972)	(0.1309)	(0.0286)	(0.0260)	(0.0649)

注：括号内的数值表示回归系数的 t 统计量，"***"、"**"和"*"分别表示 1%，5% 和 10% 的显著性水平。

面板数据的分位数回归结果如表 7 - 4 所示，在 25%、50% 和 75% 的分位点上，城镇化对产业结构升级的回归系数均在 1% 的显著性水平上具有显著性，且城镇化的平方项均在 10% 的显著性水平上具有显著性，再次表明在海峡西岸城市群城镇化水平较低时，其对产业结构升级的正向影响程度随城镇化水平的增加而提高，当城镇化水平达到一定最优界限时，其对产业结构升级的正向影响程度随城镇化水平的增加而减少，即呈现倒"U"形关系。同时可以发现在 25%、50% 和 75% 的分位点上城镇化率对产业结构升级的回归系数依次递减，表明城镇化水平对产业结构升级的正向影响程度随产业结构的升高而减弱，形成该现象的原因可能是，当产业结构升级水平达到一定程度时，人口城镇化水平产生的人口红利逐渐减少。为了验证该观点，本研究计算城镇化水平对产业结构升级在（1：49/50）的 49 个分位点上的回归系数并绘制图 7 - 2。可以直观发现，城镇化水平对产业结构升级水平的回归系数在接近 20% 分位点以下随分位点的升高而增强，在 20% 分位点以上随分位点的升高而减弱，即也呈现倒"U"形关系，同时城镇化水平的平方项对产业结构升级水平的回归系数关于产业结构升级水平的分位点呈现"U"形趋势。这表明当产业结构升级水平在处于低端水平时，城镇化水平的提高产生人口红利促进产业结构进一步优化，而当产业结构升级达到较高水平时，城镇化水平产生的人口红利将减少，对产业结构升级的影响减弱，当人口城镇化达到极限程度时，可能产生负面影响。导致以上现象的原因可能是由于海峡西岸城市群的人口红利主要以廉价的流动人口和农民工支撑起低价模式，当这种人口

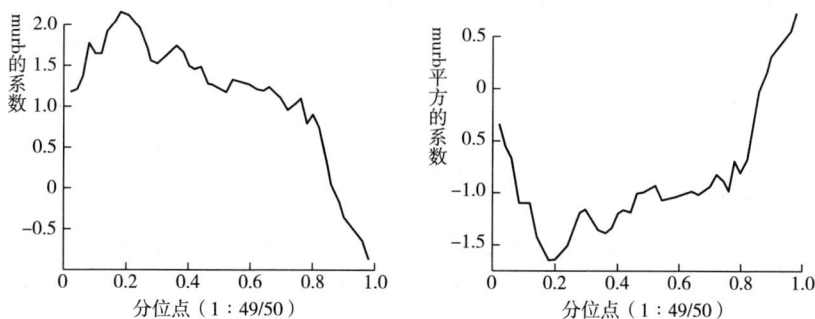

图 7 - 2　城镇化水平分位数回归系数趋势

城镇化水平达到一定程度时，农村剩余劳动力供给量下降，年龄结构老化，劳动力供需缺口不断扩大，进而不利于产业结构进一步升级。此时城镇化水平必须从要素驱动向创新驱动转变，实现从重数量的外延式扩张转向重品质的内涵式发展。

四　稳健性检验

由于产业结构升级的衡量指标多样化，对产业结构升级的实证分析中仍有可能存在衡量误差问题而导致估计有偏，因此本研究还利用产业结构综合指标（stru 2）衡量产业结构升级水平，进行面板分位数回归，结果如表 7 - 4 右半部分所示。发现以产业结构综合指数衡量的产业结构升级水平进行的回归结果同产业结构高级化的结构在符号上相同。城镇化水平对产业结构升级的倒"U"形关系仍然成立，经济发展水平（pgdp）与金融发展水平（fin）的提高是海峡西岸城市群产业结构升级的主要影响因素，资产投资水平（inv）分析表明海峡西岸城市群某些城市可能存在投资过度现象。该稳健性检验结果表明城镇化对海峡西岸城市群产业结构升级的影响研究的结果可靠。

五　小结

本研究以海峡西岸城市群面板数据为样本数据，利用固定效应面板模型和面板分位数模型就城镇化水平对海峡西岸城市群产业结构升级进行效应分析，得出以下几点结论与建议。

（1）近几年以来，虽然海峡西岸城市群的产业结构在不断优化升级，但是产业结构升级的空间分布仍然存在高度集聚现象，城市间的差异较大，水平较高的城市主要集中于东南沿海城市。为此海峡西岸城市群产业结构升级未来的发展应该利用各城市的特有地理、资源优势，发展适合各城市的服务型产业，推动产业结构升级优化。

（2）海峡西岸城市群城镇化水平对产业结构升级具有倒"U"形的正向影响关系，过度追求人口城镇化水平不利于最大优化产业结构升级。因此要想释放人口的最优红利，需要在追求合理的人口城镇化水平的同时，兼顾农业和粮食、生态和环境的发展，实现新型城镇化以带动产业结

构的进一步优化。对于海峡西岸城市群较大城市，城市发展已经进入工业
高级化为主导的城镇化阶段，应集中精力发展高技术、高附加值的先进制
造业，从而带动现代服务业的发展，同时控制城市规模，减少城市集聚的
负外部性；而中小城市主要还处于以发展制造业为主的工业化阶段，工业
发展仍然是当下一段时间内推动城市经济增长的主要动力。

（3）海峡西岸城市群城镇化水平对产业结构升级的影响受产业结构
升级水平高低的影响。当产业结构升级水平达到一定程度时，以廉价劳动
力为人口红利的城镇化水平对产业结构升级的影响减弱甚至会抑制产业结
构的升级。因此，将要素驱动的城镇化转化为创新驱动的城镇化，是海峡
西岸城市群未来产业结构升级的发展方向，而科技的进步是创新驱动的动
力源泉。

（4）产业结构升级的动力不仅来源于城镇化水平的发展，还需要依
赖经济发展水平、金融发展水平和固定投资水平的提高。海峡西岸城市群
要改善金融体系相关功能，让资金流入成长性更好、效率更高的企业，发
挥金融对经济增长与居民收入的促进作用。

第四篇

社会生态文明化

社会生态文明化涉及很多方面的问题，提高生态效率是实现区域可持续发展的重要切入点。城市生态效率反映城市在经济和环境两个维度的综合影响。本篇对海峡西岸城市群20个城市的生态效率进行评价，揭示其内在联系与作用机理。第八章首先从多个角度分析海峡西岸城市群各城市年均生态技术效率的 Malmquist 指数及其分解，并比较分析海峡西岸城市群各城市、三大功能区、海西整体生态效率特征，以反映城市群各城市生态效率的差异变动与空间分布规律；进一步探讨影响城市群生态效率的因素，具体研究海峡西岸城市群城市的生态效率差异和揭示各城市之间的相互作用机制。以海峡西岸城市群主体省份福建省9个城市的科技投入产出效率为代表，针对每个城市的科技状况提出提升科技效率对策建议。

　　第九章主要探讨生态环境、产业结构和经济增长三者之间的关系。第一节通过引入中介效应概念，在证实环境规制对经济增长存在正相关影响的基础上，通过理论与实证的检验，探讨海峡西岸城市群的环境规制强度是否可以通过影响产业结构来影响经济增长。第二节进一步研究海峡西岸城市群的主体省份福建省产业结构效益和生态环境质量之间的关系，了解二者相互作用的方向和作用力度，结合前面的分析和福建省产业与生态发展的客观现实，提出对策建议。

第八章 海峡西岸城市群生态效率及其影响因素分析

本章的核心是效率分析，将运用三阶段 DEA、超效率 DEA、复合 DEA 等多种方法，从不同角度分析海峡西岸城市群各城市年均生态技术效率的 Malmquist 指数及其分解，并比较分析海峡西岸城市群 20 个城市、三大功能区、海西整体生态效率特征，进一步探讨影响城市群生态效率的相关因素，通过具体研究海峡西岸城市群城市的生态效率差异和揭示各城市之间的相互作用机制，探索促进海峡西岸城市群经济、社会和环境可持续发展的有效途径。

第一节 海峡西岸城市群生态效率分析

生态效率是 Schaltegger 和 Sturm 在 1990 年首次提出的，这一概念随后被世界可持续发展商业理事会（World Business Council for Sustainable Development，简称 WBCSD）采纳并传播，用来鼓励企业提高核心竞争力，承担环境保护责任。城市群作为区域经济与城镇化发展相结合的产物，是城市发展到成熟阶段的最高空间组织形式，正日益成为我国区域经济发展的核心载体。然而，在城市群发展过程中，城镇化和工业化加剧了资源的供需矛盾和环境污染等问题，环境压力与经济发展的矛盾日益凸显，严重影响城市群综合竞争力的提高，如何消解经济发展与资源环境之间的矛盾是亟待解决的问题。

城市生态效率反映了城市在经济和环境两个维度的综合影响。城市生态效率的指标能够对城市环境绩效进行定量分析，从而鼓励城市生产过程朝着工业增加值的最大化以及资源耗费和污染排放的最小化这一方向前进。生态效率的指标主要涉及经济与环境两个维度,所以本研究选用海峡西岸城市群 20 个城市的国内生产总值 GDP 作为产出指标,投入指标包括资源消耗、环境污染、资本投入三大类。资源消耗由各城市建设用地面积、能源消耗总量以及用水总量 3 个指标来进行衡量。环境污染指标由废气排放量和废水排放量来表征。资本投入包括固定资本投入和劳动力投入。固定资本存量数据借鉴张军的处理方法,各城市历年实际资本存量则采用"永续盘存法"来进行估算,用基年固定资本投资总额除以 10% 作为初始资本存量,折旧率取为 9.6%。人力资本用历年各城市平均人口数近似值作为劳动力投入量指标。

　　本研究采用基于投入导向的 DEA 模型,根据 9 年间海峡西岸城市群 20 个城市的数据,采用面向投入的规模报酬不变(Constant Return to Scale, CRS)的 CCR 模型。CCR 是 A. Charnes, W. W. Cooper 和 E. Rhodes3 位运筹学家名字的首字母缩写。CCR 模型是这 3 位运筹学家在 1978 年提出的一种数据包络分析(Data Envelopment Analysis,简称 DEA)的方法,用来评价部门间的相对有效性(因此被称为 DEA 有效)。运用 CCR 模型确定每一年位于生产前沿线上的最优效率城市,将其作为处于生产前沿线下方的非有效城市的参照目标,测度各城市基于投入的生态技术效率。然后,采用面向投入导向的规模报酬可变(Variable Return to Scale, VRS)的 BCC 模型测度其生态纯技术效率值。BCC 是 R. D. Banker, A. Charnes 和 W. W. Cooper 三位运筹学家名字的首字母缩写,BCC 模型是这三位运筹学家于 1984 年提出的一种 DEA 方法。BCC 模型基于规模收益可变,得出的技术效率排除了规模的影响,因此称为"纯技术效率"(Pure Technical Efficiency, PTF)。生态规模效率由生态技术效率和生态纯技术效率相比而得。根据生态技术效率、生态纯技术效率和生态规模效率的关系,来判定各个城市的生态效率情况,笔者依据海峡西岸城市群 20 个城市的情况分别绘制成如下图表。其中,图 8 – 1 至图 8 – 6 是生态技术效率值的变迁情况,图 8 – 7 至图 8 – 12 是生态纯技术效率的变迁情况,图8 – 13 至图 8 – 18 是生态规模效率的变迁情况。海峡西岸城市群 20 个城市,分为厦漳泉、福莆宁、南平三明和龙岩、浙南 3 市、粤东 4 市和赣南 4 市。

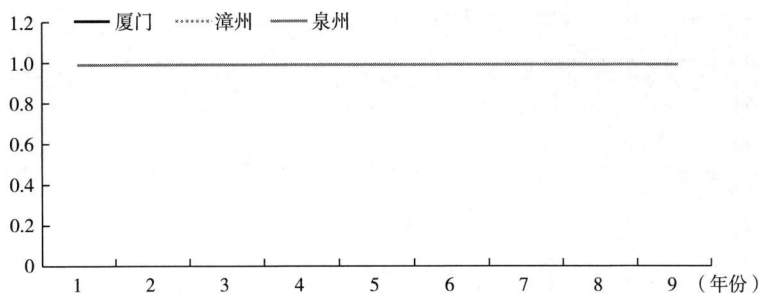

图 8-1 "厦漳泉"的生态技术效率变迁

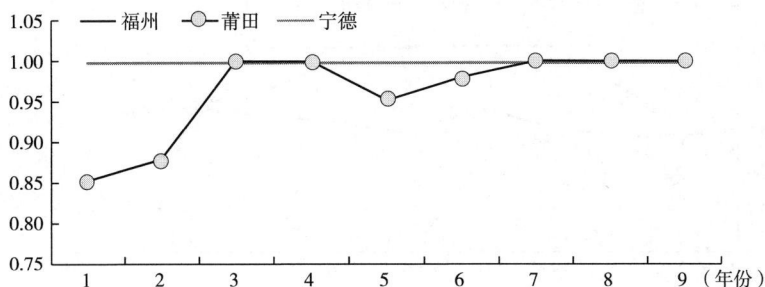

图 8-2 "福莆宁"的生态技术效率变迁

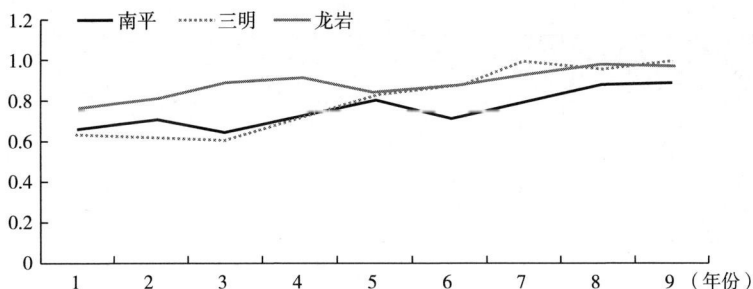

图 8-3 南平、三明、龙岩的生态技术效率变迁

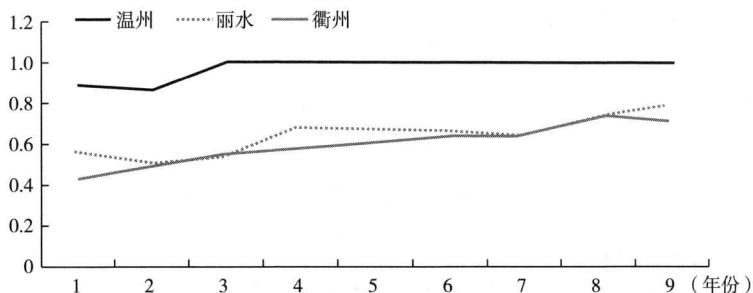

图 8-4 浙南 3 市的生态技术效率变迁

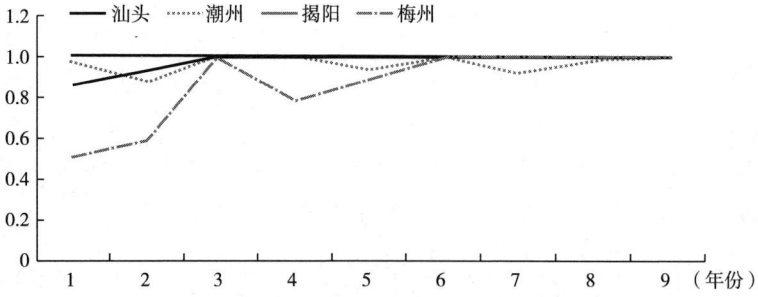

图 8-5　粤东 4 市的生态技术效率变迁

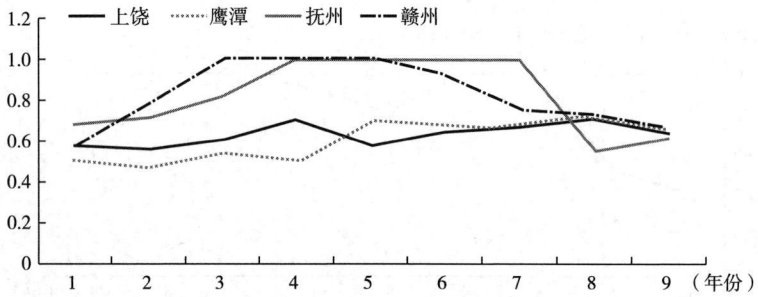

图 8-6　赣南 4 市的生态技术效率变迁

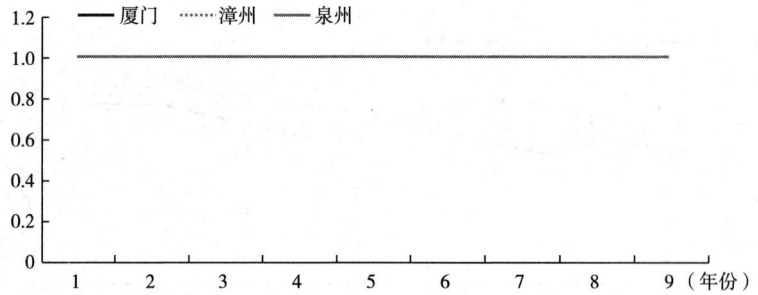

图 8-7　"厦漳泉"的生态纯技术效率变迁

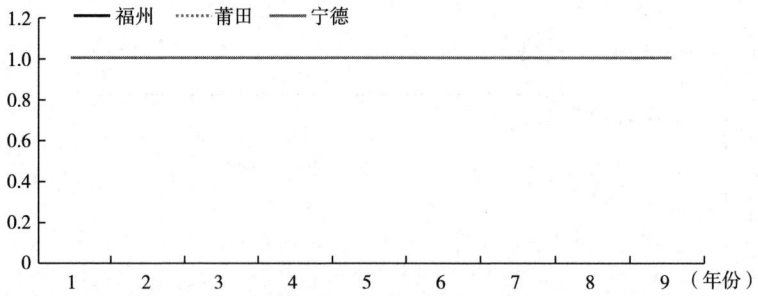

图 8-8　"福莆宁"的生态纯技术效率变迁

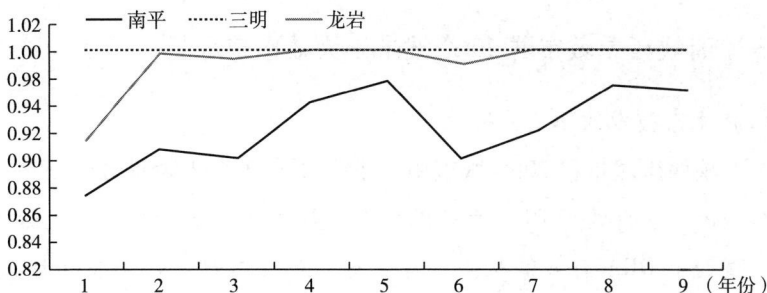

图 8 - 9　南平、三明、龙岩的生态纯技术效率变迁

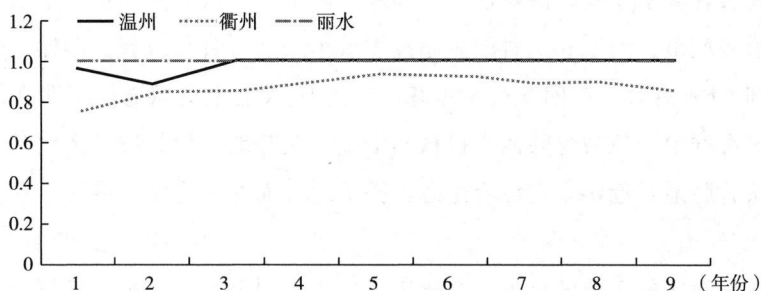

图 8 - 10　浙南 3 市的生态纯技术效率变迁

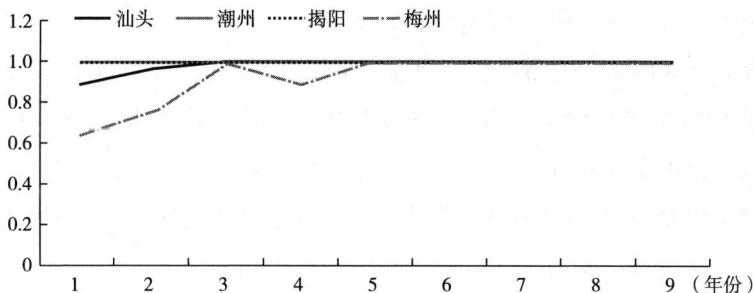

图 8 - 11　粤东 4 市的生态纯技术效率变迁

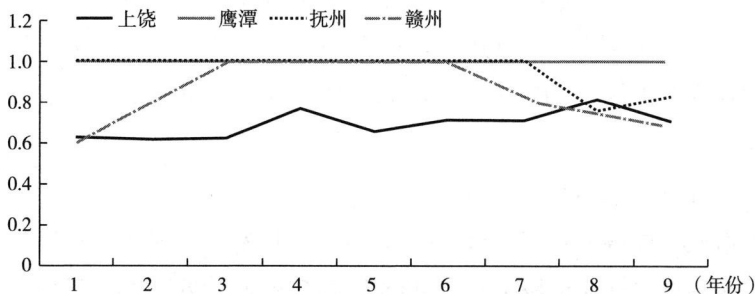

图 8 - 12　赣南 4 市的生态纯技术效率变迁

一 海峡西岸城市群 20 个城市三大效率值分析

（1）生态技术效率值分析

在海峡西岸城市群 20 个城市中，生态技术效率表现最好的是厦漳泉这 3 个城市，一直处于 DEA 有效的状态。福莆宁这 3 个城市中，福州和宁德一直处于 DEA 有效的状态，莆田的生态技术效率处于波动状态，9 年的样本期中有 4 年未达到 DEA 有效的状态，生态环境状态在福莆宁都市圈的表现属于较差，需要进一步改善。南平、三明、龙岩这 3 个城市都是非沿海城市，南平和龙岩的生态技术效率虽然一直在改善，但样本期内未达到 DEA 有效，三明在后三年基本达到 DEA 有效的状态。三明在海峡西岸城市群中定位为海峡西岸机械和冶金工业基地、生物技术产业基地和生态旅游胜地，近年来在综合生态保护治理方面加大力度，取得了一定的成绩。

浙南地区的 3 个城市中，温州经过头 3 年的努力，在第 4 年的生态技术效率达到 DEA 有效的状态且在样本期内一直保持。丽水和衢州的生态技术效率一直未能达到 DEA 有效的状态。

粤东地区的 4 个城市中，揭阳在样本期表现最好，其生态技术效率一直处于 DEA 有效的状态。汕头在第 3 年的生态技术效率达到 DEA 有效的状态且在样本期内一直保持。潮州的生态技术效率一直在波动，有些年份效率值达到 DEA 有效的状态。梅州的生态技术效率呈现大起大落的趋势，生态环境状态很不稳定，应加大力度进行环境保护。

赣南地区的 4 个城市，都是非沿海城市，其生态效率得分情况很不理想，赣州和抚州虽然在样本期内有几年达到 DEA 有效的状态，但是总体上呈现出一种大起大落的趋势，生态环境状况很不稳定。鹰潭和上饶在整个样本期内都未达到 DEA 有效的状态，且离 DEA 有效的状态尚有较大的差距。

（2）生态纯技术效率分析

在海峡西岸城市群 20 个城市中，生态纯技术效率状况表现最好的是厦漳泉和福莆宁这 6 个城市，一直位于生产的前沿线上，处于 DEA 有效的状态。南平、三明、龙岩这 3 个城市中，南平和龙岩的生态纯技术效率一直在改善，龙岩的生态纯技术效率从第 2 年开始基本达到 DEA 有效的状态，三明的生态纯技术效率一直处于 DEA 有效的状态。

浙南地区的 3 个城市中，温州从第 3 年开始，其生态纯技术效率达到 DEA 有效的状态，丽水的生态纯技术效率基本处于 DEA 有效的状态。衢州的生态纯技术效率上下波动，未达到 DEA 有效的状态。

粤东地区的 4 个城市中，潮州和揭阳的生态纯技术效率一直处于 DEA 有效的状态。汕头的生态纯技术效率经过两年的努力后在第 3 年处于 DEA 有效的状态。梅州的生态纯技术效率经过两年的努力后在从第 3 年起基本处于 DEA 有效的状态。

赣南地区的 4 个城市中，鹰潭的生态纯技术效率一直处于 DEA 有效的状态。抚州在样本期前几年处于 DEA 有效的状态，但在后两年连续出现生态纯技术效率不佳的状态。赣州表现为起伏较大。上饶的生态纯技术效率一直未改善，处于不佳的状态，说明上饶的生态环境状况一直受制于其技术水平，上饶须大力应用新型科技去改善生态环境，促进生态经济发展。

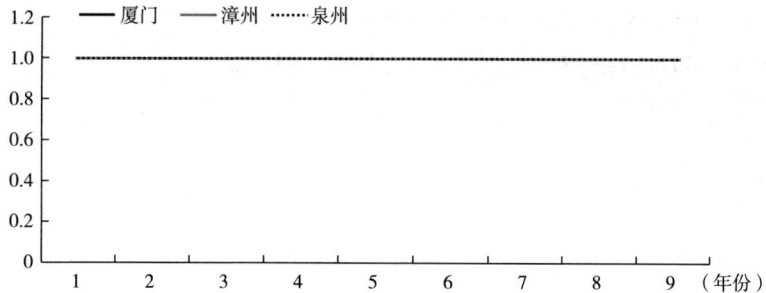

图 8 - 13　"厦漳泉"的生态规模效率变迁

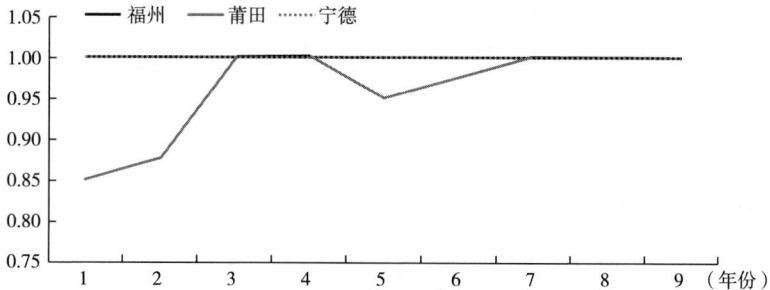

图 8 - 14　"福莆宁"的生态规模效率变迁

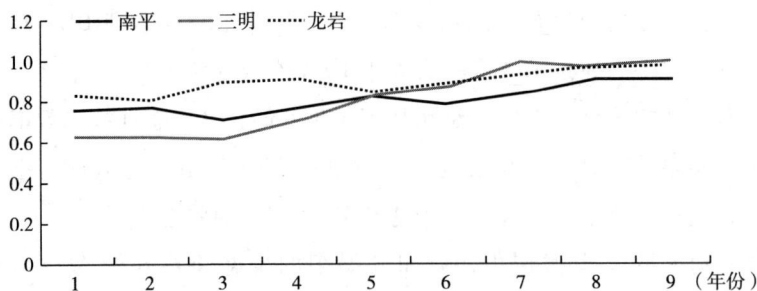

图 8 - 15　南平、三明、龙岩的生态规模效率变迁

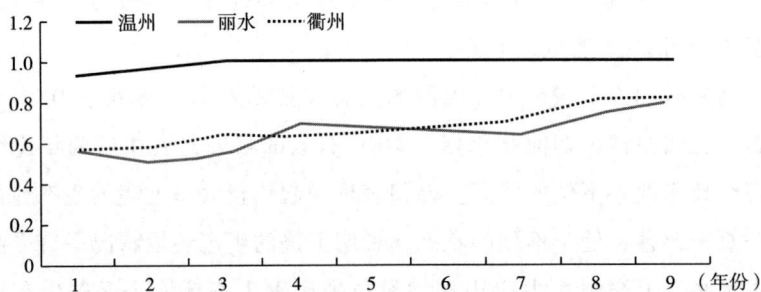

图 8 - 16　浙南 3 市的生态规模效率变迁

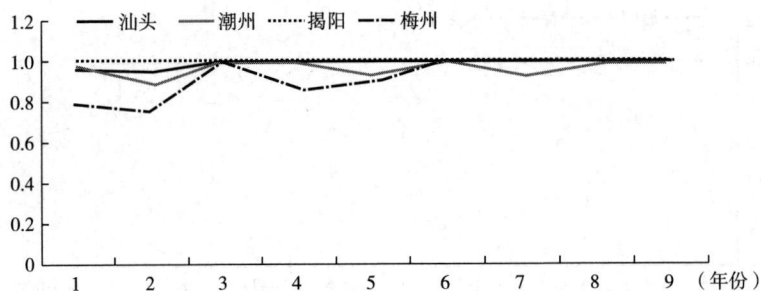

图 8 - 17　粤东 4 市的生态规模效率变迁

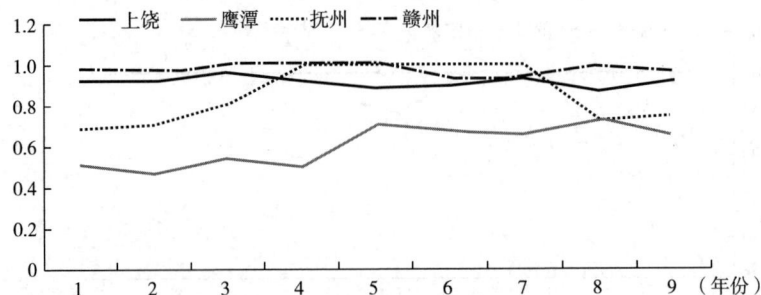

图 8 - 18　赣南 4 市的生态规模效率变迁

（3）生态规模效率分析

在海峡西岸城市群 20 个城市中，生态规模效率表现最好的厦漳泉一直处于最优状态。福莆宁这 3 个城市中，福州和宁德在样本期生态规模效率值一直保持在最优状态。莆田在样本期内有 4 年未达到最优状态。南平、三明、龙岩这 3 个城市中，三明虽然在开始生态规模效率值最低，但经过努力提升较快，在最后 3 年基本处于生态规模效率最优状态。南平在福建省 3 个非沿海城市中，样本期内生态规模效率表现最差。

浙南地区的 3 个城市中，温州经过头 3 年的努力，在第 4 年的生态规模效率达到最优状态且在样本期内一直保持。丽水和衢州的生态规模效率一直未能达到最优的状态，且显然低于海峡西岸城市群的平均水平，应在生态环境保护的规模上加大力度，力争摆脱现有规模的制约。

粤东地区的 4 个城市中，揭阳的生态规模效率一直处于最优状态，汕头经过两年的努力，生态规模效率也达到最优状态，并且能够一直保持。潮州和梅州的生态规模效率虽未达到最优状态，但效率值接近 1。总体上粤东 4 市的生态规模效率表现好于浙南 3 市和赣南 4 市。

赣南地区的 4 个城市中，赣州的生态规模效率表现最好，上饶次之。抚州的生态规模效率值在样本期内虽然有 4 年达到最优状态，但上下起伏很大，未达到最优状态年份的生态规模效率和最优状态差距较大。鹰潭的生态规模效率整个样本期明显低于海峡西岸城市群的平均水平，应在生态环境保护的规模上加大力度，力争摆脱现有规模的制约。值得一提的是上饶的生态规模效率表现，上饶在生态技术效率和生态纯技术效率都低于海峡西岸城市群整体平均水平的情况下，其生态规模效率的表现还不错，究其原因，是因为在计算上生态规模性效率是由生态技术效率和生态纯技术效率相比获得的。

二　东中西三大功能区生态效率均值分析

本研究进一步将海峡西岸城市群的 20 个城市划分为东、中、西三大功能区。为了充分发挥发展基础较好、资源环境承载能力较强等有利条件，海峡西岸城市群应进一步细化功能分区，优化产业布局，加强陆海统筹、山海联动发展，推动形成科学合理的主体功能区。三大功能区由东部

沿海临港产业发展区、中部集中功能区和西部功能区组成。东部功能区由
厦门、漳州、泉州、福州、莆田、宁德、温州、汕头、揭阳和潮州 10 个
城市组成。中部功能区由丽水、南平、三明、龙岩和梅州 5 个城市组成，
西部功能区由衢州、上饶、鹰潭、抚州和赣州 5 个城市组成。本研究分别
将海峡西岸城市群东、中、西三大功能区样本期每年的生态技术效率均值、
生态纯技术效率均值及生态规模效率均值绘制成图 8 - 19 至图 8 - 21。

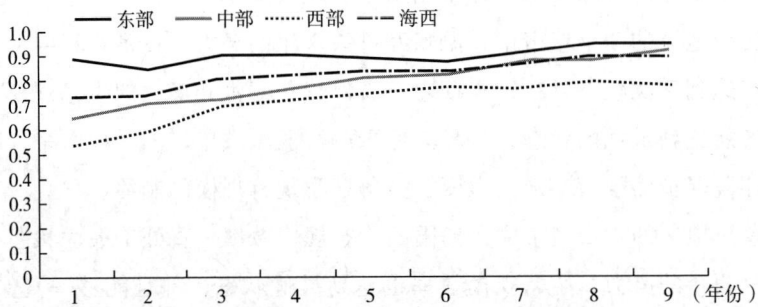

图 8 - 19　海西整体及三大功能区生态技术效率变迁

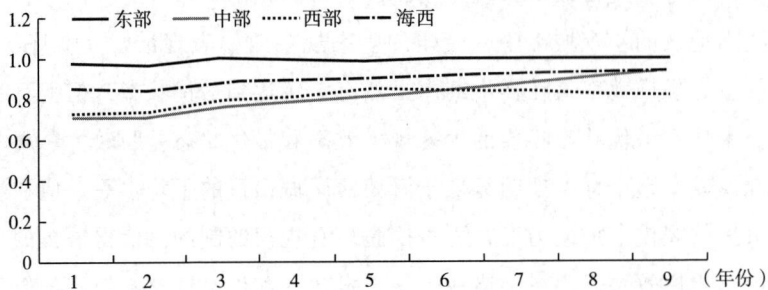

图 8 - 20　海西整体及三大功能区生态纯技术效率变迁

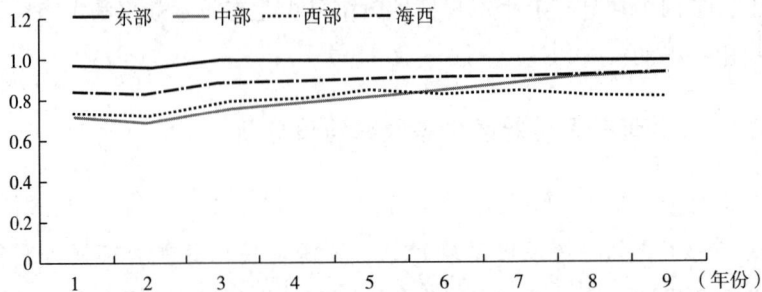

图 8 - 21　海西整体及三大功能区生态规模效率变迁

海峡西岸城市群东、中、西三大功能区的生态技术效率差异显著，其中东部功能区最高，中部次之，但发展状况良好，不断上升，在最后两年超过整体平均水平。西部功能区发展最差，生态技术效率在第 5 年开始出现了下降趋势，西部功能区的生态技术效率低于海西整体平均水平。

海峡西岸城市群三大功能区的生态纯技术效率差异显著。其中，东部功能区最高，中部次之，从第 3 年开始基本略高于海西整体平均水平，西部功能区生态纯技术效率一直保持在 0.8 以上，生态纯技术效率从第 5 年开始甚至出现了下降趋势。西部功能区的生态纯技术效率低于海西整体平均水平。

海峡西岸城市群三大功能区的生态规模效率变迁体现为东部功能区最高，西部功能区的生态规模效率在前面几年均超过中部功能区的水平，在第 6 年以后中部功能区的生态规模效率超过西部功能区，而西部功能区的生态规模效率在第 6 年后开始出现小幅滑落的迹象。

综上所述，海峡西岸城市群东、中、西三大功能区在生态环境的各个效率评价上，呈现出一种东部功能区处于引领地位、中部功能区加快步伐追赶、西部功能区增长相对缓慢且有小幅滑落的现象。

三　东中西三大功能区生态效率趋势分析

从前面分析中可以看出，海峡西岸城市群内三个功能区即东部 10 个城市、中部 5 个城市和西部 5 个城市的生态效率差异化明显，进一步采用 σ 趋同对三大功能区进行收敛检验。参照 σ 趋同通常使用指标值对数值的标准差来计算的处理方法，分别就生态技术效率、生态纯技术效率和生态规模效率对数值的标准差来分析 σ 趋同，考察三大功能区生态效率的不均衡程度是否随着时间的推移而逐渐减小，是否存在着一定程度上的追赶现象，探讨海峡西岸城市群内东中西三大功能区生态效率的俱乐部趋同特性。σ 值定义为：

$$\sigma = \left\{ \frac{1}{n} \sum_{i=1}^{n} \left[\log \frac{Y_i}{Y^*} \right]^2 \right\}^{1/2} \tag{8.1}$$

其中，Y_i 分别为生态技术效率、生态纯技术效率和生态规模效率，

$logY^* = \dfrac{1}{n}\displaystyle\sum_{i=1}^{n} logY_i$，三项效率的 σ 趋同指数分布如图 8 - 22、图 8 - 23 和图 8 - 24 所示。

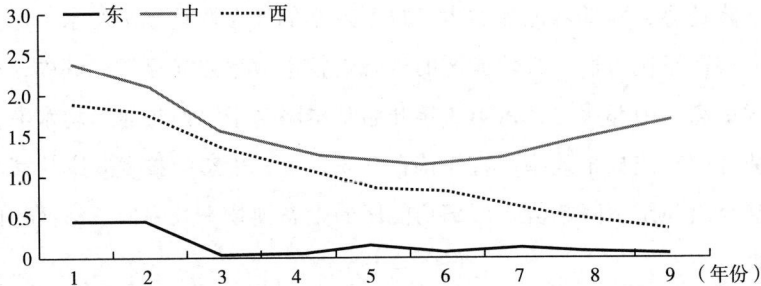

图 8 - 22　海峡西岸城市群的东、中、西三大功能区生态技术效率 σ 趋同指数的变迁

　　无论是海峡西岸城市群的东部、中部和西部功能区之间，还是各功能区内部之间，生态技术效率、生态纯技术效率和生态规模效率均存在着明显的地区差异，差异化程度也各不相同。其中，西部功能区的差异化程度远远大于东部和中部功能区。

　　在生态技术效率的 σ 趋同指数分布中，西部功能区的 σ 趋同指数值最大、中部次之、东部最小。随着时间的推移，东部、中部和西部功能区的生态技术效率 σ 值的差距不断缩小，说明东部、中部和西部功能区在生态技术效率上存在一定的追赶现象。但是，西部功能区在样本期第 7 年起存在扩大的趋势，表明西部功能区在生态效率差异化程度越来越大，这可能是西部功能区中有些城市的生态效率有所恶化所至，从图 8 - 6 可以看出，上饶、赣州和抚州的生态技术效率在样本期的后面几年均出现恶化现象。

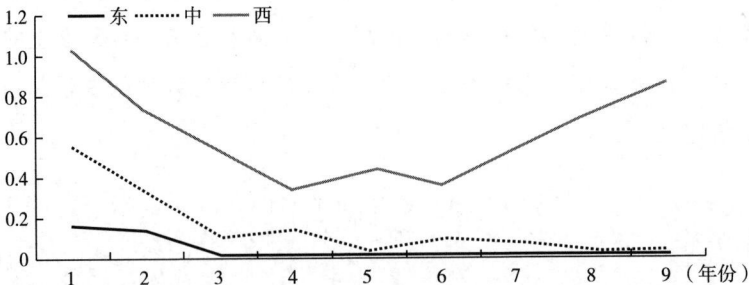

图 8 - 23　海峡西岸城市群的东、中、西三大功能区生态纯技术效率 σ 趋同指数的变迁

随着时间的推移，东部、中部和西部功能区的生态纯技术效率 σ 值的差距不断缩小，说明东部、中部和西部功能区在生态纯技术效率上存在一定的追赶现象。但是西部功能区在样本期第 7 年起存在扩大的趋势，表明西部功能区在生态纯技术效率差异化程度越来越大，这可能是西部功能区中有些城市的生态纯技术效率有所恶化，从图 8 - 12 可以看出，上饶、赣州和抚州的生态纯技术效率在样本期的后面几年均出现恶化现象。中部功能区生态纯技术效率的 σ 趋同指数呈现波动向下的趋势。

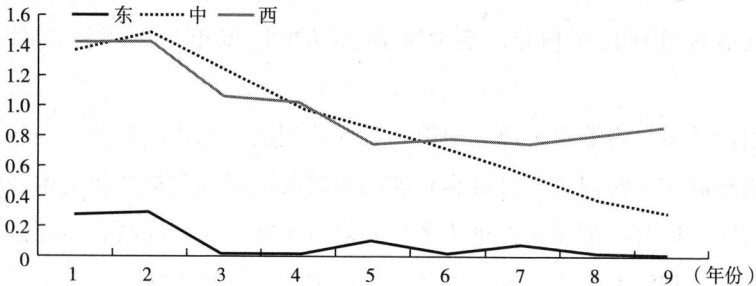

图 8 - 24　海峡西岸城市群的东、中、西三大功能区生态规模效率 σ 趋同指数的变迁

在生态规模效率的 σ 趋同指数值分布中，西部功能区最大、中部次之、东部最小。西部和中部功能区在生态规模效率上存在一定的追赶现象。中部功能区的生态规模效率的 σ 趋同指数呈现波动向下的趋势，而西部功能区的生态规模效率的 σ 趋同指数变迁看来，开始几年和中部功能区变动趋势相同，存在一定的追赶现象，但是在第 6 年后基本稳定，σ 趋同指数不再继续呈现收敛特征。海峡西岸城市群东部、中部及西部功能区的波动趋势也反映出其内部功能区中各个城市生态环境建设的不均衡，如何实现功能区之间的协调发展将是海峡西岸城市群各城市面临的一个重要问题。

从三大功能区发展来看，东部功能区的城市在生态技术效率和生态纯技术效率的 σ 值呈现出单边下降的趋势，收敛性明显，但是生态规模效率在开始两年 σ 值有所上升后才呈现单边下降的趋势。总体说来，东部功能区的沿海经济与环境协调发展取得了一定成效，不平衡状态得到有效缓解，促进了各城市经济的协调发展。中部功能区的城市生态技术效率、生态纯技术效率和生态规模效率的 σ 值总体下降趋势都很明显，存在效率趋同现象，说明近几年中部功能区各个城市在生态环境上的不平衡状态得到缓解。西部功能区的城市生态技术效率和生态纯技术效率的 σ 值在前几年下降趋势明显，表现出收敛特征，说明这几年西部功能区在投入要素使用上的效率差异性不断减小，主要原因可以解释为前几年东部功能区生产技术的流动性较大，能够不断促进不同功能区城市的生产技术的协同提高；后面几年西部功能区的城市生态技术效率和生态纯技术效率的 σ 值上升趋势明显。

西部功能区城市生态规模效率的 σ 值在前几年下降明显，与东部、中部功能区呈现趋同现象。后几年西部功能区城市生态规模效率基本稳定。

由此看出，为缩短东部、中部和西部功能区生态环境的差距，各功能区应因地制宜，制定符合自身客观实际的发展政策，调整产业结构和生产生活方式。同时，依靠科技进步和教育培养机制，大力提高各功能区生态效率水平，加快海峡西岸城市群各功能区之间、各功能区内部各个城市之间的技术流动及产业结构调整，共同建设美好家园，实现区域协调发展，构建共同改善海峡西岸城市群生态环境的协调机制。

四 外部环境变量对生态环境投入要素的影响分析

本研究以市级数据为基础，海峡西岸城市群 20 个城市中有些地级城市在数据获取和更新方面不易，因此在尽最大努力的情况下，运用合理的模型分析，基于分析结果给出政策建议。

本研究参考运用 DEA 三阶段模型的第二阶段的处理方法，运用相似 SFA 模型对第一阶段决策单元的投入差额值（松弛变量）进行回归分析。投入差额值是一种成本概念，投入的差额值越多，即代表海峡西岸城市群各个城市生态投入的成本越大。同时，本研究进行效率值估计时所运用的 BCC 模型是投入导向型的，其松弛变量可以理解成为各投入变量的冗余，即没有充分利用的部分。本研究将 DEA 估计中各个投入变量的松弛变量作为被解释变量，将产业结构、政府的环保财政投入和人均受教育年限 3 个外部环境变量作为解释变量，利用 Frontier 软件的随机前沿分析 SFA 方法进行回归分析，探讨产业结构、政府的环保财政投入和人均受教育年限 3 个因素对各个投入变量的松弛变量的影响。当回归结果的系数为正时，意味着增加外部环境变量值将会增加相对应的投入松弛变量，从而使得整个经济生产过程中出现资源的浪费和污染的增加，降低产出。反之，当相应的回归系数为负时，意味着增加外部环境变量值将会减少相对应的投入松弛变量，使得整个经济生产过程减少资源浪费和降低污染。

　　3 个外部环境变量方面，产业结构选取各城市第三产业增加值占 GDP的比重来衡量；政府对环境保护的相关政策用各城市财政支出中的环保资金投入额来表示；人均受教育年限处理时用常用的做法，用《中国城市统计年鉴》以及海峡西岸城市群范围内 4 省的统计年鉴上给出各城市 6 岁及以上人口中未上过学、小学、初中、高中和大专以上的抽样数据，参考康继军、张宗益、傅蕴英的做法，按此 5 类人口数进行加权平均计算，权重的设定分别设定其受教育时间为 0 年、5 年、8 年、11 年和 14.5 年，由此可计算出各城市人口平均受教育年限。

　　投入指标包括资源消耗、环境污染、资本投入三大类。资源消耗由各城市建设用地面积、能源消耗总量以及用水总量 3 个指标来进行衡量。环境污染指标由废气排放量和废水排放量来表征，资本投入包括固定资本投入和劳动力投入。

表 8-1　外部环境变量对各投入变量的松弛变量影响分析

	产业结构	财政环保投入	人均受教育年限
建设用地面积	负	正（显著）	正
能源消耗总量	负（显著）	负	负（显著）
用水总量	负（显著）	负	负（显著）
废气排放量	负（显著）	负	正
废水排放量	负	正（显著）	正
固定资产投入	负（显著）	负	负（显著）
劳动力投入	负	负	负（显著）

　　第三产业增加值占 GDP 比例的这一环境变量，对所有投入因素的松弛变量的影响的系数均为负数。其中，对能源消耗总量、用水总量、废气

排放量和固定资产投入这 4 个投入要素的松弛变量影响系数为负数且统计意义显著，表明第三产业增加值占 GDP 比重提高时，能源消耗总量、用水总量、废气排放量和固定资产投资均会减少。第三产业增加值占 GDP 比重提高，意味着经过产业结构调整和优化，引进先进技术和管理理念，采取低碳节能环保措施来推动经济增长，能有效地减少资源浪费，提高生态效率。建设用地面积、废水排放量和劳动力投入这 3 个投入变量的松弛变量影响系数虽然为负数但统计上不显著，可以理解为应该继续加深产业结构的调整优化。在城市发展中，产业结构调整主要就是产业“退二进三”的过程，一般第二产业工业用地较多，第三产业居住用地和商业用地相对集约，因此产业结构升级应带来建设用地的相对减少使得影响系数为负。总而言之，第三产业增加值占 GDP 比重对大多数投入变量的松弛变量作用系数为负，对生态效率提高有利。

人均受教育年限对建设用地面积、废水排放量、废气排放量这 3 个投入因素的松弛变量的影响系数为正但统计意义不显著，可能是人均受教育年限对这 3 个投入变量的影响未起到应有的作用。受教育程度的普遍提高会促进城镇化率的提高，随着城镇非农人口的增加，需要解决他们衣食住行等基本需求问题，而这些需求都和建设用地规模有关。基本需求满足后，休闲娱乐等更高层次的需求，需要道路、广场、公园、绿地等设施来满足，这将带来建设用地面积的进一步扩大。教育的普及和受教育程度的提高未能降低工业中的废水废气排放，可以解释为工业企业还不能很好地采取各种节能环保措施降低能耗，可能是因为工业企业环保意识不高，也可能是工业企业技术管理水平不足。人均受教育年限对能源消耗量、用水总量、固定资产投资和人力资本投资这 4 项指标的回归系数为负且在统计上显著，说明教育的普及和受教育程度的提高能显著提高民众环保意识，教育水平的提高也会提高技术水平，两者共同带来生活和生产中污染排放减少和节能环保，将有效地改善生态环境，提升生态效率水平。

政府的环保财政投入对建设用地面积和废水排放量这两个投入因素的松弛变量的影响系数为正且统计意义显著，表明政府的环保财政收入的增加会带来建筑用地和废水排放量的增加。这说明海峡西岸城市群的政府环保财政投入对建筑用地面积和废水排放量这两项指标没有起到应有的作用。另一方面，政府的环保财政支出对能源消耗总量、用水总量、废气排放量、固定资产投入和劳动力投入这 5 项指标的回归系数为负但统计上不显著，意味着政府环保支出的效果不明显，可能由于资金的使用效率低下，政府的环保财政支出并没有得到有效配置，如何高效地利用财政环保支出，是海峡西岸城市群提高生态效率必须重视的问题。

第二节　海峡西岸城市群生态效率动态分析和影响因素分析

一　研究指标及数据处理

生态效率的基本思想是在价值最大化的同时实现资源消耗和环境污染最小化，意味着以最少的资源投入和最小的环境代价获得最大的经济价值，这与 DEA 方法对投入与产出指标的要求一致。通常在实际运用中，将收益性指标作为产出指标，将成本指标作为投入指标体系来处理。因此本研究借鉴德国环境经济账户中的生态效率指标，构建合适的城市群生态效率指标体系。本节处理投入产出变量的方法是 DEA 基本方法，影响因素分析采用面板 Tobit 方法。另外，由于涉及海峡西岸城市群 20 个城市的数据，在变量选取时舍弃了无法获得更新数据的变量。

（1）产出指标

生态效率的产出指标主要反映经济体所提供产品或服务的经济价值，因此在研究区域宏观经济主体的生态效率时，选择各城市的经济发展总量即地区生产总值（GDP）作为效率评价的产出指标。

（2）投入指标

投入指标包括环境污染和能源消耗。需要说明的是，环境污染在绿色GDP 核算中，属于非合意产出指标，但由于 DEA 应用中一般将成本型指标作为投入指标体系来处理，此类指标的特点是越小越好，因此本研究也将环境污染作为投入指标处理。其中，环境污染指标由工业废水排放量和工业二氧化硫排放量来衡量；能源消耗由电力消耗总量、居民生活用水量、建设用地面积、就业人数和固定资产投资额来衡量。

表 8 - 2　生态效率评价指标体系

指标	类别	具体指标构成	内容
投入指标	环境污染	废水排放	工业废水排放量
		废气排放	工业废气排放量
	能源消耗	电耗	电力消耗总量
		水资源消耗	居民生活用水量
		土地消耗	建设用地面积
		人力消耗	就业人数
		资本消耗	固定资产投资额
产出指标		经济发展总量	地区 GDP

（3）数据选取与处理

投入项与产出项之间必须符合同向性假设，即当投入量增加时，产出量不得减少，常用的方法是采用 Pearson 相关性检验方法对其进行检测。

表 8 - 3　2015 年海峡西岸城市群 20 个城市投入与产出变量的 Pearson 相关系数

投入项 产出项	废水 排放量	二氧化硫 排放量	用电量	用地 面积	居民生活 用水量	就业 人员	固定资产 投入
地区 GDP	0.465 **	0.693 ***	0.617 **	0.677 **	0.668 **	0.943 ***	0.913 ***
	(- 0.039)	(0.000)	(0.004)	(0.001)	(0.001)	(0.000)	(0.000)

注：*** 表示在显著性水平 1% 的水平下显著，** 表示在显著性水平 5% 的水平下显著；括号中的数字为检验的 p 值。

由表 8 - 3 可以看出，各城市投入变量与产出变量之间的相关系数均为正，并且均能在 5% 显著性水平下通过双尾检验，这说明投入产出指标符合模型所要求的同向性原则，具有合理性。

二　海峡西岸城市群生态效率动态分析

为了更好地分析海峡西岸城市群 20 个城市生态效率的变化趋势，本研究运用 2003 ~ 2015 年之间这 20 个城市的面板数据，采用 Malmquist 指数模型计算其效率变动值。由于各地区面板数据较长，本研究首先分析海峡西岸城市群各城市年均生态效率的 Malmquist 指数及其分解，如表 8 - 4 所示。

表 8 - 4　2003 ~ 2015 年海峡西岸城市群 20 个城市年均 Malmquist 指数及其分解

城市 City	综合技术效率 Effch （EC = PC × SC）	技术进步 Techch （TC）	纯技术效率 Pech （PC）	规模效率 Sech （SC）	全要素生产率 Tfpch （TFP = EC × TC）
福州	1.018	1.057	1	1.018	1.076
厦门	1.032	1.045	1	1.032	1.078
莆田	1.02	1.081	1.007	1.014	1.103
三明	1.022	1.085	1.021	1.001	1.109
泉州	1	0.993	1	1	0.993
漳州	0.998	1.023	1	0.998	1.021
南平	1.026	1.083	1.025	1	1.111
龙岩	1.017	1.049	1.005	1.012	1.067
宁德	1	0.95	1	1	0.95
温州	1.014	1.069	1	1.014	1.085
丽水	1.005	1.074	0.992	1.013	1.079
衢州	1.01	1.005	1.005	1.005	1.015
汕头	1.007	0.977	1.007	1	0.984
梅州	1.04	0.923	1.037	1.004	0.96
潮州	1.009	0.967	1	1.009	0.976
揭阳	0.995	0.948	0.995	1	0.944
鹰潭	1.049	1.005	1	1.049	1.054
赣州	1.023	0.972	1.024	0.999	0.994
抚州	1.022	1.007	0.997	1.025	1.03
上饶	1.019	1.02	1.014	1.005	1.039
平均值	1.016	1.018	1.006	1.01	1.034

　　总体而言，海峡西岸城市群 20 个城市在 2003 ~ 2015 年期间生态效率的变化平均值为 1.034，这意味着生态效率改善了 3.4%。这主要是生态技术进步和生态技术效率共同作用的结果。其中，生态技术效率贡献了 1.6%，生态技术进步贡献了 1.8%。生态效率提升最快的是南平，这可

能与南平加大生态环境保护力度有关。

表 8 - 5　海峡西岸城市群 20 个城市各年份平均 Malmquist 指数及其分解

年份 year	综合技术效率 Effch	技术进步 Techch	纯技术效率 Pech	规模效率 Sech	全要素生产率 Tfpch
2003 ~ 2004	0.993	1.063	1.004	0.989	1.056
2004 ~ 2005	1.163	0.884	1.052	1.105	1.027
2005 ~ 2006	1.016	0.8	1.001	1.015	0.813
2006 ~ 2007	1.013	1.052	1.003	1.01	1.066
2007 ~ 2008	1.011	1.067	1.004	1.007	1.079
2008 ~ 2009	0.991	1.159	1.011	0.98	1.149
2009 ~ 2010	1.022	1.065	1.012	1.009	1.088
2010 ~ 2011	0.99	1.146	0.997	0.993	1.134
2011 ~ 2012	1.025	1.006	1.01	1.015	1.031
2012 ~ 2013	1.004	1.021	0.995	1.008	1.025
2013 ~ 2014	0.984	1.036	0.989	0.995	1.02
2014 ~ 2015	0.997	0.975	0.997	1	0.972
平均值	1.016	1.018	1.006	1.01	1.034

　　总体来看，2003 ~ 2015 年期间，Malmquist 指数呈现波浪式的上升趋势。只有 2006 年和 2015 年，生态效率呈下降趋势，其他年份都呈上升趋势。2011 年海峡西岸城市群总体生态效率上升最快，上升了 13.4%，这主要是由于生态技术进步造成的。其中，生态技术进步改善了 14.6%，生态综合技术效率下降了 0.1%。

三　海峡西岸城市群生态效率影响因素分析

（1）指标选取

上文通过 DEA 方法获得海峡西岸城市群 20 个城市的生态效率值，但是哪些因素影响生态效率值仍然值得进一步探究。影响生态效率的因素很多，本研究参考已有的研究和区域生态效率之间的差异性，主要考虑这几个影响因素：①第三产业结构，用各个城市第三产业增加值占 GDP 比重来表示。②城镇化率，用各个城市非农业人口占总人口比重来表示。③利用外资率，用各个城市的港澳台及外商投资企业工业总产值占工业总产值比重来表示。④研发强度，用各个城市科技支出与财政支出的比值表示，反映该城市科技创新的投入强度。根据上述指标，原始数据来源于《中国城市统计年鉴》以及 Wind 资讯，对原始数据进行运算后，得出模型所需数据。

（2）模型设置

由于效率评价值有一个最低界限值 0，所以数据被截断，若用普通的最小二乘法对面板模型直接进行回归，参数估计将是有偏且是不一致的。为了解决这类问题，采用 Tobit 提出的截断回归方法进行分析，同时结合面板数据特性，建立如下的面板 Tobit 回归模型：

$$y_{it} = \begin{cases} \alpha_{it} + \beta^T x_{it} + e_{it}, & \alpha_{it} + \beta^T x_{it} + e_{it} > 0 \\ 0, & 其他 \end{cases} \qquad (8.2)$$

其中，被解释变量 y_{it} 为第 i 个城市第 t 年的生态效率。解释变量 x_{it} =（第三产业结构 x_{1t}，城镇化率 x_{2t}，利用外资率 x_{3t}，研发强度 x_{4t}），β^T 为未知参数，$e_{it} \sim N(0, \sigma^2)$，此模型为面板数据的截断回归模型（Truncated Regression Model），解释变量 x_{it} 取实际观测值，被解释变量 y_{it} 以受限制的方式取值：当 $y_{it} \geqslant 0$ 取实际观测值；当 $y_{it} < 0$ 时，观测值均截取为 0。α_{it} 第 i 个城市第 t 年的固定效应，为未知的确定常数。

（3）结果分析

根据以上分析，本研究用 Stata 进行面板 Tobit 回归，结果如表 8 - 5 所示。

表 8 - 6　海峡西岸城市群生态效率影响因素的 Tobit 回归结果

变量	系数	标准误差	P 值
CONS 常数	1.12	0.05	0.000
CYJG	- 2.37	0.18	0.180
CSHL	- 0.07	0.04	0.110
LYWZ	0.0003	0.0002	0.200
YFQD	4.38	1.52	0.004

从表 8-6 可以看出，产业结构（CYJG）、城镇化率（CSHL）、利用外资（LYWZ）、研发强度（YFQD）4 个变量中，仅研发强度对城市生态效率产生显著的影响。研发强度每提高 1 个百分点，平均而言，城市生态效率会提高 4.38 个百分点。这说明海峡西岸城市群各城市应当加大科技投入力度，拓宽科研经费的来源渠道。尤其要鼓励大中型工业企业的研发投入积极性，促进企业成为区域内技术研发的投资主体和科技成果转化主体，鼓励企业积极开展产业关键性技术、低碳生产技术及其他绿色技术的开发，并且有效促使相关技术在产业内、产业间及整个城市区域内的扩散，从而在获得预期经济效益的同时也产生可观的生态效益，最终促使生态效率的提升。鉴于科学技术研究对提升城市生态效率和推动产业结构升级的重要性，本研究在下一小节以海峡西岸城市群主体省份福建省的 9 个城市为代表进行科技投入产出分析，基于分析结果给出针对性建议。

四　海峡西岸城市群主体省份福建省 9 个城市的科技技术进步分析

笔者曾经对海峡西岸城市群主体省份福建省 9 个城市 5 年间的科技投入产出效率运用复合 DEA 方法进行评价，并对其有效性的动态变化进行估算和分析，针对每个城市的科技状况提出提升科技效率对策建议。复合 DEA 方法可以对一系列决策单元采用不同的评价指标，来对各决策单元进行有效性评价，从中可以反映不同指标对有效性影响程度的大小。而 DEA 方法虽能对科技投入产出有效性进行测定，但无法反映单个指标的变动对科技投入产出有效性影响的大小。

投入指标包括科技活动人员数、R&D 人员数、科技经费支出额、R&D 经费内部支出额和地方财政科技拨款等。产出指标包括高新技术产业产值、科技活动人员的科技论文数和专利申请受理量等。选择福建省的 9 个城市作为福建科技投入产出效率评价的决策单元，考虑到科技活动的投入到产出之间存在一定的时滞，且各指标的时滞存在不一致性，借鉴林佳丽、薛声家的处理方式，假定其时滞均为 1 年。数据来源是《福建科技发展报告》以及各年《福建统计年鉴》。基于研究样本的分析结果，从总体效率分析、有效性分析和 Malmquist 指数分析等方面展开。

（1）科技投入产出分析

总体效率分析方面，9个决策单元中DEA有效的决策单元个数由最初的5个增加到最后一年的7个，这表明福建省各城市的科技效率普遍有所提高。最后一年科技效率未达到DEA有效的城市是三明和南平。福州、厦门、漳州、宁德4个城市连续4年科技效率值都达到1，表明都为DEA有效。还可以从超效率值分析看到，这4个城市的效率值排名比较稳定而且都是靠前的。莆田、南平和龙岩3个城市的科技投入产出效率经历了先下降而后上升的过程。泉州的科技投入产出效率曾经出现低于1的情形。三明的科技效率表现为先增加后减少，在所有的决策单元中排名最后，这也说明三明的科技资源配置和利用效率较低，存在相对较大的提升空间。

有效性分析包括对DEA有效性及非DEA有效性的分析。根据DEA有效性原理可知，DEA有效是同时达到规模有效和技术有效的。非DEA有效则表示该城市非规模有效或者非技术有效。可以从产出相对不足、投入相对冗余以及规模收益的情况对非DEA有效的城市进行分析。研究结果中，可以将海峡西岸城市群主体省份福建省9个城市的科技发展分成三类进行分析。第一类是福州和厦门，在福建省的9个城市中福州和厦门的科技发展达到了比较成熟的阶段。这两个城市在样本期间连续4年效率值都达到1且排名稳居前列。第二类是泉州与漳州，经济发展水平在福建省处于中等偏上的水平。数据分析可以看出泉州和漳州科技活动的投入产出规模正在逐步扩大，具有良好的发展潜力。其中，漳州的科技效率比较稳定，连续4年一直处于相对DEA有效，而泉州的科技效率有一段时间处于规模收益递减阶段，表明在原有投入的基础上，再增加投入规模只能换取相对较小的产出增量。从上述分析可以看出影响泉州相对效率下降的原因不是投入不足而是投入过剩，泉州的科技投入结构存在不合理现象，多余的投入没有发挥应有的效应，从而造成了资源的相对冗余、有效利用率过低。泉州的科技活动经费内部支出额和R&D内部支出未能达到充分利用，应该合理调整投入的比例，充分提高技术的利用率，使规模效益保持有效。另外，高新技术产业产值转化为现实生产力的能力有待加强，技术市场化效率有待提升，大量科技资源的投入只是产出了专利技术，而未将其转化为现实的经济效益。

第三类是南平、三明、莆田、龙岩和宁德，这 5 个城市的分项指标排名均比较靠后，对科技活动的投入还未形成规模，缺乏稳定性，因而产出效率也会有较大幅度的变化。其中，宁德的科技活动总体表现较好，宁德注重科技活动效率的提高，能够做到合理配置、充分利用现有资源，达到相对最优状态，但是不能保持稳定，综合考虑其经济技术发展水平、投入及产出指标的规模，宁德的科技发展仍存在许多不确定因素。

南平和三明的科技活动连续 4 年都呈现非 DEA 有效状态，其效率值排名也基本稳定在最后两名。运用复合 DEA 方法分析其科技投入产出效率处于非 DEA 有效的形成原因及优化方向。投入指标的冗余分析发现，三明的财政科技投入始终存在冗余现象，说明原来不合理的投入结构有所改善，但投入资源的有效利用率还是偏低，不能很有效地转化为现实生产力，是非 DEA 有效的主因。产出指标分析发现三明的高新技术产业产值偏低，缺乏将科学技术转化为现实生产力的能力，技术市场化效率较低，大量科技资源的投入只是产出了专利技术，而未将其转化为现实的经济效益。和三明的科技表现相比，南平的科技活动相对效率要高些、投入产出规模也大些。三明和南平相比福建省其他城市，对科技活动的投入还未形成规模，科技的产出和效率还缺乏稳定性。应注意把握全局，合理配置利用现有资源，尽力实现科技投入产出的相对最优状态。

南平、三明两个非 DEA 有效的城市都在科技活动经费内部支出额、财政科技投入额以及 R&D 内部支出额上未达到充分利用，同时也说明这 3 项投入指标是影响各城市科技效率的重要因素。在产出指标分析中发现，科技投入产出效率对高新技术产业产值与科技论文数这两个指标较敏感。

（2）Malmquist 指数分析

根据经济增长的有关理论，全要素生产率一般包括技术效率、技术进步和配置效率等方面。技术效率指应用当前已有技术的水平，将创新技术产业化的效率。创新技术可以用专利数量来衡量，目前各城市、省份乃至全国的专利数量逐年上升，但产业化水平仍有待提高。技术效率提升的关键在于将创新技术通过企业生产创造出经济价值。技术进步指技术水平向最前沿技术逼近的程度。技术进步目前的关键在于培育以自主创新为主的技术创新模式。自主创新包含原始创新、集成创新和消化吸收再创新三个方面的含义。原始创新是指在各个生产领域内努力获得更多的科学发现和重大的技术发明，具有自主知识产权的重大创新，需经历长时间积累和突破过程，受到技术水平、人力资本等诸多因素的影响，充满了高度的不确定性。集成创新是将各种相关技术成果融合汇聚，形成具有市场竞争力的产品和产业，是一种创造性的融合。要素经过主动优化、选择搭配，以最合理的结构形式结合，形成优势互补的有机体。集成创新的成果是一个全新的产品。消化吸收再创新是指吸收全球科学成果，积极引进国外先进技术的基础上再创新，是产品价值链某个或者某些重要环节的重大创新，是各国尤其是发展中国家普遍采取的方式，这也是我国最为薄弱的环节之一。配置效率是指要素配置与有效配置或最优组合的接近程度。这里的要素包括资本、劳动力、土地等生产要素，要素的有效配置可以涉及劳动力的自由流动、土地价格的合理供给等。要使全要素增长率成为经济增长的动力，需要在创新技术产业化、自主创新能力水平提升、生产要素实现有效配置三个方面努力。

通过对科技生产率（全要素生产率指数）的 Malmquist 指数拆分，可以来判断科技生产率提高是由技术效率还是由技术进步为主贡献的。表8－6 列出了福建省各城市 4 年间的 Malmquist 生产力指数及其分解的数据结果，从表中数据可以得到，TFP 指数样本期内年城市平均值分别为0.911、1.324 和 0.825，这说明福建省的城市平均科技生产力存在很大的波动性。从其增长结构来看，科技技术效率指数表现得比较稳定，科技技术进步指数呈现大起大落状态。

从各个城市的情况来看，福州和厦门的科技技术效率指标始终保持为1，全要素生产率指数的变化完全取决于科技技术进步值的变化，科技技术进步值出现一年上升一年下降，说明这两个城市的科技技术进步存在不稳定性，福州和厦门是福建省经济最发达的两个城市，是福莆宁和厦漳泉都市圈的核心城市，也是海峡西岸城市群的中心城市，在技术进步方面仍需进一步巩固和加强，才能带动区域周边城市技术进步，提升整个都市圈科技发展水平。

漳州和宁德两个城市的科技规模效率指标始终保持为1，而科技技术进步值上下波动，说明这两个城市自主技术进步的激励机制还有待加强。莆田、南平和龙岩的科技规模效率和科技技术进步指标上下波动，不稳定。三明和泉州两个城市的情况比较特殊，其科技技术效率值也都有所增加，而科技规模效率值则刚好相反。

从整体上看，福建省9个城市的总体科技水平逐年提高，TFP均值为1.011。但提升很大程度上来自科技技术效率的贡献，技术效率指数为1.013，科技技术进步呈现大起大落的状态，科技技术进步对生产力的拉动仍需得到进一步加强与巩固，应加大科技研发投入和强化科技的引进创新，并注重吸收创新。

为了更深刻了解效率改进的变化原因，本研究将技术效率变动进一步划分为规模效率变动和纯效率变动（效率变动＝规模效率变动×纯效率变动）。从表8－7的数据可以看出，总体上福建省9个城市的科技规模效率变动和科技纯技术效率变动趋势基本保持一致。

表8－7　福建省9个城市科技生产率变动、效率变动及技术进步率

	第1~2年			第2~3年			第3~4年		
	技术效率	技术进步	TFP	技术效率	技术进步	TFP	技术效率	技术进步	TFP
福州	1	0.95	0.95	1	0.977	0.977	1	1.062	1.062
厦门	1	0.923	0.923	1	1.01	1.01	1	0.938	0.938
莆田	0.897	0.932	0.835	1.15	1.034	1.188	1	0.981	0.981
三明	1.474	0.927	1.366	0.848	1.45	1.229	0.828	0.744	0.616
泉州	1	0.841	0.841	0.912	1.456	1.328	1.097	0.842	0.924
漳州	1	0.778	0.778	1	1.23	1.23	1	0.958	0.958
南平	0.686	1.029	0.706	1.457	1.411	2.055	0.823	0.836	0.688
龙岩	0.905	0.927	0.839	1.795	1.134	2.036	1	1.058	1.058
宁德	1	1.111	1.111	1	1.268	1.268	1	0.646	0.646
均值	0.978	0.931	0.911	1.098	1.205	1.324	0.968	0.886	0.857

表 8 - 8　福建省 9 个城市科技效率变动、规模效率变动及纯效率变动

	第 1 ~ 2 年			第 2 ~ 3 年			第 3 ~ 4 年		
	技术效率	规模效率	纯技术效率	技术效率	规模效率	纯技术效率	技术效率	规模效率	纯技术效率
福州	1	1	1	1	1	1	1	1	1
厦门	1	1	1	1	1	1	1	1	1
莆田	0.897	0.897	1	1.15	1.15	1	1	1	1
三明	1.474	1.28	1.152	0.848	1.026	0.826	0.828	0.823	1.006
泉州	1	1	1	0.912	0.912	1	1.097	1.097	1
漳州	1	1	1	1	1	1	1	1	1
南平	0.686	0.745	0.921	1.457	1.345	1.084	0.823	0.74	1.111
龙岩	0.905	1.001	0.904	1.795	1.622	1.107	1	1	1
宁德	1	1	1	1	1	1	1	1	1

（3）福建省 9 个城市的自主创新的 TFP 指数分析

笔者曾经对海峡西岸城市群主体省份福建省的 9 个城市的自主创新能力与技术进步展开分析，以专利授权数为产出变量，以研发人员和研发存量为投入变量，测算福建省的 TFP 指数。众所周知，TFP 可以分解为规模报酬不变假定下的科技技术效率变化指数和技术进步指数，其中科技技术效率变化指数还可进一步分解为纯技术效率指数和规模效率指数。在专利授权数的投入产出效率中，技术进步指数为生产专利的技术创新，用来衡量原始创新能力。规模效率指数为专利生产的规模效率，用来衡量集成创新能力。纯技术效率指数为专利生产的规模收益可变技术效率，用来衡量消化吸收再创新能力。通过对福建省 9 个城市 5 年的数据分析，发现集成创新始终对福建省自主创新的 TFP 指数的提高起着正面的促进作用。原始创新对技术进步的不确定性作用主要由于原始创新是一种不连续事件和小概率事件，具有门槛效应，需要经历由量变到质变的过程。这个测算结果是符合福建省乃至整个海峡西岸城市群科技进步状况的。

集成创新的主体是企业，对于大多数中国企业而言，集成创新更具有现实意义。随着产业关联度日益提高，技术的相互依存度增强，单项技术的突破再不能独柱擎天，必须要通过整合相关配套技术、建立相应的管理

模式才能最终形成生产力和竞争力。通过集成创新实现技术创新和产品创新进而实现产业化。在具体操作中，增强集成创新能力需要政府、企业、科研单位、高校方方面面的协同合作。在这一过程中，必须坚持企业的主体地位，把创新的出发点和落脚点都放在市场。同时，需要有战略思想的企业家，选择具有高度技术关联性和产业带动性的产品或项目，实现关键领域的突破，形成竞争优势。要依托高新技术产业开发区，实现资源优化配置和成果的充分利用，促进高新技术产业化。

　　积极提升研发技术，可以为生态经济提供技术支撑。政府作为生态系统良好运行的主导者，应起引导和联结企业与研发机构的作用，是增强海峡西岸城市群生态技术创新能力的推动者。政府可以建立生态技术专项研发基金，加大对技术研发的投入，积极与研发机构、企业建立起密切的关系，结合当地的实际情况培养造就一批实用型科研人才，同时加强与国外发达地区的技术交流，节约资源，提高产业和产品的科技含量和使用效率。

第九章　海峡西岸城市群生态环境、产业结构和经济增长的关系研究

产业结构和生态环境之间关系密切，产业结构状况的好坏会影响到生态环境质量的高低。反过来，生态环境效率的高低一定程度会反映产业结构及布局的合理性。良好的生态环境状况会促进产业结构的发展，否则会起到阻碍作用。在前一章的分析中提出高效利用财政环保支出，是海峡西岸城市群提高生态效率必须重视的问题。本章主要从两个方面探讨生态环境、产业结构和经济增长三者之间的关系。一方面探讨海峡西岸城市群的环境规制强度是否可以通过产业结构来影响经济增长。另一方面进行海峡西岸城市群主体省份福建省产业结构与生态环境互动关系辨识，为促进福建省乃至整个海峡西岸城市群的产业结构转型和生态环境保护提供一定的参考依据。

第一节　海峡西岸城市群环境规制对经济增长影响的空间效应研究

生态文明建设可提高可持续发展能力，但是由于环境资源的公共品性质和环境问题的负外部性，以及微观经济主体的效益最大化追求，环境问题靠市场机制自身难以解决，因此必须通过政府实行环境规制来保护环境。环境规制作为政府社会性规制的一项重要内容，指政府通过制定相应的政策与措施，对企业经济活动进行调节来减少污染的行为。环境规制在纠正市场负外部性、改善生态质量的同时，还可以通过对企业施加环境约束来影响企业的技术创新、投入和产出行为，通过施加更加

严格的环境标准改变企业的成本收益来影响企业的行为选择和产业绩效，进而影响产业结构，合理引导产业结构向合理化与高度化方向发展，形成多赢的局面。那么，环境规制的实施能否在保护环境的同时也促进经济增长，如果可以，其促进经济增长的方式又是什么呢？本节旨在解释以上两个问题。本研究引入中介效应的概念，在证实环境规制对海峡西岸城市群经济增长存在正相关影响的基础上，通过理论与实证的检验，探讨海峡西岸城市群的环境规制强度是否可以通过产业结构来影响经济增长。

一　环境规制对经济增长影响研究的文献简单梳理

目前，国内外许多学者开展环境规制对经济增长的影响研究时，有不同的方法和结论。国外在这方面的研究较早，Gallop 和 Roberts 在1983 年调查 56 个电力企业的环境规制情况，发现空气污染规制使企业生产率下降了 0.59%。Dale 和 Peter 研究美国环境规制对经济增长的影响，分别对1948～1973 年和 1973～1985 年两个时间段进行研究，得出环境规制的出现不利于美国经济增长的结论。Michael Porter 在 "American Green Strategy" 一文中挑战了古典经济学家关于环境监管对经济增长带来负面影响的观点，认为环境监管会引发创新、降低成本从而提高生产效率。孔祥利等运用面板数据误差修正模型对我国东、中、西部地区环境规制与经济增长的关系进行实证研究，结果表明，我国环境规制水平与经济增长的关系呈现出明显的区域差异性，长期与短期影响也不一样。熊艳采用"纵横向"拉开档次法，综合考虑衡量环境规制的投入（如政府治污投入）与产出（如工业废水的排放达标率）的各项指标，构建并计算出环境规制强度指数，建立省际面板模型，得出环境规制与经济增长之间存在非线性关系但仍然呈正相关关系。谢涓在建立经济增长方程和环境规制方程的中国省际面板联立方程的基础上，认为不同地区环境规制对经济增长的因果关系是不一样的，但是总体而言环境规制的强度越大越有利于经济增长。文献学习中发现国内外学者的研究主要目的，都在于环境规制对经济增长是否有影响以及如何影响，而不注重其影响的原因，这对于理论上解决环境保护与经济增长两难这个问题无本质上的说服力。本研究引入中介效应这个概念，运用空间面板数据模型，在证实环境规制对经济增长存在空间正相关影响的基础上，通过理论与实证的检验，探讨海峡西岸城市群的环境规制强度是否可以通过产业结构来影响经济增长。

二　中介效应三个模型的建立及估计

中介（mediation）是社会科学研究中重要的方法学概念。如果自变量 X 通过某一变量 M 对因变量 Y 产生一定影响，则称 M 为 X 和 Y 的中介变量。中介效应分析的目的是判断自变量 X 和因变量 Y 之间的关系是部分或全部归因于中介变量 M。

产业结构通常指三次产业增加值所占 GDP 的比重，产业结构变化是经济增长对技术创新的吸收以及主导产业经济部门依次更替的过程，也就是说一个地区的产业结构和经济增长有着密切的联系。环境规制可以从两个方面来说明，一是从政府对环境规制的投入角度，例如以污染治理成本为衡量指标；二是从政府对环境规制的角度，例如政府监察监督。所以环境规制对产业结构的影响可以有以下考量：其一，环境规制改变政府财政支出对三次产业的分配进而会影响产业结构；其二，环境规制会使政府对新进企业施加更为严格的进入标准，规制产业发展以及迫使企业降低各种废物排放量，促进企业技术创新，进而影响产业结构。因此，本节研究中选取产业结构作为环境规制强度影响经济增长的中介变量。考虑到中介效应检验，需要利用三个量测方程，即因变量经济增长对自变量环境规制与中介变量产业结构的量测方程、因变量经济增长对自变量环境规制的量测方程和中介变量产业结构对自变量环境规制的量测方程。

（1）相关变量说明

本研究以海峡西岸城市群 20 个城市 11 年的面板数据为研究对象。需要建立的第一个方程是环境规制对经济增长的量测方程，以柯布－道格拉斯生产函数为基础，在方程一中引入资本和劳动力作为控制变量；第二个方程是环境规制对产业结构的量测方程，由于科技创新和经济开放度会影响三次产业的比重，所以在方程二中引入科技创新以及经济开放度作为控制变量；第三个方程是环境规制以及产业结构对经济增长的量测方程，所以仍然采用资本和劳动力作为控制变量。表 9 - 1 说明了本研究所用到的所有变量。

表 9 - 1　变量说明

变量类型	变量名称	变量符号	变量含义
被解释变量	经济增长	gdp	各城市的地区生产总值
解释变量	环境规制	hjgz	各城市的政府财政治污支出
中间变量	产业结构升级	cyjg	各城市第三产业增加值占 GDP 比重
控制变量	资本	k	各城市的社会投资额
	劳动力	l	各城市的单位从业人员数、个体从业人员数和私营从业人员数的总和
	科技创新	R	各城市 R&D 投入占 GDP 的比重
	经济开放度	T	各城市对外贸易总额占 GDP 的比重

（2）面板协整秩检验

在进行模型估计之前，需要利用协整秩检验确定三个变量之间是否存在长期线性关系，以避免出现伪回归现象。首先对地区生产总值（gdp）、环境规制（hjgz）以及产业结构（cyjg）三个变量进行对数化处理，分别得到 lngdp、lnhjgz 以及 lncyjg 三个变量，随后进行面板数据单位根检验，采用的方法是 LLC 检验，包含常数项但不包含时间趋势。如表 9 - 2 所示，三个变量为同阶单整，可以进一步进行协整检验。

表 9 - 2　lngdp、lncyjg 和 lnhjgz 的单位根检验

变量	水平检验结果		
	调整 t 值	P 值	检验结论
lngdp	- 8.4175	0.00	平稳
lncyjg	- 8.1953	0.00	平稳
lnhjgz	- 5.1288	0.00	平稳

对 lngdp、lnhjgz 以及 lncyjg 三个变量进行协整秩检验时，先对协整秩检验的主要四个指标 Gt、Ga、Pt、Pa 进行检验，其中前两个指标是用于

检验所有变量是否存在协整关系，后两个指标是用于检验至少有一个变量与被解释变量是否存在协整关系，通常认为只要前后两组指标分别有一个显著，即可认为存在协整关系。其结果如表 9 - 3 所示，Gt、Pt、Pa 都显著，总体上可以认为经济增长、环境规制和产业结构三个变量存在长期均衡关系，可以对这些变量之间关系进行估计。

表 9 - 3　lngdp、lncyjg 和 lnhjgz 之间的协整检验

统计指标	统计值	t 统计量	P 值
Gt	- 3. 225	- 4. 087	0. 00
Ga	- 8. 372	0. 379	0. 648
Pt	- 10. 202	- 4. 633	0. 00
Pa	- 10. 242	- 2. 476	0. 007

（3）空间相关性检验以及空间权重的设置

本研究的对象是海峡西岸城市群 20 个城市，属于区域经济问题，相邻地区间的经济联系客观存在，并且海峡西岸城市群城市分布于福建、浙江、江西和广东这 4 个省份，可以认为属于同一个省的地区在经济增长、产业结构以及政府采取的环境规制方面具有较大一致性。基于此，本研究引入空间相关性检验，来检验对于海峡西岸城市群 20 个城市的三个变量数据之间是否存在空间相关性。从表 9 - 4 可以看出，三个变量的 Moran's I 指数及其 Z 值都大于 0，表明海峡西岸城市群 20 个城市的经济增长、环境规制以及产业结构均表现出空间集聚性，并且环境规制的 Z 统计量显著，可以认为其空间相关性较明显。按照 Embora 等的做法，一个地区的总污染水平可以分解为本地区"自己的污染"和"接收的污染"，可见环境污染具有较高的空间溢出效应，进而该地区的环境规制水平也将相应地具有正的空间溢出效应，一个地区的环境规制水平将受到其他地区环境规制水平的影响，进而影响经济增长与产业结构。本研究在建模时考虑环境规制这个变量的空间相关性，采用的方法是引入空间权重矩阵 W，其中 $W = I \otimes w$，I 是 T 维单位时间矩阵，w 是前面研究中所求的空间邻接矩阵。

表9-4　lngdp、lnhjgz 和 lncyjg 的 Moran's I 指数

变量	Moran's I 指数	期望	标准差	Z 值	P 值
经济增长	0.056	-0.053	0.077	1.42	0.078
产业结构	0.005	-0.053	0.078	0.74	0.23
环境规制	0.091	-0.053	0.075	1.925	0.072

三　中介效应模型的建立及估计

本研究的对象是海峡西岸城市群20个城市，也就是样本回归分析局限于一些特定的个体，所以固定效应模型是更好的选择。同时，为了更好地研究中介效应，本研究采用固定效应模型，基于以上分析建立以下三个模型：

$$\ln gdp_{it} = \alpha + \alpha_1 \ln hjgz_{it} + \rho_1 W \ln hjgz_{it} + \alpha_2 \ln k + \alpha_3 \ln l + u_i^1 + \varepsilon_{it}^1$$

……方程一

$$\ln cyjg_{it} = \beta + \beta_1 \ln hjgz_{it} + \rho_2 W \ln hjgz_{it} + \beta_3 R + \beta_4 T + u_i^2 + \varepsilon_{it}^2$$

……方程二

$$\ln gdp_{it} = \lambda + \lambda_1 \ln hjgz_{it} + \rho_3 W \ln hjgz_{it} + \lambda_2 \ln cyjg_{it} + \lambda_3 \ln k + \lambda_4 \ln l + u_i^3 + \varepsilon_{it}^3$$

……方程三

模型中 i 代表个体，t 代表时间，控制变量 k 和 l 在估计时取对数形式，分别表示为 $\ln k$ 和 $\ln l$，空间变量为 $W \ln hjgz$。α_1 解释为加入中介变量产业结构之前环境规制对经济增长的效应；β_1 衡量环境规制对中介变量的影响；λ_2 衡量中介变量对经济增长的影响；λ_1 衡量加入中介变量后环境规制对经济增长的直接效应。

首先进行序列自相关、截面异方差和截面相关性检验，检验结果如表9-5所示。

表9-5　模型检验结果

		方程一	方程二	方程三
序列相关检验	F 值	2.665	0.000	8.499
	P 值	0.1370	0.9946	0.0172
	结果	不存在序列相关	不存在序列相关	序列相关

续表

		方程一	方程二	方程三
截面异方差检验	F 值	21.62	12.14	15.24
	P 值	0.0172	0.2759	0.1235
	结果	截面异方差	不存在截面异方差	不存在截面异方差
截面个体相关检验	F 值	328.138	454.492	334.896
	P 值	0.000	0.000	0.000
	结果	截面个体相关	截面个体相关	截面个体相关

综上，三个方程都存在截面个体相关，所以本研究均采用广义最小二乘法估计，方程一存在截面异方差，所以采用消除异方差估计来修正；方程三存在序列相关，采用消除一阶序列相关的方法来修正，最后估计结果如表 9－6 所示。

表 9－6　模型回归结果

变量	变量符号	方程一	方程二	方程三
		因变量 = lngdp	因变量 = lncyjg	因变量 = lngdp
控制变量	lnk	0.4281 **		0.4632 **
		(0.0277)		(0.0216)
	lnl	0.3370 **		0.2995 **
		(0.0276)		(0.0229)
	R		0.0010 **	
			(0.0002)	
	T		0.3791 **	
			(0.0055)	
解释变量	lnhjgz	0.1451 **	0.0139 **	0.0911 **
		(0.010)	(0.0017)	(0.0093)
中介变量	lncyjg			2.0053 **
				(0.2310)
空间相关变量	Wlnhjgz	0.0061 **	－ 0.0004 *	0.0069 **
		(0.0020)	(0.0003)	(0.0013)

变量	变量符号	方程一	方程二	方程三
常数	c	- 5. 8399 **	5. 2313 **	- 16. 10
		(0. 2296)	(0. 0175)	(1. 1242)
	Wald 卡方	5579. 38	256. 38	18336. 14
	P 值	0. 00	0. 00	0. 00

注：解释变量系数下方括号内的数值为标准差，** 代表 5% 的显著性水平内显著，* 代表 10% 的显著性水平内显著。

从 Wald 卡方统计量可以看出三个方程均显著，其拟合效果较好。从方程一可以看到，回归系数为 0.1451 大于 0 并且在 5% 的显著性水平内显著，可以看到通过对污染进行治理会对经济增长产生正相关的影响，财政治污投入每增加 1%，地区生产总值增长 0.1451%，说明总体上海峡西岸城市群的环境绩效和经济绩效是可以同时达到的。进一步使用变系数方法估计，得出海峡西岸城市群每个城市环境规制水平对经济发展具体的推动作用，其如图 9-1 所示，可以看出海峡西岸城市群 20 个城市的表现可以分成以下四种情况：第一种情况，厦门、泉州、三明和龙岩的环境规制水平对经济增长的作用为负值，表示当前政府对环境治污处理已经达到饱和状态，继续加大环境治污费用投入不会促进这些城市的经济增长，应把握机遇，采取其他环境规制的手段，以提升本城市的经济竞争力。第二种情况，漳州、梅州、鹰潭、赣州、抚州和上饶这 6 个城市的环境污染治理费用每增加 1%，其促进城市 GDP 的增长超过 2%，可望达到环境保护和经济增长双赢的局面。第三种情况，福州、南平、宁德、温州、衢州和揭阳这 6 个城市的环境污染治理费用每增加 1%，其促进城市 GDP 的增长小于 1%，应该在保证经济稳定发展的同时，加大环境保护力度。第四种情况，莆田、丽水、汕头和潮州这 4 个城市，增加环境污染治理费用投入对城市 GDP 增长的促进作用甚微，则需要努力共同推进环境保护和经济发展。

从方程二可以看出，海峡西岸城市环境规制水平对中介变量产业结构的影响是显著的，并且环境规制水平每增加 1%，将会促进产业结构变化 0.0139%。方程三可以看出，加入中介效应后，中介变量产业结构对因变

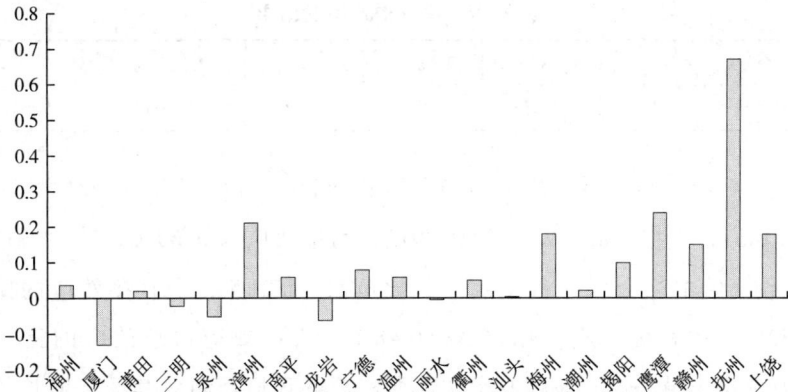

图 9 - 1　海峡西岸城市群 20 个城市的环境规制水平对经济增长的作用

量经济增长的作用也是显著的，产业结构每升级 1%，也就是第三产业增加值所占的比重增加 1%，促进经济增长 2.0053%，海峡西岸城市群各城市加大对第三产业的投入有利于经济增长，所以应重视第三产业的发展，同时，可初步判定中介效应的存在。

四　海峡西岸城市群环境规制对经济增长中介效应的检验及解释

通过上述回归结果，可以看出海峡西岸城市群环境规制是部分通过产业结构来影响经济增长的，为了进一步说明产业结构在环境规制对海峡西岸城市群经济增长影响中起到的中介效应，对其进行进一步的检验并计算。温忠麟比较了中介效应的多种检验方法，认为 Sobel 检验法是使用较多且效果最佳的方法，该检验方法根据一阶泰勒展开式得到估计值。此方法认为中介效应的估计值为自变量对中介变量的影响值与加入中介变量后自变量对因变量的影响的乘积，即 $\hat{\beta}_1 \times \hat{\lambda}_2$，其原假设是不存在中介效应即 $\hat{\beta}_1 \times \hat{\lambda}_2 = 0$，其标准差为 $S_{\beta_1\lambda_2} = \sqrt{\hat{\beta}_1^2 \times S_{\lambda_2}^2 + \hat{\lambda}_2^2 S_{\beta_1}^2}$，其中 S_{β_1} 和 S_{λ_2} 是 $\hat{\beta}_1$ 和 $\hat{\lambda}_2$ 的标准差，检验统计量 $Z = \dfrac{\hat{\beta}_1 \times \hat{\lambda}_2}{S_{\beta_1\lambda_2}}$，服从非正态分布，所以通过蒙特卡罗模拟得出其临界值，得出 0.05 显著性水平对应的临界值是 0.97，具体可计算出中介效应检验结果，归纳于表 9 - 7。从表 9 - 7 可以看出，检验统计量 Z = 5.9520 远远大于 0.97，所以海峡西岸城市群的环境规制确实是可以经过影响产业结构来影响经济增长的。

表 9 - 7 中介效应检验结果

中介变量	β_1	λ_2	S_{β_1}	S_{λ_2}	$S_{\beta_1\lambda_2}$	Z
环境规制	0.0139	2.0053	0.0017	0.2301	0.0047	5.9520

从表 9 - 7 可以看出中介效应值（$\beta_1 \times \lambda_2$）为 0.0278，总效应（α_1）为 0.1451，直接效应（λ_1）为 0.0911，间接效应为 0.0540，其中通过产业结构影响的中介效应占总效应的比例为 19.21%，占直接效应的比例30.52%，占间接效应的比例为 51.48%，直接效应占总效应的比例为62.78%，也就是说，海峡西岸城市所实施的环境规制对其经济增长的影响有 62.78% 是直接起作用的，有 30.52% 是通过其他变量起作用的，并且有 51.48% 是通过影响产业结构进而来影响经济增长的。政府通过实行环境规制来改变该城市的产业结构，进而促进该城市的经济增长。环境规制会规制高污染产业例如重化工业，鼓励高新技术产业的发展，同时为了躲避当地较为严格的环境标准，发达地区城市的污染工业将到欠发达地区的城市选址，这些都将改变着某一城市的产业结构，改变该城市的三次产业比例，从而影响该城市的经济增长。

五 主要结论

首先，通过空间相关性检验得出海峡西岸城市群 20 个城市所投入的治理污染费用具有空间相关性。建议海峡西岸城市群 20 个城市应该重视环境污染的"外部性"，由于当前跨境污染等区域环境污染问题日趋严重，在进行环境污染处理时，应与整个城市群保持同步，进而保持经济社会的平稳发展，促进区域经济一体化进程，闽粤赣、闽浙赣等跨省区域协作组织应发挥重要作用，促进区域协调发展，跨行政区的环境合作成为地方政府协调经济发展与环境保护矛盾的必然选择。

其次，通过模型系数的估计得出海峡西岸城市群整体所采取的环境规制政策对其地区生产总值产生正向影响，说明海峡西岸城市群总体上环境绩效和经济绩效是可以同时达到的。同时，海峡西岸城市群 20 个城市中各城市增加环境治理投入对经济增长的作用是不一样的。因为相关的市级数据获取不易，本研究采用政府治理污染费用投入作为环境规制的度量。

总体上，海峡西岸城市群加大环境治理、节能减排和环保投入力度，加快经济结构调整进而转变经济发展方式，可以进一步提高环境规制强度，制定严格的环境标准，完善高耗能和高污染企业的退出机制，从根本上遏制污染密集型生产方式，推动产业结构合理化和高度化。实施更加严格的环境准入和污染排放标准，实现更高要求的污染物减排目标，完善高耗能和高污染企业的退出机制，从根本上遏制污染密集型生产方式，推动产业结构合理化和高度化，以环境优化产业结构，进一步增强可持续发展能力。但是，每一个城市应该结合当前的环境污染状况以及经济发展水平来进行环境投入，在环保投入和经济增长中找到合适的平衡点，共同推进环境保护和经济发展。

厦门、泉州、三明和龙岩这 4 个城市的政府不应再加大财政治污费用投入力度，可以多通过其他环境规制手段，将环境规制的重点放在规制工具创新方面，探索命令控制型环境规制与市场型环境规制工具的有机结合，继续完善市场型环境规制政策体制，进一步探索排污费、环境税和污染排放权交易等相关市场化政策的实施机制，同时鼓励企业发展清洁型技术。可以考虑以消费为导向设计环境规制政策。鼓励消费者进行低碳消费行为，加强消费者对绿色消费品的偏好，从需求方面引导企业进行低污染和低耗能的技术创新，促进产业结构调整。以消费者为导向来设计相关环境规制政策，在重视企业的同时兼顾消费者行为，通过引导低碳和环保的消费行为来影响产业的要素资源配置，进而倒逼产业结构升级，促进经济增长，把握机遇，提升本城市的经济竞争力。

漳州、梅州、鹰潭、赣州、抚州和上饶这 6 个城市加大环境保护力度有助于 GDP 增长，达到环境保护和经济增长双赢的局面。这 6 个城市中，除了漳州以外，其他 5 个城市的环境生态效率表现不佳，有必要增加财政治理污染费用投入，积极推动产业减排从末端治理转为源头治理。一方面，进一步加大环境治理费用的投入，以绿色金融、税收优惠和环保补助来引导企业进行环保技术研发，通过绿色政府采购引导产业有序转型升级；另一方面，应该以强制型的环境规制为主，完善企业退出和兼并重组机制，淘汰高度污染的落后产能。

福州、南平、宁德、温州、衢州和揭阳这 6 个城市增加环境污染治理费用投入对 GDP 增长有一定促进作用，应该在保证经济稳定发展的同时，加大环境保护力度。莆田、丽水、汕头和潮州这 4 个城市，增加环境污染治理费用投入对城市 GDP 增长的促进作用甚微，究其原因，可能是政府的财政污染治理费用投入存在不合理的现象，政府在环保投入政策执行上需要进一步完善。从前面的分析也可以看到，这 4 个城市在生态效率方面仍存在上升空间。

最后，通过中介效应的检验得出海峡西岸城市群环境规制水平会通过影响产业结构进一步影响经济增长。随着区域产业转移的不断深入，越来越多的技术与劳动、资源紧密结合的产业开始进入经济欠发达的城市，但是政府应该大力扶持技术含量高、耗能少的环保效益型工业发展，提高产业准入门槛，摒弃那些高污染、高能耗的落后产业。同时产业结构调整要以保护生态环境为前提，不能重蹈传统的"先污染后治理"的落后发展模式。这就需要海峡西岸城市群用一体化的战略眼光来协调经济发展与环境保护，只有选择"边发展，边治理"的发展策略，才能实现经济发展与环境质量提升的双赢。海峡西岸城市群应该加大环境规制力度，促进产业结构调整，加快将新能源、新材料、生物技术和新医药、节能环保、软件等新兴无污染产业培育成支柱产业，运用先进技术和环保技术，大规模改造提升传统产业，加快淘汰落后产能，形成污染企业退出机制，大幅度提高第三产业对海峡西岸城市群经济增长的贡献度。

第二节　海峡西岸城市群主体省份产业结构效益和生态环境质量的关系研究

产业结构与生态环境之间具有相互影响、相互制约的作用。由于市级环境时间序列数据无法收集完整，本节以海峡西岸城市群主体省份福建省为研究对象。为此，构建福建省产业结构效益和生态环境质量综合评价的指标体系后，运用主成分分析方法提取福建省产业结构效益指数和生态环境质量指数。接着进行福建省产业结构与生态环境的协调程度测定。最后进行产业结构与生态环境互动关系辨识，为促进福建省乃至整个海峡西岸城市群产业结构转型和生态环境保护提供一定的参考依据。

一　产业结构效益和生态环境质量指标体系构建

福建省产业结构效益和生态环境质量指标体系，在评价产业结构效益时，采用传统的三次产业结构分类法，将产业结构现状分为产业产值现状和产业就业现状两部分，依此来构建福建省产业结构效益评价指标体系。产业结构指标体系包括产业产值结构和产业就业结构两类，产业产值结构包括第一产业增加值占 GDP 的比重、第二产业增加值占 GDP 的比重和第三产业增加值占 GDP 的比重；产业就业结构包括第一产业从业人员占总就业人口的比重、第二产业从业人员占总就业人口的比重和第三产业从业人员占总就业人口的比重。

对于生态环境质量指标体系的构建，根据联合国经济合作开发署建立的压力—状态—响应模式，结合福建省生态环境现状，将生态环境质量分为生态环境压力指标、生态环境状态指标和生态环境响应指标 3 类，构建福建省的生态环境质量综合评价指标体系。生态环境压力指标包括人均工业废水排放量、人均工业废气排放量、人均工业固体废弃物产生量、人均用水量、污染事故发生次数和人口密度。生态环境状态指标包括森林覆盖率、建成区绿化率、人均耕地面积、人均建设用地面积和人均水资源拥有量。生态环境响应指标包括工业废水排放达标率、工业废气处理率、污染治理资金使用情况、三废综合利用产品产值。

构建福建省产业结构效益和生态环境质量综合评价的指标体系后，运用主成分分析方法提取福建省产业结构效益指数和生态环境质量指数，并进行福建省产业结构与生态环境的协调程度测定。为了更好地测算产业生态协调度指数，首先要对福建省的产业结构效益指数和生态环境质量指数进行归一化处理，使之均位于区间（0，1）内，处理公式为：

$$X^{'} = \frac{X - min(X)}{\max(X) - min(X)} \tag{9.1}$$

其中，X 为归一化前的序列，$X^{'}$ 为经过归一化处理后的序列，$X^{'} \in [0,1]$。参照协调系数的定义公式，定义产业生态协调系数为：

$$C = \left[\frac{f(x) \times g(y)}{\left[\frac{f(x) + g(y)}{2} \right]^2} \right]^k \tag{9.2}$$

（9.2）是协调度计算公式，其中 $f(x)$ 为产业结构的效益指数，g (y) 为生态环境质量指数，C 为协调度，K 为调节系数，本研究令 $K=2$。生态协调度指标反映产业结构与生态环境利用水平在一定的条件下，为使产业结构与生态环境利用的复合效应最大，两者进行组合协调的数量程度。$C \in [0，1]$，最大值为最佳协调状态；反之协调度 C 越小，则越不协调。

$$T = \alpha \times f(x) + \beta \times g(y) \qquad (9.3)$$

（9.3）式中，T 为产业结构与生态环境的综合评价指数，反映产业结构与生态环境的整体效益或水平；α、β 为待定系数，通常认为产业结构优化与生态环境有效利用同等重要，故 α、β 均取 0.5。

$$D = \sqrt{C \times T} \qquad (9.4)$$

（9.4）中 D 为协调度系数。

本研究选取 13 年可以获得的福建省产业和生态数据，测算福建省产业生态之间的协调度，发现福建省产业生态协调度从极度不协调、轻度协调到比较协调，经历一个明显的提高过程，整体上来看福建省产业结构效益和生态环境质量之间的关系在逐渐改善，彼此日趋和谐。

二　海峡西岸城市群主体省份产业结构与生态环境的互动关系分析

产业结构与生态环境之间具有相互影响的关系。向量自回归模型中的脉冲响应分析和方差分解是评价两个指标相互影响方向和程度的一种有效工具。鉴于经济增长与产业结构调整、生态环境变化的密切关系，本研究建立福建省地区生产总值指数、产业结构效益指数和生态环境指数三者的向量自回归模型，对福建省的经济增长、产业结构效益和生态环境质量之间相互影响的力度和方向进行分析。

在进行向量自回归模型估计前，单位根检验结果表明三个序列是一阶单整，协整检验表明三者存在一个协整关系。格兰杰因果检验表明福建省经济增长是产业结构效益和生态环境质量的格兰杰原因，同时生态环境质量是产业结构效益的格兰杰原因。换句话说，经济增长会促进产业结构效益和生态环境质量的提升。生态环境质量和产业结构效益两者之间，生态环境质量提升会促进产业结构效益的提高。经过单位根检验、协整检验和格兰杰因果检验后，构建向量自回归模型探讨福建省地区生产总值指数、产业结构效益指数和生态环境指数三者关系。因为数据获取和样本长度的原因，构建 VAR（1）模型。在 AR 多项式根的方法来进行稳定性判断时，AR 根模的倒数均落在单位圆内，表明 VAR（1）模型是稳定的，可以进一步对向量自回归模型 VAR 进行脉冲响应分析和方差分析。由建立的 VAR（1）模型得出的脉冲响应如图 9 - 2 和图 9 - 3 所示。图形中，横轴表示冲击作用的滞后时期数（单位：年），纵轴表示冲击响应的程度，实线表示冲击响应函数，虚线表示正负两倍的标准差偏离带。

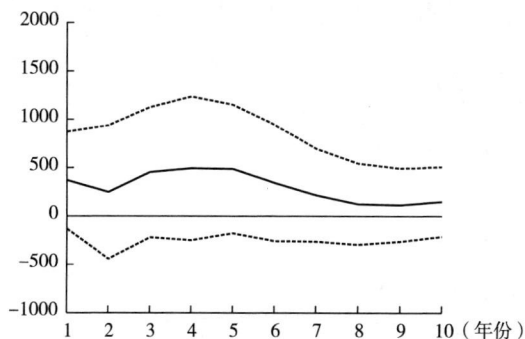

图 9 - 2　给产业结构一个正向冲击所引起的生态环境的响应

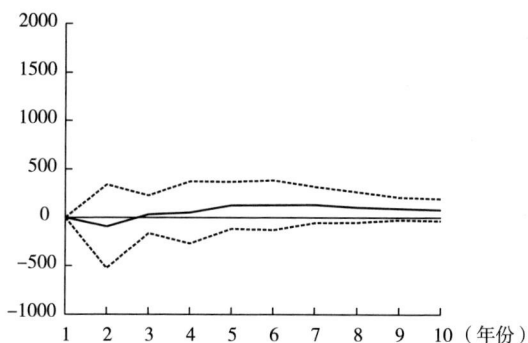

图 9 - 3　给生态环境一个正向冲击所引起的产业结构的响应

由图 9 - 2 可以看出，在当期给福建省的产业结构效益一个正向的冲击后，福建省的生态环境质量先下降，但在第 3 期开始趋于稳定。可以解释为生态环境质量短暂恶化后在第 3 期开始改善，基本保持稳定，波动幅度不大。这说明当给产业结构一个正向冲击后，这种影响会传递到生态环境质量方面，而且这一冲击具有明显的促进作用和较长的持续性。由图 9 – 3可以看出，在当期给生态环境质量一个正向的冲击后，产业结构效益从第 2 期开始呈现缓慢上升的态势，到第 5 期开始基本稳定。表明生态环境质量的某一冲击会给产业结构效益带来同向的冲击，即福建省生态环境质量的改善会对产业结构效益具有稳定的促进作用。

　　方差分解主要是通过考察每一个结构冲击对内生变量的贡献度来实现的。由建立的 VAR（1）分解如图 9 – 4 和图 9 – 5 所示，其中横轴表示滞后的时期数，单位为年，纵轴表示产业结构效益（生态环境质量）变化对生态环境质量（产业结构效益）的贡献率。

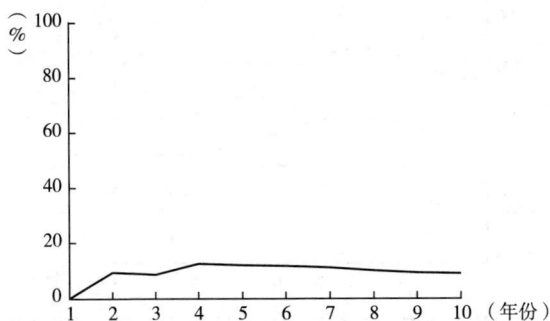

图 9 – 4　产业结构效益冲击对生态环境质量变化的贡献率

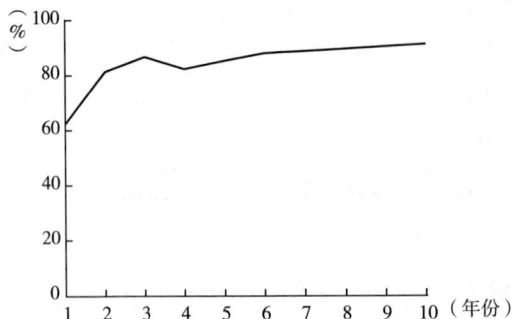

图 9 – 5　生态环境质量冲击对产业结构效益变化的贡献率

　　由图 9 – 4 和图 9 – 5 可知，福建省产业结构冲击对生态环境质量变化的贡献率远远小于生态环境冲击对产业结构变化的贡献率，产业结构效益的变化更多的是由生态环境质量的冲击引起的。这和上文中格兰杰因果检验中得出生态环境质量是产业结构效益的格兰杰原因，而产业结构效益是生态环境质量的原因的统计检验未通过的分析结果相符。

三　对策建议

从前面的分析可以看出，对于福建省的情况，产业结构效益和生态环境质量两者当中，生态环境质量是第一位的。在产业选择时，必须以低碳发展为导向。坚持传统产业高端化和高碳产业低碳化。坚持以节约能源资源和保护生态环境为切入点，积极促进产业结构优化升级。

改造传统农业，加快转变生产发展方式，实现农业产业转型升级。要实现农业增长方式的转变，关键是要努力推行低碳、节能环保的生态高值农业模式。改造传统农业，实现低碳的现代都市型生态农业技术对策，农业在创造经济效益的同时，还在创造生态效益和社会效益。因此，低碳农业即增加碳汇、减少碳源、控制由碳汇向碳源的转化过程。可以通过加强闽台农业合作，加快现代生态农业产业化的发展进程，充分发挥福建省第一产业的碳汇优势。

实现高碳产业"低碳化"，加快推广应用先进节能低碳技术装备，采用成熟、先进适用的清洁生产技术实施改造，提高能源利用效率，提升新能源应用比例。大力培育和发展高附加值、高效率、低消耗、对国民经济带动作用大的先进制造业，围绕福建省三大主导产业电子信息、石油化工、机械装备产业实施项目带动战略，以重大高端项目带动制造业转型升级，大力推动制造业朝信息化、智能化、绿色化和服务化方向升级。

依靠科技创新，发展壮大节能环保产业。节能环保产业主要包括节能产业、资源循环利用产业和环保装备产业，涉及高效节能产品、节能服务产业、先进环保技术和装备、环保产品与环保服务六大领域。通过建立并完善以企业为主体、市场为导向、产学研相结合的环保技术创新体系，推广一批潜力大、应用面广的节能环保技术，鼓励企业加大技术改造和技术创新投入力度，增强自主创新能力，将节能环保产业发展壮大成为转变福建省经济增长方式、增强经济发展后劲的新兴绿色产业。

生产性服务业是从制造业内部生产服务部门独立发展起来的新兴产

业，以人力资本和知识资本为主要投入品，把日益专业化的人力资本和知识资本引入制造业，是加速第二产业和第三产业融合的关键环节。福建省应大力发展文化创意、金融服务、研发设计、软件开发、大数据、信息服务、电子商务、现代物流、后台服务、节能环保服务等高端生产性服务业，打造、延伸和整合产业链，推动生产性服务业走上发展的快车道。

第十章　海峡西岸城市群发展的
回顾和展望

在前面的章节里，本研究围绕海峡西岸城市群发展的经济一体化、产业高级化、区域城镇化、社会生态文明化四个方面的主题展开研究，其中经济一体化和产业高级化方面的主题为研究重点。产业结构升级是贯穿全书的重要引导。以多种统计分析和计量建模为基础，对海峡西岸城市群发展的相关问题进行实证研究，揭示经济一体化和产业结构升级对海峡西岸城市群经济发展的重要意义。

第一节　海峡西岸城市群发展的回顾

本章主要从城市的角度归纳有关研究结果，并针对性地提出促进海峡西岸城市群发展的对策建议。

《中国城市群发展潜力排名：2019》研究报告对中国在"十三五"规划建设的 12 个城市群的发展潜力进行排名，海峡西岸城市群在 12 个城市群发展潜力中排名第 6 位。《中国城市发展潜力排名：2019》报告中，海峡西岸城市群 20 个城市中有 7 个城市进入全国百强。其中，厦门和福州被划分为第一档城市，温州和泉州被划分为第二档城市，汕头、莆田和漳州被划分为第三档城市。

从城市竞争力指数分析看，2011～2015 年这段时期，福建省各个城市的表现尤为亮眼，福建省 9 个城市的城市竞争力平均指数值均排在前 10 位。2001～2015 年期间海峡西岸城市群 20 个城市中，福建省的总体城市竞争力水平一直在上升。海峡西岸城市群的 5 个中心城市中，温州的排名一直在第 4 位，汕头在 20 个城市中排名没进入前 10 位且排名靠后；其他 15 个城市中衢州在第三阶段退步较多，丽水在第二阶段退步较多，揭阳在第二阶段进步较多。

从 2006～2015 年期间海峡西岸城市群各城市人均 GDP 区位商分析，福州、厦门、三明、泉州、龙岩和温州 6 个城市属于海峡西岸城市群的发达城市；漳州、莆田、南平和宁德 4 个城市正在逐步跨入城市群中的发达城市之列；丽水、汕头、梅州、潮州、揭阳、赣州、抚州和上饶 8 个城市属于海峡西岸城市群中的落后城市；而鹰潭和衢州的发展表现不稳定。2005～2015 年，海峡西岸城市群 20 个城市的人口规模、GDP 规模和人均GDP 规模的相对差异呈现不断缩小或趋于平稳的态势，经济集聚度越来越大。

一　厦门

厦门在海峡西岸城市群 20 个城市中综合竞争力排名第 1 位，在人力资本、科学技术、生态环境、政府管理、对外开放等方面都处于领先地位。但在产业结构竞争力（3）、城乡发展水平竞争力（3）方面应该进一步提升。城市流强度模型分析表明 2015 年厦门的产业数据分析出的结论表现欠佳，城市流强度从 2008 年的第 3 位退后到 2015 年的第 8 位。结合人均 GDP 区位商的分析，2006～2015 年厦门的人均 GDP 区位商虽然数值最大，但是有逐渐下降的趋势，区位优势有所失去，应给予重视。资料显示，厦门的土地面积仅为 1699 平方千米，城市发展存在发展空间不足的问题，限制城市的进一步发展，应进一步优化。

偏离－份额分析空间模型分析表明，近年来厦门的竞争力相对临近区域有所下降，区位优势尚未得到充分发挥。应该加大厦门具有竞争优势行业的发展力度，提升自身竞争力。发展临近区域的产业集群，壮大产业集群。产业集群的协同发展将成为厦门产业创新力和竞争力提升的关键增长点。以集成电路产业为例，厦门积极发挥其带动作用的同时，要与周边城市的其他集成电路产业基地协同发展。另外，厦门具有与台湾地区隔海相望的区位优势，一直以来大力加强对台交流与合作，吸引、鼓励台湾优质的集成电路设计企业来厦门发展。同时，营造良好的创新创业环境和更有吸引力的投资环境，优化提升产业生态系统，积极引进产业链上下游相关企业在厦门集聚，形成良性循环、同步发展的全产业链的增长模式。

从样本数据的空间分布特征上看，厦门的人均 GDP 表现为高值集聚特征，对其周边邻近城市的经济发展具有显著的促进作用，溢出数值较高。而厦门的技术选择指数 TCI 处于低值环绕区，且低值溢出效应相互影响，需要在推动技术进步方面多下功夫。样本期内厦门的科技技术效率指标始终保持为 1，全要素生产率指数的变化完全取决于科技技术进步值的变化，科技技术进步值上下波动，城市的科技技术进步存在不稳定性。在技术进步方面仍需进一步巩固和加强，才能带动区域周边城市的技术进步，提升整个厦漳泉都市圈的科技发展水平。近年来，厦门实施创新驱动战略，以创新引领加快区域科技创新中心的建设，取得一定的成绩。先进制造业规模不断壮大，生物医药、新型功能材料产业集群入选首批国家级战略性新型产业集群。

生态建设方面，样本期内厦门一直保持生态技术效率 DEA 有效的状态。数据分析表明政府对环境治污处理费用投入已经达到饱和状态，应把握机遇，采取其他环境规制手段，以提升本城市的经济竞争力。厦门一直将生态环保工作摆在最重要的位置，进行多项针对性的生态文明改革，例如健全生态文明建设目标评价考核机制、创新环境信用评价机制等。另外，厦门还不断开拓创新，将最新的科技融入生态环保工作中，创新打造具有厦门特色的治理模式。例如构建智慧环保平台，为环境决策科学化、监管精准化、服务高效化提供有力支撑。厦门还可以将绿色发展的目标融入金融手段，大力发展绿色金融，促进节能减排、推动绿色产业的发展，构建完善绿色金融政策体系。

二　福州

福州在 20 个城市中综合竞争力排名第 2 位，但是在产业结构竞争力（4）、生态环境竞争力（7）、城乡发展水平竞争力（7）方面有待提升。2015 年福州成为具有最强城市流的城市，外向功能型产业主要有建筑业、技术服务和地质勘查业、交通运输、仓储和邮政业、租赁和商务服务业、房地产业、住宿和餐饮业等。数据分析表明，福州在加强经济实力的同时，也必须加快产业结构的调整，大力发展外向型的产业，注重综合服务能力的提升。

从空间分布特征上看，样本年份福州的人均 GDP 表现为高值集聚特征，对其周边邻近城市的经济发展具有显著的促进作用，溢出数值较高。福州的 TCI 具有高值空间集聚特征，表明福州与其相邻地区在技术选择策略方面确实拉动了本地经济的发展，高值溢出效应相互影响。

生态建设方面，样本期内福州一直保持生态技术效率 DEA 有效的状态。数据分析表明，福州增加环境污染治理费用投入对经济增长有一定的促进作用，应该在保证经济稳定发展的同时，加大环境保护力度，将生态投入与污染防治攻坚任务相匹配，财政逐年增加生态环保投入。在防治机制上，注重建立健全有利于调动各方积极性的财政资金常态化投入机制。

三　温州

温州的综合竞争力排名第 3 位，但在金融资本竞争力（12）、生态环境竞争力（16）、城乡发展水平竞争力（18）等方面有待提高。温州的未来目标是打造成为中国东南沿海地区最大的综合交通枢纽和网络化的区域中心城市。温州产业结构竞争力排名第 1 位，可以强化温州中心城区与浙南闽北赣东各大城市经济发展的产业对接，建立更加紧密的经济发展与合作关系。温州城乡医疗因子排名靠前，可以进一步将温州打造成为浙南闽北赣东地区区域性医疗中心、区域性科教中心、区域性商贸物流中心、区域性现代金融中心，全面辐射带动地区间现代服务业方面质的提升。

2004～2016 年期间，温州一直处于空间产业结构分量为正而空间竞争力分量为负的发展状态，邻近城市经济增长对其经济有着正面积极作用，但是温州并没有充分利用这种正面影响来促进自身经济的发展，其区位优势未得到充分发挥。2015 年温州的城市流强度排名第 2 位，具有一定的核心作用。温州的外向功能型产业主要有金融业、卫生、社会保障和社会福利业，公共设施管理业，租赁和商务服务业，信息传输、计算机服务和软件业等。数据分析表明，温州在加强经济实力的同时，也必须加快产业结构的调整，大力发展外向型产业，注重综合服务能力的加强。

生态建设方面，经过努力后温州的生态技术效率达到 DEA 有效的状态且在样本期内一直保持。研究结果表明，温州增加环境污染治理费用投入对经济增长有一定促进作用，应该在保证经济稳定发展的同时，加大环境保护力度。

四 泉州

泉州的综合竞争力排名第 4 位，但科技竞争力（14），产业结构竞争力（11）、城乡发展水平竞争力（14）等方面有待进一步提升。2015 年泉州的城市流强度排名第 3 位，外向功能型产业主要有制造业、交通运输、仓储和邮政业等。制造业成为泉州主导的外向型产业，源于泉州以传统纺织鞋服制造业、石油化工业和机械设备制造业为主导产业的历史悠久，形成了能够服务于其他城市的特色制造业。泉州的区位优势有待进一步充分发挥。泉州的第二产业增加值占 GDP 比重一直较大而第三产业相对薄弱。泉州在加强经济实力的同时，需要根据自身情况有针对性地进行产业结构调整，大力发展外向型功能型产业，注重加强综合服务能力。

2000～2015 年泉州的全要素生产率出现下降，是由于技术变化的下降造成的。样本期数据分析表明，泉州的科技投入结构存在不合理现象，多余的投入没有发挥应有的效应，从而造成资源相对冗余、有效利用率过低的问题。近年来，泉州采取多种措施提升科技成果转移转化效率，通过积极组织参与技术项目专场推介会、开展技术成果交流对接等方式，努力实现科技成果转移转化。

生态建设方面，样本期内泉州一直保持生态技术效率 DEA 有效的状态。数据分析表明政府对环境治污处理已经达到饱和状态，应把握机遇，采取其他环境规制的手段，以提升本城市的经济竞争力。自 2016 年 6 月党中央、国务院做出建设国家生态文明试验区（福建）的决策部署以来，泉州结合自身实际出台了贯彻意见，提出针对性的目标、重点任务以及改革成果清单，形成试验区建设的路线图、时间表和任务书，致力于在国家生态文明试验区建设中走在前列，打造生态文明建设的"泉州样板"。与此同时，推进机构改革，不断完善生态环境保护治理体系，努力为"天蓝、地绿、水干净"的美丽泉州提供强有力保障。

五　衢州

衢州的综合竞争力排名第 5 位，在人力资本竞争力（5）、金融资本竞争力（3）、科技竞争力（3）、产业结构竞争力（6）和生态环境竞争力（6）方面表现相对较好，但是在政府管理能力竞争力（11）、对外开放竞争力（14）和经济实力竞争力（15）方面表现相对较差。从人均GDP 区位商看，衢州在样本期的前 8 年的人均 GDP 区位商一直大于 1，后两年变得小于 1，说明衢州的经济发展呈现不利趋势。

生态建设方面，样本期内衢州的生态技术效率一直未能达到 DEA 有效的状态。数据分析表明，衢州增加环境污染治理费用投入对经济增长有一定的促进作用，应该在保证经济稳定发展的同时，加大环境保护力度。近年来，衢州始终把建设新型城市作为发展城市的重中之重，先后以"全国文明城市创建""全民运动健身模范市建设""全球活力城市建设"等引领推进城市建设，提升核心竞争力，积极构建现代产业体系。2019年衢州政府工作报告显示，衢州已荣获联合国"国际花园城市"称号，并积极创建国际可持续发展示范城市。

六　丽水

丽水的综合竞争力排名第 6 位，但是在对外开放竞争力（16）和经济实力竞争力（17）方面排名靠后，应在提升对外开放竞争力方面多下功夫。2015 年丽水的城市流强度排名第 5 位，而城市流倾向度在整个海峡西岸城市群中最大，对周边外界地区具有最强的综合服务能力。丽水的综合经济实力比城市流倾向度小得多，应该通过加强经济实力，促进城市集聚和扩散能力的提升。从样本数据的空间分布特征上看，丽水的 TCI 具有高值空间集聚特征，表明丽水与其相邻地区在技术选择策略确实能拉动本地经济的发展，高值溢出效应相互影响。

生态建设方面，样本期内丽水的生态技术效率一直未能达到 DEA 有效的状态。数据分析表明，丽水增加环境污染治理费用投入对经济增长的促进作用甚微。究其原因，可能是政府的财政污染治理费用投入存在不合理的现象，政府在环保投入政策执行上需要进一步完善。

七　莆田

莆田的综合竞争力排名第 7 位，但人力资本竞争力（11）、科技竞争力（16）、政府管理能力（17）这 3 项指标排名靠后。2019 年莆田的政府效率竞争力进入百强，在海峡西岸城市群入榜城市中排名第 9 位，可以说莆田的政府效率有所提升。2000～2015 年莆田的全要素生产率出现了下降，是由于技术变化的下降造成的。应在提升人力资本实力和科技水平上加大力度。

2015 年采矿业、制造业和建筑业成为莆田的主导外向型产业。制造业成为莆田主导的外向型产业，源于莆田以鞋类制造业、食品制造业和电子设备制造业为主导产业的历史悠久，形成了能够服务于其他城市的特色制造业。莆田可以通过加强经济实力的提升，促进城市集聚和扩散能力的提升。生态建设方面，样本期内莆田的生态技术效率处于波动状态。数据分析表明，莆田增加环境污染治理费用投入对经济增长的促进作用甚微，究其原因，可能是政府的财政污染治理费用投入存在不合理的现象，政府在环保投入政策执行上需要进一步完善。

八　漳州

漳州的综合竞争力排名第 8 位，但金融资本竞争力（15）、政府管理能力竞争力（14）、城乡发展水平竞争力（16）方面有待进一步提升。漳州在人力资本竞争力（8）、产业结构竞争力（5）、对外开放竞争力（5）、经济实力竞争力（7）方面表现较好。

生态建设方面，样本期内漳州环境生态效率表现达到 DEA 有效的状态。漳州加大环境保护力度有助于经济增长，可达到环境保护和经济增长双赢的局面。因此，漳州应增加财政治理污染费用投入，积极推动产业减排从"末端治理"转为"源头治理"。一方面，以绿色金融、税收优惠和环保补助来引导企业进行环保技术研发，通过绿色政府采购引导产业有序转型升级；另一方面，应该以强制型的环境规制为主，完善企业退出和兼并重组机制，淘汰高度污染的落后产能。

九 汕头

汕头的综合竞争力排名第 9 位。汕头在人力资本竞争力（7）、产业结构竞争力（8）、生态环境竞争力（3）和城乡发展水平竞争力（2）方面都相对较好，但在金融资本竞争力（19）、基础设施竞争力（14）、政府管理能力竞争力（18）和经济实力竞争力（18）等方面有待提高。2019 年汕头的政府效率竞争力未进入百强，且在海峡西岸城市群 20 个城市中排名第 15 位之后，可以说汕头应在政府效率竞争力提升上多下功夫。

汕头的城市流强度从 2008 年的第 9 位退后到 2015 年的第 18 位，集聚和扩散能力有所减弱，应给予重视。汕头的经济综合能力和城市流倾向度都较小，可以通过经济和产业结构的协调发展，寻求适合本地区发展的产业链，提高产业的专业化程度，以此拉动经济发展，促进城市集聚和扩散能力的提升。数据分析表明，汕头增加环境污染治理费用投入对经济增长的促进作用甚微，究其原因，可能是政府的财政污染治理费用投入存在不合理的现象，政府在环保投入政策执行上需要进一步完善。

十 赣州

赣州的综合竞争力排名第 10 位。竞争力分项中，政府管理能力竞争力排名第 3 位，仅次于厦门和福州。数据分析表明，赣州加大环境保护力度有助于经济增长，可达到环境保护和经济增长双赢的局面。样本期内赣州的环境生态效率表现不佳，有必要多增加财政治理污染费用投入，积极推动产业减排从"末端治理"转为"源头治理"，努力探索人与自然和谐、经济与环境协调的绿色发展之道，积极健全生态文明制度体系，用严格的制度保护生态环境。应积极探索设立产业发展基金，建立多元化生态环保资金保障机制，引导产业有序转型升级。

十一 南平

南平的综合竞争力排名第 11 位，但在产业结构竞争力（20）、基础设施竞争力（16）、政府管理能力竞争力（17）等方面排名靠后。南平的产业结构竞争力（20）排名最后的主要原因在于居民生活富裕因子和城市服务体系健全性因子排名靠后。南平一方面要积极提升经济实力，另一方面要提升城市的公共服务水平和完善基础设施建设，加快补齐各项基础设施短板，提供综合性公共服务平台。

2004～2016年期间南平的空间产业结构分量与空间竞争力分量从皆为负转变为皆为正值，其竞争力由劣势转变为优势，发展环境由限制作用转变为促进作用。近年来南平能充分利用邻近城市的经济增长对其产生的正面影响，相对邻近区域的经济增长，产业结构与竞争力都处于优势地位，将对经济起较好的推动作用。从空间分布特征上看，南平的TCI一直具有高值空间集聚特征，表明南平与其相邻地区在技术选择策略确实能拉动本地经济的发展，高值溢出效应相互影响。

生态建设方面，南平的生态技术效率一直在改善。数据分析表明，南平增加环境污染治理费用投入对经济增长有一定的促进作用，应该在保证经济稳定发展的同时，加大环境保护力度。

十二　三明

三明的综合竞争力排名第12位，金融资本竞争力（18）、产业结构竞争力（18）、对外开放竞争力（20）、城乡发展水平竞争力（20）这4项指标排名靠后。生态建设方面，样本期内三明的生态技术效率在最后3年基本达到DEA有效的状态。三明在海峡西岸城市群中定位为海峡西岸机械和冶金工业基地、生物技术产业基地和生态旅游胜地。三明在综合生态保护治理方面加大力度，取得了一定的成绩。数据分析表明，三明的环境规制水平对经济增长的作用为负值，表示当前政府对环境治污处理费用投入已经达到饱和状态，继续加大环境治污费用投入未必会促进经济增长，应把握机遇，采取其他环境规制的手段，以提升本城市的经济竞争力。

十三　梅州和上饶

梅州的综合竞争力排名第13位，且在产业结构竞争力（9）、政府管理竞争力（7）、对外开放竞争力（8）和城乡发展水平竞争力（9）方面靠前，但梅州的基础设施竞争力（18）和经济实力（20）相对比较弱。2018年公布的人均GDP数据中，梅州的人均GDP仅为全国平均水平的40%左右，在广东省21个地市中排名最后。梅州的生态技术效率波动较大，生态环境状态很不稳定，应多给予重视。

上饶在20个城市中综合竞争力排名第14位，但在金融资本竞争力（7）和政府管理能力竞争力（4）方面表现相对较好，金融控制风险的能力也较强，政府能够有效利用财政手段来调节经济。上饶在整个研究样本期内都未达到DEA有效的状态，且离DEA有效的状态尚有较大的差距。这说明上饶的生态环境状况一直受制于其技术水平，上饶需大力应用新型的科学技术去改善生态环境，促进生态经济发展。

数据分析表明，梅州和上饶加大环境保护力度有助于经济增长，可达到环境保护和经济增长双赢的局面。两地应多增加财政治理污染费用投入，积极推动产业减排从"末端治理"转为"源头治理"。以梅州为例，应积极规划绿色发展的产业路径。大力发展现代农业，深化农业供给侧结构性改革，坚持质量兴农、科技兴农、绿色兴农。在发展传统农业的基础上发展农产品精深加工，完善冷链物流、农电商等服务，推进农业与旅游、文化、食品、康养、体验等融合发展。培育绿色低碳新型工业，引领和推动以新型工业化为主导的实体经济发展，加快烟草、电力、建材等传统支柱产业绿色化改造，推动电子信息、机电制造产业向产业链高端攀升。同时，培育发展新一代信息技术、先进制造、生物医药、新材料、新能源等新兴产业。培育发展现代服务业，发展休闲度假、健康医养、绿色食品、文化创意、体育健身、互联网等新兴产业。加快重点项目建设，把数字经济打造成推动实体经济发展的重要引擎。强化工业设计、金融、电子商务、现代物流等生产性服务业对先进制造业的支撑作用。

十四 抚州、潮州、宁德、龙岩、揭阳和鹰潭

海峡西岸城市群20个城市中综合竞争力排名第15位至20位的6个城市在得分上相近，这些城市分别为抚州、潮州、宁德、龙岩、揭阳和鹰潭。

2015 年抚州的城市流强度排名第 7 位，主要的外向功能型产业为建筑业和教育业。抚州的综合经济实力比城市流倾向度小得多，可以通过加强经济实力，促进城市的集聚和扩散能力的提升。数据分析表明，抚州和鹰潭加大环境保护力度有助于经济增长，可以多增加财政治理污染费用投入，以达到环境保护和经济增长双赢的局面。

潮州的对外开放竞争力（4）、生态环境竞争力（5）和城乡发展水平竞争力（1）等方面表现较好。2015 年制造业成为潮州的主导外向型产业，源于潮州以陶瓷产业和不锈钢产业为主导产业的历史悠久，形成了能够服务于其他城市的特色制造业。潮州可以通过加强经济实力，促进城市的集聚和扩散能力的提升。生态建设方面，潮州的环境生态效率一直处于 DEA 有效的状态。数据分析表明，潮州增加环境污染治理费用投入对经济增长的促进作用甚微，究其原因，可能是政府的财政污染治理费用投入存在不合理的现象，政府在环保投入政策执行上需要进一步完善。近年来，潮州通过实行严格的生态环境保护制度，完善生态保护和修复制度，严明生态环境保护责任，不断健全生态文明制度体系，在生态文明建设方面取得一定的成效，将进一步强化生态文明制度体系建设，切实探索推动生态环境治理体系和治理能力现代化。

基于偏离－份额分析方法空间模型研究表明，从 2004～2016 年期间宁德的空间产业结构分量与空间竞争力分量从皆为负转变为皆为正值，其竞争力由劣势转变为优势，发展环境由限制作用转变为促进作用。近年来宁德能充分利用邻近城市的经济增长对其产生的正面影响，相对其邻近区域的经济增长，其产业结构与竞争力都处于优势地位，将对经济起较好的推动作用。宁德在产业结构竞争力（7）方面表现较好。城市流强度模型分析结果表明，宁德可以通过经济和产业结构的协调发展，寻求适合本地区发展的产业链，提高产业的专业化程度，以此拉动经济发展，促进城市的集聚和扩散能力。生态建设方面，宁德的环境生态效率一直处于 DEA有效的状态。数据分析表明，宁德增加环境污染治理费用投入对经济增长有一定的促进作用，应该在保证经济稳定发展的同时，加大环境保护力度。近年来，宁德的经济发展迅速，2019 年宁德的 GDP 名义增长速度高达 26.19%，增速在福建省 9 个城市中排名第 1 位。宁德的四大主导产业分别是新能源电池、新能源汽车、不锈钢新材料和铜材料。以宁德时代为首的新能源电池产业集群使宁德成为全球最大的聚合物理电子电池生产基地；以上汽宁德基地项目为首的新能源汽车基地未来将打造成为东南沿海最具竞争力的新能源汽车产业基地；以青拓集团为首的不锈钢新材料产业集群，在 2018 年诞生了福建省首个年产值超过千亿元的制造业民企，同时宁德已成为全球最大的不锈钢生产基地；以宁德铜冶炼基地项目为龙头带动作用，铜材料集群将打造成为东南沿海最先进的铜产业基地，未来将努力打造集铜精矿贸易、铜冶炼、循环经济、精深加工为一体的千亿产业集群。

2015 年龙岩的城市流强度排名第 3 位，具有外向功能型产业主要有金融业、租赁和商务服务业、教育业、公共设施管理业等。龙岩的综合经济实力比城市流倾向度小得多，应该通过加强经济实力，促进城市的集聚和扩散能力的提升。样本数据显示，龙岩的生态技术效率虽然一直在改善，但样本期内未达到 DEA 有效的状态。研究结果表明，龙岩的环境规制水平对经济增长的作用为负值，表示当前政府对环境治污处理已经达到饱和状态，继续加大环境治污费用投入未必能促进城市的经济增长，应把握机遇，采取其他环境规制的手段，以提升本城市的经济竞争力。

2001～2015 年海峡西岸城市群 20 个城市的城市竞争力指数以及排名中，揭阳在三个时间段的排名分别为第 18 名、第 12 名和第 6 名，经济实力有较大的提升。2015 年揭阳的城市流强度排名第 6 位，外向功能型产业主要有制造业、公共设施管理业等。制造业成为揭阳的主导外向型产业，源于揭阳以纺织服装、金属、食品医药、石化、玉器和制鞋等优势产业集群为主导的历史悠久，形成了能够服务于其他城市的特色制造业。揭阳的综合经济实力比城市流倾向度小得多，应该通过加强经济实力，促进城市的集聚和扩散能力的提升。生态建设方面，揭阳的环境生态效率一直处于 DEA 有效的状态。数据分析表明，揭阳增加环境污染治理费用投入对经济增长有一定的促进作用，应该在保证经济稳定发展的同时，加大环境保护力度。根据住建部发布的 2014～2017 年"城市建设统计年鉴"数据，连续三年城区常住人口下降的城市被定义为"收缩型城市"。揭阳在

2014～2017 年期间人口减少 129.93 万人。揭阳人迁出目的地排名前五位的分别是汕头（33.65%）、深圳（11.40%）、广州（8.6%）、潮州（8.11%）和梅州（6.52%）。前面的分析中，揭阳的城市竞争力指数在 20 个城市中排名靠前。城市竞争力分析中只有城乡发展水平竞争力排名第 5 位，具体分析可知，粤东 4 市在城乡发展水平竞争力上排名均靠前，潮州（1）、汕头（2）、梅州（9）。2019 年揭阳和汕头的 GDP 规模均在两千亿元以上，但从人口流动数据看，汕头对揭阳的人口虹吸能力强。

鹰潭的生态环境竞争力（4）和政府管理能力竞争力（5）方面表现较好。城市流强度模型分析结果表明，鹰潭的综合经济实力比城市流倾向度小得多，应该通过加强经济实力，促进城市的集聚和扩散能力的提升。从人均 GDP 区位商看，鹰潭在样本期的后 6 年人均 GDP 区位商一直大于 1，前几年有些波动，总体上经济发展积极向好。生态建设方面，鹰潭的生态效率在整个样本期内都未达到 DEA 有效的状态，且离 DEA 有效的状态尚有较大的差距。数据分析表明，鹰潭加大环境保护力度有助于经济增长，达到环境保护和经济增长双赢的局面。鹰潭是非沿海城市，生态环境良好。近年来被评为国家森林城市、国家园林城市、中国最宜居休闲城市、中国最具幸福感城市、全球网民推荐的中国生态城市。样本数据分析表明，鹰潭人力资本和产业结构竞争力方面表现较弱。鹰潭的产业结构因素对城市经济发展的推动力比较大。可以大力实施农业结构调整，大力发展休闲、观光、康养农业及"互联网＋"等新型业态，推动一、二、三产业深度融合。

第二节　海峡西岸城市群发展的展望

在前面的章节里，本研究运用了海峡西岸城市群 20 个城市的样本数据，通过多种统计分析和计量建模，从经济一体化、产业高级化、区域城镇化、社会生态文明化四个方面展开研究，在每个章节的分析之后都提出了针对性建议。下面首先将从海峡西岸城市群 4 大区的角度进行总结，进一步将海峡西岸城市群放在全国的区域发展趋势以及全国的城市群发展趋势的宏观发展背景下，讨论海峡西岸城市群在全国的地位、作用和发展

群。2019 年 12 月 6 日，《长江三角洲区域一体化发展规划纲要》正式发布，这是长三角地区当前和今后一个时期一体化发展的纲领性文件。从城市夜晚灯光图来看，长三角核心区基本连成一片，但江苏、浙江、上海与安徽之间还存在一定的空白地带。长三角扩容到全域 41 个城市，并提出长三角一体化的规划目标，主要是一种政策取向，为未来寻找发展方向，让上海、浙江、江苏、安徽三省一市之间的联系更加密切，让城市与城市之间的互动更加频繁，区域之间的产业转移更加密切。放眼全球，区域一体化都是大势所趋。长三角一体化的提速，更加迎合当前时代的主流，并为全国区域一体化发展提供示范。

《长江三角洲区域一体化发展规划纲要》的颁布，意味着温州、丽水和衢州这 3 个城市被纳入长三角城市群。其中，温州被纳入长三角城市群中心区 27 个城市之一。截止到 2020 年 6 月 30 日，最新的海峡西岸城市群发展规划尚未出台。可以认为，这 3 个城市同时被纳入长三角城市群和海峡西岸城市群的城市之列，会起到沟通、合作的桥梁与纽带的作用。

在前面海峡西岸城市群 20 个城市的分析中，温州产业结构竞争力排名第 1 位，2015 年温州的城市流强度排名第 2 位，具有一定的核心作用。温州的外向功能型产业主要有金融业、卫生、社会保障和社会福利业、公共设施管理业、租赁和商务服务业、信息传输、计算机服务和软件业等。温州可改造提升传统制造业，发展应用工业互联网、大数据、云计算、物联网；加快培育发展世界级智能电气产业集群、千亿级时尚智造产业集群，提升数字经济核心产业增加值；继续深化金融综合改革，鼓励发展普惠金融、绿色金融、小微金融，持续推进金融风险化解，积极打造区域性现代金融中心；可以继续强化温州中心城区与浙南闽北赣东各大城市经济发展的产业对接，建立更加紧密的经济发展与合作关系，高标准建设浙南闽北赣东进口商品集散中心、海峡两岸（温州）民营经济创新发展示范区等开放平台；积极打造浙南闽北赣东地区区域性医疗中心、区域性科教中心、区域性商贸物流中心，全面辐射带动地区间现代服务业方面质的提升。

丽水和衢州都是非沿海城市，样本数据分析显示存在产业结构趋同现象。前面的分析中可以看到，丽水对周边外界地区具有最强的综合服务能力，但综合经济实力比城市流倾向度小得多，应该通过加强经济实力，促进城市集聚和扩散能力的提升。2017 年衢州被国家确定为绿色金融改革示范区；2018 年丽水和衢州被认定为省级生态文明建设示范市。2019 年中国城市绿色竞争力指数排名中，丽水进入全国百强，位居第 86 位。丽水应该依托自身的生态资源优势，坚持走差异化发展道路，着力打造绿色生态经济。《长三角 "40 + 1" 城市群绿色金融发展竞争力研究（2019）》报告发布的长三角城市群绿色金融发展竞争力评级中，衢州在参评的 17 个城市中排名第 1 位。前面的分析中，衢州在人力资本竞争力（5）、金融资本竞争力（3）、科技竞争力（3）、产业结构竞争力（6）、生态环境竞争力（6）方面表现相对较好，可以加大力度发展绿色金融助推绿色发展。通过构建绿色金融支撑体系，围绕传统产业绿色改造转型主线，推广现有的绿色信贷、绿色保险、绿色直融等绿色金融模式，为产业发展提供强有力资金保障。探索将生态优势转化为经济社会发展优势、从项目协同走向区域一体化的制度创新，为整个城市群生态绿色一体化发展提供探索路径和示范。

（3）粤东 4 市

粤东 4 市包括汕头、潮州、揭阳和梅州，其城市竞争力的整体水平在海峡西岸城市群排名第 3 位。数据分析中系统选定的跨度 10 年的样本分析结果，汕头、潮州、揭阳和梅州的人均 GDP 和 TCI 均表现为低值集聚特征。粤东 4 市的经济发展都受到相邻落后地区的影响，亟须改变发展方式建立发展同盟。TCI 的低值溢出效应相互影响，需要在推动技术进步方面多下功夫。

粤东 4 市的经济分项竞争力排名相对靠后，2018 年粤东 4 市的人均 GDP 均低于全国平均水平。当前，汕头、潮州和揭阳 3 个城市以交通同城化为先行，推动资源优势互补、产业错位发展、设施共享和市场共建，推动汕潮揭城市群发展。在优化区域产业布局方面，通过项目带动，汕头联合潮州、揭阳共建重点实验室，将引进建设研究团队，积极建设汕头国家高新区，推动高水平全国性综合交通枢纽建设，将形成粤东 1 小时经济圈以及粤东与珠三角、厦漳泉 2 小时经济生活圈。潮州则以特色产业园区为载体，推动形成以大平台吸引大项目、以大项目带动大发展的格局，全力打造新材料、新能源、生物医药健康等"5个500亿级"产业集群。揭阳则通过规划建设，构建产城融合发展新格局，产业与城市融合发展，以城市为基础，承载产业空间和发展产业经济。2019年10月11日，厦门开往梅州方向的动车正式开通，标志着"世界客都"梅州正式迈入高铁时代。高铁途径揭阳、潮州和汕头等地，两地车程为3个小时以内，实现珠三角、厦漳泉2小时经济生活圈，对城市群内城市间各项交流联系的日益紧密起到积极推动作用。

（4）赣南4市

赣南4市都是非沿海城市，近年来均获批国家森林城市。其中，2017年赣州的森林覆盖率达76.23%，位居全国第2位。样本数据分析显示非沿海城市间存在产业结构趋同现象，第二产业和第三产业均存在着显著的竞争关系。赣南4市应着力于承接沿海城市产业转移，赣州沿着"厦门—漳州—龙岩—赣州发展轴"和"汕头—潮州—揭阳—梅州—龙岩—赣州发展轴"，承接闽西南协同区和粤东4市的产业转移；上饶沿着"福州—宁德—南平—鹰潭—上饶发展轴"和"温州—丽水—衢州—上饶发展轴"，承接闽东北协同区和浙南3市的产业转移；抚州沿着"泉州—莆田—三明—抚州发展轴"，承接福建省相关城市的产业转移；鹰潭沿着"福州—宁德—南平—鹰潭—上饶发展轴"，承接闽东北协同区城市的产业转移。另外，赣州、上饶、抚州和鹰潭的生态资源优越，可共同积极打造生态旅游产业，培养成为集休闲、观光、康养农业等功能于一体的现代化、生态化农业旅游示范区。

二　海峡西岸城市群整体发展展望

（1）从海峡西岸城市群自身的角度展望

近年来，海峡西岸城市群整体的经济一体化和经济均等化表现良好。未来应侧重进一步缩小福建区、浙江区、广东区和江西区4大区之间的经济差距，提升城市群的整体竞争力，推动城市群一体化进程。海峡西岸城市群在2008~2012年充分利用区域经济圈优势，在实现经济相互促进共同发展方面表现最好。近年来相互促进作用有所减弱，城市群内竞争力因素的影响力有所下降，而且产业结构因素对拉动经济增长的作用，相对竞争力因素更加显著。第二产业比第三产业的优势地位更明显，对经济发展的贡献更大。总体上城市群应充分发挥区位优势，不仅要注重技术革新和技术引进，而且要对现有的技术能量水平进行充分挖掘，不断优化资源配置，提升技术效率，促进产业结构的优化升级，为生态经济提供技术支撑。前文分析中，加大科技投入力度对提升城市群总体生态效率产生显著的影响。政府作为生态系统良好运行的主导者，应起引导和联结企业与研发机构的作用，成为增强城市群生态技术创新能力的积极推动者。

城市流强度分析表明，海峡西岸城市群的城市之间依托基础设施，山海互动，东西贯通，不断向纵深发展，促进生产要素的集聚扩散，形成非沿海城市的城市流强度排名靠前，城市群内城市间的互联互动，带动非沿海城市对外联系和辐射的能力增强。城市流强度分析中还发现，海峡西岸城市群中最具区际意义的三大产业是教育业，卫生、社会保障和社会福利业和公共设施管理业，海西城市群的城市在这三个产业都有很强的对外服务功能，这为海峡西岸城市群的公共服务设施互惠互联互通奠定了扎实的基础。

对海峡西岸城市群 20 个城市的治理污染费用的空间相关性检验表明空间相关性的存在，海峡西岸城市群 20 个城市应该重视环境污染的"外部性"。在进行环境污染处理和环境保护时，应与整个城市群保持同步，进而保持经济社会的平稳发展，促进区域经济一体化进程，闽粤赣、闽浙赣等跨省区域协作组织应发挥重要作用，促进区域协调发展，跨行政区的环境合作和生态协同保护成为地方政府协调经济发展与环境保护矛盾的必然选择。

横跨闽粤浙赣的海峡西岸城市群，急需中心城市来进行资源整合和区域引领，吸引资金、人才流入，加快城市群经济发展。海峡西岸城市群目前仍然以厦门、福州、泉州、温州和汕头这五大中心城市为区域发展的核心引擎，继续发挥比较优势，增强对周边区域发展的辐射带动作用。前面的偏离－份额分析空间模型分析中，近期厦门、泉州、温州的区位优势尚未得到充分发挥，而福州和汕头的产业结构还存在不合理现象，需要进行调整和优化。

长三角一体化的提速，为全国区域一体化发展提供了示范。海峡西岸城市群的经济一体化发展，应打破行政区划界限，在一体化协调机制上寻找突破口。制定城市间资源和要素自由流动的法规和政策，促进人流、物流、信息流、资金流等各种经济要素在城市群内的有效配置。通过"飞地经济"展开产业合作，以重点项目带动的方式，将资金和项目从"飞出地"投放到行政上互不隶属的"飞入地"，通过规划、建设、管理、税收分配等合作方式和利益共享机制，实现互利共赢的区域经济发展模式。政府应当主动采用宏观调控机制，努力改善整体政策软环境，包括简化手续、提供优良的公共服务和产业引导等，合理分配资源，引导各城市选择与本地资源禀赋相适宜的发展方式。相邻地区之间应强化合作发展的战略伙伴关系，避免因选择相近发展战略而产生的资源、政策竞争。建立跨区域经济增长协作机制，城市群的各级城市之间要加强产业分工与协作，实行优势互补，实现区域内资源的有效配置，促进中心城市和腹地城市的协调发展，以产业链条为纽带，优化产业布局，实现产业链条由单一型向复合型的转变，构建可持续发展的高科技、低碳环保和循环效益型产业集群。联动推进区域协调互动发展，提升海峡西岸城市群的整体竞争力。

（2）从全国的区域经济和城市群发展趋势展望

世界级城市群的发展经验表明，高质量发展的城市群可以优化区域发展格局，带动整个区域经济高质量发展。以中心城市为引领的都市圈城市群是支撑区域经济高质量发展的主要平台，是当前以及未来发展的重点。

我国经济已由高速增长阶段进入高质量发展阶段，高质量发展是体现"创新、协调、绿色、开放、共享"新发展理念的发展，其中"协调"不仅是高质量的内在要求，而且也是解决新时代不平衡不充分问题的根本目标。党的十九大提出实施区域协调发展战略，追求的目标不是单纯的地区差距缩小，更重要的是突出地区合力和竞争力，既鼓励地区之间合作和对口帮扶，又鼓励地区之间适度竞争，特别是强调打破市场分割推动区域一体化。通过区域竞争合作，形成"发达地区带动不发达地区、城市带动乡村、中心城市引领城市群继而带动区域发展"的区域协调发展新模式。

随着区域发展战略的实施，区域经济总量持续增长，经济结构不断优化，区域发展差异总体呈现缩小态势。就海峡西岸城市群而言，城市群的人口规模、GDP 规模和人均 GDP 规模的相对差异不断缩小或趋于平稳，经济集聚度越来越强，经济一体化表现逐步向好，区域协调发展表现良好，带动整体经济高质量发展。根据最新发布的《中国城市群发展潜力排名：2019》分析，海峡西岸城市群在 12 个城市群发展潜力中排名第 6 位，仅次于长三角、珠三角、京津冀、成渝、长江中游城市群。另外，海峡西岸城市群的经济增长在 12 个城市群里排名第 5 位。经济增长人口弹性在 12 个城市群中排名第 5 位，可以看出海峡西岸城市群有较好的经济增长包容性。但海峡西岸城市群的人口吸纳能力有待提高。海峡西岸城市群处于快速发育期。处于这个发展阶段城市群的普遍特点是中心城市部分产业和非核心功能向周边小城市扩散，都市圈逐渐形成，城镇化水平快速提升，分工体系开始形成，区域基础设施处于快速建设期。海峡西岸城市群内各城市都一直致力于城市基础设施建设，依托发达的交通通信等基础设施网络，空间组织紧凑，经济联系紧密，努力向高度同城化和高度一体化的城市群迈进。城市群的东部、中部和西部功能区因地制宜，制定符合自身客观实际的发展政策，调整产业结构和加快海峡西岸城市群东、中、西三大功能区之间、各功能区内部的各个城市之间的技术流动及产业结构调整，尽力推动区域协调发展。

我国城区常住人口 300 万人以上 500 万人以下的城市为 I 型大城市，100 万以上 300 万人以下的城市为 II 型大城市。海峡西岸城市群 20 个城市中，厦门和福州属于 I 型大城市。在国家最新公布的一线和新一线城市中，海峡西岸城市群中未有城市入选。以海峡西岸城市群目前的情况，急需中心城市来进行资源整合和区域引领，吸引资金、人才流入，引领城市群进而带动区域发展。城市群中发展领先的厦漳泉都市圈也还没有明确的中心城市。目前海峡西岸城市群仍然以厦门、福州、泉州、温州和汕头这五大中心城市作为区域发展的核心引擎，各中心城市的综合实力还需进一步提升。参考前面对世界级城市群拥有的一些共同特征的描述，以海峡西岸城市群 20 个城市中唯一一个副省级行政级的厦门为例进行分析。作为中国改革开放最初的四个经济特区之一，厦门多年来以港立市，是中国外贸依存度超过 100% 的四个城市之一，2018 年的外贸依存度高达125.3%，外贸竞争力位居全国百强城市第 5 位。2019 年厦门的人均 GDP首次超过 2 万美元，达到发达经济体的经济水平。近年来，厦门有意识地围绕自身产业支撑体系，分层次、多渠道加大对台湾、香港行业龙头企业的引进力度。多个制造业重大项目先后落地引发的集聚效应，不仅能实现实际利用外资规模的扩大，还能带动现代服务业，发展成为合同利用外资和各类人才的"蓄水池"，吸引人才、资金的不断流入。厦门积极实施创新驱动战略，加快区域科技创新中心的建设，取得一定的成绩。基础设施网络建设方面，努力实现交通网络跨区布局、空海枢纽跨区优化和公用设施跨区覆盖。在基础设施逐步完善的基础上，进一步实现产业协同一体化、公共服务一体化、生态治理一体化，积极促进区域竞争力的提升和影响力的增强。厦门还充分利用区位优势，提升自身竞争力，增强人口、资金的"吸虹效应"。

2020年初国家提出新基建战略，主要包括信息基础设施、融合基础设施、创新基础设施三方面建设。5G、人工智能、大数据等新基建内容，都是数字经济的重要组成部分，可以预见厦门在新基建上也将获得针对性加持。厦漳泉城际铁路建设将加快步伐。区域枢纽机场应尽可能连通干线铁路或城际铁路或城市（郊）铁路或城市轨道交通，有效辐射周边300～500千米范围内的地区。机场城市厦门的轨道交通建设将再次提速，进一步推动空铁大联运的发展。未来，海峡西岸城市群要以中心城市引领城市群发展，以城市群带动区域发展，不断优化区域发展格局，带动区域整体经济高质量发展。

参考文献

阿尔伯特·赫希曼，《基尼系数》，360 百科：https：//baike. so. com/doc/1428993 - 1510454. html。

安增军：《海峡西岸经济区的构建与中国经济区的新布局》，《经济地理》2008 年第 2 期。

博智论坛，2017.《以大城市群一体化推动中国经济增长》，财新网：http：//opinion. caixin. com/2017 - 08 - 25/101135498. html。

曹凤中、任国贤：《生态效率是衡量绿色经济的重要指标》，《中国环境管理》2010 年第 1 期。

陈娟：《全要素生产率对中国经济增长方式的实证研究》，《数理统计与管理》2009 年第 3 期。

陈穗芳：《勾画最具竞争力的经济版图——陈文玲谈粤东区域经济发展及海西前景》，《潮商》2009 年第 5 期。

陈林森，2019.《在国家生态文明试验区建设中走前列　泉州完成 32 项改革任务》，泉州网：http：//www. qzwb. com/gb/content/2019 - 05/04/content_5984042. htm。

陈守明、李永、程德理：《技术发展中的产业政策》，化学工业出版社，2010。

陈兴鹏、许新宇、逯承鹏、李恒吉、崔理想：《基于 DEA 交叉模型的西部地区生态效率时空变化》，《兰州大学学报》2012 年第 2 期。

陈雅兰、郭伟锋、黄可明：《原始创新与区域发展》，《技术进步与对策》2005 年第 11 期。

陈耀，2019.《中国区域发展呈现新态势》，搜狐：https：//www. sohu.

com/a/302224387_115495。

　　陈燕:《城市建设对福建生态文明的生成与发展的影响》,《福建论坛·人文社会科学版》2010 年专刊。

　　陈燕:《产业结构对福建生态文明的生成与发展的影响》,《福建论坛·人文社会科学版》2010 年第 11 期。

　　陈燕武、楼燕妮:《海西经济区产业结构与经济增长关系研究——基于偏离 - 份额分析空间模型》,《华侨大学学报 (哲学社会科学版)》2010 年第 4 期。

　　陈燕武、楼燕妮:《海西经济区产业结构和经济增长关系的面板数据模型研究》,《华侨大学学报 (哲学社会科学版)》2011 年第 4 期。

　　陈燕武:《基于复合 DEA 和 Malmquist 指数的科技投入产出效率评价》,《运筹与管理》2011 年第 6 期。

　　陈燕武:《福建省产业结构效益与生态环境质量耦合关系研究》,《华侨大学学报 (哲学社会科学版)》2013 年第 1 期。

　　陈燕武、周军、许丽忆:《海西经济区市域城镇化影响因素的空间效应研究》,《华侨大学学报 (哲学社会科学版)》2014 年第 4 期。

　　陈燕武、张绿原:《技术选择对中国省域经济发展影响研究》,《华侨大学学报 (哲学社会科学版)》2017 年第 2 期。

　　陈耀,2019.《中国区域发展呈现新态势》,搜狐:https://www.so-hu.com/a/302224387_115495。

　　陈宇:《关于海峡西岸经济区内城市群体系的比较研究》,《福建师范大学学报》2009 年第 5 期。

　　陈仲常:《产业经济理论与实证分析》,重庆大学出版社,2005。

　　陈遵一:《安徽农业生态效率评价——基于 DEA 方法的实证分析》,《安徽农业科学》2012 年第 17 期。

　　程海瑞,2019.《厦漳泉同城化思考:小弟漳州如何"配速"跟进》,经济观察网:https://new.qq.com/omn/20191012/20191012A0A1B000.html。

　　程玉鸿:《城市群视角的城市竞争力研究——以珠江三角洲城市群为例/区域经济与粤港澳台合作研究丛书》,经济科学出版社,2014。

　　迟国泰、隋聪、齐菲:《基于超效率 DEA 的科学技术评价模型及其实证》，《科研管理》2010年第2期。

邓波、张学军、郭军华：《基于三阶段DEA模型的区域生态效率研究》，《中国软科学》2011年第1期。

邓利方、余甫功：《广东TFP的测算与分析——基于面板数据的Malmquist DEA》，《广东社会科学》2006年第5期。

邓祥：《经济趋同理论与中国地区经济差距的实证研究》，西南财经大学出版社，2011。

第三方机构竞争力智库、中国信息协会信用专业委员会，2019.《中国城市全面建成小康社会监测报告2019》，中国日报网：https://www.360kuai.com/pc/97361065094d45b20？cota=3&kuai_so=1&sign=360_57c3bbd1&refer_scene=so_1。

杜俊义：《基于城市流强度模型的珠江—西江经济带城市发展研究》，《广西社会科学》2016年第12期。

杜帼男、蔡继明：《城镇化测算方法的比较与选择》，《当代经济研究》2013年第10期。

方创琳：《中国城市群形成发育的新格局新趋向》，《地理科学》2011年第9期。

方创琳，2015.《我国将分三类打造20个跨省区城市群》，腾讯网：https://new.qq.com/rain/a/20150114004747。

房小奇，2017.《漳州推动产业转型升级和实体经济发展纪实》，东南网：http://fjnews.fjsen.com/2017-04/19/content_19398694.htm。

福建省厦门市发展改革委，2019.《"五个一体化"的厦漳泉都市圈探索与实践》，新浪网：http://dy.163.com/v2/article/detail/EHAV435F05148IM8.html。

福建省统计局：《福建省统计年鉴》，中国统计出版社，2000～2019。

付凌晖：《我国产业结构高级化与经济增长关系的实证研究》，《统计研究》2010年第8期。

付一夫，2019.《长江三角洲区域一体化发展规划纲要》，钛媒体：https://www.tmtpost.com/4206441.html。

傅家骥：《技术创新学》，清华大学出版社，1998。

傅毓维、朱发根、刘拓：《基于复合 DEA 的我国各地区高新技术产业投入产出相对效率评价研究》，《现代管理科学》2008 年第 3 期。

付江：《引进消化吸收再创新与知识产权保护》，《中国发明与专利》2008 年第 7 期。

付丽娜、陈晓红、冷智花：《基于超效率 DEA 模型的城市群生态效率研究——以长株潭"3＋5"城市群为例》，《中国人口·资源与环境》2013 年第 4 期。

高铁梅：《计量经济分析方法与建模：Eviews 应用及实例》，清华大学出版社，2006。

高铁梅、崔广亮、刘硕：《适度城镇化、产业结构调整与经济增长——基于面板数据广义矩（PD－GMM）模型的实证检验》，《吉林大学社会科学学报》2018 年第 3 期。

高远东、陈迅：《中国省域产业结构的空间计量经济研究》，《系统工程理论与实践》2010 年第 6 期。

辜胜阻、李华、易善策：《城镇化是扩大内需实现经济可持续发展的引擎》，《中国人口科学》2010 年第 3 期。

辜胜阻、刘江日：《城镇化要从"要素驱动"走向"创新驱动"》，《人口研究》2012 年第 6 期。

郭海湘、刘晓、黎金玲、刘龙辉：《中国城市集群中经济集聚和扩散能力的测算》，《统计与决策》2013 年第 19 期。

郭庆旺、贾俊雪：《中国全要素生产率的估算：1979—2004》，《经济研究》2005 年第 6 期。

郭庆旺、赵志耘、贾俊雪：《中国省份经济的 TFP 分析》，《世界经济》2005 年第 5 期。

郭青海、张国钦、崔胜辉：《海峡西岸经济区城镇化进程的社会经济特征》，《经济地理》2009 年第 6 期。

郭叶波：《城镇化质量的本质内涵与评价指标体系》，《学习与实践》2013 年第 3 期。

国家新型城镇化规划，《新型城镇化》，360 百科：https：//baike. so. com/doc/5369090－5604934. html。

国务院，《国家新型城镇化规划》，360 百科：https：//baike. so. com/doc/7360799 – 7627928. html。

国家统计局三明调查队，2019.《三明 2018 年居民收入数据公布！》，三明芭乐网：https：//www. 360kuai. com/pc/904f37f18d6cfb67c？cota = 4&kuai_ so = 1&tj_ url = so_ rec&sign = 360_ 57c3bbd1&refer_ scene = so_ 1。

广东省统计局：《广东省统计年鉴》，中国统计出版社，2000 ~ 2019。

韩学键、元野、王晓博、李一军：《基于 DEA 的资源型城市竞争力评价研究》，《中国软科学》2013 年第 6 期。

何帮强、洪兴建：《基尼系数计算与分解方法研究综述》，《统计与决策》2016 年第 4 期。

何瑞琳：《海峡西岸经济区发展差异、成因及趋势分析——基于市际层面的视角》，《陇东学院学报》2013 年第 6 期。

恒大研究院，2019.《中国城市发展潜力排名：2019》，新浪网：https：//finance. sina. com. cn/stock/relnews/hk/2019 – 04 – 12/doc – ihvhiqax2054922. s html。

恒大研究院，2019.《2019 年中国十大最具潜力都市圈排名》，新浪网：http：//finance. sina. com. cn/roll/2019 – 06 – 20/doc – ihytcitk6554210. shtml。

洪永淼：《海峡西岸经济区发展报告》，北京大学出版社，2013。

洪永淼：《海峡西岸经济区发展报告——基于"一带一路"和自贸区的战略背景》，北京大学出版社，2015。

洪银兴、沈坤荣、何旭强：《经济增长方式转变研究》，《江苏社会科学》2000 年第 2 期。

胡鞍钢：《未来经济增长取决于 TFP 提高》，《政策》2003 年第 1 期。

胡春力：《促进产业结构升级是加强环境保护的根本》，《宏观经济研究》2009 年第 2 期。

胡锦涛：《中国共产党第十八次全国代表大会报告》，人民出版社，2012。

黄爱东：《城市群发展与海峡西岸经济区建设》，《东南学术》2009 年第 4 期。

黄璜、林涓涓，2019.《创新生态治理模式 厦门市一系统一应用皆获全省第一》，厦门网：http：//news. xmnn. cn/xmnn/2019/03/28/100511409.

shtml。

黄征学:《城市群的概念及特征分析》,《区域经济评论》2014 年第 4 期。

Jeffrey Wooldridge:《横截面与面板数据的经济计量分析》,中国人民大学出版社,2007。

Jeffrey Wooldridge:《面板数据的计量经济分析》,机械工业出版社,2008。

江斌:《海峡西岸经济区生态效率实证研究》,硕士学位论文,华侨大学,2014。

江曙霞、戴晓彬、高国伟:《基于 DEA 的福建省科技企业投入产出效率及生产力变动评价》,《统计研究》2008 年第 12 期。

江西省统计局:《江西省统计年鉴》,中国统计出版社,2000 ~ 2019。

蒋伟:《中国省域城镇化水平影响因素的空间计量分析》,《经济地理》2009 年第 4 期。

凯风,2019.《41 城齐聚中国最大城市群诞生》,和讯网:https://news. hexun. com/2019 - 10 - 31/199086456. html。

康继军、张宗益、傅蕴英:《开放经济下的经济增长模型:中国的经验》,《数量经济技术经济研究》2007 年第 1 期。

柯福艳、徐知渊、章伟江、吴永华:《城乡产业一体化视角下山区绿色跨越发展的形成机理与经验验证》,《浙江农业学报》2018 年第 3 期。

柯善咨:《中国城市与区域经济增长的扩散回流与市场区效应》,《经济研究》2009 年第 8 期。

李斌、卢娟:《异质性公共服务对产业结构升级影响路径与溢出效应研究——基于 286 个地级市数据的实证分析》,《现代财经——天津财经大学学报》2017 年第 8 期。

李变花:《海峡西岸经济区演进轨迹:20 个城市证据》,《改革》2014 年第 7 期。

李冲、钟昌标:《区域经济一体化背景下中国城市群发展的战略选择》,《经济研究导刊》2014 年第 15 期。

李建平、李闽榕、王金南:《中国省域环境竞争力发展报告 2009——

2010》，社会科学文献出版社，2011。

李飞跃：《技术选择与经济发展》，《世界经济》2012 年第 2 期。

李光全：《中国城市竞争力变化及其影响因素分解》，《开发经济》2013 年第 2 期。

李虎：《关于基尼系数分解介析的讨伦》，《数量经济技术经济研究》2005 年第 3 期。

李克强，2014.《把良好生态环境作为公共产品向全民提供》，新华网：http：//www. xinhuanet. com//politics/2014 - 07/11/c_1111577951. htm。

李克强，2016.《完成铁路投资超 8000 亿元　公路投资 1.65 万亿元》，中国网：http：//www. china. com. cn/lianghui/news/2016 - 03/05/content_37943607. htm。

李莉：《粤东地区融入海峡西岸经济区发展：现状、障碍与对策》，《特区经济》2011 年第 11 期。

李平、随红光：《三种自主创新能力与技术进步——基于 DEA 方法的经验分析》，《世界经济》2008 年第 4 期。

李秋斌：《区域经济差异的实证研究与 R/S 分析——基于长江三角洲、珠江三角洲和海峡西岸经济区的比较分析》，《东南学术》2006 年第 1 期。

李韧：《中国经济增长中的综合能耗贡献分析——基于 1978—2007 年时间序列数据》，《数量经济技术经济研究》2010 年第 3 期。

李为：《海峡西岸城市群发展策略空间整合、极核培育与功能提升》，《发展研究》2016 年 12 期。

林东晓、张子剑，2019.《泉州市生态环境局稳妥推进机构改革　不断完善生态环境保护治理体系》，人民网：http：//fj. people. com. cn/n2/2019/0813/c181466 - 33245325. html。

林光平、龙志和、吴梅：《我国地区经济收敛的空间计量实证分析：1978—2002 年》，《经济学》2005 年第 4 期。

林佳丽、薛声家：《广东省各市科技创新有效性评价——基于 DEA 超效率模型的分析》，《科技管理研究》2008 年第 8 期。

林毅夫、董先安：《技术选择、技术扩散与经济收敛》，《财经问题研究》2004 年第 4 期。

林森：《城市群一体化发展研究》，东北财经大学出版社，2012。

联合国工业发展组织绿色产业平台中国办公室，2019.《2019 中国城市绿色竞争力指数报告》，南海网：http：//sanya. hinews. cn/system/2019/11/04/032208754. shtml。

梁平、梁彭勇、黄馨：《中国高技术产业创新效率的动态变化——基于 Malmquist 指数法的分析》，《产业经济研究》2009 年第 3 期。

刘秉镰、李清彬：《中国城市全要素生产率的动态实证分析：1990—2006——基于 DEA 模型的 Malmquist 指数方法》，《南开经济研究》2009 年第 3 期。

刘丙泉、李雷鸣、宋杰鲲：《中国区域生态效率测度与差异性分析》，《技术经济与管理研究》2011 年第 10 期。

刘金石、李小江：《中国城市竞争力指数测度及其影响因素——基于 1990—2012 年中国 30 个城市面板数据的实证研究》，《财经科学》2013 年第 8 期。

刘新静、张懿玮：《中国大都市城市竞争力评价分析——基于因子分析法》，《同济大学学报》2016 年第 1 期。

刘伟、李绍荣：《产业结构与经济增长》，《中国工业经济》2002 年第 5 期。

刘伟、张辉：《中国经济增长中的产业结构变迁和技术进步》，《经济研究》2008 年第 11 期。

刘雅南、邵宜航：《结构转变与经济增长中的技术进步与技术选择——中国的工业化和可持续增长探讨》，《东南学术》2009 年第 4 期。

刘彦玫，2018.《大开放成就大格局——改革开放 40 年漳州对外经贸发展成就综述》，台海网：http：//www. taihainet. com/news/fujian/yghx/2018 - 10 - 08/2190311. html。

刘永红、郭忠行、谢刚：《钢铁企业生态效率的 DEA 模型构建及应用》，《太原理工大学学报》2012 年第 1 期。

刘崇献、张鑫：《基于"城市流强度模型"的北京经济辐射能力研究》，《中国商论》2014 年第 11 期。

刘慧：《区域差异测度方法与评价》，《地理研究》2006 年第 7 期。

刘慧宇：《核心地位的构建：海峡西岸经济区中福建发展研究》，东南大学出版社，2012。

刘凤朝、潘雄锋：《基于 Malmquist 指数法的我国科技创新效率评价》，《科学学研究》2007 年第 5 期。

刘涛、曹广忠：《城市规模的空间聚散与中心城市影响力——基于中国 637 个城市空间自相关的实证》，《地理研究》2012 年第 7 期。

刘士林，2011.《以"城市群"概念取代"经济区"》，光明网：https：//epaper. gmw. cn/gmrb/html/2011 - 03/23/nw. D110000gmrb _ 2011032 3_ 7 - 02. htm。

卢万青、纪祥裕：《城市房价、金融发展与产业结构升级——基于中国地级市面板数据的实证研究》，《产经评论》2017 年第 8 期。

陆铭、陈钊：《城镇化、城市倾向的经济政策与城乡收入差距》，《经济研究》2004 年第 6 期。

罗涛、张天海、甘永宏、邱全毅、张婷：《中外城市竞争力理论研究综述》，《国际城市规划》2015 年第 S1 期。

马发洲，2018.《构筑生态屏障　建设美丽梅州》，中新网：http：//www. isenlin. cn/sf_75BC65123AD64D7B8B291C17122F75B9_209_gdly. html。

马军：《基于数据包络分析法的区域生态效率评价研究——以内蒙古为例》，《生态经济》2012 年第 2 期。

闽北日报，2017.《南平：补齐基础设施短板　提升公共服务质量》，新浪网：http：//fj. sina. com. cn/news/s/2017 - 12 - 15/detail - ifyptkyk4659896. shtml。

潘士远：《技术选择、模仿成本与经济收敛》，《浙江社会科学》2008 年第 7 期。

清华大学、麦肯锡公司，2017.《麦肯锡 2017 年中国城市群前 10 强名单，第三名让人意外哦!》，百家号：http：//baijiahao. baidu. com/s？id = 1570729051716131&wfr = spider&for = pc。

权进民、花玉文：《基于复合 DEA 的区域科技投入产出分析》，《西南交通大学学报（社会科学版）》2009 年第 1 期。

倪鹏飞：《中国城市竞争力的理论和实证》，中国经济出版社，2001。

倪鹏飞：《中国城市竞争力报告》，社会科学文献出版社，2005。

倪鹏飞、赵璧、魏劲琨：《城市竞争力的指数构建与因素分析——基于全球 500 典型城市样本》，《城市经济》2013 年第 6 期。

倪鹏飞：《中国城市竞争力报告—No. 14》，社会科学文献出版社，2016。

邱寿丰：《中国区域经济发展的生态效率研究》，《能源与环境》2008 年第 4 期。

单豪杰：《中国资本存量 K 的再估算：1952－2006》，《数量经济技术经济研究》2008 年第 10 期。

沈坤荣：《1978—1997 年中国经济增长因素的实证分析》，《经济科学》1999 年第 4 期。

沈坤荣、赵博：《TFP、技术选择与长三角地区的经济增长》，《江苏社会科学》2006 年第 9 期。

沈坤荣、蒋锐：《中国城镇化对经济增长影响机制的实证研究》，《统计研究》2007 年第 6 期。

沈坤荣、金刚：《以提升全要素生产率为重点推进供给侧结构性改革》，《南京财经大学学报》2016 年第 3 期。

沈坤荣，2018.《以城市群推动经济高质量发展》，人民网：http：//theory. people. com. cn/n1/2018/0806/c40531－30210098. html。

史春云、张捷、高薇、杨旸：《国外偏离－份额分析及其拓展模型研究评述》，《经济问题探索》2007 年第 3 期。

石磊、刘霞：《从全要素生产率（TFP）考察我国金融风险发生的可能》，《复旦学报》2006 年第 1 期。

Sylvie D Emurger.：《地理位置与优惠政策对中国地区经济发展的相关贡献》，《经济研究》2002 年第 9 期。

孙亚南：《长三角城市群综合竞争力评价及发展定位研究》，《南京社会科学》2015 年第 4 期。

孙阳，2015.《面对经济下行压力　如何开启政策"工具箱"》，人民网：http：//finance. people. com. cn/n/2015/0417/c1004－26857682. html。

涂正革：《全要素生产率与区域经济增长的动力》，《南开经济研究》

2007 年第 4 期。

王秉安、李闽榕：《福建经济综合竞争力报告》，社会科学文献出版社，2006。

王晨旭、陈燕武：《基于全要素生产率对海西经济区增长方式的研究》，《华侨大学学报（哲学社会科学版）》2012 年第 2 期。

王开明：《海峡西岸经济区先行先试的战略重点分析》，《综合竞争力》2010 年第 1 期。

王丽：《中国城市群的理论、模型与实证》，科学出版社，2016。

王丽娟、陈兴鹏：《产业结构对城市生态环境影响的实证研究》，《甘肃省经济管理干部学院学报》2003 年第 4 期。

王宏志、高峰、刘辛伟：《基于超效率 DEA 的中国区域生态效率评价》，《环境保护与循环经济》，2010 年第 6 期。

王桂新、沈建法：《中国地级以上城市综合竞争力研究》，《复旦学报》2002 年第 3 期。

王晶，2020.《2019 中国地方政府效率排行出炉：陕沪京排前三位　华东地区最抢眼》，搜狐网：http://www.sohu.com/a/365042313_329538。

王漫琪，2019.《粤东：汕潮揭城市群蓄势而发》，同花顺财经网：http://news.10jqka.com.cn/20190725/c612735518.shtml。

王书明、周艳：《海峡西岸城市群的定位：文献研究综述》，《海洋开发与管理》2009 年第 9 期。

王晓鹏：《中国城市竞争力评价量化模型研究》，《数理统计与管理》2008 年第 3 期。

王志刚、龚六堂、陈玉宇：《地区间生产效率与全要素生产率增长率分解（1978—2003）》，《中国社会科学》2006 年第 2 期。

卫金兰、邵俊岗：《产城融合研究述评》，《特区经济》2014 年第 2 期。

温忠麟、张雷、侯杰泰、刘红云：《中介效应检验程序及其应用》，《心理学报》2004 年第 5 期。

吴继英、赵喜仓：《偏离－份额分析法空间模型及其应用》，《统计研究》2009 年第 4 期。

吴玉鸣：《中国区域研发、知识溢出与创新的空间计量经济研究》，人民出版社，2007。

　　吴玉鸣、陈志建：《居民消费水平的空间相关性与地区收敛分析》，《世界经济文汇》2009 年第 5 期。

　　吴先满：《全要素生产率对江苏经济增长的贡献研究》，《南京财经大学学报》2008 年第 1 期。

　　伍长南：《转变经济发展方式研究》，社会科学文献出版社，2010。

　　伍长南、徐颖：《海峡两岸经贸互动与错位发展策略的思考》，《福建论坛·人文社会科学版》2011 年第 11 期。

　　伍慧春：《对接海峡西岸经济区提升温州科技创新能力的研究》，《科技管理》2009 年第 10 期。

　　武春友、孙源远：《基于生态承载力的工业园区生态效率评价研究》，《管理学报》2009 年第 6 期。

　　武晓霞：《省际产业结构升级的异质性及影响因素——基于 1998 ~ 2010 年 28 个省区的空间面板计量分析》，《经济经纬》2014 年第 1 期。

　　魏权龄：《数据包络分析》，科学出版社，2004。

　　翁夏，2020.《建设汕潮揭城市群》，大华网：http：//news. dahua-wang. com/shantou/content/202001/18/c61774. html。

　　习近平，2013.《弘扬人民友谊　共创美好未来》，人民网：http：//cpc. people. com. cn/n/2013/0908/c64094 – 22843681. html。

　　习近平：《推动形成优势互补高质量发展的区域经济布局》，《求是》2019 年第 24 期。

　　谢涓、李玉双、韩峰：《环境规制与经济增长：基于中国省际面板联立方程的分析》，《经济经纬》2012 年第 5 期。

　　谢蕾蕾：《金砖四国创新能力结构的比较与启示》，《统计研究》2010 年第 8 期。

　　谢贤健、张彬：《四川省城市竞争力的评价及时空演变》，《干旱地区地理》2016 年第 4 期。

　　线实、陈振光：《城市竞争力与区域城市竞合：一个理论的分析框架》，《经济地理》2014 年第 3 期。

　　熊艳：《基于省际数据的环境规制与经济增长关系》，《中国人口·资源与环境》2011 年第 5 期。

徐康宁：《论城市竞争与城市竞争力》,《南京社会科学》2002 年第 5 期。

徐冠华：《加强高校原始性创新能力建设》,《中国高校科技与产业化》2002 年第 8 期。

徐冠华：《加强集成创新能力建设》,《中国软科学》2002 年第 12 期。

薛继亮：《技术选择与产业结构转型升级》,《产业经济研究,》2013 年第 6 期。

颜鹏飞、王兵：《技术效率、技术进步与生产率增长：基于 DEA 的实证分析》,《经济研究》2004 年第 12 期。

燕庆,2013.《重视金融行业重要性　发展长期资本市场》,搜狐网：http://roll.sohu.com/20131019/n388496758.shtml。

杨斌：《2000—2006 年中国区域生态效率研究——基于 DEA 方法的实证分析》,《经济地理》2009 年第 7 期。

杨翠香、陈燕武：《海西经济区经济增长的短板效应——基于 TFP 分析产业结构升级对 GDP 的制约》,《华侨大学学报（哲学社会科学版）》2012 年第 4 期。

杨海生、聂海峰、徐现祥：《我国 FDI 区位选择中的 "第三方效应" ——基于空间面板数据的实证研究》,《数量经济技术经济研究》2010 年第 4 期。

杨燕、高山行：《基于知识观的三种自主创新模式的实证研究》,《科学研究》2010 年第 4 期。

姚士谋：《中国城市群》,中国科学技术大学出版社,2006。

姚士谋、周春山、王德、修春亮、王成新、陈明星：《中国城市群新论》,科学出版社,2018。

叶德磊、邓金鹏：《中国三大地区全要素生产率的比较分析》,《华东师范大学学报（哲学社会科学版）》2010 年第 1 期。

叶宗裕：《关于多指标综合评价中指标正向化和无量纲化方法的选择》,《浙江统计》2003 年第 4 期。

易纲、樊纲、李岩：《关于中国经济增长与 TFP 的理论思考》,《经济研究》2003 年第 8 期。

易善策：《产业结构演进与城镇化》，社会科学文献出版社，2013。

于涛方：《国外城市竞争力研究综述》，《国外城市规划》2004 年第 1 期。

于涛方：《城市竞争与竞争力》，东南大学出版社，2004。

于秀林、任雪松：《多元统计分析》，中国统计出版社，2006。

余泳泽、张先轸：《要素禀赋适宜性创新模式选择与全要素生产率提升》，《管理世界》2015 年第 9 期。

俞建拖，2017.《以大城市群一体化推动中国经济增长》，财新网：http：//opinion. caixin. com/2017 – 08 – 25/101135498. html。

俞姗：《海峡西岸经济区城市金融辐射力的实证研究——兼与长三角、珠三角的比较》，《综合竞争力》2011 年第 4 期。

袁江、张成思：《强制性技术变迁、不平衡增长与中国经济周期模型》，《经济研究》2009 年第 12 期。

袁晓玲、杨万平、李娜：《中外城市竞争力研究进展评析》，《城市发展研究》2006 年第 3 期。

袁毅，2019.《七大产业为福建南平绿色发展助跑》，网易网：ht-tp：//dy. 163. com/v2/article/detail/EV2LUKHL0534696D. html。

苑菁菁，2020.《2020 年福建两城市冲刺"万亿元俱乐部"》，中国新闻网：https：//news. sina. com. cn/o/2020 – 01 – 06/doc – iihnzhha。

曾鹏、庞基展：《中国十大城市群中心城市经济扩散力比较研究》，《云南师范大学学报（哲学社会科学版）》2016 年第 2 期。

赵敏：《科技投入产出的 DEA 评价模型》，《科技管理研究》2005 年第 6 期。

张亚斌、周领：《创新与模仿中 R&D 资本的最优分配》，《财经理论与实践》2008 年第 5 期。

张军、施少华：《中国经济 TFP 变动 1952—1998》，《世界经济文汇》2003 年第 2 期。

张军、章元：《对中国资本存量 K 的再估计》，《经济研究》2003 年第 7 期。

张军、吴桂英、张吉鹏：《中国省际物质资本存量估算：1952—2000》，

《经济研究》2004 年第 10 期。

张军、陈诗一、Gary H. Jefferson：《结构调整与中国工业增长》，《经济研究》2009 年第 7 期。

张其春、罗辑：《海峡西岸经济区产业结构竞争力评价：基于长三角、珠三角的比较分析》，《广西大学学报（哲学社会科学版）》2009 年第 3 期。

张若雪：《人力资本、技术采用与产业结构升级》，《财经科学》2010 年第 2 期。

张素芳：《基于 PCA 的京津冀城市群城市竞争力实证分析》，《商业经济研究》2016 年第 2 期。

张学良：《城市群：中国发展主引擎》，《中国经济报告》2006 年第 2 期。

张学良、孙海鸣：《交通基础设施、空间溢出与经济增长——基于1993—2004 中国省级面板数据的分析》，《上海市社会科学界第四届学术年会论文集经济·管理学科卷》，2006。

张学良：《中国区域经济收敛的空间计量分析——基于长三角 1993—2006 年 132 个县市区的实证研究》，《财经研究》2009 年第 7 期。

张学良：《中国区域经济发展报告——中国城市群可持续发展》，人民出版社，2016。

张志南、李闻榕、叶飞文：《海峡西岸经济区发展报告（2007）》，社会科学文献出版社，2008。

张志南、李闻榕：《海峡西岸经济区发展报告（2012）》，社会科学文献出版社，2013。

章祥荪、贵斌威：《中国 TFP 分析——Malmquist 指数法评述与应用》，《数量经济技术经济研究》2008 年第 6 期。

赵会杰、赵璟：《中原城市群 9 市城市流强度的比较分析与发展定位研究》，《河南工业大学学报（社会科学版）》2017 年第 1 期。

赵小芳、耿建忠：《海峡西岸经济区区域经济差异及其发展研究》，经济科学出版社，2016。

浙江省统计局：《浙江省统计年鉴》，中国统计出版社，2000~2019。

郑京海、胡鞍钢：《中国改革时期省际生产率增长变化的实证分析

（1997—2001 年）》，《经济学》2005 年第 1 期。

郑少智、严君：《广东省港澳台资工业企业效率研究——基于 DEA 和 Malmquist 指数的实证分析》，《暨南学报》2009 年第 3 期。

郑帅，2017.《马云启动 "NASA" 计划　为未来 20 年愿景研发核心科技》，搜狐网：www. sohu. com/a/128696256_614986。

中国发展研究基金会，2019.《中国城市群一体化报告》，腾讯网：https://new. qq. com/omn/20190426/20190426A08A56. html。

中国国际经济交流中心、哥伦比亚大学地球研究院、界面新闻等，2019.《可持续发展蓝皮书：中国可持续发展评价报告（2019）》，搜狐网：http://www. sohu. com/a/338212271_771039。

中国社会科学文献出版社、北京师范大学、江西师范大学，2019.《2019 中国地方政府效率研究报告》，央广网：http://o. southgis. com/news/detail/4552。

中国社会科学院、经济日报，2019.《2018 年中国城市竞争力报告》，至诚财经：http://www. zhicheng. com/gncj/n/276080_3. html。

邹文杰、张山：《海峡西岸经济区产业生态化评价》，《发展研究》2013 年第 9 期。

周军：《海西经济区市域城镇化影响因素的空间效应研究》，硕士学位论文，华侨大学商学院，2011。

周玉波、姚铮：《城市综合竞争力模型与评价指标体系构建及实证研究——以长沙市为例》，《系统工程》2009 年第 4 期。

诸大建、朱远：《生态效率与循环经济》，《复旦学报（社会科学版）》2005 年第 2 期。

诸大建、邱寿丰：《作为我国循环经济测度的生态效率指标及其实证研究》，《长江流域资源与环境》2008 年第 1 期。

朱鹏颐：《海峡西岸经济区经济协同发展的模式与运行机制》，《福建师范大学学报（哲学社会科学版）》2010 年第 6 期。

自然辩证法名词审定委员会，《技术选择》，360 百科：https://baike. so. com/doc/5353565－5589028. html。

Anselin, L, "Local Indicators of Spatial Association", *Geographical Analysis* 27 (1995): pp. 93 – 115.

Anselin, L, *Spatial Econometrics: Methods and Models*, The Netherlands: Kluwer Academic Publishers, Dordrecht, 1988.

Baltagi, Badi H. , *Econometric Analysis of Panel Data (Second Edition)*, John Wiley & Sons, Chichester, United Kingdom, 2001.

Baltagi, B. H. , Egger, P. , Pfaffermayr, M. "Estimating Models of Complex FDI: Are There Third – country Effects?", *Journal of Econometrics* 140 (2007): pp. 260 – 281.

Bernard Fingleton, "Estimates of Time to Economic Convergence: An Analysis of Regions of the European Union", *International Regional Science Review* 22 (1999): pp. 15 – 34.

Blonigen, B. A. , Davies, R. B. , "The Effects of Bilateral Tax Treaties on U. S. FDI Activity", *International Tax and Public Finance* 11 (2004): pp. 601 – 622.

Coughlin, C. C. , Segev, E. , "Foreign Direct Investment in China: A Spatial Econometric Study", *The World Economy* 23 (2000): pp. 1 – 23.

Elisabet Viladecans – Marsal, "Agglomeration Economies and Industrial Location: City – level Evidence", *Journal of Economical Geography* 4 (2004): pp. 565 – 582.

Gollop, F. M. , Roberts M. , "Environmental Regulations and Productivity Growth: The Case of Fossil – fueled Electric Power Generation", *Journal of Political Economy* 91 (1983): pp. 654 – 674.

Koenker, Roger. , "Quantile Regression for Longitudinal Data", *Journal of Multivariate Analysis* 91 (2004): pp. 74 – 89.

Otto Raspe & Frank van Oort, "What When Space Matters Little for Firm Productivity? A Multilevel Analysis of Localized Knowledge Externalities", *Papers in Evolutionary Economic Geography (PEEG)* 0706, *Utrecht University, Section of Economic Geography*, revised June 2007.

Nazara S, Hewings G. J. D. , "Spatial Structure and Taxonomy of Decomposition in Shift – share Analysis", *Growth and Change* 35 (2004): pp. 476 – 490.

Romer, David, *Advanced Macroeconomics*, Boston: McCraw – Hill, 2000.

Tobler W. A, "Computer Movie Simulating Urban Growth in the Detroit Region", *Economic Geography* 2 (1970): pp. 234 – 240.

Matías Mayor, Ana Jesús López. , "Spatial Shift Share Analysis versus Spatial Filtering: an Application to Spanish Employment Data", *Empirical Economics* 34 (2008): pp. 123 – 142.

Marlon G. Boarnet, "Spillovers and the Location Effects of Public Infrastructure", *Journal of Regional Science* 3 (1998): pp. 381 – 400.

M. Mar Fuentes – Fuentes, etc. , "Environment – quality Management Coalignment across Industrial Contexts: An Empirical Investigation of Performance Implications", *Industrial Marketing Management* 1 (2011): pp. 1 – 13.

Moran P. , "The Interpretation of Statistical Maps", *Journal of Royal Statistical Society B* 10 (1948): pp. 243 – 251.

Grossman GM, KruegerA. B. , "Environmental Impacts of North American Free Trade Agreement", *National Bureau of Economic Research Working Paper* 3914, *NBER*, Cambridge MA, 1991.

Grossman G, Kreuger A, "Economic Growth and the Environment", *Quarterly Journal of Economics* 110 (1995): pp. 353 – 357.

G. Wotling, Ch. Bouvier. , "Regionalization of Extreme Precipitation Distribution Using the Principal Components of the Topographical Environment", *Journal of Hydrology* 233 (2000): pp. 86 – 101.

João Z. R. Martins, Colombe Chappey, etc. , "Principal Component Analysis of General Patterns of HIV – 1 Replicative Fitness in Different Drug Environments", *Epidemics* 3 (2010): pp. 85 – 91.

Marlon G. Boarnet, "Spillovers and the Location Effects of Public Infrastructure", *Journal of Regional Science* 3 (1998): pp. 381 – 400.

Matías Mayor, Ana Jesús López. , "Spatial Shift Share Analysis versus Spatial Filtering: An Application to Spanish Employment Data", *Empirical Economics* 34 (2008): pp. 123 – 142.

Moran P. , "The Interpretation of Statistical Maps", *Journal of Royal Statistical Society B* 10, (1948): pp. 243 – 251.

Nazara S, Hewings G. J. D. , "Spatial Structure and Taxonomy of Decomposition in Shift – share Analysis", *Growth and Change* 35 (2004): pp. 476 – 490.

Peter Karl Kresl, Balwant Singh, "Competitiveness and Urban Economy: Twenty – four Large US Metropolitan Areas", *Urban Study* 36 (1999): pp. 1017 – 1027.

Polenske K and Chen Xikang, *Chinese Economic Planning and Input – Output Analysis*, Hong Kong: Oxford University Press, 1991.

Romer, David, *Advanced Macroeconomics*, Boston: McCraw – Hill, 2000.

Sobel, M. E. , "Asymptotic Confidence Intervals for Indirect Effects in Structural Equation Models" In S. Leinhardt (Ed.), *Sociological Methodology*, 1982.

Tobler W. , "A Computer Movie Simulating Urban Growth in the Detroit Region", *Economic Geography* 2 (1970): pp. 234 – 240.

Young, Alwyn, "Gold into Base Metals: Productivity Growth in the People's Republic of China during the Reform Period", *NBRE Working Paper*, 2000: pp. 78 – 56.

后 记

在本书完成之际，我首先要感谢我的博士导师吴承业教授。自从1990年9月第一次听他讲授经济计量学，我开始接触经济计量学的理论和方法。在这30年来从事经济计量学的理论方法学习过程中，吴承业教授给予我极大的鼓励和指导。2001年4月~2002年3月，我在日本东北大学经济学研究生院进行现代经济计量方法学习，吴老师也给我指点了学习和研究的方向。

2010年我开始发表关于海西经济研究的论文，完成初稿后又几经修改甚至多个章节添加删减，历时10年，2019年3月~2020年2月，我在澳大利亚墨尔本大学数学与统计学院访学期间，静心修订完善，终于完成书稿的撰写。我曾主持的相关课题，包括福建省软科学重点课题"技术效率、产业结构和经济发展——基于海西20个城市的实证研究"、福建省社会科学研究规划课题"海西经济区产业结构升级问题研究"、福建省教育厅重点项目"基于空间计量经济学视角的海西产业结构优化研究"。

我要特别感谢本校社会科学研究处的赵昕东教授、陈巧玲研究员、侯志强教授、卢建华老师、陈俊源老师、周新原老师、统计学院的胡日东教授、经济与金融学院的彭耀桃副教授，在书稿的撰写和修订期间给我提了很多宝贵意见。我还要特别感谢李拉亚教授和吕延方教授，在本书撰写过程中，我参与了李老师主持的两项国家社科基金项目和吕老师主持的一项国家社科基金项目，李老师和吕老师都给我很多有益的指点和建议。我还要感谢我的硕士生楼燕妮、杨翠香、王晨旭、江斌、黄静菲、周军、曾钰寒、洪伟璇、余海强、邓兴磊、张绿原、林明裕、吴志伟、张萌等，他们在资料收集、计算、校对过程中给予了帮助。社会科学文献出版社的编辑徐永清老师对本书的出版给予了无私的帮助,在此我表示衷心的感谢!本人所在的华侨大学数量经济研究院、统计学院为本书的撰写提供了大力支持。最后,我要感谢我的丈夫李锺慎先生,没有他一直以来的鼓励和支持,我也不可能完成这本书的撰写。我还要衷心感谢我的所有亲人,是他们的理解、支持和配合,使得我顺利完成本书的写作。我要特别说明的是,本书的出版得到"华侨大学哲学社会科学学术著作专项资助计划"资助,特此感谢。

限于本人水平,书中难免存在不少不足或是谬误,因此,敬请各位专家、学者不吝赐教!

陈燕武

2020 年 6 月 30 日于华侨大学

图书在版编目（CIP）数据

海峡西岸城市群研究 / 陈燕武著 . --北京：社会
科学文献出版社，2020.11
（华侨大学哲学社会科学文库．经济学系列）
ISBN 978 - 7 - 5201 - 7053 - 6

Ⅰ.①海… Ⅱ.①陈… Ⅲ.①城市群 - 研究 - 福建
Ⅳ.①F299.275.7

中国版本图书馆 CIP 数据核字（2020）第 149026 号

华侨大学哲学社会科学文库·经济学系列
海峡西岸城市群研究

著　　者 / 陈燕武

出 版 人 / 王利民
责任编辑 / 徐永清

出　　版 / 社会科学文献出版社·政法传媒分社（010）59367156
　　　　　地址：北京市北三环中路甲29号院华龙大厦　邮编：100029
　　　　　网址：www.ssap.com.cn
发　　行 / 市场营销中心（010）59367081　59367083
印　　装 / 三河市龙林印务有限公司

规　　格 / 开本：787mm×1092mm　1/16
　　　　　印张：21.25　字数：335千字
版　　次 / 2020年11月第1版　2020年11月第1次印刷
书　　号 / ISBN 978 - 7 - 5201 - 7053 - 6
定　　价 / 86.00元

本书如有印装质量问题，请与读者服务中心（010 - 59367028）联系